梳理传媒法治发展历史
评析传媒法治典型事例
探究传媒法治发展规律

U0518956

郑

宁·著

中国传媒
法治发展史

(2011—2020)

知识产权出版社

全国百佳图书出版单位

----北京----

图书在版编目（CIP）数据

中国传媒法治发展史：2011—2020 / 郑宁著 . -- 北京：知识产权出版社，2021.12

ISBN 978-7-5130-7949-5

Ⅰ.①中… Ⅱ.①郑… Ⅲ.①传播媒介—法律—发展史—中国— 2011-2020

Ⅳ.① D922.164

中国版本图书馆 CIP 数据核字（2021）第 257021 号

内容提要

2011—2020 年是我国传媒技术和业态日新月异的十年，也是传媒法治进程全面加速的十年。本书运用历史研究法、案例研究法等方法，梳理 2011—2020 年中国传媒法治发展历史，包括传媒立法、方针、政策，新闻出版与广播影视监管，互联网治理，信息公开，著作权保护，人格权保护六部分，在总结每一年度传媒法治发展特点的基础上，概括了这十年的发展规律和未来趋势，对传媒法治史研究具有积极意义。同时本书还配套收录了中国传媒大学与北京市律师协会评出的中国年度传媒法事例及简要评析，与理论研究部分相互呼应。

本书适合新闻传播学、法学、文化产业等专业的高校师生、相关领域研究人员及相关行业的实务人员使用。

责任编辑：李石华　　　　　　　**责任印制：刘译文**

中国传媒法治发展史
ZHONGGUO CHUANMEI FAZHI FAZHANSHI

郑　宁　著

出版发行：**知识产权出版社** 有限责任公司		网　　址：http://www.ipph.cn	
电　话：010-82004826		http://www.laichushu.com	
社　址：北京市海淀区气象路50号院		邮　编：100081	
责编电话：010-82000860转8072		责编邮箱：lishihua@cnipr.com	
发行电话：010-82000860转8101		发行传真：010-82000893	
印　刷：三河市国英印务有限公司		经　销：各大网上书店、新华书店及相关书店	
开　本：787mm×1092mm　1/16		印　张：20.5	
版　次：2021年12月第1版		印　次：2021年12月第1次印刷	
字　数：330千字		定　价：88.00元	

ISBN 978-7-5130-7949-5

目 录

绪　论

大数据、云计算、人工智能、5G 等技术的发展推动传媒业进入了"人工智能 + 传媒"的智媒时代❶，传媒生态发生了深刻变化。在这样的背景下，如何理解传媒，认识传媒法的功能和调整范围，成为摆在传媒法学者和传媒从业人员面前的一个突出的课题。本部分主要探讨了四个问题：第一，如何理解新时代的传媒，传媒法的概念及功能有何变化；第二，对中华人民共和国成立以来到 2010 年我国传媒法的历史发展做了简要回顾，从而为本书要研究的 2011—2020 年传媒法治史提供必要铺垫；第三，文献综述，阐述了本书的研究基础；第四，介绍了本书的研究框架、研究方法和创新之处。

---

❶　腾讯网和清华大学新媒体研究中心.智媒来临与人机边界：2016 中国新媒体发展报告 ［EB/OL］.（2016-11-16）［2020-03-03］.https：//www.sohu.com/a/119127783_488231.

一、传媒法概述

（一）传媒的概念

传媒（Media）即传播媒介。传播（Communication）一词即通信、交流、交通、参与的意思。关于传播的概念最早的两个视角都发源于美国学者。美国社会学者查尔斯·霍顿·库利把传播定义为人与人的关系赖以成立和发展的机制——包括一切精神象征及其在空间中得到传递，在时间中得到保存的手段，包括表情、态度、动作、声调、语言、文章、印刷品、铁路、电报、电话及人类征服空间和时间的其他任何成果。[1]1911年，美国符号学创始人查尔斯·桑德斯·皮尔士指出，直接传播某种观念的唯一手段是像（Icon），即使传播最简单的观念也必须使用像。[2]他强调了符号作为精神内容载体在传播中的作用。

20世纪40年代信息科学诞生之后，许多传播学者开始强调传播的信息属性。威尔伯·施拉姆提出，当我们传播的时候，也就是在试图与其他人共享信息——某个观点或某个态度……传播至少有三个要素：信源、讯息和信宿。[3]阿尔弗雷德·阿耶尔指出，传播在广义上是指信息的传递。[4]

我国传播学的主流观点把传播定义为社会信息的传递或社会信息系统的运行。社会传播分为人内传播、人际传播、群体传播、组织传播和大众传播。人内传播是个人接受外部信息并在个人身体内部处理的过程。人际传播是人与人相互影响、相互连接传递信息的过程。群体传播是个人与社会群体（家庭、亲友、社交圈）等进行传播的过程，是人社会化的体现。组织传播是为了某特定目标而存在的系统对内进行协调和分工，对外与市场和社会交换信息的过程。大众传播是伴随近现代印

---

[1]　COOLEY C H.Social Organization：A Study of the Larger Mind［M］.New York：Charles Scribner's Sons，1929：45.

[2]　PEIRCE C S.The Law of the Mind，Collected Papers of Charles Sanders Peirce［M］.Cambridge：Harvard University Press，1933：396.

[3]　SCHRAMM W.How Communication Works，Three Process and Effects of Mass Communication［M］.Urbana：University of Illinois Press，1954.

[4]　AYER A.What is Communication?Studies in Communication［M］.London：Martin Secker and Warburg，1955.

刷、电子传播技术发展而产生的特殊的社会信息系统，具有以下五个特点：一是专业传播机构从事的有组织的传播；二是传播对象广泛而分散，面向不特定多数群体；三是采用现代化技术手段大量生产、复制和传播信息；四是传播内容是公开的；五是反馈机制（如读者来信、听众热线电话等）相对滞后，受众对传播过程缺乏即时干预。❶总之，大众传播的根本特征是媒介组织向大范围、不特定的受众传递大批量的信息，是点对面的单向传播。传统的传媒法主要是调整大众传播。

随着互联网技术的发展，互联网信息传播具有及时性、交互性、全球性、多样性的特征，传播者和受众的身份不再明确，传播和接收信息几乎可以同时完成，每个人都可以是传播者，每个人又都可以是受众。20 世纪 90 年代末，联合国正式把互联网称为继报纸、广播、电视之后的"第四媒体"。❷正如尼古拉·尼葛洛庞帝在《数字化生存》中阐述的那样："从前所说的大众传媒正演变为个人化的双向交流，信息不再被'推给'（Push）消费者，相反，人们将把需要的信息'拉出来'（Pull），并参与到创作信息的活动中。"❸此外，大众传播中的"把关人"角色不断弱化。美国著名社会心理学家、传播学四大奠基人之一库尔特·卢因提出了"把关人理论"，他认为，在研究群体传播时，信息的流动是在一些含有"门区"的渠道里进行的，在这些渠道中，存在着一些把关人，只有符合群体规范或把关人价值标准的信息才能进入传播渠道。❹1950 年传播学者大卫·怀特将这个概念引进新闻研究领域，明确提出新闻筛选中的"把关"（gate-keeping）模式。❺然而，网络传播是一种去中心化的传播模式，海量信息和信息传递的快捷性都导致了把关可行性的降低。互联网有着越来越强的媒体属性，网络传播颠覆了传统的大众传播形态：第一，自媒体时代不仅改变了传播的生产方式，而且降低了新闻的生产门槛，传播不再依赖专业传播机构，人人都有麦克风；第二，互联网集各种传播模式于一身，实

❶ 郭庆光.传播学教程（第二版）[M].北京：中国人民大学出版社，2011：4.

❷ 田士威.数字媒体给农民报带来新机遇[C].中国科技新闻学会学术年会，中国科技新闻学会，2010.

❸ 尼古拉·尼葛洛庞帝.数字化生存[M].胡泳，范海燕，译.海口：海南出版社，1997：78.

❹ LEWIN K. Frontiers in group dynamics. II. Channels of group life; social planning and action research [J].Human Relations，1947（1）：143-153.

❺ WHITE D M.The "gatekeeper"：A case study in the selection of news [J].JournalismQuarterly，27（4）：383-391.

现了人际传播和大众传播的兼容，人们既可以进行点对点、一对一的交流，也可以进行一对多的传播；第三，传播方式是交互式的，具有即时性。在此背景下，单一的大众传播理论已经难以解释互联网环境下的传播，理论只有随实践发展与时俱进才有生命力，如果再继续墨守成规，将传媒法界定在传统的大众传播领域，就无法适应互联网的时代要求，会自缚手脚，最终被时代抛弃。笔者认为，传媒的内涵和外延已经从传统的报刊、出版物、广播影视，拓展到了互联网领域，传媒的传播形态不仅限于大众传播，也包括互联网的点对点传播，因此本书的传媒是从广义上来界定的，并且包括了各种传播形态。

（二）传媒法的概念

传媒法在不同国家有不同叫法，如媒体法、媒介法、传媒法（Media Law）、传播法（Communication Law）、大众传播法（Mass Communication Law）、新闻法（Press Law）。传媒法并不是一个单独的法律部门，也不是一部单独的法律，而是指所有与传媒有关的法律规范的总称，属于行业法。随着我国社会的发展，传统的部门法划分已经不能回应各行各业对法律的需求，很多行业的法律问题需要跨学科、跨部门法的研究，因此行业法应运而生，如交通法、教育法、卫生法、能源法、房地产法等。正如孙笑侠教授所言，社会越成长，行业愈成熟；同时，法治愈发展，则行业法愈发达。❶ 传媒法正是对传媒行业的法律问题进行研究的行业法。传媒行业包括传媒事业和传媒产业两部分，前者是指不以盈利为目的的传媒公益性单位，如党报、公益性出版社等，传媒产业是指提供传媒产品和内容，以追求社会效益和经济效益为目的的领域，如广播电台电视台、互联网媒体、大多数报纸杂志社、出版社等。

传媒法涉及多个部门法，既有公法，也有私法，李丹林教授认为，传媒法法律体系包括媒体组织法、媒体管理法、媒体经营法、媒体侵权和惩戒法。❷ 笔者认为，传媒法在各部门法中体现在以下几个方面。

---

❶ 孙笑侠.论行业法［J］.中国法学，2003（1）.
❷ 李丹林.传媒法学学科建设刍议［J］.现代传播，2005（1）.

（1）宪法：传媒基本权利的保障。

（2）行政法：传媒行业监管。

（3）民商法：侵权法、物权法、合同法、劳动法、投融资法。

（4）知识产权法：著作权法、商标法、专利法。

（5）经济法：税法、广告法、竞争法。

（6）刑法：传媒相关犯罪。

（7）诉讼法：传媒案件的诉讼程序。

（8）国际法：传媒相关的国际公约。

基于传媒法的行业特点，传媒法的研究需要跨部门法、跨学科进行，传媒法的人才培养也应当致力于培养懂法律、懂传媒的复合型人才。

（三）传媒法的功能

传媒法的基本功能主要体现在三个方面。

1. 保障传媒行业及从业人员的合法权益

传媒法是关于权益保障的法律规范，言论自由和文化自由是我国宪法保障的基本权利。《中华人民共和国宪法》第35条规定："中华人民共和国公民有言论、出版、集会、结社、游行、示威的自由。"第47条规定："中华人民共和国公民有进行科学研究、文学艺术创作和其他文化活动的自由。国家对于从事教育、科学、技术、文学、艺术和其他文化事业的公民的有益于人民的创造性工作，给以鼓励和帮助。"通过著作权法打击侵权盗版，保障了作者权益；通过侵权法惩罚侵犯人格权的行为，保障了传媒行业从业人员的人格权益；通过行政法，规范政府监管行为，保障行政相对人的人身权、财产权等合法权益；通过《中华人民共和国反不正当竞争法》（以下简称《反不正当竞争法》）《中华人民共和国广告法》（以下简称《广告法》）保护传媒市场从业者、消费者的合法权益。通过各种内容规范、广告规范，不仅维护了未成年人合法权益、社会公共利益，还维护了社会主流价值观。

2. 规范传媒行业的市场秩序

我国的传媒行业很多法律规范仍不健全，现有的法律规范层级较低，内容滞后，不适应行业发展的实际需要。传媒行业新型业态层出不穷，很多领域法律法规不够规范，出现了不少乱象，如侵犯人格权、逃税漏税、侵权盗版、不正当竞争等，急需传媒法来规范。传媒法可以凝聚行业共识，填补法律漏洞、惩治违法行为，维护国家利益和社会公共利益。

3. 促进传媒产业的发展

传媒行业在发展中还面临许多困难和问题。一是传媒产品和服务的供给严重不足，结构不平衡，高质量产品和服务不足，不能满足人民向往美好生活的多样化、多层次、多方面的精神文化需求。二是结构亟待调整和优化。目前，我国传媒产业发展存在不充分、不平衡的矛盾现象，特别是随着传媒和科技深度融合，传媒产业的传统业态、服务形态等均面临严峻挑战。因此，加强传媒法的研究和实践，有利于促进传媒行业的快速发展，提升竞争力，为我国的社会主义精神文明建设、满足人民的精神文化需求提供更加优质、丰富的产品。

二、1949—2010 年我国传媒法发展历史回顾

梳理 1949—2010 年的传媒法发展历史，有助于我们把握传媒法发展规律。笔者把此期间分为三个阶段。

（一）1949—1977 年，传媒法制建设起步和停滞时期

在出版领域，1952 年，政务院（1954 年 9 月政务院结束，国务院成立）颁布《管理书刊出版业印刷业发行业暂行条例》及《期刊登记暂行办法》，规定了书刊出版业印刷业发行业的许可制度及行为规范。1952 年 9 月，出版总署发布了《关于国营出版社编辑机构及工作制度的规定》，首次提出出版社对书稿应实行"三审制"，即编辑初审、编辑室主任复审、总编辑终审制度。1952 年 12 月，邮电部、出版总署联合发出了《关于改进出版物发行工作的联合决定》，确定自 1953 年 1 月 1 日起，实行出版物的计划发行制度，报纸、杂志由邮电局总发行，图书由新华书店总发行。1955 年，国务院发出了《关于处理反动的、淫秽的、荒诞的书刊图画的指示》，其中强调"反动的、淫秽的、荒诞的书刊图画对人民群众，特别是青年、少年、儿童的身心健康，对社会公共秩序的巩固，对于国家社会主义建设和社会主义改造事

业，都具有很大的危害，要作为一项重要的政治任务来坚决，有计划、有步骤地处理这类出版物"。在这一系列法规及规章的基础下，中央政府确定了中国出版业发展的基本方针，确立并构建了当下我国出版业发展的基本框架。

在广播电视领域，1949年6月，中央广播事业管理处成立，由原新华社口语广播部扩充而成，受中宣部领导。1949年11月，中央广播事业管理处改组为广播事业局❶，直属政务院新闻总署。1952年，因新闻总署撤销，广播事业局改称中央广播事业局，隶属政务院文化教育委员会，宣传业务由中宣部领导。1954年，改称广播事业局，为国务院直属机构，技术行政由国务院第二办公室领导，宣传业务由中宣部领导。1955年，国务院发出的《关于地方人民广播电台管理办法的规定》中指出：各省、自治区、直辖市、省辖市人民广播电台为该省、自治区、直辖市、省辖市人民委员会的直属机构，受该级人民委员会及广播事业局的领导。1956年，国务院发出的《关于农村广播网管理机构和领导关系的通知》中规定：各省、自治区、直辖市人民委员会可设立广播管理局或处，负责全省（区、市）农村广播网建设，并管理省辖市人民广播电台。

在此期间，我国政府对于广播工作发展的方针和政策进行了初步探索，发布的关于广播监管的法规主要有：1950年新闻总署发布的《关于建立广播收音网的决定》，对不同的政府机构、社会组织、群众等广播使用情况作了整体性规定；❷1956年国务院下发的《关于农村广播网管理机构和领导关系的通知》，要求中央广播事业局和各省都应能够设立管理机构负责全国和各级广播网的领导建设工作；1963年国务院下发的《关于设置和使用无线电台的管理办法》，规定设置和使用无线电台，必须事先向邮电部或设置所在地的省、自治区、直辖市人民委员会提出申请，经批准并发给证明文件后，方可设置和使用。除此之外，中央广播事业局先后于1952年、1954年、1955年、1956年相继组织召开第一次至第四次全国广播工作会议，四次会议均总结了前一阶段广播事业建设和广播宣传取得的成绩，并为今后的发展

---

❶ 《广播事业局暂行组织条例》（该条例批准时间为1950年1月）规定广播事业局的职权有：领导全国人民广播电台；直接领导中央人民广播电台对国内和国外广播；普及人民广播事业；指导和管理各地私营广播电台；培养和训练广播事业干部。

❷ 林颖，吴鼎铭. 中央人民政府新闻总署关于建立广播收音网的决定 [J]. 新闻界，2015：75-76.

制定了方针和政策。在当时的时代背景之下，我国关于广播事业发展的许多政策都是不对外公开的，而是作为内部精神和内部原则在体系内层层传达，借以沟通情况、交代不同时期的各种具体操作方法，对外保密且具有较强的针对性❶，如《关于人民广播电台订定广播节目时间的规定》《关于人民广播器材厂营业方针给各人民电台的通知》等。❷

在电影领域，1953 年，中央人民政府政务院通过《关于加强电影制片工作的决定》，提出电影艺术应当具有"文化娱乐的重大作用"，1956 年，毛泽东主席提出了"双百方针"。在这样的电影作用认定与文化背景之下，电影局的监管以鼓励支持电影事业的发展为主要目的，对电影事业进行改造与发展方向的领导，与计划经济体制相适应的电影发行放映管理体制初步建立，在此时期内颁布的相关法规也多以鼓励发展为制定方针，主要包括 1950 年电影局颁布的《中央电影局各厂剧本及影片审查办法》，该办法规定了各国营电影厂生产的故事片的主题和故事梗概、文学剧本、美术片的分场剧本及大型纪录片的拍摄纲要、各片种正式拷贝的送局审查制度；1950 年政务院颁布的《电影业登记暂行办法》《电影新片颁发上映执照暂行办法》《电影旧片清理暂行办法》《国产影片输出暂行办法》和《国外影片输入暂行办法》五项规定；1953 年电影局接连颁布的《关于电影企业推行经济核算制的指示》《关于推行经济核算制的权限、责任、业务范围及财务管理》《关于推行经济核算制职责分工的原则》等规定确立了计划性的经济核算制度；1953 年 12 月政务院发布的《关于建立电影放映网和电影工业的决定》，1957 年文化部党组向中共中央呈报了《关于改进电影制片若干问题的报告》，提出了对电影制片事业的组织形式和领导方式的改进方案。

"文化大革命"期间，法制建设中断，传媒法出现了停滞和倒退。大批出版机构被撤销，出版工作基本处于停滞状态。广播事业局局长、中华人民共和国广播事业的奠基人梅益受到批判，被停职，广播事业局的造反派宣布正式夺权。在此情况下，1967 年，中共中央发出了《关于广播电台问题的通知》，决定对广播电台实行军事管制，由中央派出的军队干部直接接管广播电台和广播事业局。

---

❶　郭镇之. 广播电视与法制管理——兼论建立中国广播电视的内容标准［J］. 新闻与传播评论，2003：127-142.

❷　哈艳秋. 当代中国广播电视史［M］. 北京：中国国际广播出版社，2018.

这一阶段的特点是：初步建立了出版、广播、电影的监管机构和法律制度框架，带有浓厚的计划经济色彩，法治水平较低。

（二）1978—1990 年，传媒法制恢复时期

新闻立法开始启动。"文化大革命"结束后，1978 年，林春、李银河在《中国青年》上发表了《要大大发扬民主和加强法制》的文章，被《人民日报》转载，提出要制定保障人民言论出版自由的法律❶，开启了中国传媒法研究的先河。1983 年彭真委员长批准了中宣部呈送的制定新闻法的报告，由此，新闻立法正式启动。1984年初成立了由人大教科文卫委员会牵头、胡绩伟先生为首的新闻法起草组，起草组的工作班子设在中国社会科学院新闻研究所的新闻法研究室，由所长商恺、副所长孙旭培分别担任正、副室主任。1987 年，新闻出版署成立，起草新闻法工作划归新闻出版署操办，由副署长王强华先生主持，并在上海成立了起草新闻法的"影子内阁"，由时任中共上海市委宣传部副部长的龚心瀚主持。到了 1988 年，新闻出版署的起草组、上海的起草组及新闻法研究室都写出了新闻法草案，在业界广泛征求意见。20 世纪 80 年代办报出现了宽松化趋势，据不完全统计，当时有 2000 多家报社。❷三个版本的草案都将新闻自由作为基本指导思想，规定了新闻媒介的独立地位，禁止事先的新闻检查；规定了新闻工作者的采访、报道、评论等权利及国家保障新闻报道的义务；规定了新闻工作者权利受到侵犯的救济性措施。❸1989 年之后，新闻立法工作被中断。

出版立法陆续出台。国务院先后颁布了一系列出版领域的行政法规和规范性文件，如 1980 年的《国务院批转国家出版事业管理局等单位关于制止滥编滥印书刊和加强出版管理工作的报告的通知》；1981 年的《国务院批转国家民委、国家出版事业管理局关于大力加强少数民族文字图书出版工作的报告的通知》；1983 年的《中共中央、国务院关于加强出版工作的决定》；1987 年的《国务院关于严厉打击非法

❶ 林春，李银河．要大大发扬民主和加强法制［N］．人民日报，1978-11-13（003）．
❷ 张友渔．谈新闻立法［J］．新闻与写作，1985（9）．
❸ 魏永征．中国传媒法制建设 30 年［EB/OL］．（2008-11-24）［2020-03-03］．http：//www.aisixiang.com/data/22496.html.

出版活动的通知》；1990 年的《法规汇编编辑出版管理规定》等。这些行政法规的发布不仅指导和规范了图书出版工作，而且保障了我国图书出版事业的健康发展。与此同时，有关监管部门还制定了大量的行政管理制度。尽管主管图书出版工作的机构几经变动，但规章的制定一直没有停止，数量和质量都在稳步提升。其中较为重要的有：1980 年国家出版事业管理局制定的《出版社工作暂行条例》；1983 年文化部制定的《关于纠正文学类作品重复出版问题的通知》；1984 年文化部发布的《书籍稿酬试行规定》；1985 年文化部发布的《美术出版物稿酬试行办法》；1986 年国家出版局发布的《关于审批新建出版社的条件的通知》等。

版权保护开始得到重视。1984—1985 年，文化部先后颁发了《图书、期刊版权保护试行条例》及《图书、期刊版权保护试行条例实施细则》，这是中华人民共和国成立后颁发的第一批与著作权有关的规章，它的颁发进一步推动了我国著作权保护制度的确立。1985 年 7 月，国家版权局成立，负责相关政策法规的制定与实施。1986 年起，我国在全国范围内设立版权管理机构，各省、自治区、直辖市等也先后成立了版权局。1986 年 4 月，通过了《中华人民共和国民法通则》（以下简称《民法通则》），第一次以法律形式确认了对著作权的保护。广播电视领域，国务院 1987 年出台了《广播电视设施保护条例》，强调广播电视设施是国家财产，受法律保护。禁止任何单位或者个人侵占、哄抢、私分、截留、破坏。任何单位和个人都有保护广播电视设施的义务，对危害广播电视设施的行为，有权制止并向有关部门报告，并规定了广播电视设施的保护措施及罚则。

新闻侵权诉讼不断涌现。20 世纪 80 年代，我国兴起了新闻侵权诉讼（也被称为新闻官司）的浪潮，很多媒体或记者成为被告。1983 年，《民主与法制》杂志因刊登了记者沈某、牟某的文章《二十年"疯女"之谜》被当事人杜某以名誉权侵权向法院提起诉讼，后又被法院判定为构成诽谤罪，成为我国第一起有影响的"新闻官司"。[1] 80 年代末到 90 年代初，先后有 200 多位记者成为被告，作者及新闻单位案件的败诉率达到 68% 以上。[2] 这种现象出现的原因，一方面是我国相关法律制度

---

[1]　沈涯夫、牟春霖诽谤案 [J].中华人民共和国最高人民法院公报，1988（2）.
[2]　汪洋.试论新闻侵权的构成 [J].新闻前哨，1995（6）.

的健全为公民寻求司法机关保护名誉权提供了便利，我国先后制定了《中华人民共和国刑法》（1979 年，以下简称《刑法》）《中华人民共和国刑事诉讼法》（1979 年，以下简称《刑事诉讼法》）《民法通则》（1986 年）及《中华人民共和国民事诉讼法》（1991 年），规定了人格尊严和名誉权等人身权利，同时规定了当事人在权利受侵害时可以提起刑事自诉或民事诉讼。另一方面是改革开放以来，新闻媒体从阶级斗争工具转变为大众传播媒介，实行事业单位企业化管理，成为独立享有民事权利、承担民事责任的主体，为承担责任提供了可能性。❶

这一阶段的特点是：传媒法制在逐步恢复，相关立法陆续健全，对言论和出版自由、名誉权、著作权等权利的保护力度在不断加大。

（三）1990—2010 年，传媒法治建设时期

1999 年的九届全国人大二次会议将"依法治国，建设社会主义法治国家"写入宪法。我国的传媒法制也进入了传媒法治时代。法制和法治是两个不同的概念。法制（Legal System）是一个静态的概念，是"法律制度"的简称。法治（Rule of Law）表达的是法律运行的状态、方式、程度和过程，要求实现良法之治。正如亚里士多德在其名著《政治学》中指出的，法治应包含两重意义：已成立的法律获得普遍的服从，而大家所服从的法律又应该本身是制定的良好的法律。❷

进入 20 世纪 90 年代，随着媒介技术的不断发展，传媒的立法体系进一步完善。1990 年，全国人大常委会通过了《中华人民共和国著作权法》（以下简称《著作权法》），国家广播电影电视总局（2013 年国务院机构改革，组建国家新闻出版广电总局，以下简称"广电总局"）颁布了《有线电视管理暂行办法》，广电总局、公安部、国家安全部颁布了《卫星地面接收设施接收外国卫星传送电视节目管理办法》。1991 年，国务院通过了《著作权法实施条例》。1994 年 4 月 20 日，北京"中关村地区教育与科研实施示范网络（NCFC）"通过了美国 Sprint 公司的 64K 专线，实现了与国际互联网的全功能连接，这是自 1990 年国际互联网诞生之后我国互联网历史

---

❶ 魏永征."新闻官司"的产生与构成［J］.新闻三昧，2000（12）.

❷ 亚里士多德.政治学［M］.吴寿彭，译.北京：商务印书馆，1965.

上的重大事件。❶2000年，全国人大常委会通过了《关于维护互联网安全的决定》。国务院新闻办公室、信息产业部发布了《互联网站从事登载新闻业务管理暂行规定》，为互联网新闻信息管理构建了制度框架，设定了许可和处罚。国务院相继出台了传媒的行政法规，包括《广播电视管理条例》（1997年）、《互联网信息服务管理办法》（2000年）、《出版管理条例》（2001年）、《音像制品管理条例》（2001年）、《电影管理条例》（2001年），此外，一系列规章陆续出台。2002年，新闻出版总署和信息产业部联合出台了《互联网出版管理暂行规定》；2003年，广电总局出台了《互联网等信息网络传播视听节目管理办法》，文化部出台了《互联网文化管理暂行规定》；2004年，广电总局出台了《互联网等信息网络传播视听节目管理办法》；2005年，国务院新闻办公室和信息产业部联合发布了《互联网新闻信息服务管理规定》，国家版权局与信息产业部发布了《互联网著作权行政保护办法》；2006年，国务院通过了《信息网络传播权保护条例》。

许可制度是我国监管传媒的重要手段。根据党的相关传媒方针政策及上述法律法规规定，出版物（书、报、刊、音像制品等）必须由国家认可的机构（主办单位）所设立的出版单位出版，公民享有在这些出版物上表达的权利，公民不得自行设立出版单位，也不得自行印制出版物。❷广播电台、电视台由县、不设区的市以上人民政府广播电视行政部门设立，其中教育电视台可以由设区的市、自治州以上人民政府教育行政部门设立。其他任何单位和个人不得设立广播电台、电视台。国家禁止设立外资经营、中外合资经营和中外合作经营的广播电台、电视台。国家对电影摄制、进口、出口、发行、放映和电影片公映实行许可制度。未经许可，任何单位和个人不得从事电影片的摄制、进口、发行、放映活动，不得进口、出口、发行、放映未取得许可证的电影片。国家对经营性互联网信息服务实行许可制度；对非经营性互联网信息服务实行备案制度。只有新闻单位创设的网站经许可才可以采编发布新闻。

---

❶　1990年12月25日，英国科学家蒂莫西·约翰·伯纳斯－李爵士成功利用互联网实现了超文本传输协议客户端与服务器的第一次通信，他也因此成为互联网之父。

❷　魏永征.中国传媒法制建设30年［EB/OL］.（2008-11-24）［2020-03-03］.http://www.aisixiang.com/data/22496.html.

传媒体制改革逐步深化。2002 年，党的十六大突出强调了文化建设的重要地位和作用，提出了全面建设小康社会，必须大力发展社会主义文化，建设社会主义精神文明，提出继续深化文化体制改革，抓紧制订文化体制改革的总体方案，大力发展文化事业和文化产业，从而使媒体的产业属性得到了重视。媒介产业化是党的十六大后推行文化体制改革的重点工作。

2003 年，中共中央政治局常委会专门研究文化体制改革工作，并成立了中央文化体制改革试点工作领导小组。2003 年 6 月，全国文化体制改革工作会议在北京召开，确定了北京、上海、重庆、广东、浙江、深圳、沈阳、西安、丽江等 9 个省市或地区和山东大众报业集团、国家图书馆、中国电影集团公司等 35 家新闻出版、广播影视和文艺院团等单位为文化体制改革试点，全国文化体制改革试点工作正式启动。2003 年 7 月，中共中央办公厅转发中宣部、文化部、广电总局、新闻出版总署《关于文化体制改革试点工作的意见》，对试点工作的开展做出具体安排。35 家试点单位分为公益性事业单位和经营性文化企业单位两大类进行改革，前者以增加投入、转换机制、增强活力、改善服务为重点；后者以创新体制、转换机制、面向市场、增强活力为重点。❶

2003 年 12 月，国务院印发了《文化体制改革试点中支持文化产业发展的规定（试行）》和《文化体制改革试点中经营性文化事业单位转制为企业的规定（试行）》两个文件，确定了财政税收、投资和融资、资产处置、工商管理、社会保障等 10 个方面的配套政策，党报、党刊、电台、电视台等重要新闻媒体经营部分剥离转制为企业，在确保国家绝对控股的前提下，允许吸收社会资本；国有发行集团、转制为企业的科技类报刊和出版单位，在原国有投资主体控股的前提下，允许吸收国内其他社会资本投资；广播电视传输网络公司在广电系统国有资本控股的前提下，经批准可吸收国有资本和民营资本。2004 年 8 月，中共中央办公厅、国务院办公厅转发了中宣部、中央编制办等部门《关于在文化体制改革综合试点地区建立文化市场综合执法机构的意见》，推动综合试点地区地市以下的原文化、广播影视、新闻出版部门实行"三

---

❶ 中共十六大以来的文化体制改革历程［EB/OL］.（2015-12-29）［2020-03-03］.http：//www.hprc.org.cn/gsyj/yjjg/zggsyjxh_1/gsnhlw_1/d14jgsxsnh/201512/t20151229_365107.html.

局合一"，实行政企分开、政事分开、管办分离；并把以上部门各自设立的执法机构和"扫黄""打非"队伍调整归并，组建属地管辖、统一高效的文化市场综合执法机构，以解决文化市场管理中长期存在的职能交叉、多层执法、多头执法和管理缺位等问题，理顺了文化市场管理体制，促进了文化行政管理部门的职能转变。

2005年，国务院发布了《关于非公有资本进入文化产业的若干决定》，扩大了非公有资本可以进入的领域，包括互联网上网服务营业场所、文化娱乐、动漫和网络游戏、广告、电影电视剧制作发行、广播影视技术开发运用、电影院和电影院线、农村电影放映、书报刊分销、音像制品分销、包装装潢印刷品印刷、文化产品和文化服务出口业务、出版物印刷、可录类光盘生产、只读类光盘复制。非公有资本可以投资参股下列领域国有文化企业：出版物印刷、发行，新闻出版单位的广告、发行，广播电台和电视台的音乐、科技、体育、娱乐方面的节目制作，电影制作发行放映，建设和经营有线电视接入网，参与有线电视接收端数字化改造；上述文化企业国有资本控股必须在51%以上。非公有资本可以控股从事有线电视接入网社区部分业务的企业。还规定了非公有资本不得投资设立和经营的范围，包括通讯社、报刊社、出版社、广播电台（站）、电视台（站），以及不得利用互联网开展视听节目服务和建立新闻网站等业务；不得经营报刊版面、广播电视频率频道和时段栏目等。

2005年12月，在总结试点经验的基础上，中共中央、国务院下发了《关于深化文化体制改革的若干意见》（以下简称《意见》），这是中华人民共和国成立以来党中央、国务院第一次就文化体制改革做出的重大决策，明确了深化文化体制改革的指导思想、原则要求和目标任务，标志着文化体制总体改革方案的形成。2006年9月，《国家"十一五"时期文化发展规划纲要》（以下简称《纲要》）公布。《纲要》与《国民经济和社会发展"十一五"规划纲要》相衔接，对文化建设做出中长期规划。这是我国第一个专门部署文化建设的五年发展规划。《意见》和《纲要》两个文件，是党和国家在总结前期试点经验的基础上对文化体制改革所做的总体设计和长期安排。2006年3月，中央召开全国文化体制改革工作会议，分别在除西藏、新疆外的全国所有省（区、市）确立了一批试点地区和单位。2007年召开的中共十七大提出兴起社会主义文化建设新高潮、推动社会主义文化大发展大繁荣的任务。2008 年 4 月，中央召开全国文化体制改革工作会议，要求加大力度、加快进度、推动文化体制改革取得实质性进展。在这一阶段，全国先后有 108 个地区和近千家文化单位成了新一轮的改革试点，文化体制改革在重点领域和关键环节取得新进展。2009 年 8 月，全国文化体制改革经验交流会在总结已有经验的基础上，要求全面完成出版、发行、电影、文化市场管理等领域的改革，全力推进文艺院团、新闻媒体等领域的改革。2009 年，新闻出版总署出台了《关于进一步推进新闻出版体制改革的指导意见》，提出了出版体制改革的"路线图"和"时间表"❶，截至 2010 年 12 月底，中央各部门各单位 134 家均核销了事业编制，268 家地方出版社和 103 家高校出版社转制工作已基本完成。至此，全国 581 家图书出版社基本完成转企改制。2010 年上半年，新闻出版总署制订了非时政类报刊转企改制方案，并对全国 9000 多种非时政类报刊进行了摸底、排队、分类。全国有 1069 家非时政类报刊出版单位和 3000 多家新华书店登记或转制为企业法人，共组建 29 家出版集团，49 家报业集团，4 家期刊集团，24 家国有发行集团。其中包括出版、报业、新媒体、印刷、发行等在内的新闻出版上市企业已达 41 家，总市值 2900 多亿元。❷

2010 年 3 月，中央政治局常委会专门研究党的十六大以来文化体制改革工作。2010 年 4 月，中共中央办公厅、国务院办公厅转发了《中央宣传部关于党的十六大以来文化体制改革及文化事业文化产业发展情况和下一步工作意见》，第一次明确提出"不断增强我国文化软实力和国际竞争力，努力探索中国特色社会主义文化发展道路"，并确立了 2012 年前文化体制改革的主要任务。

互联网迅速发展。2008 年在我国互联网产业史上具有重要的里程碑意义。2008 年 7 月，中国互联网络信息中心（CNNIC）发布的《第 22 次中国互联网络发展状况统计报告》显示，截至 2008 年 6 月 30 日，我国网民总人数达到 2.53 亿，网民规模首次跃居世界第一位。❸2008 年 7 月 22 日，我国 CN 域名注册量以 1218.8 万个全

---

❶ 姚贞.明确新闻出版体制改革时间表路线图［N］.中国新闻出版报，2009-04-07.

❷ 2010 年文化体制改革：重点领域取得新突破［EB/OL］.（2010-12-30）［2020-03-03］. http：//www.wenming.cn/whtzgg_pd/yw_whtzgg/201012/t20101230_43661_2.shtml.

❸ 网民数、国家域名数均居世界第一 互联网大国规模初显［EB/OL］.（2008-07-24）［2020-03-03］.http：//www.cnnic.cn/gywm/xwzx/rdxw/2008nrd/201207/t20120710_31595.htm.

面超过德国 .de 域名，成为全球最大的国家顶级域名。❶2010 年是微博元年，截至
2010 年 10 月，中国微博服务的访问用户规模已达 12521.7 万。❷

三网融合开始推进。2010 年伊始，国务院常务会议提出我国已基本具备进一步
开展三网融合的技术条件、网络基础和市场空间，要求探索建立符合我国国情的三
网融合模式，推进三网融合的阶段性目标。❸2010 年 1 月，国务院下发了《关于推
进三网融合总体方案的通知》，将双向进入作为三网融合试点的首要任务并确定了
交叉的范围。

政府信息公开在此期间有较大进展。国务院的行政法规《中华人民共和国政
府信息公开条例》（以下简称《政府信息公开条例》）于 2008 年 5 月 1 日正式实施，
2007 年颁发《中华人民共和国突发事件应对法》对于突发事件的公开也有明确规
定，对于媒体新闻报道、舆论监督与政府信息公开的关系作了界定。

这一阶段的特点是：一方面，密集出台立法，完善传媒法法律框架；另一方
面，顺应技术发展需求，积极推进传媒体制改革和传媒产业化发展。

三、文献综述

传媒法的研究状况是传媒法治史研究的重要基础性工作。笔者主要通过中国知
网、国家图书馆及其他网络检索途径，筛选出在传媒法领域具有开创性或者影响力
的文献，并对其进行综述。

传媒法的研究始于 20 世纪 70 年代末 80 年代初，围绕新闻立法展开。1978 年，
林春、李银河的《要大大发扬民主和加强法制》一文，其中首次提出了要通过立法
保障言论自由权和出版自由权的观点，开启了传媒法研究先河。1980 年 10 月 29 日，
北京新闻学会新闻法规学术组举行了新闻立法问题的学术讨论会，分析了世界各国

---

❶　中国互联网络信息中心（CNNIC）.第 22 次《中国互联网络发展状况统计报告》［EB/
OL］.（2014-05-26）［2020-03-03］.http：//www.cac.gov.cn/2014-05/26/c_126548659.htm.

❷　2010 年被称为微博元年　中国微博用户已达 1.25 亿［EB/OL］.（2010-12-29）［2020-
03-03］.http：//sh.sina.com.cn/news/s/2010-12-29/0840167562.html 访问日期：2019-3-15.

❸　温家宝主持国务院常务会　决定加快推进三网融合［EB/OL］.（2010-01-13）［2020-03-
03］.http：//www.gov.cn/ldhd/2010-01/13/content_1509622.htm.

新闻法，提出了学习借鉴社会主义国家新闻法，并对资本主义国家的新闻法要批评性吸收。1980 年，徐邦泰的《南斯拉夫新闻法研究》❶是目前笔者检索到的国内期刊中最早关于国外新闻法的介绍。1981 年，张宗厚对主要社会主义和资本主义国家的新闻立法作了概要介绍。❷1984 年，符雨章探讨了党的领导和新闻立法的关系，强调要处理好保障新闻自由和限制新闻工作者滥用新闻自由的关系。❸张友渔认为，新闻法一方面要保障社会主义新闻自由，另一方面要对违反法律的报道和言论给予必要的制裁。❹孙旭培认为，新闻立法要保护报道真实新闻的自由、交代新闻来源、禁止新闻诽谤、搞好更正与答复。❺马光仁梳理了中华人民共和国成立之前的新闻立法及人民为争取新闻自由的斗争历史。❻1986 年，徐培汀提出了新闻法制的概念，认为是指新闻立法和新闻业的管理制度，并认为社会主义新闻法制研究，涉及如何处理社会主义民主与法制的关系，新闻法制和党对新闻工作领导的关系，如何实现有中国特色的社会主义新闻法、如何对待保护和限制、批评和诽谤、失实和更正、竞争和泄密的问题等。❼1988 年，李怀德指出，表达自由是公民的基本权利，是民主制度所必需。❽20 世纪 80 年代末新闻立法研究达到高峰，但随着政治局势的变化，随后近十年陷入低谷。

进入 20 世纪 90 年代，传媒法的研究内容更加多元化，不仅涉及传媒法基本理论，更深入具体的传媒法问题。传媒法的基本理论研究呈现由浅入深，由零散到体系化，由新闻出版到广播影视再到互联网的演进规律。1998 年，林锦峰提出，传播产业也需要法律的指导、规范和保障。传播法就是以传播关系为调整对象的，关于传播权及其行使的法律规范的总和，属经济行政法及公法与私法的并合，是由大量散见的单行法律法规构成的法律体系。❾1999 年，魏永征的《中国新闻传播法纲要》

❶ 徐邦泰.南斯拉夫新闻法研究［J］.新闻战线，1980（12）.
❷ 张宗厚.世界各国新闻法一瞥［J］.新闻战线，1981（7）.
❸ 符雨章.新闻法刍议［J］.新闻战线，1984（11）.
❹ 张友渔.谈新闻立法［J］.新闻与写作，1985（9）.
❺ 孙旭培.从新闻立法途径保证新闻真实性［J］.新闻大学，1985（11）.
❻ 马光仁.我国新闻法的演变及争取新闻自由的斗争［J］.新闻大学，1985（10）.
❼ 徐培汀.新闻法制学刍议［J］.新闻大学，1986（12）.
❽ 李怀德.论表达自由［J］.现代法学，1988（6）.
❾ 林锦峰.传播法制化的必要性与传播法的思考［J］.中山大学学报（社会科学版），1998（1）.

是一部系统阐述我国现行法律体系中关于新闻活动的法律规范的学术性专著，将新闻法定义为"调整新闻活动中各种法律关系，保障新闻活动中的社会公共利益和公民、法人的有关合法权益的法律规范的总称"，提出即使《新闻法》尚未出台，我国法律体系中有关新闻活动的法律规范也已十分丰富。❶2002 年，魏永征对《中国新闻传播法纲要》进行了修改，编写了《新闻传播法教程》，对新闻传播法的体系化研究做出了开创性贡献，该教材也成为最受欢迎的新闻传播法教程，至今已出版了六版。❷李立景归纳了我国目前传播法理论体系研究中存在的问题，提出了导论—传播过程要素论—价值论的理论体系构想。❸魏永征、李丹林主编的《影视法导论》，从电影、电视节目制作的视角来介绍有关影视活动需要遵守的法律制度，拓展了传媒法的研究视野。❹柏杨较早提出了传媒监管的主体职责、内容和程序应该法治化的问题。❺王四新主张，在合理限制互联网信息的同时，中国应该建立相应的言论救济机制，以保护公民的表达自由。❻陈力丹、吴麟以我国近年发生的十几起因批评当权者而获罪的案例为背景，论证了言论多元的基本哲理、我国现有法律体系在保障人民表达权方面不完善的方面及对策。

张文祥、周妍对 20 年来形成的我国互联网新闻信息管理制度文本进行了系统梳理，对互联网新闻归口管理、新闻登载的行政许可制、网络新闻采访权限制、网络视听新闻管理、新闻跟帖实名制等互联网新闻管理的重要问题分别进行了论述，并对现有管理制度的合法性、有效性进行了思考。❼陈根发指出，我国已经基本形成了一个中国特色的"文化传媒法"体系，并体现出较强的灵活性和先进性。在建构我国文化传媒法治体系的过程中，应该借鉴国外的有益经验，但是不能脱离我国的国情和社会主义法治理念。❽刘艳红认为，在言论型犯罪的构造中，应将客观真实和合理确信规则下的"主观真实"作为违法阻却事由，"严重危害社会秩序和国家

❶ 魏永征.中国新闻传播法纲要［M］.上海：上海社会科学出版社，1999.
❷ 魏永征.新闻传播法教程［M］.北京：中国人民大学出版社，2006.
❸ 李立景.传媒法学的体系初论［J］.新闻界，2005（1）.
❹ 魏永征，李丹林.影视法导论［M］.上海：复旦大学出版社，2005.
❺ 柏杨.传媒监管的法治化［J］.现代传播，2007（2）.
❻ 王四新.网络空间的表达自由［M］.北京：社科文献出版社，2007.
❼ 张文祥，周妍.对 20 年来我国互联网新闻信息管理制度的考察［J］.新闻记者，2014（4）.
❽ 陈根发.文化传媒法治建构研究［M］.北京：中国社会科学出版社，2016.

利益"等入罪基准须是现实物理的秩序混乱,且行为人主观上有无任何正当目的的故意,对轻微言论犯罪不应轻易适用有期徒刑的刑罚。❶ 邵国松从网络传播与国家、网络传播与社会、网络传播与公民出发,集中讨论了网络传播的主要法律问题,并提出了研究网络传播法的理论框架和路线图。❷ 萧燕雄从国家治理能力提升的角度对传媒法制建设的障碍作了分析,并提出了对策及建议。❸ 李丹林提出,在推进国家治理体系和治理能力现代化的进程中,需要建构"以人民为中心"的传媒监管制度,平衡好秩序与发展价值目标的关系,协调好效率与公平价值目标的关系,处理好规范专业媒体行为与规范自媒体和个体传播者的关系。❹

新闻侵权领域的研究成果较为丰硕。1994 年,魏永征的《被告席上的记者——新闻侵权论》对新闻侵权诉讼的历史作了回顾,结合了上百个案例对新闻媒体侵犯名誉权、隐私权、肖像权及争议解决,并对国外法院审理新闻诽谤案件的思路和原则作了介绍。❺ 孙旭培主编的《新闻侵权与诉讼》中论述了新闻侵害公民名誉权、肖像权、著作权等问题,并举例说明含义、表现形式及责任分担等。❻ 这两部专著对于传媒侵权的体系化研究具有开创性意义。杨立新对新闻自由与人格权保护、新闻侵权的构成及责任作了分析,之后又撰文进行了体系化构建。❼ 而张新宝认为,侵权责任法不应规定"新闻侵权"或"媒体侵权",同时认为依文义分析,支持"新闻(媒体)侵权"者,既未能明确协调好"新闻(媒体)侵权"与侵害名誉权、侵害隐私权等侵权行为之间的关系,又未能解决好"新闻(媒体)侵权"的特殊性问题,也不为国内外立法例所采纳。❽ 叶红耘强调应运用利益平衡理论界定新闻自由和隐私权的关系。❾ 魏永征、白净提出,我国在借鉴国外经验时应当广做

❶ 刘艳红.网络时代言论自由的刑法边界[J].中国社会科学,2016(10).
❷ 邵国松.网络传播法导论[M].北京:中国人民大学出版社,2017.
❸ 萧燕雄.中国传媒法制变革路径与国家治理能力的提升[M].北京:中国书籍出版社,2019.
❹ 李丹林.论现代传媒监管制度建构的理念与路径[J].现代传播,2020(12).
❺ 魏永征.被告席上的记者——新闻侵权论[M].上海:上海人民出版社,1994.
❻ 孙旭培.新闻侵权与诉讼[M].北京:人民日报出版社,1994.
❼ 杨立新.论中国新闻侵权抗辩及体系与具体规则[J].河南生政法干部管理学院学报,2008(5).
❽ 张新宝.新闻(媒体)侵权否认说[J].中国法学,2008(6).
❾ 叶红耘.新闻自由权侵犯隐私权的法理评析[J].法学,2004(3).

比较，建构有中国特色的名誉权法和媒介法。徐迅通过大量案件统计数据对新闻侵权案件进行了定量和定性研究。❶ 杨立新旨在以《中华人民共和国侵权责任法》（以下简称《侵权责任法》）为依据，划清媒体的合法行为与侵权行为的界限，界定媒体侵权责任的构成，进而保护媒体的合法权益，保护民事主体的民事权益。❷ 民法典颁布后，刘文杰认为，《中华人民共和国民法典》（以下简称《民法典》）中专门针对新闻报道、舆论监督规定了免责条款，体现出对言论表达重要性的强调，但这些规定也存在缺乏完整构成要件的问题，尚待司法实践结合个案情况对其加以充实。《民法典》的合理核实义务认定条款顾及新闻传播主体的工作特点和规律，值得肯定。其中第998条通过列举多项衡量要素，否定了那种认为只要发生了人格利益侵害人格侵权就成立的观点和做法，为司法实践中新闻抗辩事由认定提供了方向和方法上的指引。❸

　　进入互联网时代，关于网络侵权的论著不断增多。陈怡、袁雪石通过典型案例分析了网络侵权和新闻侵权的原理。❹ 于冲通过对10年来具有轰动效应的100起网络诽谤典型案件研究发现，网络诽谤在行为主体、行为对象、发布载体、传播途径及案件启动程序等方面体现出有异于传统诽谤行为的新型特征，在某种程度上引发了司法实践中作为与不作为、名誉权与言论自由的冲突。❺ 刘文杰通过追溯网络服务提供者责任的国际立法范本，探讨了发源于美国的责任避风港规则与大陆法上注意义务两相协调的路径。❻ 陈堂发认为，互联网与大数据环境使得隐私保护"应当"强化的社会期待与司法在实践上"能够"强化保护之间的鸿沟越来越大。应当对隐私作类型化划分，区别制定其保护规则。"自然型隐私"的法律保护强调注重位序性与制约性的系列原则：以人格尊严与伦理价值为要件的隐私庇讳原则；以主

---

　　❶ 徐迅. 新闻（媒体）侵权研究新论［M］. 北京：法律出版社，2009.

　　❷ 杨立新. 媒体侵权与媒体权利保护的司法界限研究：中国媒体侵权责任案件法律适用指引及释义［M］. 北京：人民法院出版社，2015.

　　❸ 刘文杰. 民法典在新闻侵权抗辩事由上的探索与创新［J］. 新闻记者，2020（9）.

　　❹ 陈怡，袁雪石. 网络侵权与新闻侵权［M］. 北京：中国法制出版社，2010.

　　❺ 于冲. 网络诽谤行为的实证分析与刑法应对——以10年来100个网络诽谤案例为样本［J］. 法学，2013（7）.

　　❻ 刘文杰. 从责任避风港到安全保障义务：网络服务提供者的中介人责任研究［M］. 北京：中国社会科学出版社，2016.

体不同身份角色与所处境遇来确立隐私外延差异原则。"合成型隐私"保护规则应将"维护伦理人的基本尊严"即"人的羞耻感与内心安宁渴求本能"作为标准，确立隐私保护必要性。❶ 顾理平、杨苗指出，大数据时代，个人隐私数据的"二次使用"不仅成了企业的商机，也为消费者提供了便利。但是个人隐私数据的"二次使用"产生的问题必须引起我们的重视，必须借鉴传播隐私管理理论进行个人隐私数据的管理，从而联合各方协调管理好隐私边界，妥善保护公民隐私。❷

张秀兰、王眉、陈晓彦、路娟、张鸿霞、岳业鹏、周丽娜等学者也创作并出版了隐私权、名誉权的相关著作。❸

关于舆论监督与公众人物的研究，魏永征对于美国及我国关于舆论监督与公众人物的研究及实践进行了系统梳理，并就目前存在的五种解决思路进行了评价。❹ 侯健认为，舆论监督与政府机构或政府官员的"名誉利益"之间的冲突，不仅是权利上的冲突，其实质是公民的民主权利与政府机构或官员的公共权力之间的冲突，可以考虑以公法方面的规定来代替在私法上授予政府机构名誉权的做法，法律限于惩罚那些对现存秩序可能造成或已经造成严重危险的故意捏造的失实言论，余者的不良影响可以通过"更多的言论"去消除。❺ 王利明认为，应当对舆论监督进行倾斜性保护，建构严格的新闻侵权责任构成要件，明确一定的免责条件。❻ 展江考察了舆论监督事业在中国的社会转型中所起到的权力制衡作用及它自身所经历的曲折发展过程。❼

---

❶ 陈堂发 . 互联网与大数据环境下隐私保护困境与规则探讨［J］. 暨南学报（哲学社会科学版），2015（10）.

❷ 顾理平，杨苗 . 个人隐私数据"二次使用"中的边界［J］. 新闻与传播研究，2016（9）.

❸ 张秀兰 . 网络隐私权保护研究［M］. 北京：北京图书馆出版社，2006；王眉 . 网络传播中的名誉侵权问题研究［M］. 北京：中国广播影视出版社，2008；陈晓彦 . 媒体与名誉侵权［M］. 重庆：西南师范大学出版社，2009；路娟 . 新媒体传播中隐私侵权问题及救济路径［M］. 北京：北京：清华大学出版社，2016；张鸿霞 . 大众传播活动侵犯人权的归责原则研究［M］. 北京：中国政法大学出版社，2012；岳业鹏 . 媒体诽谤侵权责任研究［M］. 北京：中国政法大学出版社，2014；周丽娜 . 媒体与隐私：英国新闻报道侵犯隐私案例研究［M］. 北京：中国传媒大学出版社，2013。

❹ 魏永征 . 舆论监督和"公众人物"［J］. 国际新闻界，2000（3）.

❺ 侯健 . 舆论监督与名誉权问题研究［M］. 北京：北京大学出版社，2002.

❻ 王利明 . 论人格权保护与舆论监督的相互关系［J］. 法学家，1994（5）.

❼ 展江 . 新世纪的舆论监督［J］. 青年记者，2007（11）.

关于广播电视法研究，涂昌波讲解了中外广播电视立法制度、监管制度、许可制度、所有权制度、节目制度、传播网络制度、视听新媒体制度、从业人员制度、涉外制度、法律责任与法律救济等。❶ 夏倩芳以美国为例，解析了公共利益与广电媒介规制的复杂关系，提醒人们关注媒介规制的公共利益本体。❷ 李丹林进一步对广播电视法中的公共利益的一般意涵、美国广播电视法中的公共利益的争议与制约因素等进行了分析。❸

关于媒体与司法的关系，侯健介绍了美国的传媒与司法冲突的判例。❹ 徐迅指出，我国媒体与司法的关系，目前正呈现出错综复杂的状态，对多数基本问题缺少共识，尚无规则，有赖通过深化改革明确媒体与司法各自的定位，实现调整，以建立符合市场经济需要的相关秩序。❺ 甄树清建议我国对未决案件的报道进行规范。❻ 高一飞指出，在处理媒体与司法关系的问题上，西方主要法治国家采用的模式是不相同的。美国采用的是不限制媒体的"司法自我约束模式"；英国采用的是"司法限制媒体模式"；大陆法国家则采用了一种近乎"放任自流"的"司法向媒体开放模式"；而中国应当采纳大陆法系模式。❼

关于传媒与著作权保护的关系，刘文杰提出，不能以篇幅短小或品质平庸为由否定微博文章的作品地位，由于微博平台在性质上属于新型公众日常社交空间，所以微博平台上的作品利用原则上应被归为合理使用。❽ 王迁指出，我国对于反映新闻事件的照片并不属于不受保护的时事新闻。如果照片本身就是时事新闻的一部分，为了报道时事新闻而不可避免地再现时，则可以不经著作权人许可。❾ 刘文杰指出，我国著作权法有两处规定中出现"时事新闻"，然而，两处"时事新闻"的含义并不相同。伯尔尼公约分别使用了"news of the day"和"current events"两个

❶ 涂昌波. 广播电视法律制度概论 ［M］. 北京：中国传媒大学出版社，2007.
❷ 夏倩芳. 公共利益界定与广播电视规制——以美国为例 ［J］. 新闻与传播研究，2005（1）.
❸ 李丹林. 广播电视法上的公共利益研究 ［M］. 北京：中国传媒大学出版社，2012.
❹ 侯健. 传媒与司法的冲突及其调整 ［J］. 比较法研究，2001（1）.
❺ 徐迅. 中国媒体与司法关系现状评析 ［J］. 法学研究，2001（6）.
❻ 甄树清. 论表达自由与公正审判 ［J］. 中国法学，2003（5）.
❼ 高一飞. 媒体与司法关系规则的三种模式 ［J］. 国际新闻界，2011（2）.
❽ 刘文杰. 微博平台上的著作权 ［J］. 法学研究，2012（6）.
❾ 王迁. 论《著作权法》中"时事新闻"的含义 ［J］. 中国版权，2014（1）.

短语，对两个不同的概念进行了区分，我国著作权法却一概译为"时事新闻"，以致造成认识上的混淆。❶ 朱鸿军研究了面对三网融合环境，我国版权法律制度至少存在广播权、信息网络传播权界定不清，避风港原则有被滥用的可能，合理使用原则部分不适用，法定许可中的支付报酬兑现难，侵权合并起诉得不到支持五大不适应处，并提出了对策和建议。❷ 彭桂兵等针对《数字版权指令》中"链接税"条款和"过滤器"条款做了分析，认为新闻聚合纠纷宜以竞争法而非版权法予以规制，方能在促进社会创新的同时更好地实现利益平衡。❸

政府信息公开方面，纪新青指出，我国大众传媒在政府信息公开中应担当"三位一体"的把关人、社会的守望者和政府形象的传播者三种角色。❹ 赵双阁、强月新指出，政府信息公开与大众传媒的立足点在于满足公民的知情权，政府信息公开制度是新闻立法的一部分，政府信息公开能够保障采访权、媒体舆论监督权的实现，政府信息公开制度的贯彻执行对新闻媒体的实践会产生很大的促进作用。❺ 王锡锌对我国信息公开实践中滥用知情权现象进行了分析，通过对知情权行使的原则设定、滥用权利行为的类型化及建构滥用权利的测试标准等途径，抑制行政机构和司法机关适用权利滥用原则的自由裁量空间，从而实现对知情权的权利保障和抑制权利滥用之间的平衡。❻

关于传媒法与新闻伦理和自律，陈绚指出，社会法制环境是新闻自律的大环境，并提出要建立新闻自律的监督机制。❼ 王军对传媒法规与伦理知识作了介绍，具体内容包括传媒与国家安全、传媒与司法独立、传媒法实务、传媒伦理概述、传媒伦理实务等。❽

---

❶ 刘文杰.探析著作权法中的"时事新闻"——翻译引发的著作权法疑难问题［J］.新闻与传播研究，2016（3）.

❷ 朱鸿军.三网融合中版权法律制度的不适应及完善［J］.新闻记者，2015（12）.

❸ 彭桂兵，陈煜帆.取道竞争法：我国新闻聚合平台的规制路径——欧盟《数字版权指令》争议条款的启示［J］.新闻与传播研究，2019（4）.

❹ 纪新青.论政府信息公开与大众传媒的角色定位［J］.中国行政管理，2004（11）.

❺ 赵双阁，强月新.论政府信息公开对大众传媒的建构性影响［J］.新闻与传播评论，2009（1）.

❻ 王锡锌.滥用知情权的逻辑及展开［J］.法学研究，2017（6）.

❼ 陈绚.也谈"新闻自律"［J］.国际新闻界，1998（1）.

❽ 王军.传媒法规与伦理［M］.北京：中国传媒大学出版社，2010.

关于域外传媒法的研究，1997 年梁伟贤介绍了香港地区自 1844 年以来的新闻传播法的历史。❶张志铭具体介绍了欧洲人权法院关于表达自由的判例规则。❷吴飞介绍了"思想市场"理论在西方的发展变化。❸魏永征、张咏华、林琳对西方传媒法律制度的司法、管理和自律作了系统介绍。❹展江指出，利用大众传媒对公共权力滥用导致的腐败行为进行监督，这是世界各国的普遍实践，各国纷纷抛弃或显著减少了对媒体的直接行政干预，而代之以强制性的法律调控和专业伦理约束，其中在政府信息公开方面出现了超越两大法系的立法趋势。❺唐·R·彭伯著，张金玺、赵刚译的《大众传媒法》对介绍美国传媒法基本理论和案例产生重要影响。❻王四新探讨了美国政府和法院如何处理表达自由与互联网的关系。❼李丹林对英国报刊业监管改革进行了研究。❽左亦鲁指出，在前网络时代，言论自由是建立在"街头发言者"模式之上的。网络时代的发言者已从"街头"转移到互联网。面对网络时代言论自由问题的日益复杂化和技术化，告别"街头发言者"是重新释放"言论自由想象力"的第一步。❾卢家银从新闻传播法的宪法原则、国家安全、社会秩序、公民权利和特殊权界五个维度，梳理和研究了英美法系、大陆法系、印度法系和中华法系国家的传播法律体系、历史进程和现实变革。❿

在传媒法治史研究方面，1999 年，黄瑚论述了中国近代新闻法制的历史渊源、初步实践与新闻法律制度的形成与发展。⓫2008 年，魏永征梳理了 1978—2008 年媒体法制的历史，指出中国对传媒业的行政管理法制已经体系化，并提出中国媒介法的主旨

---

❶ 梁伟贤.新闻与传播法的回顾与前瞻［J］.新闻与传播研究，1997（2）：13-22.
❷ 张志铭.欧洲人权法院判例法中的表达自由［J］.外国法译评，2000（4）.
❸ 吴飞.西方传播法立法的基石——"思想市场"理论评［J］.中国人民大学学报，2003（6）.
❹ 魏永征，张咏华，林琳.西方传媒的法制、管理和自律［M］.北京：中国人民大学出版社，2003.
❺ 展江.各国舆论监督的法律保障与伦理约束［J］.中国青年政治学院学报，2005（4）.
❻ 唐·R·彭伯.大众传媒法［M］.张金玺，赵刚，译.北京：中国人民大学出版社，2005.
❼ 王四新.表达自由：媒体与互联网——以美国为例［J］.国际新闻界，2007（5）.
❽ 李丹林."谁来监守守护者"？——论英国"窃听丑闻"发生后报刊业监管改革［J］.新闻记者，2013（5）.
❾ 左亦鲁.告别"街头发言者"美国网络言论自由二十年［J］.中外法学，2015（2）.
❿ 卢家银.群己权界新论——传播法比较研究［M］.北京：商务印书馆，2020.
⓫ 黄瑚.中国近代新闻法制史论［M］.上海：复旦大学出版社，1999.

就是"公民有自由，媒介归国家"，主要功能就是确保"党管媒体"，维护媒介的喉舌性质和思想宣传阵地功能。❶笔者带领的研究团队于2009年开始在《四川理工学院学报》（社科版）《青年记者》《新闻记者》等杂志上刊发了《年度中国传媒法治研究报告》，对各年度我国传媒法治进行了述评。自2013年起，陈绚等编写了《新闻传播与媒介法治年度研究报告》，通过典型案例透视年度传媒法治。自2016年起，王伟亮每年撰写中国传媒法研究综述，对学界研究动态进行了及时的归纳和梳理。

这些研究成果为评价2011—2020年中国传媒法治实践提供了较为扎实的理论基础。

四、研究框架、研究方法及创新之处

（一）研究框架

本书的主体分为绪论、第一章到第十章、结论共12个部分。每章的研究体例大体一致，分为两节，第一节为研究年度中国传媒法治发展，主要包括6个部分。

1. 传媒立法、方针、政策

传媒立法包括宪法、法律、行政法规、地方性法规、部门规章、地方政府规章、国际条约等。根据与传媒的关系的密切程度，将传媒立法分为两类：第一类是传媒核心立法，这些立法直接规范传媒行业，如《中华人民共和国电影产业促进法》（以下简称《电影产业促进法》）《中华人民共和国网络安全法》（以下简称《网络安全法》）《著作权法》；第二类是与传媒有关联的立法，如《中华人民共和国未成年人保护法》（以下简称《未成年人保护法》）《中华人民共和国英雄烈士保护法》（以下简称《英雄烈士保护法》）《政府信息公开条例》《刑法》《刑事诉讼法》《民法典》，这些立法虽然不直接规范传媒行业，但却包含了一些与传媒关系紧密的条款。

传媒政策是党和国家出台的与传媒有关的指导意见，政策与法律有密切联系，法律往往以政策为指导，政策对法律的实施具有指导作用。法律具有明确性和稳定

---

❶ 魏永征. 中国媒介管理法制的体系化——回顾媒介法制建设30年［J］. 国际新闻界，2008（12）.

性，且有国家强制力保障，而政策更具纲领性、原则性和方向性，如2011年，党的十七届六中全会通过的《中共中央关于深化文化体制改革、推动社会主义文化大发展大繁荣若干重大问题的决定》，2014年8月，中央全面深化改革领导小组第四次会议审议通过的《关于推动传统媒体和新兴媒体融合发展的指导意见》。

传媒方针是党和政府领导人的一些讲话精神，是引导政策前进的方向和目标，如领导人在全国宣传思想工作会议上的讲话，也是本书关注的。

本书每章的第一部分对本年度的传媒方针、政策及法律进行了总述，并指出了本年度传媒法治的指导思想。

2. 新闻出版与广播影视监管

通常把新闻出版与广播影视归为传统媒体。在网络时代，出现了网络出版、网络视听节目监管的新问题，并且存在传统媒体如何与新兴媒体融合，是否需要及能否网上、网下统一尺度的问题。本书反映了十年来新闻出版与广播影视机制改革、监管机构、监管方式的变迁。

3. 互联网治理

互联网的迅速发展使得互联网治理成为2011—2020年传媒法治篇幅最长的部分。本书涵盖了互联网新闻信息内容监管、互联网信息内容监管、互联网不正当竞争和垄断监管、互联网广告监管、网络未成年人保护等内容。

4. 信息公开

信息公开既包括政府信息公开，也包括司法公开。本书讨论了历年政府信息公开的重点、司法公开的进步及信息公开中存在的问题。

5. 著作权保护

著作权是传媒法的核心内容之一。本书分析了十年来著作权立法、执法、司法的动态，以及特别重大、具有标杆意义的传媒相关的著作权案例。

6. 人格权保护

人格权保护主要包括两个方面，第一是名誉权，第二是隐私权和个人信息。本书记录了典型案例、监管事例及相关立法。

第二节精选自中国传媒大学与北京市律师协会每年评出的中国年度传媒法事例并作简要评析，可以从中窥见每年传媒法最具影响力和重要性的事例，和第一节内容相呼应。

（二）研究方法

本书的研究方法主要有两种。

1. 历史研究法

即运用历史资料，按照历史发展的顺序对传媒法事件进行研究，通过对 2011—2020 年的中国传媒法治事例进行的历史研究，力图找出各事件的关联，总结特点，分析原因及变化。在互联网时代，使用的网络文献较多，笔者尽量选择官方或者权威媒体的报道。

2. 案例研究法

即对传媒法典型案例进行研究，总结规律，进行评价。

（三）创新之处

1. 选题的创新

本书是第一部研究我国 2011—2020 年传媒法治发展史的专著，对于记录和研究这段历史、推动传媒法治发展具有较高的学术价值。

2. 研究内容的创新

本书选取的事例具有典型性，而且对事例的背景、意义，事例之间的关联性进行了总结，在总结出 2011—2020 年每一年度的传媒法治发展特点的基础上，又概括出这十年的发展规律和未来趋势，具有承前启后的价值。

第一章　2011年度中国传媒法治发展

第一节　2011年度中国传媒法治发展

一、有关传媒的指导方针和政策

2011年7月，国务院新闻办公室发布了《〈国家人权行动计划（2009—2010年）〉评估报告》，指出我国在保护表达权和知情权方面取得新进展；公民的言论自由得到充分保障，互联网成为公民行使表达权利的新渠道；新闻和出版事业得到进一步发展。2011年10月，党的十七届六中全会通过了《中共中央关于深化文化体制改革、推动社会主义文化大发展大繁荣若干重大问题的决定》，全面总结了党领导文化建设的成就和经验，深刻分析了文化建设面临的新形势和新任务，阐明了中国特色社会主义文化发展道路，确立了建设社会主义文化强国的宏伟目标，提出了新形势下推进文化体制改革的指导思想、重要方针、目标任务和政策举措，是当前和今后一个时期推进我国文化改革和发展的行动纲领。

二、新闻出版与广播影视监管

（一）新闻出版监管

2011年3月，国务院修改了《出版管理条例》和《音像制品管理条例》，这是继2001年后对这两个条例的再次修改。修改后的《出版管理条例》按照2003年党的十六届三中全会通过的《中共中央关于完善社会主义市场经济体制若干问题的决定》，提出了关于公益性文化事业单位和经营性文化企业单位的区分及在此指导下的出版业转制改制进程，明确将出版事业修改为"出版事业"和"出版产业"，对两者的登记、变更和终止等程序分别作了规定。还修改了出版物进口业务规定，取消了经营报刊进口业务的指定制，一律实行许可制。增列了通过互联网从事出版物发行业务的许可规定。同时保留了出版单位的主办单位和主管机关的制度，重申了"出版单位的主办单位及其主管机关对所属出版单位的出版活动负有直接管理责任，并应当配合出版行政主管部门督促所属出版单位执行各项管理规定"。

在《出版管理条例》修改稿中，曾考虑纳入"网络出版物"的管理，但正式公布的文本只在最后规定了网络出版审批和管理办法，由国务院出版行政主管部门根据该条例的原则另行制定。《出版管理条例》的修改反映了近年来出版体制改革的成果。2010年初，新闻出版总署宣布：在转企改制的148家中央各部门各单位经营性出版社中，除1家出版社停办退出，13家原本没有核定过编制外，余下的134家出版社均核销了事业单位、事业编制，基本完成了转制手续，包括地方出版社、高校出版社、中央各部门各单位出版社在内的全国所有经营性出版社均已完成转企，成为市场主体。截至2010年11月，我国报刊有11833种，其中1069家报刊单位已转制改企，39家报业集团实行了编辑和经营两分离开。首批转制的中央各部门各单位非时政类报刊出版单位已于2011年8月底前报送改革方案，年底前完成转企改制任务。2012年9月底前，非时政类报刊全面完成改制任务。❶

为因应报刊等出版单位改制的新情况，新闻出版总署频频出台新的规范性文

---

❶ 李丹.早改早受益 发展更有力［N］.经济日报，2011-01-11（001）.

件。2011 年 3 月，新闻出版总署发布了《关于开展报刊记者站专项治理的通知》，全面清理违规记者站，并对全国所有记者站重新进行了登记。新闻出版总署还与商务部联合公布了《出版物市场管理规定》，规范了出版物发行活动及其监督管理，建立了全国统一、开放、竞争、有序的出版物市场体系。2011 年 4 月，新闻出版总署与海关总署联合公布了《音像制品进口管理办法》，加强对音像制品进口的管理。2011 年 5 月，新闻出版总署发布了《新闻采编人员不良从业行为记录登记办法》，规定从事新闻采编活动的人员自不良从业行为记录登记之日起，情节严重程度，将被严格限制从事新闻采编工作的期限，极其严重者终身不得从事新闻采编工作。2011 年 10 月，新闻出版总署发布了《关于严防虚假新闻报道的若干规定》，从"新闻记者采访的基本规范""新闻机构管理的基本职责""虚假报道的处理规则"和"法律责任追究的基本原则"四个方面，就严防虚假新闻做出了系统规定。2011 年 11 月，全国"扫黄打非"办公室和新闻出版总署联合发出通知，在全国组织开展专项行动，打击"四假"，即严厉打击非法报刊、非法报刊机构、假记者、假新闻。

（二）广播影视监管

广播影视产业体制机制改革也不断深化，产业发展呈强劲态势。2011 年 3 月，广电总局宣布，全国有 35 家电影制片厂、70 家电视剧制作机构、204 家省市电影公司、293 家电影院等国有经营性事业单位完成转企改制，9 家广播影视企业重组上市。❶

广电总局在内容制作、播出等方面，也出台了一系列规范性文件。2011 年 2 月，广电总局办公厅发布了《关于严格控制电影、电视剧中吸烟镜头的通知》，要求严格控制与烟草相关的情节和镜头，电影和电视剧中不得出现烟草的品牌标识和相关内容，以及变相的烟草广告。同月广电总局办公厅发布了《关于进一步加强电视剧文字质量管理的通知》，规定了电视剧制作机构、审查机构、播出机构的检查义务，确保电视剧用字用语正确、规范。2011 年 7 月，广电总局下发了《关于严禁通过互联网经机顶盒向电视机终端提供视听节目服务的通知》，要求视频网站立即进行自查和整改，

---

❶ 广电总局. 2010 年中国电影故事片产量进世界三甲［EB/OL］.（2011-02-28）［2020-03-03］.http://news.cntv.cn/20110228/111958.shtml.

自行关闭互联网电视平台，停止一切销售、宣传活动。2011 年 10 月，广电总局下发了《关于进一步加强电视上星综合频道节目管理的意见》，提出从 2012 年 1 月 1 日起，34 个电视上星综合频道要提高新闻类节目播出量，对娱乐类节目实行播出总量控制，还要开办一档道德建设类节目，克服"唯收视率论"。2011 年 11 月，广电总局下发了《〈广播电视广告播出管理办法〉的补充规定》，决定自 2012 年 1 月 1 日起，全国各电视台播出电视剧时，每集电视剧中不得再以任何形式插播广告。

2011 年 6 月，最高人民法院（以下简称"最高院"）发布了《关于审理破坏广播电视设施等刑事案件具体应用法律若干问题的解释》，对破坏广播电视设施等刑事案件的具体适用做出规定。

三、互联网治理

2011 年互联网平稳发展，网民持续增长而网站数量减少，突出亮点是微博用户达 2.5 亿 ❶，由此带来了互联网生态新变化和规管新问题。

（一）新机构和新规范

2011 年 5 月，经国务院同意，国家互联网信息办公室（以下简称"网信办"）成立。主要职责包括落实互联网信息传播方针政策和推动互联网信息传播法制建设，指导、协调、督促有关部门加强互联网信息内容管理，负责网络新闻业务的审批及其他相关业务的审批和日常监管等。在国务院新闻办公室加挂网信办牌子，不另设新的机构。多年来互联网监管由十多家国家部门按各自业务范围分别行使，自此办公室成立后有了一家专门履行互联网监管的国家部门。

前述新闻出版和广播电视部门的规范性文件，有若干正是涉及互联网的。此外，2011 年 4 月，文化部颁布的《互联网文化管理暂行规定》，对互联网文化单位的主体准入、内容管理、经营规范及违法处罚等做了具体规定。配套发布的通知对新规定内

---

❶ 中国互联网络信息中心（CNNIC）. 第 27 次《中国互联网络发展状况统计报告》［EB/OL］.（2011-02-03）［2020-03-03］.https：//news.znds.com/article/52203.html.

容进一步细化，要求充分发挥技术监管优势，加快全国网络文化市场监管平台建设，建立非法网络文化企业和产品的"黑名单"，提高网络文化监管预警能力。

（二）以司法制裁网络商不正当竞争行为

随着互联网市场的发展，网络服务商不正当竞争行为成为一个突出问题，从过去一年法院的若干判决来看，此类行为可谓层出不穷。双方都自称"最大""最专业"，被法院认定均构成虚假宣传的案件，如大众点评网与爱帮网互诉对方虚假宣传案，双方都被判赔（后者还被认定侵害前者著作权）；❶有使用相同或近似域名闹出的"双包案"，如开心人公司诉千橡公司案，后者被判赔偿对方40万元；❷而360公司所开发的软件，由于涉及其他公司的商业信誉，如360隐私保护器在对QQ2010软件监测时会出现"可能涉及您的隐私"的表述；360安全卫士软件对金山网盾强行卸除并指责此产品对其功能有破坏，被后两家起诉，分别承赔30万元和40万元。❸

这些判决明确了互联网市场中关于兼容、商业诋毁、恶意诱拆、强拆等不正当竞争手段的法律界定及司法意见，有利于互联网市场的健康发展。

（三）惩治网络谣言和非法网络公关

互联网，尤其是微博上的虚假信息应引起强烈关注，如日本大地震后波及全国的抢盐风潮，严重扰乱了社会生活。特别是2011年8月份网上出现的所谓"国税总局47号公告"，居然很快就登上省级党报和三大顶级中央媒体，直至国家税务总局发布声明，方才拆穿纯属伪造。❹新闻出版总署通知指出："受网络虚假信息的影响，传统媒体虚假新闻、不实报道呈上升趋势。"《关于严防虚假新闻报道的若干规定》正是为此而立，其中明确规定不得直接使用未经核实的网络信息和手机信息，通过

❶ 大众点评网爱帮网虚假宣传［EB/OL］.（2011-03-09）［2020-03-03］.http：//jingji.cntv.cn/20110309/102805.shtml.

❷ 俩开心网涉不正当竞争案终审判决　驳回上诉维持原判［EB/OL］.（2011-04-11）［2020-03-03］.http：//bjgy.chinacourt.gov.cn/article/detail/2011/04/id/881069.shtml.

❸ 何靖.腾讯QQ诉360不正当竞争案宣判　360被判令停止侵权并道歉赔偿［N］.人民法院报，2011-04-27.

❹ 国税总局正版"47号公告"发布内容无关个税［EB/OL］.（2011-08-28）［2020-03-03］.https://news.qq.com/a/20110828/000043.htm.

电话、邮件、微博、博客等传播渠道获得的信息，如有新闻价值，新闻机构必须派出编辑记者核实无误后方可刊播。

主管部门也加大了对网上谣言的澄清和对造谣、传谣者惩处的力度，与之相关的还有打击非法网络公关行为。

（四）探索微博监管

微博监管一时成为热门话题。有人主张对微博服务器实行专项行政许可，微博用户全面实行实名制、建立和完善责任追究制度等，此观点引起社会探讨。网络服务商自律监管被认为是一个重要形式。2011年9月，搜狐微博首家推出行业《自律专员行为准则》，聘请了15名自律专员，时刻巡查微博并举报违法、不良信息。据悉，微博处理举报内容中位居首位的是侵权（如骂人），其次是广告、低俗、违法、诈骗等。搜狐定期组织业务汇报会和交流会，帮助自律专员严格遵守国家的相关法律法规，严格执行网络文明的各项规约要求，提高识别有害信息的能力。❶

1. 微博在舆论监督领域异军突起

2010年12月30日《中国的反腐败和廉政建设》白皮书肯定"网络监督日益成为一种反应快、影响大、参与面广的新兴舆论监督方式"。这是官方文件中首次使用"网络监督"概念。微博已成为当前公众开展舆论监督的"重镇"。

微博对舆论监督的促进作用在一系列公共事件或突发事件中表现得尤为突出，例如，2011年6月，女青年郭某以"中国红十字会商业总经理"名义在其微博炫富，引发了网民在微博上对红十字会及整个慈善事业的质疑与审视，后证明郭某的身份纯属造假，但中国红十字会不得不通过记者通报会对公众质疑和批评予以回应，并提高工作透明度。❷ "7·23"温州动车事故，微博在第一时间发布了事故信息，网民在5天内发布微博近1000万条、博客5万余篇，督促和推动政府及时处理和调查

---

❶　搜狐微博首推行业《自律专员行为准则》[EB/OL]. (2011-09-23) [2020-03-03].
http://news.ifeng.com/c/7faR0FGdQkO.

❷　中国红十字会澄清"微博炫富"事件　新浪微博致歉[EB/OL]. (2011-06-22) [2020-03-03]. https://www.chinanews.com/sh/2011/06-22/3128991.shtml.

这个特大事故。❶

2. 舆论监督与审判独立的张力

微博也存在明显缺点，除前已述及传播虚假信息外，由于"沉默螺旋"等传播规律的影响，会造成出现所谓"多数的暴虐"现象。这在舆论和司法的关系中有突出显示。

备受关注的药某案与李某案引起了对舆论监督与审判独立关系的探讨。这两起案件在审理过程中，公众舆论几乎是一边倒的喊声。特别是在李某一案中，云南省高级人民法院本已在二审中判决李某死缓，但这一判决遭到了众人的质疑和指责。云南省高级人民法院负责人以"不能以公众狂欢的方式判一个人死刑"进行解释，反而招致更为强烈的指责。最后云南省高级人民法院表示"将认真听取人民的意见，充分考虑民意"，做出再审决定，改判李某死刑。有人认为这种情形有舆论干预司法之嫌，"看似公正实则伤害法治"。但也有人指出"在我国现阶段，盲目强调司法不受舆论等外力监督和干预，是不恰当的。因为我们的审判还不具有真正的独立性和专业性"。❷

四、信息公开

（一）政府坚持推进信息公开

政府坚持不懈地推进信息公开。2011年8月，中共中央办公厅、国务院办公厅发布了《关于深化政务公开加强政务服务的意见》，把"公开为原则、不公开为例外"写入文件，明确政务公开的方式、手段、程序、流程，强调重大突发事件和热点问题必须公开，并应及时回应社会关切，发挥媒体监督作用。

2011年4月，国务院办公厅发布了《关于进一步加强政府网站管理工作的通知》，指出政府网站已经成为各级政府及其部门发布政府信息、提供在线服务、与公众互动交流的重要平台和窗口，要求消除有些政府网站建而不管或管不到位的现

---

❶ 7.23动车事故，一场微博救援战［EB/OL］.（2011-07-27）［2020-03-03］.http：//pinglun.youth.cn/zqsp/201107/t20110727_1678126_2.htm.

❷ 李昌奎案办案法官：再审看似公正实则伤害法治［EB/OL］.（2011-08-03）［2020-03-03］.http：//news.ifeng.com/c/7fa6Bg75zTH.

象，健全机制，充分发挥政府网站的信息公开、互动交流作用。

作为落实上述文件的举措，2011年10月，北京市发起公众对全市90个政务网站进行评议，同时参与对19个行政部门与10个公共服务行业基层站所（服务窗口）的民意调查。[1] 南京也出台了《"中国南京"政府网站群子网站绩效考评办法》，将网友评议作为对市区两级政府网站信息公开计分考评的重要依据。

微博成为政府部门公开信息的热门工具，尤其以公安微博最为突出，截至2011年9月26日，全国公安机关仅在新浪网、腾讯网开设的政务微博账号就已达4000余个，经过认证的民警个人工作微博账号约有5000个。同时，政务微博群逐渐成为趋势，四川、南京、银川等地政府各部门各单位全面开设微博账号，形成微博群。[2]

（二）司法对政府信息公开的促进

虽然《政府信息公开条例》明文规定，政府信息公开工作的具体行政行为侵犯公民、法人或者其他组织合法权益的，可以依法提起行政诉讼，但据最高院估计有接近半数的信息公开行政诉讼被拒之门外。2011年8月，最高院公布了《关于审理政府信息公开行政案件若干问题的规定》，明确5类政府信息公开行政案件法院应该受理，其中包括"公民、法人或者其他组织向行政机关申请获取政府信息，行政机关拒绝提供或者逾期不予答复的案件"，还规定了举证责任分配向政府倾斜。

2011年9月，清华大学法学院女研究生李某，因学术研究需要，向国土资源部、科技部和教育部申请公开"副部长分管部门、兼职状况及负责联系的单位"等信息被拒绝后，至北京市第一中级人民法院诉求判令上述三部门履行信息公开义务，后来三部门自动在网上公布了相关信息，李某撤诉。[3]

（三）政府信息公开任重道远

总的来说，政府信息公开尚不能尽如人意。据北京大学等机构2011年9月发布

----

[1]　余荣华. 北京：90个政务网站接受公众评议［N］. 人民日报，2011-10-10.

[2]　"问政银川"打造政务微博群.［EB/OL］.（2011-11-07）［2020-03-03］. https：//news.163.com/11/1107/11/7I8N6F2300014JB5.html.

[3]　万静. 清华女研究生状告三部委　要求公开副部长职权信息［N］. 法制日报，2011-09-15.

的关于行政透明度的调查报告，列入调查的 43 家国务院机构只有 2 成及格，30 家省级行政单位及格率则仅有 2/3。春夏之交中央部门对待"三公"经费公开的消极态度引起舆论广泛质疑和批评。❶2011 年 5 月，国务院要求报送全国人大审查部门预算的 98 个中央部门于 6 月将本级"三公（因公出国/境、公务用车购置及运行、公务接待三项费用）经费"支出情况向社会公开，但直至 2011 年 7 月底，仍有多家部门没有公布，2011 年 8 月下旬，外交部等以涉及国家秘密为由宣布不公布，而国家工商总局、烟草专卖局、公务员局等始终无声无息。98 个部门的名录也无从查考。❷

五、著作权保护

（一）《著作权法》第三次修订开始

2011 年 7 月，"著作权法第三次修订启动会议暨专家聘任仪式"在京举行。会上提出，修法工作要坚持独立性、平衡性和国际性 3 项基本原则，体现高效率、高质量、高水平，以满足我国经济社会发展的现实需求。

（二）打击侵犯著作权力度加大

2011 年年初，最高院、最高人民检察院（以下简称"最高检"）、公安部联合发布了《关于办理侵犯知识产权刑事案件适用法律若干问题的意见》，明确了网络侵犯知识产权犯罪案件的管辖及通过信息网络传播侵权作品行为的定罪处罚标准，其中特别就"网络环境下侵犯著作权犯罪如何认定""以营利为目的""未经著作权人许可"等做出具体规定。

国家版权局等打击网络侵权盗版专项治理"剑网"行动于 2011 年中结束。截至 2011 年 6 月，共查处网络侵权盗版案件 1148 起，其中已作出行政处罚的有 466 起，移送司法机关追究刑事责任的有 66 起。在公布的 15 个典型案件中，12 件被追究刑事责任，有个人犯罪，也有网络公司犯罪，还有个人利用网络公司管道实施犯罪。

❶ 中国行政透明度报告公布 北京信息公开排第一［EB/OL］.（2011-09-29）［2020-03-03］.http：//news.022china.com/2011/09-29/521125_0.html.
❷ 万静.《中国政府透明度年度报告（2011）》发布［N］.法制日报，2012-02-20.

另 3 件予以行政处罚，如悠视网未经许可在网上提供影视作品 190 部，被责令停止侵权行为、警告并处以罚款 8 万元。❶

向网民提供未获得版权的视频点播服务，天线视频运营方北京赛金传媒技术有限公司的 6 名高管，以涉嫌侵犯著作权罪被提起公诉，本案是我国首次对视频盗版行为进行刑事追责。❷

（三）网络服务提供商自律意识加强

2011 年春天，贾平凹、韩寒等数十名作家与百度文库之间发生著作权纠纷，引起业界和网民的高度关注。其中有对法律规定，如"避风港"原则的理解问题，也有网络服务提供商如何依法规范自己行为的问题。在此事件中，百度方面删除的侵权作品达 280 万份，并与著作权人积极商讨版权合作与利益分享模式。❸ 事件也引起了其他服务商的重视，同时自律意识有所增强。国内知名资源分享网站 VeryCD 对内容进行了大规模调整，停止了音乐和影视资源的下载服务。❹

六、人格权保护

（一）名誉权保护

1. 互联网空间成为名誉侵权纠纷的多发区域

名誉侵权案，发生在互联网空间的占有很大比重。其中的典型案例大多涉及电子公告服务（BBS）、电子论坛、微博等，还出现了因搜索引擎、QQ 签名而引起的名誉侵权纠纷。

互联网空间的名誉侵权纠纷的往往涉及侵权人、被侵权人及互联网服务提供商三方主体，其中的难点就在于如何界定网络服务提供商的责任。目前主要以《侵权

---

❶ 胡建辉 . 1148 起网络侵权盗版案件被查处　移送司法机关 66 起力度前所未有［N］. 法制日报，2011—06—21.

❷ 戴爽 . 天线视频六名高管盗播被捕　非法获利 2000 余万元［N］. 法制日报，2011—09—06.

❸ 华静言 . 百度文库删除 99% 文学作品　从 280 万减至 170 份［N］. 新快报，2011—03—21.

❹ 诸葛漪 . 规范知识产权，国内最大资源分享网站 VeryCD 被叫停　网络"共享"规则或将改变［N］. 新闻晨报，2011—01—27.

责任法》第36条为依据。该条条文规定了基本原则，但在实际适用中尚有待制定实施细则或司法解释予以完善。

在北京市第一中级人民法院审结的两起在网络空间发生的名誉侵权案件中，百度公司均因第三方侵权言论而承担了民事责任。在清华大学教授蔡某在百度贴吧遭到谩骂而诉名誉侵权一案中，法院认为虽然原告一方针对侵权言论的投诉并未严格按照百度公司的投诉规则进行，但百度公司仍应及时采取相应措施，删除侵权相关帖子。百度公司怠于履行事后管理的义务，因此应当就扩大的损害后果承担相应责任。❶ 在记者姜某（此案不公开审理）因百度贴吧有称其"嫖娼"的帖子而诉名誉侵权一案中，法院认为虽然不能要求百度公司履行过高的注意义务，但是，百度作为专业网络运营商，有能力亦应履行妥善注意的义务，故百度对侵权帖子未能及时删除存在一定过失，应当承担相应责任。❷

2. 评论文章的名誉权案件引发争议

有些名誉权案件系评论文章引起的，如《新快报》诉文新报业集团名誉权案❸，系后者旗下《新闻记者》刊文评论原告将意大利大雪照片错配到我国石家庄大雪新闻列为假新闻而引起。一审判决提出要区分报道和评论，报道传递事实，评价的标准是真实；评论表达观点和意见，评价的标准是公正和公允。法院认为被告的文字系针对原告错配新闻图片的事实而发表意见，态度公正，不构成侵权，驳回原告要求。而另一件画家范某诉郭某、文新集团案，也是后者发表对原告画作的评论而引起的。一审中，法院虽然接受被告指控原告"流水作画"的事实证据，却以评论使用"才能平平""逞能""炫才露己""虚伪"等"贬损性评价"词语判决侵权成立。❹ 京、沪两地的相关专家学者举行了以"文艺批评、学术争鸣和名誉侵权的界限"为主题的研讨会，对此提出强烈质疑。有观点指出，根据我国司法解释的规定，批评文章只有基本事实失实和有侮辱内容才构成侵害名誉权，意见分歧应该通

---

❶ 杨清惠. 清华教授蔡继明状告百度终审改判获赔10万元［EB/OL］.（2011-08-12）［2020-03-03］.https://www.chinacourt.org/article/detail/2011/08/id/460442.shtml.

❷ 张媛. "被嫖娼"遭曝光 记者告赢百度［N］.新京报，2011-11-20.

❸ 宗和. 首起"新闻打假官司"一审判决 新快报状告文新被驳回［EB/OL］（2011-06-30）［2020-03-03］.http://news.eastday.com/c/20110630/u1a5969723.html.

❹ 李健亚. 范曾诉郭庆祥侵权案一审判决 范曾胜诉获赔7万［N］.新京报，2011-06-14.

过讨论来解决，不构成侵权。❶

3. 区别对待不同主体的注意义务

在媒介融合的背景下，言论主体趋向多样化。不同主体对自己言论的注意水平是否应有所不同？有的判决试图对此加以区分。央视女记者陆某诉黄某侵犯名誉权一案中，在判黄某胜诉的同时，指出黄某作为有一定影响力的公众人物，应该特别注意规范自己的言论，对净化社会环境、弘扬主流文化起到表率作用，故对其不当行为予以批评。❷ 后来，在 360 董事长周某与金山安全公司之间的"微博名誉侵权第一案"中，周某被判构成侵权。判决指出，周某作为同业竞争对手负责人，在现实社会中是一位重要人物，在微博领域也拥有众多关注者，对自己微博言论及其造成的后果应有更为自觉的认识，所以对他通过微博行使言论自由的限制和注意义务的要求应当适当高于普通网民或消费者。❸ 这种要求专业人士乃至专业媒体组织对言论承担较高注意义务的原则，符合侵权归责原则，对于净化网络和社会言论环境有一定的积极意义。

（二）隐私权和个人信息保护

1. 依法打击侵犯个人信息的犯罪活动

自 2009 年刑法第七修正案设立"出售、非法提供公民个人信息罪"和"非法获取公民个人信息罪"以来，个人信息保护情况有所改善。

某些收集和持有公民个人信息的组织机构，包括电信公司、学校、房地产中介、购物网站、招聘网站等泄露公民个人信息的"源头"现象受到遏制，犯罪活动逐渐减少。2011 年 8 月，北京市第二中级人民法院审理了北京迄今为止最大的一起倒卖公民个人信息案，共有 23 名被告受审。其中 7 人犯出售、非法提供公民个人信息罪，他们分别在移动、电信、网通三大公司供职，利用职务之便，将个人信息出售或非法提供给他人倒卖。有 14 人成立了所谓"咨询中心"等，主要利用互联网渠道如 QQ 等开展个人信息倒卖活动，犯非法经营罪及非法获取、提供、出售公民

---

❶ 李怀宇. 范曾流水线作画风波调查：案情一波三折［N］. 时代周报，2011-01-20.

❷ 刘妍. 陆幽起诉黄健翔侵犯名誉权案一审被判驳回［EB/OL］.（2009-05-08）［2020-03-03］.https：//www.chinacourt.org/article/detail/2009/05/id/357109.shtml.

❸ 杨大民. 金山公司诉周鸿祎再次胜诉［N］. 新京报，2013-09-12.

个人信息罪。这些案犯最高获利达 30 余万元。另有 2 人犯包庇罪和毁灭罪证罪。他们分别被判处有期徒刑和罚金，也有被处缓刑。❶ 本案显示社会上存在着一条非法获取、倒卖公民个人信息的黑色产业链，有若干所谓"调查公司""咨询公司"游走其间，应当引起有关部门的重视。

但是，刑法保护毕竟过于单一，什么是"个人信息"也有待明确界定。相关政府部门正在着手完善关于个人信息保护的法规。2013 年 2 月，工业和信息化部（以下简称"工信部"）发布了《信息安全技术个人信息保护指南》意见稿，该指南对个人信息主体的权利、信息管理者使用个人信息的要求等多方面作出了规定。在地方，《浙江信息化促进条例》于 2011 年 1 月起实施；2011 年 9 月，《江苏省信息化条例》获得通过，两条例均就个人信息及其保护做出了相关规定。

2. 新的媒介环境下隐私保护问题备受关注

媒介技术与媒介环境的变迁会影响到隐私权的内涵与界限。2011 年有两类事件集中体现了媒介技术与媒介环境对隐私权的影响：一是"曝光型"事件；二是"定位型"事件。

典型的"曝光型"事件有："微博打拐"中号召随时随地拍摄乞讨儿童并上传至网络；❷ 武汉市公布首批不文明市民名单及部分照片；❸ 网友在网上曝光违章车辆的车牌号码、车主照片等信息。❹

典型的"定位型"事件有：重庆酉阳发 GPS 手机 24 小时监控官员行踪；❺ 北京市科委通过媒体称"北京将通过技术精准掌握手机用户的出行、工作和居住情况，为规划交通布局、人口管理服务"等。❻

---

❶ 颜斐. 北京最大卖公民信息案 23 人获刑 5 人为电信内鬼［N］. 北京晨报，2011-08-07.

❷ 庄庆鸿. 公安部打拐办主任陈士渠："微博打拐"有三大特点［N］. 中国青年报，2015-04-16（4）.

❸ 武汉公布首批不文明市民名单及部分照片（图）［EB/OL］.（2011-03-19）［2020-03-03］. https://www.chinanews.com/sh/2011/03-19/2917107.shtml.

❹ 网友拍照曝光违章车辆引质疑 警方称涉嫌侵权［EB/OL］.（2011-05-09）［2020-03-03］. http://news.ifeng.com/c/7fZgDk1gsKt.

❺ 重庆酉阳县否认用 GPS 手机 24 小时监控官员行踪［EB/OL］.（2011-04-12）［2020-03-03］. http://news.sohu.com/20110412/n305674084.shtml.

❻ 傅沙沙. 手机定位市民出行? 科委主任称还在研究［N］. 新京报，2016-08-10.

这些事件引起了社会和学界的广泛讨论，讨论集中于厘清保护隐私和公共利益的关系。虽然《侵权责任法》《治安处罚法》对隐私提供了民事保护和行政保护，但是都缺乏细化规定，随着媒介技术发展涌现的不少新的问题，有待研究解决。

第二节　2011年度中国传媒法事例及评析

一、党的十七届六中全会举行并通过深化文化体制改革的重要文件

◆ 事例简介

2011年10月15—18日，党的十七届六中全会召开。会议审议通过了《中共中央关于深化文化体制改革、推动社会主义文化大发展大繁荣若干重大问题的决定》，该决定认真总结了我国文化改革发展的丰富实践和宝贵经验，对于如何深化文化体制改革、推动社会主义文化大发展大繁荣的新的制度建设和举措都进行了明确阐述，对夺取全面建设小康社会新胜利、开创中国特色社会主义事业新局面、实现中华民族伟大复兴有重大而深远的意义。

该文件主要包括以下九项内容：充分认识推进文化改革发展的重要性和紧迫性，更加自觉、更加主动地推动社会主义文化大发展大繁荣；坚持中国特色社会主义文化发展道路，努力建设社会主义文化强国；推进社会主义核心价值体系建设，巩固全党全国各族人民团结奋斗的共同思想道德基础；全面贯彻"二为"方向和"双百"方针，为人民提供更好更多的精神食粮；大力发展公益性文化事业，保障人民基本文化权益；加快发展文化产业，推动文化产业成为国民经济支柱性产业；进一步深化改革开放，加快构建有利于文化繁荣发展的体制机制；建设宏大文化人才队伍，为社会主义文化大发展大繁荣提供有力人才支撑；加强和改进党对文化工作的领导，提高推进文化改革发展科学化水平。

◆ 简要评析

这一决定为新的形势下我国文化领域的改革指明了方向，对于作为文化的重要组成部分的传媒的法治环境的改善、权利的保护、产业的健康发展有深远意义。

二、《出版管理条例》的修订

◆ 事例简介

2011 年 3 月 19 日，国务院总理温家宝签署第 594 号国务院令，宣布 2011 年 3 月 16 日国务院第 147 次常务会议通过了《国务院关于修改〈出版管理条例〉的决定》，公布新修订的《出版管理条例》。新修订的条例体现了时代发展的新要求。具体体现在以下七点：适应新闻出版体制改革和产业发展的要求，增加了对出版单位分类管理的规定；适应信息时代新技术发展的需要，反映了新技术、新业态的管理要求；完善准入制度及监管措施，增加了有关监督管理的规定；巩固行政审批制度改革的成果，取消了部分审批项目，缩短了审批时限；深化中小学教材出版发行体制改革，修改了中小学教科书出版、发行的管理规定；鼓励出版物"走出去"和文化创新、服务三农，完善了国家支持鼓励的规定；加强行政执法，完善了法律责任。

◆ 简要评析

作为出版领域的最高立法，新修订的《出版管理条例》对互联网环境下新闻出版领域更好地发挥其功能，对新闻出版行业的健康发展意义重大。

三、网信办成立

◆ 事例简介

2011 年 5 月 4 日，经国务院批准，我国设立了网信办。其主要职责包括落实互联网信息传播方针政策和推动互联网信息传播法制建设，指导、协调、督促有关部门加强互联网信息内容管理，负责网络新闻业务及其他相关业务的审批和日常监管，指导有关部门做好网络游戏、网络视听、网络出版等网络文化领域业务布局规划，协调有关部门做好网络文化阵地建设的规划和实施工作，负责重点新闻网站的规划建设，组织、协调网上宣传工作，依法查处违法违规网站，指导有关部门督促电信运营企业、接入服务企业、域名注册管理和服务机构等做好域名注册、互联网地址（IP 地址）分配、网站登记备案、接入等互联网基础管理工作，在职责范围内指导各地互联网有关部门开展工作。

◆ 简要评析

网信办的成立对于解决互联网领域九龙治水、多头监管的问题有重要意义，也表明了我国高层重视互联网信息监管的决心。

四、百度文库版权纠纷

◆ 事例简介

2011年3月15日，包括出版界"四波"（沈浩波、路金波、黎波、张小波），贾平凹、刘心武、韩寒、郭敬明、李承鹏、麦家等在内的近50位中国作家联名签署《"3·15"中国作家讨百度书》，称百度文库未获任何授权就收录上述作家的几乎全部作品并对用户免费开放，对中国原创文学造成了伤害，并提及百度提供的免费音乐下载"直接导致了中国唱片业的整体萎缩"，要求百度停止侵权。该事件也被外界称为"50作家维权"事件。此后，该事件引发了业内广泛讨论，至韩寒发表致百度公司董事长兼CEO李彦宏的公开信达到高潮。

早在作家维权之前，国家版权局就已有所行动，自开展全国专项行动和"剑网行动"以来，版权司不断接到举报百度侵权的投诉，对此国家版权局高度重视，版权司曾正式约谈百度，责令百度提交整改报告，2011年3月初，百度方面也应版权司要求提交了整改报告。其后，百度释放出和解信息，删除其文库中280万份文学作品，同时，百度文库版权合作平台正式上线。

◆ 简要评析

这一事件对在互联网环境下如何协调平衡作者、出版商、网络服务提供商的利益，保护作者权益与促进作品传播产生了巨大影响，并引起了社会广泛关注。

五、新闻出版总署发布《关于严防虚假新闻报道的若干规定》

◆ 事例简介

受网络虚假信息的影响，传统媒体虚假新闻、不实报道呈上升趋势，这在一定程度上损害了政府形象，扰乱了新闻秩序，降低了媒体公信力，社会反响热烈。为切实维护新闻传播公信力，从源头上防止新闻造假，新闻出版总署依据国家有关法规和行政规章，制定了《关于严防虚假新闻报道的若干规定》，2011 年 10 月 14 日，新闻出版总署印发了《关于严防虚假新闻报道的若干规定》，该规定要求新闻机构建立健全内部防范虚假新闻的管理制度、纠错和更正制度，完善虚假、失实报道的责任追究制度。该规定分别从"新闻记者采访的基本规范""新闻机构管理的基本职责""虚假报道的处理规则"和"法律责任追究的基本原则"四个方面对防止虚假报道做出了明确、具体的规定。

◆ **简要评析**

真实是媒体的生命线，新闻出版总署做出的这一规定，对新媒体环境下传统新闻媒体如何规范转载行为、尽到合理核实义务、提升媒体公信力有重要意义。

六、金山诉周某微博侵犯名誉权案终审判决

◆ **事例简介**

2010 年 5 月 25—27 日，北京奇虎 360 公司董事长周某在其新浪微博、搜狐微博、网易微博、腾讯微博等网站发表了多篇博文，内容包括"揭开金山公司画皮""微点案""金山软件破坏 360 卫士"等，对北京金山软件公司使用了诸多具有贬损色彩和否定意义的词汇，于是，北京金山软件公司向法院提起诉讼，认为周某侵犯了其名誉权和商业信誉。

北京金山软件公司诉称，这些微博虚构事实、恶意诽谤，诋毁了原告商业信誉及产品信誉，且经网络和平面媒体报道后，导致北京金山软件公司社会评价降低。因此，请求周某停止侵害，并在新浪、搜狐、网易微博首页发布致歉声明并赔偿金山公司经济损失 1200 万元。

一审中，法院认为，微博的特点在于寥言片语、即时表达对人对事的所感所想，是分享自我的感性平台，与正式媒体相比，微博上的言论随意性更强、主观色彩更加浓厚，对其言论自由的把握尺度也更宽。考虑到微博影响受众不特定性、广泛性的"自媒体"特性，判断微博言论是否构成侵权，应当综合考虑发言人的具体

身份、言论的具体内容、相关语境、受众的具体情况、言论所引发或可能引发的具体后果等。周某作为北京金山软件公司的竞争对手、北京奇虎360公司的董事长，且是新浪微博认证的加"V"公众人物，拥有更多的受众及更大的话语权，应当履行比普通民众更大的注意义务，对竞争对手发表评论性言论时，应更加克制，避免损害对方商誉。周某将微博作为"微博营销"的平台，密集发表针对金山软件的不正当、不合理评价，目的在于通过诋毁金山软件的商业信誉和商品声誉，来削弱对方的竞争力，从而使自己的公司在竞争中获得优势，有侵权的主观故意，其行为造成了北京金山软件公司社会评价的降低，侵犯了北京金山软件公司的名誉权，应承担停止侵权、赔礼道歉、消除影响并赔偿损失的责任。但北京金山软件公司并无证据证明其股价下跌与周某微博言论的关联性，故判决周某停止侵权、删除相关微博文章，在新浪、搜狐、网易微博首页发表致歉声明，并赔偿经济损失8万元。

2011年8月25日，北京市第一中级人民法院对北京金山软件公司诉周某名誉侵权案作出终审判决，维持北京市海淀区人民法院的一审判决，判决周某的行为构成对北京金山软件公司名誉权的侵犯，改判赔偿经济损失5万元。❶

◆ 简要评析

该案被称为微博第一案，该案原被告不仅是有市场竞争关系的市场主体，同时还是网络环境下拥有众多"粉丝"的名人，该案判决对新媒体时代公众人物如何行使表达权、竞争对手如何进行网络表达都有启发意义。

七、广电总局下发《关于进一步加强电视上星综合频道节目管理的意见》

◆ 事例简介

2011年10月，广电总局下发《关于进一步加强电视上星综合频道节目管理的意见》，该意见自2012年1月1日起生效。该意见也被称为"限娱令"，主要内容是：全国34个电视上星综合频道是以新闻宣传为主的综合频道，要扩大新闻、经

---

❶ 北京金山安全软件有限公司与周鸿祎侵犯名誉权纠纷案 [EB/OL]．（2014-10-09）[2020-03-03] .https：//www.chinacourt.org/article/detail/2014/10/id/1456165.shtml.

济、文化、科教、少儿、纪录片等多种类型节目的播出比例，同时对部分类型节目的播出实施调控，以防止过度娱乐化和低俗倾向，满足广大观众多样化、多层次、高品位的收视需求。该意见指出，对节目形态雷同、过多过滥的婚恋交友类、才艺竞秀类、情感故事类、游戏竞技类、综艺娱乐类、访谈脱口秀、真人秀等类型节目实行播出总量控制。该意见要求各广播电视播出机构要坚持把社会效益放在首位，坚持社会效益和经济效益的有机统一，建立科学、客观、公正的节目综合评价体系。该意见在强化监管方面也提出了一系列要求。此外，该意见还对加强行业自律、支持社会监督、开展教育培训、表彰优秀节目、加强引进电视节目形态管理等提出了明确要求。❶

◆ 简要评析

"限娱令"对广播电视播出机构如何贯彻双效统一原则，把社会效益放在首位，减少过多过滥的低俗节目，处理好为公共利益服务与促进传媒产业的发展，保护媒体权益之间的关系提出了需要认真研究的课题。

八、余女士诉新浪关闭微博违约案

◆ 事例简介

2011年4月12日，余女士发现自己的新浪微博被禁止访问，搜索注册的昵称显示"用户不存在"。新浪客服回复称，由于微博中发表的内容包含攻击他人的信息，微博功能无法恢复。2011年4月18日，余女士用新邮箱重新注册了微博，只发了两三条评论，就再次被禁止访问。2011年4月29日，客服人员回复称，"通过微博发表的内容或评论干扰其他用户使用微博，违规操作，此功能无法恢复"。

2011年5月初，余女士委托律师将新浪网技术有限公司、新浪互联信息服务有限公司起诉至北京市海淀区人民法院，要求新浪方面道歉、恢复其微博的使用权限，并赔偿公证费、咨询费、律师费。

❶　白瀛. 广电总局下发加强电视上星综合频道节目管理意见［EB/OL］.（2011-10-25）［2020-03-03］.http：//www.gov.cn/jrzg/2011-10/25/content_1977909.htm.

经过法院调解，2011 年 11 月初，新浪方面恢复了余女士的两个微博内的文章、图片等内容及正常使用功能。2011 年 12 月 2 日，北京市海淀区人民法院就余女士诉新浪关闭微博案作出一审判决。法院认为，从证据中的言论来看，余女士没有侵害方静的相关权利。余女士与新浪方面形成网络服务合同关系。双方的网络服务协议内容显示，微博用户同意新浪以各种方式投放商业性广告或其他商业信息，用户也同意接受新浪通过电子邮件或其他方式向用户发送商品促销及相关商业信息。可见，新浪微博虽名为免费，但实际上微博用户可以为新浪带来广告等其他形式的商业利益。新浪方面在停止对用户提供服务前，需提前通知用户。新浪方面在未提前通知余女士的情况下，采取了停止该账号微博服务的措施，影响了余女士使用微博，超出了采取必要措施的合理限度，其行为有失妥当。在余女士使用新的微博账号并不存在违规行为的情况下，新浪方面采取对账号进行技术屏蔽并停止该账号服务的行为明显不当。遂判决被告行为构成违约，应向余女士赔偿因违约而造成的经济损失 2520 元，系余女士在诉讼中支付的公证费和咨询费。

◆ 简要评析

该案是新媒体环境下民事法律关系中出现的新问题，反映了网络服务提供商的行为对网民的民事权利及言论自由的影响。法院对该案的判决，对新媒体秩序的规范、权利冲突的解决均产生了良好的效应。

总结

2011 年度传媒法事例包括 1 个党的政策、1 个立法、1 个传媒监管事例、1 个著作权维权案、1 个网络名誉权案、1 个网络合同案、2 个规范性文件，涉及文化指导思想、出版管理规范、互联网监管机构、娱乐节目监管、传媒与司法关系、网络著作权侵权与维权、网络名誉权判断标准、网民与网络服务提供商关系等问题。

第二章　2012年度中国传媒法治发展

第一节　2012年度中国传媒法治发展

一、有关传媒的指导方针和法律

2012年3月，第十一届全国人大第五次会议通过《刑事诉讼法》修正案，于2013年1月1日起实施，其中与媒体刑事案件报道关系最密切的有第一百五十条中的"采取技术侦察措施取的材料，只能用于对犯罪的侦查、起诉和审判"、第五十条中的"不得强迫任何人证实自己有罪"、第一百八十八条中的"近亲属作证义务免除"制度，以及特别程序中关于未成年人保护的附加条件不起诉制度、犯罪记录封存制度、开展社会调查不公开审理制度等规定。学界认为，这些规定将促进我国刑事案件新闻报道模式，从以侦查为重点转向以开庭审判为重点。

2012年6月，国务院新闻办公室发布了《国家人权行动计划（2012—2015年）》。在公民的知情权、参与权、表达权、监督权保障方面，要不断完善政府新闻发布制度、新闻发言人制度和党委新闻发言人制度；加强对新闻机构和新闻从业人员合法权益的制度保障；依法保障新闻从业人员的知情权、采访权、发表权、批评权、监督权，维护新闻机构、采编人员和新闻当事人的合法权益；鼓励新闻媒体发挥舆论监督作用；畅通公民对国家机关及其工作人员提出批评、建议、申诉、控告、检举的渠道。

2012年11月，党的十八大报告在"坚持走中国特色社会主义政治发展道路和推进政治体制改革"中指出：保障人民知情权、参与权、表达权、监督权，是权力正确运行的重要保证，应加强党内监督、民主监督、法律监督、舆论监督。在"扎实推进社会主义文化强国建设"中指出：建设社会主义文化强国，必须走中国特色社会主义文化发展道路，深化文化体制改革，解放和发展文化生产力，加强社会主义核心价值体系建设，全面提高公民道德素质，发扬学术民主、艺术民主，丰富人民精神文化生活，提高文化产品质量和公共服务水平，增强文化整体实力和竞争力。要坚持把社会效益放在首位、社会效益和经济效益相统一，推动文化事业全面繁荣、文化产业快速发展。

2012年12月，第十一届全国人大常委第三十次会议审议《关于加强网络信息保护的决定》，内容包括网络实名制、保护公民个人电子信息、治理垃圾电子信息及对有关部门的监管，这是我国首个以"准法律"的形式规定网络实名制和网络信息保护的规定。

二、新闻出版与广播影视监管

2012年9月，国务院公布了《国务院关于第六批取消和调整行政审批项目的决定》，其中，传媒领域被取消的项目有：经营性互联网信息服务提供者境内上市前置审查；出版行政部门期刊出版增刊审批；被查缴非法光盘生产线处理审批；电子出版物制作单位接受境外委托制作电子出版物审批；设立专门从事名片印刷的企业审批；广播电视新闻采编人员资格认定。这一决定有利于促进政府职能转变，发挥传媒产业的主导作用。

（一）新闻出版

1. 深化传媒产业改革

2012 年 1 月，国家新闻出版总署启动第二批非时政类报刊出版单位转企改制和报刊编辑部体制改革工作部署。截至 2012 年 10 月底，3388 种应转企改制的非时政类报刊中，已有 3271 种完成改革，占总数的 96.5%，确立了出版单位的市场主体地位。下一步的工作重点是全面深化第二步改革，以"三改一加强"（进一步推进国有经营性文化企业进行改革、改组、改造和加强管理）为重点，继续深化生产经营体制改革，加快建立完善的现代企业制度，在全国范围内打造和培育一批国内一流、国际知名的大型出版传媒集团。❶

2012 年 8 月，国家新闻出版总署发布了《关于报刊编辑部体制改革的实施办法》的规定，所有经国家新闻出版总署批准从事报刊出版事业、获得国内统一连续出版物号，但不具有独立法人资格的报刊编辑部，原则上不再保留报刊编辑部体制，应转企改制的报刊出版单位所属的报刊编辑部，一律随隶属单位进行转企改制；党政部门、民主党派、人民团体、行业协会、社会团体、事业单位和国有企业主管主办的报刊编辑部，视情况并入本部门本单位新闻出版传媒企业，或合并建立一家报刊出版企业，或并入其他新闻出版传媒企业。

为加快新闻出版产业发展，提高出版企业的竞争力，2012 年 2 月，国家新闻出版总署出台《关于加快出版传媒集团改革发展的指导意见》，要求对传媒集团进行公司制改造，建立现代企业制度；推进文化科技创新，实现出版传媒集团的转型升级；加强管理，激发出版传媒集团的发展活力；推动联合重组，破除地区封锁和行业壁垒，实现出版传媒集团跨媒体、跨地区、跨行业、跨所有制、跨国界发展；推动出版传媒集团走出去。该意见首次明确提出："鼓励和支持转企改制到位的新闻出版单位自愿加入各类出版传媒集团。"

2012 年 6 月，为调动民间资本参加文化建设，国家新闻总署又发布了《关于支

---

❶　全国 3271 种非时政类报刊完成转企改制［EB/OL］.（2012-10-25）.［2021-03-03］.http：//media.people.com.cn/n/2012/1025/c192372-19384890.html.

持民间资本参与出版经营活动的实施细则》，支持民间资本投资设立复印印刷企业，从事出版产品发行、数字出版、专业图书出版等经营活动，通过国有出版传媒上市企业在证券市场融资参与出版经营活动，在党报党刊出版单位实行采编与经营"两分开"后，在报刊出版单位国有资本控股 51% 以上的前提下，投资参股报刊出版单位的发行、广告等业务；参与"走出去"出版经营、成立版权代理等中介机构等。

政策的支持带来传媒实践领域的新突破。2012 年 4 月，"中国官网第一股"人民网上市，其成为第一家在国内 A 股上市的新闻网站，也是第一家采编与经营"整体上市"的新闻媒体，打开了国有媒体进入资本市场的通道，也为平衡舆论喉舌与市场化运作之间的关系开辟了新的模式。❶

2. 加强出版物采编规范

为加强出版物的采编规范，2012 年 2 月，按照 2011 年《关于严防虚假新闻报道的若干规定》，国家新闻出版总署通报了《新财经》杂志四起违规新闻报道的调查处理情况，针对新闻媒体存在的使用网络虚假信息、新闻细节不准确、采编流程不完整、人员管理不规范等问题，重申了严打虚假违规报道、维护新闻媒体公信力的要求。❷2012 年 6 月，《经济观察报》因刊登文章完全失实，被山东省新闻出版局处以 3 万元罚款，编造虚假新闻的记者的新闻记者证亦被吊销。❸2012 年 11 月，《今日早报》因刊登照片被证实系摆拍，有损新闻真实性，值班编辑及照片作者受到了扣发奖金和停止工作等处分。❹

为规范新闻采编秩序，打击假记者、敲诈勒索、有偿新闻、"有偿不闻"等违法行为，2012 年 4 月和 10 月，国家新闻出版总署联合相关部门下发了两个通知，开展打击新闻敲诈，治理有偿新闻专项行动。❺

---

❶ "中国官网第一股"人民网上市［EB/OL］.（2012-04-27）［2021-03-03］.http://www.chinanews.com/tp/2012/04-27/3851330.shtml.

❷ 新闻出版总署通报四起违规报道情况　严打虚假新闻［EB/OL］.（2012-02-10）［2021-03-03］.https://www.chinacourt.org/article/detail/2012/02/id/472810.shtml.

❸ 《经济观察报》向铁道部致歉　当事记者被除名［EB/OL］.（2012-06-28）［2021-03-03］.http://media.people.com.cn/n/2012/0628/c40606-18401290.html.

❹ 《今日早报》头版刊登女兵学习十八大精神摆拍照　值班编辑受处分［EB/OL］.（2012-11-18）［2021-03-03］.http://media.people.com.cn/n/2012/1118/c40606-19613436.html.

❺ 新闻出版总署等重点查办新闻敲诈和有偿新闻［N］.光明日报，2012-10-18（005）.

为提高我国学术出版质量，2012 年 9 月，国家新闻出版总署在《关于进一步加强学术著作出版规范的通知》中要求，出版单位应加强学术著作选题论证、评估，引文、注释、参考文献、索引等应当严格执行国家相关标准；出版单位应安排有较强学科背景的专业编辑人员担任学术著作的责任编辑；今后将学术著作出版规范的执行情况作为中国出版政府奖评奖、国家级优秀图书推荐、国家重大出版项目和国家出版基金申报与验收，以及出版单位年检、等级评估等工作的重要条件。

（二）广播影视

广播电视领域以电视剧为重点的制播分离改革稳步发展，取得了一定成效。2012 年 10 月，文化部长向全国人大常委会报告：大部分省（自治区和直辖市）、地级市和全部县级电台、电视台，已进行两台合并。❶

2011 年底发布的《电影产业促进法（征求意见稿）》在 2012 年继续引发社会热议，这个草案中关于降低电影产业的市场准入门槛，减少行政审批，明确财政、税收、金融扶持政策等方面的规定被认为有助于促进电影产业的发展，而电影被禁条款的增加及未涉及电影分级制等方面则受到了批评。2012 年 11 月，国家电影事业发展专项资金委员会公布了《关于对国产高新技术格式影片创作生产进行补贴的通知》，政府将对国产 3D、巨幕等高新影片，按票房收入分档对制片方进行 100 万~1000 万元的奖励，以调解制片方和院线在电影票房分成比例上的矛盾。2012 年 11 月，工信部公布了《业余无线电台管理办法》，规定设置业余无线电台，应当按照规定办理审批手续，取得业余无线电台执照，明确了业余无线电台设台审批条件、程序和使用规则。

广电总局对影视节目的内容制作和播出等方面的工作进一步予以规范。2012 年 2 月，为进一步加强和改进境外影视剧引进和播出管理，促进国内电视剧产业的发展，弘扬中国文化，保障文化安全，广电总局下发了《关于进一步加强和改进境外影视剧引进和播出管理的通知》，规定应优先引进高清版本的境外影视剧，引进境

---

❶ 全国 96.5% 非时政类报刊完成转企改制［EB/OL］.（2012-10-25）［2021-03-03］.http://epaper.bjnews.com.cn/html/2012-10/25/content_382954.htm？ div=-1.

外影视剧的长度原则上控制在 50 集以内，且不得在黄金时段播出等。2012 年 7 月，广电总局和网信办联合下发了《关于进一步加强网络剧、微电影等网络视听节目管理的通知》，将网络视听节目播出前的审核权下放给播出机构"自审自播"。为加强文物鉴定类广播电视节目的规范和管理，同月，广电总局和文物局发布了《关于加强对文物鉴定类广播电视节目管理的通知》，要求文物鉴定类广播电视节目的制作和播出，把社会效益放在首位，内容应真实，且必须符合相关法律法规的规定等。

2012 年 11 月，广电总局以江苏教育电视台节目《棒棒棒》嘉宾在演播中有恶言丑行，违背了媒体职业道德，败坏媒体形象，社会影响恶劣，且该电视台擅自变更节目设置为由，给予其停播整顿的处理。❶

三、互联网治理

我国互联网产业仍然保持高速发展态势，截至 2012 年 6 月底，我国网民数量达 5.38 亿，互联网普及率为 39.9%。❷ 形式多样的网络文化产品层出不穷，物联网、云计算、移动智能终端等新兴产业持续发展，给互联网的治理提出了更高的要求。

（一）相关法律法规陆续起草或出台

2012 年 5 月，经工信部批准，由中国互联网络信息中心修订的《中国互联网络信息中心域名注册实施细则》开始实施。此细则重点修改了原实施细则第十四条关于域名注册主体的规定，提出"任何自然人或者能独立承担民事责任的组织均可在本细则规定的顶级域名下申请注册域名"，这意味着国家顶级域名".CN"".中国"面向自然人开放注册，对个人网站、电子商务及微应用有着积极影响。

2012 年 7 月，网信办、工信部发布《互联网信息服务管理规定》修订草案征求

---

❶　江苏教育电视台《棒棒棒》因干露露母女放泼撒野被停播［EB/OL］.（2012-11-28）［2021-03-03］.http：//www.chinanews.com/yl/2012/11-28/4366904.shtml.
❷　截至 2012 年 6 月底我国网民数量达到 5.38 亿人［EB/OL］.（2012-07-25）［2021-03-03］.http：//www.gov.cn/jrzg/2012-07-25/content_2191943.htm.

意见稿，确立了以互联网信息内容主管部门、电信主管部门、公安机关为主的互联网监管体系，规范了办网站的准入条件，强化了相关服务提供者的安全管理责任，规范了政府部门的监管行为，加强了个人信息保护，对论坛、微博客等服务实行许可制度，要求用户以真实身份信息进行注册。

（二）继续打击网络违法行为

国家继续打击和整治网络违法行为。2012 年 3 月以来，在全国范围内开展的整治互联网和手机媒体传播淫秽色情及低俗信息专项行动中，已关闭多家传播淫秽色情信息和招摇撞骗、敲诈勒索的网站，并依法追究了相关责任人的法律责任。2012年 7—10 月，国家版权局、公安部、工信部、网信办四部门联合开展了"剑网行动"，针对提供作品、表演、录音录像制品等内容的网站，提供存储空间或搜索链接服务的网站，以及提供网络交易平台的网站，围绕网络文学、音乐、影视、游戏、动漫、软件等重点领域及图书、音像制品、电子出版物、网络出版物等重点产品，加大监管力度，对于维护网络环境的健康、确保版权秩序的规范，遏制网络环境下侵权盗版违法行为等均起到了积极作用。❶针对网络谣言等违法行为，有关行政机关也加大了打击力度，对责任人予以刑事或行政制裁，并关闭或惩处相关责任网站。

（三）微博监管在探索中不断向前推进

微博依然保持着高速发展态势，截至 2012 年 6 月底，微博用户数量增加到 2.74亿，手机微博的使用率达到 82.8%❷，国家对微博的监管也在探索中不断向前推进。自 2011 年 8 月网媒评议会发出《关于在网络媒体设立自律专员的倡议》后，首批响应倡议的新浪、搜狐、网易等 8 家网络媒体分别设置了 10 名自律专员。2012 年 3 月，搜狐发布了微博行业首个《自律专员工作规范》，为整个微博行业自律专员的工作

---

❶ 2012 年打击网络侵权盗版专项治理"剑网行动"启动［EB/OL］.（2012-07-04）［2021-03-03］.http：//www.gov.cn/jrzg/2012-07/04/content_2176491.htm.

❷ 中国互联网络信息中心（CNNIC）.第 30 次《中国互联网络发展状况统计报告》［EB/OL］.（2012-07-19）［2021-03-03］.http：//www.199it.com/archives/57722.html.

提供了规范化标准，有助于推动网络环境的健康、有序发展。

2011年底，新浪、搜狐、网易、腾讯四大门户网站微博陆续启动实名认证。2012年3月16日起，四大门户网站先后宣布微博用户全面完成"真实身份注册"工作，未经认证的博主只能"围观"，不能发言和转发。❶北京地区主要微博网站均通过强制关注等方式对"3月16日前完成真实身份注册"进行告知，并及时修改了用户协议条款。❷

随着微博等平台的发展，公民有了更多的表达渠道，但是也出现了很多侵犯公民表达权的情况。重庆市职工方某和彭水县大学生村干部任某先后因在微博上发表批评性言论被劳动教养，两人均不服并提起行政诉讼，此事件引发了社会各界对保障宪法规定的言论自由及劳动教养制度的热烈讨论。在方某提起的行政诉讼中，法院认为，方某在腾讯微博上发表的评论，虽然言辞不雅，但不属于散布谣言，也未造成扰乱社会治安秩序的严重后果，更不具备"严重危害社会秩序和国家利益"这一基本要件；国家公务人员对公民基于其职务行为的批评，应当保持克制、包容、谦恭的态度。法院以被告以原告方某虚构事实扰乱社会治安秩序作出劳动教养一年的决定事实不清、证据不足，判决此决定违法。❸在任某案中，法院虽以超过起诉期限为由驳回起诉，但也指出，任何公权力的行使都须依法、审慎，尤其是采取限制人身自由的严厉处分措施时，应遵循目的与手段相适应的原则，即使面对公民的过激、不当言论，权力机关也应给予合理宽容。❹这些典型个案也推动了劳动教养制度的废除。❺

---

❶ 四大门户网站对微博用户全面执行实名认证［EB/OL］.（2012-03-19）［2021-03-03］.http：//news.cntv.cn/20120319/112816.shtml.

❷ 北京规定微博网站3月16日起施行实名制（图）［EB/OL］.（2012-02-10）［2021-03-03］.http：//news.cntv.cn/20120210/105235.shtml.

❸ 重庆法院：劳教讽刺王立军网民违法［EB/OL］.（2012-06-29）［2021-03-03］.https：//www.yicai.com/news/1857357.html.

❹ 重庆大学生村官因言论被劳教案申诉被驳回［EB/OL］.（2012-11-20）［2021-03-03］.http：//www.chinanews.com/fz/2012/11-20/4344104.shtml.

❺ 2013年11月12日，党的十八届三中全会全体会议通过《中共中央关于全面深化改革若干重大问题的决定》，该决定提出，废止劳动教养制度。

四、信息公开

（一）信息公开范围和形式不断拓展和丰富

2012 年 4 月，国务院常务会议部署 2012 年政府信息公开重点工作，指出要重点推进财政预决算、"三公"经费和行政经费、食品安全、环境保护、招投标、生产安全事故、征地拆迁、价格和收费等领域的政府信息公开。2012 年 5 月，国务院法制办公布的《保守国家秘密法实施条例（征求意见稿）》中规定，机关、单位不得将依法应当公开的事项确定为国家秘密，不得将涉及国家秘密的信息公开。2012 年 10 月，国务院新闻办公室发表的《中国的司法改革》白皮书中介绍了我国司法公开取得的成绩，其中包括公开形式和载体更加丰富，司法公开从各部门分散发布，转变为统一的信息服务窗口集中发布，公开载体从传统的公示栏、报刊、宣传册等，拓展到网站、博客、微博客、即时通信工具等网络新兴媒介。新闻发言人和新闻发布例会制度建立健全，及时发布司法信息等。同月，公安部发布的《公安机关执法公开规定》中规定，公安机关向社会公开执法信息，可以通过公安部公报、政府网站、新闻发布会，以及报刊、广播、电视等便于公众知晓的方式进行公布。上级机关公开执法信息后，下级公安机关可以通过互联网站、警务微博、便民联系卡等多种便于群众接受的方式，使社会广为知晓。

2012 年 12 月，最高院制定关于进一步改进司法作风的六方面措施，包括要推进司法公开，实现良性互动，建立完善新闻发布例会制度，进一步完善裁判文书上网，庭审网络直播制度，健全法院开放日制度，让司法在阳光下运行。

（二）政务微博成为信息公开的重要渠道

政务微博继续在信息公开中扮演重要角色，而且开设主体从地方政府扩大到了中央政府。《2012 年新浪政务微博报告》显示，至 2012 年 10 月，新浪微博认证的政务微博已达 60064 个，较之去年同期增长率达 231%，目前已有 20 个部委及部委级组织开通了新浪部委微博，运营着 46 个官方账号，政务微博呈现出及时回应民

情、公开辟谣、征求民意等新态势。❶

党的十八大期间，《国务院公报》在新浪开设了官方微博，秉承"传达政令、宣传政策、指导工作、服务社会"的办刊宗旨，公布国家的重大方针政策。开设政务微博将官方的信息系统和民间信息平台对接，其功能也开始从单向的信息发布转变为联动的服务提供，在服务民众、亲民沟通、网络问政、舆情引导、应急救援、宣传推广等方面大有可为。❷

（三）政府信息公开诉讼实践的发展

各地关于政府信息公开的诉讼逐渐增多，争议涉及哪些是应当公开的政府信息、申请政府信息公开主体需要什么理由等。

2012年8月，湖南省宁乡县法院就在某媒体工作的廖红波因参加编写《湖南小康年鉴》申请湖南省宁乡县玉潭镇政府公开"三公经费"遭拒一案，一审判决原告败诉。法院认为被告违反了《政府信息公开条例》中"15个工作日内答复"的规定，但鉴于原告并非《湖南小康年鉴》编委会成员，湖南省城乡小康发展中心并未委托原告收集政府机关"三公经费"等数据，且2012年《湖南小康年鉴》已经出版，故其申请"理由不成立"，驳回其诉讼请求。❸

2012年10月，北京市第一中级人民法院对"赵正军诉卫生部拒绝公开生乳新国标制定时食品安全国家标准审评委员会编写的会议纪要"案作出一审判决，认为"卫生部会议纪要属于卫生部在履行其法定职责过程中制作的政府信息，卫生部认为过程性信息不在《国务院办公厅关于做好政府信息依申请公开工作的意见》要求公开的信息之列，一旦公开，可能影响社会稳定，增加行政管理工作负担"等理由缺乏事实和法律依据，判令其在法定期限内重新答复赵正军的申请。❹

---

❶　人民网舆情监测室发布《2012年新浪政务微博报告》［EB/OL］.（2012-12-03）［2021-03-03］.http://yuqing.people.com.cn/n/2012/1203/c210118-19770124.html.

❷　国务院公报官方微博今日上线［EB/OL］.（2012-11-10）［2021-03-03］.http://www.bjnews.com.cn/news/2012/11/10/232912.html.

❸　湖南玉潭镇政府拒绝公开三公经费　称政府找麻烦［EB/OL］.（2012-09-03）［2021-03-03］.http://news.youth.cn/zt/qlzg/lzsp/201209/t20120903_2408175.htm.

❹　卫生部仍拒绝公开生乳国标会议纪要，消费者将再起诉［EB/OL］.（2012-12-27）［2021-03-03］.http://www.xinhuanet.com/politics/2012/12/27/c_124153312.htm.

五、著作权保护

（一）著作权相关立法稳步推进

1.《著作权法》修订草案引发各界热议

2012年10月，国家版权局完成了《著作权法》修订草案第三稿，将现行《著作权法》的六章六十一条调整为八章九十条，主要变化有：①体例结构变化较大。在逻辑上，章节设置遵循了先"权利内容"后"限制""行使"的顺序，将现行法"相关权"章节排列顺序提到了"权利限制""权利行使"等章节之前；在结构上，将"权利内容"与"权利限制"分章设计，增加了"权利限制"章节。同时，单章设立了"技术保护措施和权利管理信息"，变"法律责任和执法措施"章节为"权利保护"章节。②增加了著作权人和相关权人的权利内容。比如，增加了美术作品的追续权，延长了摄影作品的保护期，增加了表演者的出租权及在视听作品中的获酬权，增加了录音制作者在他人以播放和公开传播的方式使用其录音制品时的获酬权，将广播电视组织享有的权利由"禁止权"改为"专有权"。③提高了作品用户适用"法定许可"的门槛，强化了使用者向著作权人支付报酬的责任。在保护著作权人权利的前提下，设计了以"会员制为主、非会员制为辅"的著作权集体管理制度，建立了著作权人难以行使的权利的授权机制和交易模式，使合法者受到保护、违法者受到制裁。④提高了著作权保护水平。修改草案增加了行政执法措施，规定了权利人选择损害赔偿的方式，提高了法定赔偿标准，增加了惩罚性赔偿的规定，扩大了侵权者过错推定的范围，完善了技术保护措施和权利管理信息制度。

本次《著作权法》修订坚持开门立法，于2012年3月和7月向社会公开征求意见的修订一稿和二稿，备受社会关注，并引起了广泛讨论，在较短时间内，百度、新浪网站有关《著作权法》修改一稿的消息和讨论点击率超过百万，国家版权局共收到来自社会各界的1600多份意见，争议点主要集中在录音法定许可、集体管理和网络服务提供者法律责任等问题上，权利人普遍希望进一步加强著作权保护，加大打击侵权盗版的力度，增大侵权盗版的责任风险，提高我国著作权保护的整体水平。面对各方利益群体间的冲突，国家版权局以"符合著作权保护基本理论；借鉴国际著作权立法成功经验，立足中国著作权保护实践；既要保护创作者权利，又要有利于作品传播；既要反对市场垄断，又要防止权利滥用"四个基本要素来做取舍。但由于利益诉求不同、对著作权制度认识不同等，在法定许可，集体管理，视听作品的利益分享，表演者和录音制作者的获酬权、追续权、保护期等制度设计上还存在分歧。❶

2. 最高院就信息网络传播权司法解释公开征求意见

2012 年 4 月，最高院公布了《关于审理侵犯信息网络传播权民事纠纷案件适用法律若干问题的规定（征求意见稿）》。该司法解释主要涉及侵犯信息网络传播权民事纠纷案件的审理原则、"避风港原则"如何适用、"红旗"标准如何把握等问题，列举了目前网络服务提供者常见的侵权行为，对如何认定网络服务提供者的提供行为，如何认定网络服务提供者是否明知或者应知其提供服务的网络用户侵害他人信息网络传播权，如何认定网络服务提供者是否具有过错，如何认定网络服务提供者的违法所得等具体问题做了详细规定。

3.《视听表演北京条约》正式签署

2012 年 6 月，世界知识产权组织（WIPO）保护音像表演外交会议签署了《视听表演北京条约》。该条约赋予了电影等视听作品的表演者依法享有许可或禁止他人使用其表演活动的权利。学界指出，《视听表演北京条约》的新意在于"不再区分在录音制品上的表演和以视频方式录制的表演，对两者都提供保护"。此后，词曲作者和歌手等声音表演者享有的复制、发行等权利，电影演员等视听作品的表演者也同样享有。

（二）著作权保护的司法实践发展

1. 集体组织联合维权案件增多

随着网络成为著作权侵权行为的多发、易发领域，部分作者和出版商合作成立

---

❶　国家版权局《著作权法》第三次修订工作回顾［EB/OL］.（2012-11-08）［2021-03-03］.https：//www.bookdao.com/article/52703/.

了集体性维权组织。2012 年 7 月，中国作家协会作家权益保障办公室与作家维权联盟在京签订了合作备忘录，双方将就维护作家的著作权合法权益开展宣传、研讨、诉讼等多种形式的合作。由韩寒、李承鹏等作家和路金波、沈浩波等出版商成立的作家维权联盟针对百度文库、苹果应用程序商店中存在的侵权行为，分别提起了诉讼。2012 年 9 月，北京市海淀区人民法院对联盟代理的韩寒等作家诉百度文库侵犯著作权的部分案件作出一审判决，支持韩寒等共计 17.3 万元的经济损失及合理开支的诉讼请求。❶

2. 侵权对象和形式日益多元和复杂

媒体技术的发展改变着作品的创作方法、存在形态、传播形式、传播对象，进而使实践中著作权侵权现象日益复杂。

第一，网络媒体、在线商店对报刊、书籍的侵权现象日益增多。例如，世界经理人资讯有限公司在未经中国青年报社许可、未支付费用的情况下在其经营的"世界经理人"网站使用了《中国青年报》的百余篇文章，被北京市海淀区人民法院判定为侵犯原告对涉案作品所享有的信息网络传播权。❷ 在中国大百科全书出版社诉苹果公司 App Store 侵犯著作权案中，原告胜诉并获赔 50 万元。❸ 北京市第二中级人民法院对"作家维权联盟成员诉美国苹果公司等侵犯著作权案"系列案件中的部分案件作出一审判决，判决认定苹果公司构成侵权，法院指出苹果公司对苹果商店网络服务平台有很强的控制力和管理能力，未适当履行其注意义务，故对于涉案应用程序的侵权，应承担相应的法律责任。❹

第二，作为著作权保护对象的作品时而出现新形式。比如，广播体操是否享有著作权的诉讼引发了争议，在中国体育报业总社诉广东音像出版社、广东豪盛文化侵权一案中，原告主张它与国家体育总局签订合同独家获得了第九套广播体操的复

---

❶　韩寒状告百度一审宣判［EB/OL］.（2012-09-17）［2021-03-03］. http：//legal.people.com.cn/GB/51654/347221/349223/index.html.

❷　"世界经理人"网站转载记者文章　中青报社状告网站获赔［EB/OL］.（2012-04-20）［2021-03-03］.https：//www.chinacourt.org/article/detail/2012/04/id/479177.shtml.

❸　中国大百科全书诉苹果侵权　一审胜诉获赔 52 万［EB/OL］.（2012-09-28）［2021-03-03］.http：//media.people.com.cn/n/2012/0928/c40733-19140718.html.

❹　王大庆.作家维权联盟诉苹果侵权案胜诉苹果公司被判赔偿 40 余万元［N］.光明日报，2012-12-28（02）.

制、发行等权利，被告未经许可擅自发行侵犯其合法权益。而被告认为，尽管创编广播体操消耗了许多劳动，但是"体育总局给广播体操的定义是健身方法，健身方法不受著作权法保护"，而且其出版发行的音像制品并非原告获得授权的国家体育总局录制的版本，因此，被告未侵害原告的录音录像制作权。北京市西城区人民法院认为，第九套广播体操的动作本质上属于思想而非表达，故不受《著作权法》保护，但其文字说明、图解作为文字作品和美术、摄影作品，均受《著作权法》保护，并判决被告停止出版、发行涉案侵权作品，并赔偿原告 10 万元。❶

第三，网络媒体通过各种客户端侵权案件不断涌现。北京时越网络技术有限公司未经许可不仅在其网站首页显著位置推荐并在线播出《2012 中央电视台春节联欢晚会》，而且在其提供"uusee 网络电视 2012 版"客户端中直播央视春晚。央视国际认为，该公司的行为侵犯了其对中央电视台电视频道节目内容享有的信息网络传播权。❷乐视诉优酷通过手机客户端播放未经授权电影案中，优酷是否应当对并未存储于手机客户端的影片承担侵权责任也引起了争议。❸

第四，搜索引擎著作权纷争备受关注。2012 年 10 月，百度向北京市第二中级人民法院起诉奇虎 360 不正当竞争及著作权侵权，认为奇虎 360 非法抓取、复制百度网站内容，并直接以快照形式向网民提供，严重侵害了百度的合法权益，索赔 1 亿元，要求奇虎 360 停止抓取百度网站内容并公开道歉。奇虎 360 则辩称其展现的是纯自然搜索结果，没有抄袭百度的搜索算法，百度公司对百度百科、百度知道等网站内容不享有著作权；网页快照不构成复制侵权。❹

第五，微博转发图片侵权案也时有发生。北京华盖图像公司因广东欧派家居公司通过微梦网络公司设置的微博转发了自己享有著作权的图片而诉至法院。2012 年

---

❶　法院判决第九套广播体操动作不受著作权法保护［EB/OL］.（2012-12-18）［2021-03-03］. http：//ip.people.com.cn/n/2012/1218/c136655-19936868.html.

❷　央视国际诉网站播春晚侵权：诉称有央视节目独占性传播权，索赔 101 万［EB/OL］.（2012-09-06）［2021-03-03］.http：//epaper.bjnews.com.cn/html/2012/09/06/content_370068. htm？ div=-1.

❸　优酷手机客户端擅播电影　被乐视网索赔 8.3 万元［EB/OL］.（2012-11-02）［2021-03-03］.http：//media.people.com.cn/n/2012/1102/c40606-19471291.html.

❹　百度诉奇虎 360 索赔 1 亿元　搜索大战进入司法程序［EB/OL］.（2012-11-01）［2021-03-03］.https：//companies.caixin.com/2012-11-01/100454937.html.

12 月，广州市白云区法院经审理认为，欧派公司在使用此图片时没有审查权利归属，其设立微博的目的又是宣传公司，因此以侵犯著作权判令被告赔偿原告 1000 元。但北京华盖图像公司没有向微梦提出有效投诉，没有尽到权利人告知义务，故微梦免责。法官表示，微博转发图片是常见现象，不可一概而论，但若用于营利目的，则应予以制裁。❶

六、人格权保护

（一）微博等自媒体继续成为名誉侵权高发区

江西、广东、浙江等省的法院纷纷开庭审理了本省微博名誉侵权第一案，这标志着"自媒体"领域的言论自由与合理限制，已日益进入司法实践。由于微博表达具有碎片化、即时性、传播广泛性等特征，微博侵犯名誉权的情形与传统媒体相比，可能会引发更大的社会舆论，法院虽然仍然基于传统名誉侵权的构成要件判案，但是同时要考虑以下两点特殊性。

第一，微博言论自由尺度更大。2011 年的中国微博第一案"周某案"一审判决书认为，个人微博的特点是分享自我的感性平台而非追求理性公正的官方媒体，因此相比于正式场合的言论，言论自由的把握尺度应该更大。终审判决则认为，微博为实现我国宪法所保障的言论自由提供了一个平台。据此，将原审法院认定应当删除的 20 条侵权微博减为 2 条。这一思路也影响了 2012 年的有关审判。❷

第二，微博侵权的赔偿金额与消除影响方式有其特点。在周某案中，二审判决赔偿金 5 万元。在 2012 年 7 月一审宣判药某诉张某名誉侵权案中，法院判定张某采用自行书写或转载他人博文、微博的形式，对原告药某进行诽谤、侮辱，并对药某的家庭情况进行失实性描述，判决张某名向原告赔礼道歉，消除影响，赔偿精神抚慰金 1 元、公证费 5960 元。法院作出判决的依据除了当事人的主张、双方的合意，

---

❶ 广州首现企业微博侵权案 [EB/OL].（2011-03-28）[2021-03-03].http：//epaper. southcn.com/nfdaily/html/2011-03/28/content_6941834.htm.

❷ "微博第一案"终审：周鸿祎败诉 [EB/OL].（2013-07-30）[2021-03-03].http：// www.chinanews.com/cj/2013/07-30/5099978.shtml.

还有当事人遭受的实际损害及现实影响。药某以侵权未予全面认定、惩戒力度较小等为由提起上诉。2012年11月，西安市中级人民法院二审判决驳回药某的上诉请求，维持原判。❶

（二）"适格原告主体"的界定引发争议

在北大诉邹恒甫案❷中，针对"北大教授""王鹏"的言论，北京大学及某律师王鹏是否是适格的原告，引起了讨论。有观点认为，邹恒甫爆料使用词语是"北大院长""北大教授系主任"，因此更适格的原告主体应该是上述人员个人，而非北大。也有学者表示，因为邹恒甫提及北大，在北大看来，此行为客观上伤害了学校的名誉，因此学校提起诉讼也是合适的。

而律师王鹏起诉北京地铁公司因地铁五号线显示屏出现"王鹏你妹"字样侵犯了其名誉权，西城区法院却不予立案，理由是"你妹"不算骂人，且"王鹏"也不能证明指的是原告。有律师认为，"你妹"在网络环境下已衍生出侮辱意味；而姓名从本质上来讲仅仅是一个符号，只有当这个姓名被明确指向某人时，才构成名誉权的侵害。但对其他同样叫该名的人而言，并不构成对他们名誉权的直接侵害。❸

（三）"事实与观点"二分法的界限不易区分

在名誉权领域，事实与观点的陈述二分法已经成为学界的共识，事实有真假、观点可自由，判断侵权的标准迥异，但二者的区分标准并非截然分明的。2012年1月，范某诉郭某和《文汇报》名誉侵权案二审宣判，法院纠正了一审中"文新集团

---

❶　药庆卫诉张显名誉侵权案胜诉载［EB/OL］.（2012-08-01）［2021-03-03］. http：// epaper.bjnews.com.cn/html/2012-08/01/content_361063.htm?div=-1.

❷　北大诉邹恒甫名誉侵权案载［EB/OL］.（2015-01-07）［2021-03-03］. https：//www. chinacourt.org/article/detail/2015/01/id/1529291.shtml. 2014年12月23日，北京市第一中级人民法院对北京大学、北京梦桃源餐饮有限公司诉邹恒甫名誉侵权案作出终审判决，认为上诉人邹恒甫存在主观过错，实施了对北京大学及梦桃源公司的加害行为，导致北京大学、梦桃源公司的社会评价明显降低，且其行为已超出了行使言论自由的权利边界，构成了对北京大学及梦桃源公司名誉权的侵害，因此应承担相应民事侵权责任，遂驳回上诉，维持原判。

❸　"王鹏家族"告地铁公司要求赔偿名誉损失1元［EB/OL］.（2012-10-10）［2021-03-03］. http：//finance.people.com.cn/money/n/2012/1010/c218900-19216205.html .

对刊载的文章未严格审核，存在一定过失"的说法，认定文新集团不构成侵权，但依旧认定郭某文章中"才能平平""逞能""炫才露己""虚伪"等词语，已构成对范某名誉权的侵害，判决郭某书面道歉，并赔偿范某精神损害抚慰金 7 万元。❶ 不少学者认为，上述词语既非对事实的虚假陈述，又不存在侮辱人格含义，仅属对画家创作的评价争议，本案判决结果不利于保障文艺批评。2012 年 10 月，方舟子起诉《法治周末》和法制网发表的《方舟子涉嫌抄袭总调查》一文专门收罗曾被方舟子批评、与其有矛盾的人的言论，严重失实。被告方则辩称，文中引用的网友文章均为真实存在的网友言论，记者系客观总结归纳，并没有杜撰、曲解，也没有对方舟子文章是否是抄袭下结论。后法院一审判决，报道内容有据可查，驳回原告的诉讼请求。❷

第二节　2012 年度中国传媒法事例及评析

一、《刑事诉讼法》第二次修正案通过

◆ 事例简介

2012 年 3 月 14 日，第十一届全国人大第五次会议通过第二次修正《刑事诉讼法》，并于 2013 年 1 月 1 日起实施。

该修正的《刑事诉讼法》的讨论和通过，以及相关条款的修正，对媒体关于刑事案件的报道产生了很大影响。相关条款有：第十二条中的"未经人民法院依法判决，对任何人都不得确定有罪"；第五十条中的"不得强迫任何人证实自己有罪"；第一百五十条中的"采取技术侦查措施获取的材料，只能用于对犯罪的侦查、起诉和审判，不得用于其他用途"；第二百七十五条中的"犯罪的时候不满十八周岁，

---

❶ 范曾诉郭庆祥名誉侵权案二审维持原判［EB/OL］.（2012−01−06）［2021−03−03］.https：//www.chinacourt.org/article/detail/2012/01/id/471109.shtml.

❷ 方舟子告法治周末报社侵权：不服判决　上诉已受理［EB/OL］.（2014−03−27）［2021−03−03］.https：//www.chinacourt.org/article/detail/2014/03/id/1261149.shtml.

被判处五年有期徒刑以下刑罚的，应当对相关犯罪记录予以封存"，"犯罪记录被封存的，不得向任何单位和个人提供"。

◆ 简要评析

传媒与司法的关系关涉民主社会的正常运转和公民基本权利的保障。2012年《刑事诉讼法》对于媒体在进行刑事司法报道时的基本原则及能够报道和披露的信息范围作出了规定。这对构建媒体与司法的良性关系，保障嫌疑人、被告人的合法权益，满足广大公众的知情权益，有着重要意义。

二、人民网股份有限公司上市

◆ 事例简介

2012年1月13日，人民网股份有限公司（People.cn CO.，LTD）的首次公开募股（Initial Public Offerings，IPO）申请通过了中国证监会的审核，2012年4月27日，该公司在上海证券交易所正式上市，成为第一家在国内A股上市的新闻网站和第一家在国内A股整体上市的媒体企业。人民网股份有限公司由人民日报社、环球时报社、京华时报社、中国汽车报社、中国出版集团公司、中国电影集团公司、上海东方传媒集团有限公司联合创立，该公司的控股股东及实际控制人为人民日报社，人民日报社直接和间接持共有该公司79.54%的股份。根据该公司的招股说明书，其拥有121名取得新闻出版总署颁发的记者证的专业采编人员，是A股市场上第一家将新闻编辑业务纳入上市公司的传媒企业。人民网股份有限公司在董事会之下设置了编辑委员会，编辑委员会在业务上接受人民日报的指导。

◆ 简要评析

人民网股份有限公司上市，对既有的媒体监管制度有突破意义。这是改革开放以来，我国在文化传媒领域坚持兼顾秩序价值与效益价值的政策实践的最新成果，体现了我国新闻出版体制改革取得新进展。

三、方某因微博言论致劳动教养被确认违法案

◆ 事例简介

2012 年，重庆数起因微博言论引发的劳动教养案及其后续司法程序引起全社会的普遍关注，其中之一便是"方某因微博言论致劳动教养被确认违法案"（以下简称"方某案"）。案件当事人方某于 2011 年 4 月 22 日在其微博发表了"一坨屎"言论，重庆市劳动教养委员会以此言论"虚构事实扰乱公共秩序"为由，处以方某劳动教养一年。期限届满后，方某于 2012 年 5 月 28 日向重庆市第三中级人民法院提起行政诉讼，请求撤销劳动教养决定。法院经审理认为，原告在微博上发表评论时虽然言辞不雅，但不属于散布谣言，也未造成扰乱社会治安秩序的严重后果，更不具备"严重危害社会秩序和国家利益"这一基本要件。被告以原告方某虚构事实扰乱社会治安秩序作出劳动教养一年的处分事实不清、证据不足。被诉劳动教养处分违法，本应撤销。但由于该行政强制措施已经执行完毕，不具有可撤销内容，故依法确认该劳动教养处分违法。

◆ 简要评析

以"方某案"为代表的因微博言论致当事人受到劳动教养的事件及随后所进行的劳动教养决定被撤销的判决，引发了社会各界对公权力如何保障和限制言论自由的思考。

四、"微笑局长"杨某舆论监督事件

◆ 事例简介

2012 年 8 月 26 日，陕西省延安市发生特大交通事故，陕西省安全监察局党组书记、局长杨某赴现场进行处理，面对惨烈的车祸现场，其面露微笑。事故相关图片在网络迅速传播后，引起了人们的普遍义愤。此后，杨某佩戴若干块名表的照片曝光。随后又有杨某对其收入作虚假陈述、有公民向陕西省财政厅申请公开杨某个人收入情况等事件。2012 年 9 月 21 日，陕西省省纪委宣布，依据有关纪律规定，

经陕西省省纪委常委会研究并报经省委研究决定，撤销杨某陕西省第十二届纪委委员，省安监局党组书记、局长职务。

◆ 简要评析

该案是一起典型的网络反腐案件，广大网民出于对当事人履责态度的激愤，利用新媒体来表达谴责，引发了后续的问责程序，具有积极意义。

五、第二批非时政类报刊出版单位转企改制基本完成

◆ 事例简介

2012 年，平面媒体的改革继续深化。截至 2012 年 10 月底，3388 种应转企改制的非时政类报刊中，已有 3271 种完成改革，占总数的 96.5%。这是在 2011 年 5 月，中共中央办公厅、国务院办公厅联合下发《关于深化非时政类报刊出版单位体制改革的意见》（以下简称《意见》）之后，新闻出版总署根据《意见》，对非时政类报刊出版单位体制改革提出总体时限改革的结果。虽然未按要求在 2012 年 9 月底前全面完成转企改制任务，但是改革目标已基本完成。

◆ 简要评析

非时政类报刊转企工作的基本完成，意味着媒体从单一功能向多重功能演进，是新闻出版体制改革的阶段性成果。媒体在转为企业之后，如何确保其更好地履行社会责任，值得进一步观察。

六、广电总局因《棒棒棒》节目处罚江苏教育电视台

◆ 事例简介

原江苏教育电视台竞猜节目《棒棒棒》中某一期节目在制作过程中出现嘉宾不当言表问题，该片段被现场网友上传至网络。2012 年 11 月 28 日，广电总局发出通知要求江苏教育电视台停播《棒棒棒》节目，同时声明严禁有丑闻、劣迹者发声和出镜。该通知认为，江苏教育电视台违反了《广播电视管理条例》，罔顾媒体社会责任，为丑恶言行提供舞台，造成恶劣社会影响，应当受到严厉谴责。其擅自改变

频道定位，违规制作并播出低俗娱乐节目，明显违反法规规定。其由于对录制现场的恶言丑行不加制约，致使粗俗视频在网上流传，违背了媒体职业道德，败坏了媒体形象。与此同时，广电总局新闻发言人表示："广电总局已责令立即停播《棒棒棒》栏目。广电总局正对这一事件作深入调查，近日将依法依规作出进一步严肃处理。"2012 年 12 月 28 日，广电总局通报，被停播整顿的江苏教育电视台并入江苏电视台，开办江苏电视台教育频道，该频道于 2012 年 12 月 29 日零时正式开播。

◆ 简要评析

该案是广电总局对制作和传播"三俗"内容的处罚，对维护主流价值观有积极意义。该案促使社会思考媒体社会责任如何切实履行、公权力如何依法行使。

七、"药某诉张某名誉侵权案"作出终审判决

◆ 事例简介

2012 年 11 月 30 日，西安市中级人民法院对药某诉张某侵犯名誉权案作出二审判决，判决驳回药某的上诉请求，维持原审判决。此案源于原告药某之子故意杀人案，作为该案被害人的诉讼代理人，张某原创和转发的微博与博客内容涉及对刑事被告人之父的家庭信息的失实传播及人格贬损。2011 年 8 月 4 日，药某以张某侵犯其名誉权向西安市雁塔区人民法院提起诉讼。2012 年 7 月，法院作出一审判决，认定被告行为构成侵权，判令被告立即停止侵权、赔礼道歉，消除影响，并支付原告精神损害抚慰金 1 元。原告则以一审判决对被告的侵权行为未予全面认定、惩戒力度较小等为由提起上诉。二审经法院审理认为，原审判决正确，应予以维持。

◆ 简要评析

该案引发了对媒体与司法的关系的新思考，确定了在新媒体环境下发生的责任人承担侵权责任的方式和途径，具有一定的开拓价值。

八、最高院发布《关于审理侵害信息网络传播权民事纠纷案件适用法律若干问题的规定》

◆ 事例简介

2012 年 11 月 26 日，最高院通过了《关于审理侵害信息网络传播权民事纠纷案件适用法律若干问题的规定》，该规定于 2012 年 12 月 26 日正式公布。该规定共十六条，对审理涉及信息网络传播权纠纷案件进行了规范，并于 2013 年 1 月 1 日开始实施。该规定首先明确了审理侵害信息网络传播权民事纠纷案件要遵循的原则，界定了信息网络的范围，同时，对侵害信息网络传播权行为的构成，网络服务提供者的过错、教唆侵权、帮助侵权，"明知""应知"的判定标准都作出了具体的规定。同时对人民法院对此类案件的管辖和法律适用等问题也作出了规定。

◆ 简要评析

随着媒介融合的不断深入，如何确定网络服务提供者的侵权责任成为司法实务的难点。该司法解释对审理侵害信息网络传播权民事纠纷案件的标准进行了细化，有利于保护和促进信息网络产业发展。

九、作家维权联盟成员诉苹果公司等侵犯著作权系列案件作出一审判决

◆ 事例简介

2012 年 12 月 28 日，北京市第二中级人民法院对"作家维权联盟成员诉美国苹果公司等侵犯著作权案"系列案件中的部分案件作出一审判决，判决认定苹果公司构成侵权。法院阐述判决理由时指出，苹果公司作为综合性网络服务平台苹果商店（App Store）的运营者，对苹果商店网络服务平台有很强的控制力和管理能力，其通过苹果商店网络服务平台对第三方开发商上传的应用程序进行商业上的筛选和分销，并通过收费下载业务获取到可观的直接经济利益，故对苹果商店网络服务平台提供下载的应用程序，应负有较高的注意义务。在本案中，苹果公司未适当履行其注意义务，故对于涉案应用程序的侵权，应承担相应的法律责任。

◆ 简要评析

该案中，法院关于被告应承担侵权责任的判决理由，相对于此前针对同一被告的同类型案件，有一定的不同，此前的相关判决认定被告行为构成共同侵权，该案则认定为"未适当履行其注意义务"，这表明我国司法机关为协调平衡权利人、信息网络平台、公众之间的利益关系作出了努力。

十、全国人大常委会通过《关于加强网络信息保护的决定》

◆ 事例简介

2012年12月28日，第十一届全国人民代表大会常务委员会第三十次会议通过了《关于加强网络信息保护的决定》，该决定自公布之日起施行。其主要内容是：规定国家保护个人电子信息，网络服务提供者、国家机关和其他企业事业单位对于保护个人电子信息的义务和责任，网络服务提供者为用户办理网站接入服务，办理固定电话、移动电话等入网手续，或者为用户提供信息发布服务，应当在与用户签订协议或者确认提供服务时，要求用户提供真实身份信息，即网络实名制。

◆ 简要评析

该决定具有"准法律"性质，对于网络实名制的合法化及公民个人信息的保护，公民的日常生活和政治生活会产生重大影响。

总结

2012年度中国传媒法事例包括1个司法解释、1个舆论监督案例、1个名誉权侵权案例、1个著作权案例、2个立法、2个传媒产业事例、2个传媒监管案例。涉及传媒与司法关系、言论自由的限制、舆论监督、广电内容管制、网络名誉权判断标准、信息网络传播权侵权案件判断标准、网络服务平台的义务、网络实名制、个人信息保护、传媒体制改革等问题。

第三章　2013 年度中国传媒法治发展

第一节　2013 年度中国传媒法治发展

一、有关传媒的指导方针和法律

2013 年是习近平作为第十八届中共中央总书记履职的第一年。党和国家高度重视宣传思想工作和文化建设，出台了一些指导方针和法律，这些对今后中国传媒法治的发展都有重要意义。

2013 年 11 月，党的十八届三中全会通过的《中共中央关于全面深化改革若干重大问题的决定》，在"全面改革的指导思想"中要求紧紧围绕建设社会主义核心价值体系、社会主义文化强国、深化文化体制改革，加快完善文化管理体制和文化生产经营机制，建立健全现代公共文化服务体系、现代文化市场体系，推动社会主义文化大发展大繁荣。在"推进文化体制机制创新"一节中提出："建设社会主义文化强国，增强国家文化软实力，必须坚持社会主义先进文化前进方向，坚持中国特色社会主义文化发展道路，培育和践行社会主义核心价值观，巩固马克思主义在意识形态领域的指导地位，巩固全党全国各族人民团结奋斗的共同思想基础。坚持以人民为中心的工作导向，进一步深化文化体制改革，坚持把社会效益放在首位、社会效益和经济效益相统一，以激发全民族文化创造活力为中心环节，进一步深化文化体制改革。"并分别就完善文化管理体制、建立健全现代文化市场体系、构建现代公共文化服务体系、提高文化开放水平等作出规划。该决定还提出："坚持积极利用、科学发展、依法管理、确保安全的方针，加大依法管理网络力度，加快完善互联网管理领导体制，确保国家网络和信息安全。"

2013 年 8 月，中央召开全国宣传思想工作会议，习近平总书记发表重要讲话时强调，经济建设是党的中心工作，意识形态工作是党的一项极其重要的工作。宣传思想工作要围绕中心、服务大局，把握大势，着眼大事，找准工作切入点和着力点，做到因势而谋、应势而动、顺势而为。宣传思想工作就是要巩固马克思主义在意识形态领域的指导地位，巩固全党全国人民团结奋斗的共同思想基础。掌握舆论工作主动权，坚持党性和人民性相统一，坚持以团结稳定鼓劲、正面宣传为主，进行宣传思想工作创新，精心做好对外宣传工作。

2013 年 12 月，中共中央办公厅印发《关于培育和践行社会主义核心价值观的意见》，其中提出了新闻媒体要发挥传播社会主流价值的主渠道作用，建设社会主义核心价值观的网上传播阵地，采取用公益广告传播社会主流价值、引领文明风尚等重要措施。

2013 年 1 月 1 日起实施的新《刑事诉讼法》有许多规定涉及媒体的刑事案件报道。包括未经人民法院依法判决，对任何人都不得确定有罪；不得强迫任何人证实自己有罪；采取技术侦查措施获取的材料，只能用于对犯罪的侦查、起诉和审判，不得用于其他用途；犯罪的时候不满 18 周岁，被判处 5 年有期徒刑以下刑罚的，应对相关犯罪记录予以封存，不得向任何单位和个人提供；以及规定了若干特别的保密责任等。最高院为贯彻新刑事诉讼法出台了《关于适用〈中华人民共和国刑事诉讼法〉的解释》，其中规定：除人民法院许可的新闻记者外，不得对庭审活动进行录音、录像、摄影，或者通过发送邮件、博客等方式传播庭审情况；审理未成年人刑事案件，不得向外界披露该未成年人的姓名、住所、照片及可能推断出该未成年人身份的其他资料；查阅、摘抄、复制的未成年人刑事案件的案卷材料，不得公开和传播。

二、新闻出版与广播影视监管

2013 年 3 月，十二届全国人大一次会议批准的《国务院机构改革和职能转变方案》中将国家新闻出版总署和国家广播电影电视总局整合组建为国家新闻出版广电总局，加挂国家版权局牌子。2013 年 7 月，《国家新闻出版广电总局主要职责内设机构和人员编制规定》中确定该机构具有统筹规划新闻出版广播电影电视事业产业发展，监督管理新闻出版广播影视机构和业务及出版物、广播影视节目的内容和质量、负责著作权管理、推进三网融合等 13 项职责，并取消了全国性出版物订货、展销活动审批、在境外展示、展销国内出版物审批、设立出版物全国连锁经营单位审批、广播电视传输网络公司股权性融资审批、一般题材电影剧本审查等 21 项行政审批事项，将音像复制单位、电子出版物复制单位设立审批、变更业务范围或兼并、合并、分立审批职责等 7 项审批下放到省级新闻出版广电行政部门，还增加了公共服务、推动产业发展、推进体制机制改革等 7 项职责。同时，合并职能基本相同的行政部门，设 22 个内设机构。

（一）新闻出版

1. 深化新闻出版体制改革

2013 年，新闻出版体制改革的重点任务是继续推进报刊出版单位体制改革，在做好 3388 种非时政类报刊出版单位转企改制扫尾工作的同时，推动已转企的出版单位建立现代企业制度，全面启动不具有独立法人资格的报刊编辑部体制改革工作。❶2013 年 10 月，解放日报报业集团和文汇新民联合报业集团整合重组为上海报业集团，恢复三大报社的法人建制，增强报社的自主权和活力，同时，上海市财政资金每年将固定为解放日报社、文汇报社各注入 5000 万元，推动其积极发展新媒体。❷此举被认为是上海在多样化传播格局下，加快传统媒体和新兴媒体融合发展、

---

❶ 蒋建国.继续推进报刊出版单位体制改革［N］.光明日报，2013-06-08（003）.
❷ 上海报业集团正式成立 三大报恢复独立建制［EB/OL］.（2013-10-29）［021-03-03］.http：//media.people.com.cn/n/2013/1029/c40606-23357776.html.

提升主流媒体影响力和引导力的重要举措。

2. 加强出版物质量管理

为加强出版物质量管理，新闻出版系统将2013年确定为"出版物质量保障年"，开展图书质量专项检查活动，重点检查中小学教辅、文化科普和少儿类图书❶，湖北省教育厅给学生发放高价采购的"盗版字典"等一批事件受到查处。❷同时，在音像制品发行单位年度核验工作中，为推动音像制品市场与出版物市场的融合发展，国家新闻出版总署将音像制品纳入出版物市场统一管理，并鼓励音像制品零售单位开展图书、报纸和期刊零售业务，图书、报纸和期刊零售单位开展音像制品零售业务。❸

3. 规范新闻采编秩序

为规范新闻采编秩序，国家新闻出版总署于2013年2月下发《关于进一步做好2012年度报刊核验工作的通知》，要求各地新闻出版局严格规范对暂缓年度核验、不予通过年度核验等报刊的处理，对有违法违规行为被查处后不整改或未取得明显整改效果的报刊、出版质量长期达不到规定标准的报刊、出版单位资不抵债的报刊、主管主办单位合并或撤销后不再具备行政许可法定条件的报刊、非公有资本进入编辑出版环节的报刊，一律不予通过年度核验。2013年4月，广电总局下发《关于加强新闻采编人员网络活动管理的通知》，要求采编人员开通职务微博须经单位批准，未经批准不得发布通过职务活动获得的各种信息；各类新闻单位均不得擅自使用境外媒体、境外网站新闻信息产品；坚决制止和依法查处采编人员以网络为平台谋取非法利益等行为；新闻单位开通官方微博须向其主管单位备案并指定专人发布信息。同月，最高院和最高检联合发布《关于办理敲诈勒索刑事案件适用法律若干问题的解释》（以下简称《解释》），规定敲诈勒索公私财物，利用或者冒充新闻工作者等特殊身份敲诈勒索等七种情形，"数额较大"的标准可以按照《解释》第

---

❶　中华人民共和国新闻出版广电总局.新闻出版系统确定2013年为"出版物质量保障年"［EB/OL］.（2013-03-28）［2021-03-03］.http://www.cqn.com.cn/wh/content/2013-03/28/content_1781540.htm.

❷　湖北省教育厅发公告称彻底调查盗版字典：将严肃处理［EB/OL］.（2013-05-06）［021-03-03］.http://yuqing.people.com.cn/n/2013/0506/c244089-21382231.html.

❸　国家新闻出版广电总局印刷发行管理司相关负责人就音像制品发行单位年检答记者问［EB/OL］.（2013-11-12）［2021-03-03］.http://www.nppa.gov.cn/nppa/contents/312/74517.shtml.

一条规定标准的 50% 确定，记者或假冒记者进行敲诈勒索的犯罪行为将依此惩罚。2013 年 5 月底，原《网络导报》记者李某等人以犯敲诈勒索罪被判处 9 个月至 3 年不等的有期徒刑，并处相应罚金。❶

主管机关还加大了对违法违规行为的处理力度。2013 年 4—5 月，广电总局对查明有新闻敲诈等行为的《网络导报》《购物导报》做出了吊销出版许可的处罚，对《中国特产报》予以停业整顿的处罚❷，据了解，这是近年来新闻出版管理部门对报刊报社违法违规行为处理最为严厉的一次。2013 年 5 月，广电总局还对"深圳女孩当街给残疾乞丐喂饭""天然气将大幅涨价""流浪汉因拆迁变富翁"三起媒体虚假失实报道的调查及处理情况进行了通报，并分别对中国新闻社、《中华工商时报》《信息日报》的相关责任人进行了处理。❸

（二）广播影视

电视节目的内容制作和播出规范继续加强。2013 年 2 月，广电总局发出《关于实行电视纪录片题材公告制度的通知》，要求电视纪录片题材实行中央、省（自治区和直辖市）两级汇总，广电总局统一公告制度。2013 年 3 月，广电总局下发《关于做好 2014 年电视上星综合频道节目编排和备案工作的通知》（又被称为"加强版限娱令"），要求各大卫视进一步加大电视上星综合频道新闻、经济、文化、科教、生活服务、动画和少儿、纪录片、对农等类型节目的播出比例，总播出时长按周计算不低于 30%；各电视上星综合频道每年播出的新引进境外版权模式节目不得超过 1 个，当年不得安排在 19：30—22：00 播出；每季度广电总局通过评议选择一档歌唱类选拔节目安排在黄金时段播出；广电总局将对电视晚会进行调控，原则上重要节假日期间每日不超过 3 台。此外，还要求卫视实行年报制度，做好备案工作。2013 年 4 月，由于内容过度娱乐化且存在安全问题，浙江卫视《中国星跳跃》节目

---

❶ "黑记者"李德勇等人敲诈勒索案宣判 主犯获刑三年［EB/OL］.（2013-11-08）［2021-03-03］.http：//www.chinanews.com/fz/2013/11-08/5479696.shtml.

❷ 国家新闻出版广电总局《关于〈购物导报〉等报纸违法案件处理情况的通报》新出厅字〔2013〕170 号.

❸ 国家新闻出版广电总局《关于中国新闻网等媒体虚假失实报道查处情况的通报》新出厅字〔2013〕121 号.

被广电总局责令整改。2013 年 5 月，针对抗战剧过度娱乐化的现象，广电总局要求各卫视，对电视剧黄金档已报排播的抗战题材剧进行重审和甄别，对存在过度娱乐化的抗战剧进行修改，停播不能修改的过度娱乐化抗战剧，同时对以严肃态度进行创作的抗战剧给予鼓励和支持。❶ 黑龙江卫视、四川卫视主动撤播了正在播出的一些抗战剧。❷2013 年 7 月，针对歌唱类选拔节目泛滥的现象，广电总局紧急下发《关于进一步规范歌唱类选拔节目的通知》，重申 2013 年各台一律不再投入制作新的歌唱选拔类节目，同时要求各卫视对参赛选手、导师等做好把关和引导；要求卫视提高原创节目比重，对引进的境外节目模式要严格管理和调控。广电总局召集九家卫视召开工作会议并公布了歌唱类选拔节目的调控结果，《全能星战》等一批节目被停播或延后播出。2013 年 10 月，广电总局又下发《进一步加强卫视频道播出电视购物短片广告管理工作的通知》，要求自 2014 年 1 月 1 日起，各卫视频道每天18—24 点时段内，不得播出电视购物短片广告，各卫视每天每小时播出电视购物短片广告不得超过 1 条（次），每条不得超过 3 分钟，每天播出同一款产品或同一内容的电视购物短片广告不得超过 3 次，并且禁止叫卖式广告。

为贯彻中央关于改进工作作风、密切联系群众"八项规定"和"厉行勤俭节约、反对铺张浪费"的要求，2013 年 1 月底，广电总局下发《关于节俭安全办节目的通知》，由于下发时间较晚，各台春节晚会早已筹备完毕，所以并没有起到实质性作用。2013 年 8 月，中宣部、广电总局等五部门联合发布《关于制止豪华铺张、提倡节俭办晚会的通知》，取得了一定的成效。中央电视台计划 2013 年 9—12 月减少播出 17 项晚会类节目，占原计划播出量的 50% 左右；自 2014 年起减少播出 56项晚会类节目，占以往播出量的 60% 左右。❸

在电影管理领域，2013 年 1 月，广电总局公布《关于加强海峡两岸电影合作管理的现行办法》规定，凡取得"电影片公映许可证"的台湾地区影片，作为进口影片在大陆发行，不受进口影片配额限制；同时大陆与台湾地区合作摄制的影片在大

---

❶ 广电总局整治抗战雷剧 存过度娱乐化现象将停播［EB/OL］.（2013-05-17）［2021-03-03］.http：//www.chinanews.com/gn/2013/05-17/4827598.shtml.
❷ 黑龙江卫视主动撤播《战旗》，四川卫视主动撤播《尖刀战士》。
❸ 中央电视台计划 2014 年压缩六成晚会类节目［EB/OL］.（2013-09-05）［2021-03-03］.http：//www.gov.cn/jrzg/2013-09/05/content_2481838.htm.

陆发行，享受国产影片相关待遇。该办法还对与台湾地区合作摄制影片及大陆和台湾地区投资改建影院进行了规范。2013年4月，美国电影《被解救的姜戈》在内地首映当日被紧急叫停，被要求修改裸露镜头之后重新公映❶，这引起了学界和业界对电影分级制度的再次讨论。❷

广电系统在推进三网融合方面也有新的进展。2013年3月，国家级广电网络公司组建方案获批，意味着一直难产的中国广播电视网络公司将开始组建。国家广电网络公司将获得双向接入牌照，获准经营国内基础电信接入业务。❸

三、互联网治理

中国互联网络信息中心（CNNIC）发布的第32次调查报告显示，截至2013年6月底，我国网民规模达5.91亿，其中手机网民规模达4.64亿。此外，微博和微信用户分别突破5亿和6亿，对互联网治理提出了新的要求。❹

（一）个人信息保护的立法相继出台

自2012年底全国人大常委会出台《关于加强网络信息安全的决定》以来，个人信息保护的立法密集出台。2013年2月，我国首部个人信息保护的国家标准《信息安全技术公共及商用服务信息系统个人信息保护指南》开始实施，该指南将个人信息分为个人一般信息和个人敏感信息，对于一般信息的处理可以建立在默许同意的基础上，对于个人敏感信息，在收集和利用之前，必须首先获得个人信息主体明确授权。同时规定了处理个人信息时遵循的八项基本原则，即目的明确、最少够用、公开告知、个人同意、质量保证、安全保障、诚信履行和责任明确。2013年3月实

---

❶ 《被解救的姜戈》修改裸露镜头5月上旬复映［EB/OL］.（2013-04-26）［2021-03-03］. https：//ent.qq.com/a/20130426/000084.htm.

❷ 《被解救的姜戈》被停映 电影审查制度引热议［EB/OL］.（2013-04-16）［2021-03-03］. https：//www.chinanews.com/yl/2013/04-16/4734681.shtml.

❸ 国家级广电网络公司组建方案获批 三网融合"脚踩油门"［EB/OL］.（2013-03-22）［2021-03-03］.http：//finance.people.com.cn/n/2013/0322/c70846-20880032.html.

❹ 第32次中国互联网络发展状况统计报告［J］.互联网天地，2013（10）.

施的《征信业管理条例》规定，采集个人信息应当经信息主体本人同意，并界定了禁止采集的信息范围，规定信息主体享有查询、异议、投诉等权利。2013年4月，工信部发布《关于加强移动智能终端管理的通知》，对企业在生产移动智能终端时维护用户个人信息、保障网络与信息安全提出了要求。2013年7月，工信部颁布了《电信和互联网用户个人信息保护规定》，界定了个人信息的保护范围，要求电信业务经营者、互联网信息服务提供者收集、使用用户个人信息应当遵循合法、正当、必要的原则，对用户个人信息的安全负责，并对相关违法行为设定了警告和3万元以下罚款处罚。2013年9月，实施的工信部发布的《互联网接入服务规范》规定，电信业务经营者应依照法律和有关规定对提供服务过程中收集、使用的用户个人信息严格保密，不得泄露、篡改或者毁损，不得出售或者非法向他人提供。

（二）严厉打击网络违法行为，维护网络秩序

为维护网络秩序，互联网管理部门开展了多次专项行动。2013年3月，在全国"扫黄打非"办公室的部署下，全国开展了"净网"行动，以整治网络文学、网络游戏、视听节目网站等为重点，开展网络淫秽色情信息专项治理。❶2013年4—12月，工信部在全国开展加强和改进网站备案工作专项行动，以治理未备案接入、虚假备案等违法违规行为和核查网站备案主办者身份信息和联系方式（电话、邮箱或通信地址）为重点，目标是使2013年底全国网站备案率和备案主体信息准确率分别达到99.5%和75%。❷2013年5月，国家互联网信息办部署开展为期两个月的规范互联网新闻信息传播秩序专项行动❸，针对当前网站登载新闻存在的突出问题，重点整治新闻来源标注不规范、编发虚假失实报道、恶意篡改新闻标题、冒用新闻机构名义编发新闻等违规行为，并查处了人民内参网等上百家非法网站。❹

---

❶ 《关于开展2013年侵权盗版及非法出版物集中销毁活动和"绿书签行动"系列宣传活动的通知》，全国"扫黄打非"工作小组办公室，2013年3月25日。

❷ 《工业和信息化部关于开展加强和改进网站备案工作专项行动的通知》，工信部电管函〔2013〕158号。

❸ 国家互联网信息办部署开展规范互联网新闻信息传播秩序专项行动［EB/OL］.（2013-05-13）［2021-03-03］.http://www.scio.gov.cn/ztk/hlwxx/zzwlyyjswldx/djwlyyzxhd/Document/1344678/1344678.htm.

❹ 董城.让非法新闻业务网站无处藏身［N］.光明日报，2013-07-01（002）.

打击网络谣言成为本年度互联网治理的重点工作。自 2013 年 4 月开始，国家互联网信息办集中部署了打击利用互联网造谣和故意传播谣言行为，查处贵州李某等多名利用互联网制造和故意传播谣言人员，关闭了一批造谣传谣的微博客账号，公安机关也对相关人员进行了行政处罚。❶2013 年 5 月，"萧山君子""何兵"两个新浪微博账号因故意造谣和传谣分别被注销和暂停。❷2013 年 6 月，公安部开展打击网络有组织造谣传谣等违法犯罪专项行动，一批网络"大 V"被查处，如网络推手秦某（网名"秦火火"）、杨某（网名"立二拆四"）因涉嫌寻衅滋事罪、非法经营罪被刑拘❸，"环保专家"董某因涉嫌寻衅滋事罪被刑拘。❹2013 年 9 月，为进一步明确打击网络谣言的法律依据，最高院和最高检联合发布了《关于办理利用信息网络实施诽谤等刑事案件适用法律若干问题的解释》，对办理利用信息网络实施诽谤、寻衅滋事、敲诈勒索、非法经营等刑事案件适用法律的标准进行了细化，对应当认定为《刑法》第二百四十六条第一款规定的"情节严重"，规定了 4 种情况；对可以提起公诉的"严重危害社会秩序和国家利益"的诽谤犯罪规定了 7 种情况。编造虚假信息，或者明知是编造的虚假信息，在信息网络上散布，或者组织、指使人员在信息网络上散布，起哄闹事，造成公共秩序严重混乱的，构成寻衅滋事罪；以发布或删除信息为由索取财物属敲诈勒索罪；有偿删除网络信息可构成非法经营罪。该司法解释虽为打击网络谣言特别是非法网络公关行为提供了更为明确的法律依据，但也引起了社会各界的争议。该司法解释出台后不久，杨某因发帖质疑该县一名男子非正常死亡案件有内情，被当地警方援引该司法解释以寻衅滋事罪刑拘，引发了社会各界对警察滥用公权力的担忧。后杨某被行政拘留，杨某本人不服，提

---

❶ 国家网信办部署打击网络谣言［EB/OL］.（2013-05-02）［2021-03-03］.http：//www.cac.gov.cn/2013-05/02/c_133141333.htm.

❷ 两个故意传播谣言微博账号被注销和暂停［EB/OL］.（2013-05-10）［2021-03］.https：//china.huanqiu.com/article/9CaKrnJAsfm.

❸ 警方将调查与"秦火火"协议转发微博大 V［EB/OL］.（2013-08-21）［2021-03-03］.http：//news.cntv.cn/2013/08/21/ARTI1377062234397670.shtml.

❹ "环保专家"董良杰被刑拘 曾炮制"自来水含避孕药"［EB/OL］.（2013-09-29）［2021-03-03］.http：//yuqing.people.com.cn/n/2013/0929/c212523-23072338.html.

起行政复议和申请国家赔偿。❶2013 年 9 月，最高院发布《关于审理编造、故意传播虚假恐怖信息刑事案件适用法律若干问题的解释》，界定编造、故意传播虚假恐怖信息罪的认定标准，明确规定严重扰乱社会秩序的 6 种情况应当追究刑事责任，并规定了应当酌情从重处罚的 5 种情况和加重处罚的 5 种情况，对于编造、传播虚假恐怖信息同时构成数罪的择一重处，并界定了"虚假恐怖信息"的范围。2013 年度严厉打击网络谣言行动对网络言论产生了显著影响。2013 年 8 月，我国互联网首个辟谣平台——北京地区网站联合辟谣平台正式上线，这表明治理网络谣言的行业自律机制逐步建立。

（三）互联网不正当竞争行为日益突出

随着互联网市场的迅速发展，互联网企业的不正当竞争问题日益突出，诉讼标的也不断增加。2013 年 3 月，互联网反垄断第一案一审宣判，针对奇虎 360 诉腾讯滥用市场支配地位一案，广东省高级人民法院判决驳回奇虎公司全部诉讼请求，并创新性地确定了相关市场的界定标准。❷2013 年 4 月，广东省高级人民法院对腾讯诉奇虎 360 不正当竞争纠纷案作出一审判决，判决奇虎 360 的扣扣保镖构成不正当竞争，奇虎 360 赔偿腾讯 500 万元，这是我国互联网行业有史以来最大的赔偿金额。同月，北京市第一中级人民法院在百度起诉奇虎 360 不正当竞争案中，判决奇虎 360 因强行篡改百度搜索结果页面，造成混淆，以及故意仿冒、混淆搜索结果，劫持百度流量，构成不正当竞争，赔偿百度 45 万元。❸2013 年 10 月，奇虎 360 诉百度强行拦截其搜索用户构成不正当竞争，索赔 4 亿元，案件标的金额创下新高，被

❶ 甘肃发帖被拘少年诉当地警方违法拘留案明开庭［EB/OL］.（2014-07-10）［2021-03-03］.http：//www.chinanews.com/fz/2014/07-10/6369454.shtml.

❷ 北京奇虎科技有限公司诉腾讯科技（深圳）有限公司、深圳市腾讯计算机系统有限公司滥用市场支配地位纠纷一审民事判决，广东省高级人民法院，案号：（2011）粤高法民三初字第 2号；北京奇虎科技有限公司不服判决，提出上诉，北京奇虎科技有限公司诉腾讯科技（深圳）有限公司、深圳市腾讯计算机系统有限公司滥用市场支配地位纠纷终审判决，最高人民法院，案号：（2013）民三终字第 4 号民事判决。

❸ 北京奇虎科技有限公司与北京百度网讯科技有限公司等不正当竞争纠纷二审民事判决书，北京市第一中级人民法院，案号：（2014）一中民（知）终字第 08599 号。

称为中国搜索引擎第一案，已由最高院受理。❶

（四）网络舆论监督成效显著

网络平台的舆论监督依然发挥着重要作用。2013 年 9 月，中纪委开通网站接受网络举报。广州市纪委的官方微博列出了信访举报信的标准格式、参考范本，还列明 5 种举报途径以便网友学习写举报信。河南漯河市纪委、监察局开通微博，上线当天就接待网友举报，并解决了春节期间出租车乱收费问题。2013 年 4 月，人民网、新华网等主流新闻网站均在首页推出了网络举报监督专区，举报人可以通过该专区链接到中纪委、中组部、最高检、最高院、国土资源部 5 个国家机关官方网站的举报网址，主流媒体网络举报监督专区的开通推动了网络舆论监督的专业化和正规化。

2013 年度微信异军突起，成为舆论监督的新渠道。与微博相比，微信的优势在于信息推送的针对性，可以使关注者从海量信息中直接找到其所关注的信息，同时，手机平台操作便捷，也利于信息的迅速发布和传播。

在权力和资本的双重压力之下，舆论监督也面临着多重挑战。

首先，在媒体对企业进行批评性报道时，如何确保报道的客观公正，避免媒体被资本所绑架，是值得深思的问题。自 2013 年 4 月以来，《京华时报》连续发表多篇报道质疑农夫山泉水质标准，掀起一场《京华时报》与农夫山泉的对战，该场对战围绕农夫山泉的水质是否达标和媒体是否被商业挟持展开。2013 年 5 月，《京华时报》被农夫山泉起诉，要求赔偿名誉权损失 6000 万元，10 月，农夫山泉又以虚假新闻向广电总局举报《京华时报》。11 月，双方互诉名誉侵权案在北京市朝阳区人民法院开庭审理。❷2013 年 10 月，《新快报》记者陈某因发表有关中联重科"利润虚增""利益输送""畸形营销"及涉嫌造假等一系列批评性报道，被长沙警方跨省刑拘，并以涉嫌损害商业信誉罪被批捕。在央视播出陈某对自己"拿钱"的"涉嫌犯罪事实供认不讳"并表示悔罪之后，广东省新闻出版广电总局也对陈某进行了

---

❶ 北京百度网讯科技有限公司、百度在线网络技术（北京）有限公司与北京奇虎科技有限公司不正当竞争纠纷二审民事裁定书，最高人民法院，案号：（2014）民三终字第 11 号。

❷ 京华时报社与农夫山泉股份有限公司名誉权纠纷一审民事判决书，北京市朝阳区人民法院，案号：（2013）朝民初字第 29328 号。2017 年 6 月 13 日，农夫山泉股份有限公司撤诉。

吊销新闻记者证的行政处罚，并责成羊城晚报报业集团依法依规对新快报社进行全面整顿。❶对于该案的评论主要集中在三方面：第一，指出这是新闻界的丑闻，"新闻寻租不可恕"，事关媒体公信力问题，必须加强媒体自律和他律，防止媒体在市场和权力之间"套利"。第二，提出该案应当由受害方提起名誉侵权诉讼来维权，需要警惕地方公权力和资本联手侵害新闻记者的权利。第三，认为央视在当事人尚未被批捕之时就让他剃光头、穿囚服、戴手铐在荧屏向公众公开认罪，违反了刑事诉讼法关于"未经人民法院依法判决，对任何人不得确定有罪"和"不得强迫任何人证实自己有罪"的规定，是典型的媒介审判、未审先判。❷

其次，在案件审理过程中，如何消除舆论对司法的不当影响。在未成年人李某某等人强奸案中，2013年2月案发初，李某某的个人资料即被公开，旋即，引发网上对李某某及其父母的大规模声讨。在侦查、审理过程中，双方律师又各自利用博客、微博或者接受采访的形式，抢夺舆论主导地位，出现了泄露当事人隐私、不当披露案件信息、不当发表贬损同行等违规行为。媒体也流传所谓"案中案、局中局"，还误报法院将落实组织卖淫调查。而商业网站则在娱乐频道中大肆报道这件涉及未成年人犯罪和强奸受害人隐私双重不公开审理案件的各种信息，包括披露李某某母亲举报信、代理律师辩护词等。❸这些行为使媒体从正常的舆论监督沦为舆论审判，对司法产生了不良影响。一审判决后，北京市律师协会宣布将对律师的违规行为进行调查。❹

四、信息公开

（一）信息公开范围和渠道不断扩展

2013年7月，国务院办公厅发布《关于印发当前政府信息公开重点工作安排的

❶　广东吊销新快报陈永洲记者证，责成报社全面整顿［EB/OL］.（2013-10-31）［2021-03-03］.http：//www.chinanews.com/fz/2013/10-31/5449986.shtml.
❷　胡舒立.新闻寻租不可恕［J］.学习之友，2014（2）.
❸　李某某判10年已属从轻　被质疑家有背景影响判决［EB/OL］.（2013-09-26）［2021-03-03］.http：//news.sohu.com/20130926/n387297482.shtml.
❹　北京律协将调查李某某案件相关律师涉嫌违规行为［EB/OL］.（2013-09-30）［2021-03-03］.https：//www.chinacourt.org/article/detail/2013/09/id/1103421.shtml.

通知》，指出当前要重点推进行政审批、财政预算决算和"三公"经费、保障性住房、食品药品安全、环境保护、安全生产、价格和收费、征地拆迁、以教育为重点的公共企事业单位等领域的信息公开。2013 年 10 月，国务院办公厅又发布《关于进一步加强政府信息公开回应社会关切提升政府公信力的意见》，强调地方政府要进一步加强平台建设，加强新闻发言人制度建设，充分发挥政府网站在信息公开中的平台作用，着力拓展基于新媒体的政务信息发布和与公众互动交流新渠道。各地政府也在政府信息公开方面进行了新探索。

在司法公开方面，2013 年 11 月，最高院发布《关于建立健全防范刑事冤假错案工作机制的意见》，指出法院应坚持依法独立刑事审判权原则，不能因为舆论炒作等压力，作出违反法律的裁判；坚持审判公开原则，依法保障当事人的诉讼权利和社会公众的知情权，审判过程、裁判文书依法公开。同月，最高院发布《最高人民法院关于推进司法公开三大平台建设的若干意见》和《最高人民法院关于人民法院在互联网公布裁判文书的规定》，强调依托现代信息技术，打造阳光司法工程，全面推进审判流程公开、裁判文书公开、执行信息公开三大平台建设。除涉及国家秘密、个人隐私、未成年人犯罪和调解结案 4 种情形外，裁判文书生效后 7 日内必须按照该规定的要求在中国裁判文书网公布，除一些特定案件外，在互联网公布的裁判文书应当保留当事人的真实姓名或者名称，以满足公众获取真实信息的需要。

以微博和微信为代表的新媒体已经成为信息公开的重要平台。新浪发布的《2013 上半年新浪政务微博报告》显示，新浪认证的政务微博总数已超 7.9 万，发微博总数超过 6000 万条，被网友转评总数约 3.6 亿次。相比于 2012 年年底，发微博数和被网友转评数增长率分别高达 73%、177%。❶ 同时，政务微信也成为官民沟通的全新平台，据不完全统计，全国已开通的政务微信总量突破 1000 个。2013 年 10 月，中华人民共和国中央人民政府门户网站官方微博和官方微信、新华微博、腾讯微博和微信的开通，为国务院政府信息公开提供了又一重要平台。2013 年 11 月，最高院开通官方微博，同时全国法院微博发布厅在新浪微博上线，成为首个上至国

---

❶ 人民网舆情监测室发布《2013 年上半年新浪政务微博报告》[EB/OL].（2013-07-31）[2021-03-03].http://yuqing.people.com.cn/n/2013/0731/c210118-22387424.html.

家级别下至全国 31 个省级机构的微博发布厅。

（二）政府信息公开诉讼在实践中稳步发展

政府信息公开案件在行政诉讼中所占比例不断增加。据不完全统计，北京法院受理的政府信息公开案件占每年受理的一审案件总数的 10% 左右，上海法院 2012 年受理的一审案件中，30% 为政府信息公开案件。❶ 在政府信息公开案件中，原告胜诉率比其他类型案件高，以北京为例，近 5 年政府信息公开案件判决被告败诉的比例大致在 13% 左右，比例高于每年的行政诉讼平均败诉率。2012 年，支持原告的判决占总数的 17.6%。此外，政府信息公开案件中，法院更多的是采用裁定驳回起诉的裁判方式，北京市 2010 年、2011 年、2012 年三年裁定驳回起诉案件占一审案件的比例分别是 88.6%、41.7%、39%。❷

政府信息公开诉讼涉及的主要争议有拒绝公开信息的依据、哪些信息可以公开等。2013 年 9 月，在王某诉国家财政部不履行政府信息公开义务、不公开民航发展基金的国务院批准文件一案中，北京市第一中级人民法院判决认为财政部拒绝公开信息的告知书缺乏事实依据，应予撤销，判令财政部对王某的申请重新作出处理。❸ 同月，吴某诉河南省确山县科技局政府信息公开行政不作为一案中，河南省驻马店驿城区法院判决，被告有职责就原告申请的信息中可以公开的内容向原告公开，责令被告在法定期限内向原告公开应公开的政府信息。❹

❶　报告称政府信息公开案件增长　公民胜诉情况较少［EB/OL］.（2013-11-03）［2021-03-03］.http：//www.chinanews.com/gn/2013/11-03/5456690.shtml.

❷　《中国政府信息公开案件司法审查调研报告》，北京大学 2013 年 9 月 15 日发布。

❸　王某诉财政部民航发展基金征收依据案一审行政判决，北京市第一中级人民法院，案号：（2013）一中行初字第 1504 号。

❹　政府信息未公开公民起诉到法院——驻马店市驿城区法院判决该市首例政府信息公开案［EB/OL］.（2013-10-08）［2021-03-03］.http：//www.hncourt.gov.cn/public/detail.php？id=141452.

五、著作权保护

（一）著作权立法进一步完善

2013年1月，国务院修订《著作权法实施条例》《信息网络传播权保护条例》《计算机软件保护条例》，提高了罚款数额，以加大对著作权侵权的打击力度。2013年9月，国家版权局发布关于《使用文字作品支付报酬办法（修订征求意见稿）》，较之我国1999年的报酬规定，本次征求意见稿中规定的稿酬有较大幅度的提高，如原创作品每千字稿酬由目前的30～100元提高到100～500元，原创作品的版税率由原来的3%～10%提高到5%～15%。2013年10月，广电总局与国家发改委公布《教科书法定许可使用作品支付报酬办法》，为教科书编写、出版单位支付选文稿酬制订了标准，教科书免费使用作品的时代行将终结。

（二）著作权行政保护力度加大

著作权登记制度得到进一步完善。2013年5月，国家版权局明确个人可以通过网上申请，最快在5个工作日内获得证书，包括微博和QQ日记都可以进行著作权登记。❶ 各地也进一步促进著作权登记制度的完善，如广东省设立了18家版权登记代办机构，并且开设了"广东省版权登记系统平台"。此外，政府也加大了著作权侵权打击力度。2013年6月，国家版权局、网信办、工信部及公安部继续开展打击网络侵权盗版专项治理"剑网行动"，重点围绕网络文学、音乐、影视、游戏、动漫、软件及网络销售平台等领域，国家版权局还会同有关部门深入开展了重点网站版权主动监管工作。❷

---

❶ 微博QQ日记都可登记著作权［EB/OL］.（2013-05-22）［2021-03-03］.http：//ip.people.com.cn/n/2013/0522/c136655-21568511.html.

❷ 2013年打击网络侵权盗版"剑网行动"正式启动［EB/OL］.（2013-06-27）［2021-03-03］.http：//politics.people.com.cn/n/2013/0627/c70731-21990105.html.

（三）著作权司法保护实践的发展

2013 年 1 月 1 日施行的《最高人民法院关于审理侵害信息网络传播权民事纠纷案件适用法律若干问题的规定》对于网络著作权案件的审理提供了指引。2013 年 4 月，在中文在线诉北京智珠网络技术有限公司侵犯信息网络传播权案中，北京市朝阳区人民法院首次适用该司法解释，认为版主权利可以确定是智珠网络技术有限公司经过审查后授予版主的相应权利及提供的资源奖励，其实质上会诱导、鼓励网络用户来实施侵害信息网络传播权的行为，故认定智珠网络技术有限公司构成教唆侵权，判赔中文在线公司 4 万余元。❶ 该案系北京市首例网站被判教唆侵权的案例。同月，北京市第二中级人民法院就磨铁公司、麦家、于卓诉苹果公司侵犯信息网络传播权的三起案件作出一审判决，认为苹果公司对 App store 网络服务平台有很强的控制力和管理能力，其通过 App store 网络服务平台对第三方开发商上传的应用程序加以商业上的筛选和分销，并通过收费下载业务获取到可观的直接经济利益，故对于 App store 网络服务平台提供下载的应用程序，应负有较高的注意义务，而苹果公司未履行适当的注意义务，故对于涉案应用程序的侵权，应承担相应的法律责任，判令其赔偿 74.7 万元。❷

六、人格权保护

（一）新媒体侵害人格权案件数量持续增加

随着新媒体不断发展，微博等新媒体成为名誉侵权案件的高发区。2013 年 10 月，北京市朝阳区人民法院对张某诉 IT 商业新闻网和中华网名誉侵权案作出一审判

---

❶　北京中文在线数字出版股份有限公司与北京智珠网络技术有限公司侵害作品信息网络传播权纠纷案一审民事判决，北京市朝阳区人民法院，案号：（2013）朝民初字第 8854 号。

❷　苹果公司与北京磨铁数盟信息技术有限公司著作权权属、侵权纠纷二审民事判决，北京市高级人民法院，案号：（2014）高民终字第 1322 号；苹果公司（APPLE INC）与麦家著作权权属、侵权纠纷二审民事判决，北京市高级人民法院，案号：（2013）高民终字第 2619 号；苹果公司（APPLE INC）与于卓著作权权属、侵权纠纷二审民事判决，北京市高级人民法院，案号：（2013）高民终字第 2618 号。

决❶，认为两被告网站运营商关于"中石化女处长牛郎门案"的报道不构成平衡客观的新闻报道，包含贬损张某人格的不公正评论，且未及时删帖，具有明确过错，构成名誉侵权，判令两被告担责并致歉，分别赔偿原告张某精神抚慰金 3 万元和 1.5 万元。在网友仇某某诉新浪微博信用评判侵犯名誉权一案中，原告因微博信用等级遭到被告降级，以侵犯名誉权为由将被告诉至南京市秦淮区人民法院，这也是随着新媒体发展涌现出的一个新的名誉侵权问题。❷

2013 年 12 月初，北京市第一中级人民法院发布报告称，以网络为媒介的侵害人格权案件占所有人格权案件的 75%，其中侵害名誉权案占 37%。❸

（二）侵害人格权原告界定的司法实践

在侵权方未明确指名道姓的情况下，如何界定原告成为网络名誉侵权案件中的一个难题。在张某诉 IT 商业新闻网和中华网名誉侵权案中，被告方认为张某不能证明新闻中的女处长就是指她本人，法院认为，有关文章所指当事人的信息包括"中石化国际事业公司一位女处长""中石化武汉乙烯项目负责招标的女处长""国事招标投标处女处长张某"等，而中石化出具的证明证明张某为中石化招标处处长，并负责 2012 年乙烯工程项目下色谱仪招标业务。基于该证据认定原告适格，张某即文中当事人。❹

网络侵害人格权案件呈现出新特点，北京市第一中级人民法院就此归纳了六个方面：一是侵权方式呈现多样性；二是损害后果呈现扩散性；三是侵权主体呈现连锁性；四是侵害权利呈现复合性；五是侵权案件利益保护的平衡性；六是侵权行为立法规定的局限性。

---

❶ 张某与北京大东半岛信息科技有限公司名誉权纠纷一审民事判决，北京市朝阳区人民法院，案号：（2013）朝民初字第 21605 号。

❷ 仇某某与北京微梦创科网络技术有限公司名誉权纠纷一审民事判决，南京市秦淮区人民法院，案号：（2013）秦民初字第 525 号。

❸ 北京一中院首次发布网络活动维权提示建议［EB/OL］.（2013-12-06）［2021-03-03］. https://www.chinacourt.org/article/detail/2013/12/id/1157721.shtml.

❹ 张某与北京大东半岛信息科技有限公司名誉权纠纷一审民事判决，北京市朝阳区人民法院，案号：（2013）朝民初字第 21605 号。

第二节　2013年度中国传媒法事例及评析

一、网信办等部门打击利用互联网传谣造谣行动

◆ 事例简介

2013年4月12日，网信办网络新闻协调局负责人、工业和信息化部通信保障局负责人在接受新华社记者采访时表示，针对网络上的谣言制造与传播乱象，将依法进行严厉惩处。2013年4月下旬，网信办联合相关部门开始部署打击利用互联网造谣传谣行为的活动。根据新华网的报道，此次活动清理了网上大量虚假信息，关闭了一批造谣传谣的微博账号和网站，查处了一批利用互联网制造和故意传播谣言人员。一些网络"大V"的相关行为还因涉嫌构成寻衅滋事罪、非法经营罪等被刑事拘留。这一行动持续了两个月，之后，针对治理网络谣言的其他相关活动仍在有序进行，如最高院与最高检联合发布《关于办理利用信息网络实施诽谤等刑事案件适用法律若干问题的解释》，一些主流网站联合推出"辟谣平台"等。

◆ 简要评析

社交媒体的快速发展，扩展了民众的言论自由空间，但也带来了网络传播秩序混乱的问题，催生了一些新的网络违法犯罪行为。这是自2010年"微博元年"以来最为严厉的集中治理"网络谣言"的一次行动，为社交媒体网络带来了新的气象。

二、最高院和最高检发布《关于办理利用信息网络实施诽谤等刑事案件适用法律若干问题的解释》

◆ 事例简介

为保护公民、法人和其他组织的合法权益，维护社会秩序，2013年9月9日，最高院和最高检联合发布了《关于办理利用信息网络实施诽谤等刑事案件适用法律若干问题的解释》（以下简称《解释》），对办理利用信息网络实施诽谤、寻衅滋事、

敲诈勒索、非法经营等刑事案件适用法律的标准进行了细化。

《解释》对利用信息网络实施的一些刑事案件的办理标准进行了较为具体的细化，对信息网络犯罪加强了规制，如对"捏造事实诽谤他人"的情形作出认定；对"利用信息网络诽谤他人"的"情节严重"与"严重危害社会秩序和国家利益"的情形进行了细致分类；对"利用信息网络辱骂、恐吓他人，情节恶劣"的情形与刑法上的寻衅滋事罪进行了联系；对"编造虚假信息，或者明知是编造的虚假信息，在信息网络上散布""以在信息网络上发布、删除等方式处理网络信息为由，威胁、要挟他人，索取公私财物""通过信息网络有偿提供发布信息等服务，扰乱市场秩序""明知他人利用信息网络实施诽谤、寻衅滋事、敲诈勒索、非法经营等犯罪，为其提供资金、场所、技术支持等帮助"等行为进行了明确规制。

《解释》还对信息网络的范围进行了具体、明确的限定，即信息网络包括以计算机、电视机、固定电话机、移动电话机等电子设备为终端的计算机互联网、广播电视网、固定通信网、移动通信网等信息网络，以及向公众开放的局域网络。该限定为《解释》和有关信息网络的法律法规的有效、合理、具有针对性的实施奠定了基础。

《解释》中的某些条款也引发了一些争议，如"同一诽谤信息实际被点击、浏览次数达到5000次以上，或者被转发次数达到500次以上"被认定为诽谤行为"情节严重"的解释。

◆ 简要评析

《解释》对于自媒体环境下构成诽谤罪等利用信息网络实施犯罪的主客观要件作出了具体解释，是刑法设定诽谤罪30多年以来第一次在此方面出台相关的司法解释，社会上对《解释》的争议和质疑，一定程度上引发了对应如何平衡言论自由与网络秩序规范、如何合理行使公权力等问题的思考。

三、最高院发布《关于推进司法公开三大平台建设的若干意见》和《关于人民法院在互联网公布裁判文书的规定》

◆ 事例简介

2013年11月21日，最高院发布《最高人民法院关于推进司法公开三大平台建设的若干意见》（以下简称《意见》）和《最高人民法院关于人民法院在互联网公布裁判文书的规定》（以下简称《规定》）。

《意见》和《规定》强调，要依托现代信息技术，打造阳光司法工程，全面推进审判流程公开、裁判文书公开、执行信息公开三大平台。《意见》强调了推进司法公开三大平台建设的意义、目标和要求，为推进审判流程公开平台建设、裁判文书公开平台建设进行了具体部署、安排，规定了相关部门的工作机制。《规定》对人民法院在互联网公布裁判文书的相关事项作出规定，包括应当公布的裁判文书类型、不公布的裁判文书类型、公布时限等，并要求将裁判文书公开纳入审判流程管理中。依照《规定》，除四种情形外，人民法院的生效裁判文书均应当在互联网公布。裁判文书生效后 7 日内必须按照《规定》的要求在中国裁判文书网公布，除一些特定案件外，在互联网公布的裁判文书应当保留当事人的真实姓名或者名称，以满足公众获取真实信息的需要。

◆ 简要评析

司法公开是司法公正的前提和条件。信息公开三大平台的建设和裁判文书的网上公布，有利于司法公开和公民知情权、监督权得到保障，对于提升我国法院的审判质量和裁判文书的制作质量也有积极作用。

四、国家版权局处罚"百度""快播"案

◆ 事例简介

2013 年 11 月，若干视频网站联合发布《中国网络视频反盗版联合行动宣言》，表示将联合对抗百度网讯科技有限公司和深圳快播科技有限公司通过播放器软件传播侵权视频作品的行为。2013 年 11 月 19 日，国家版权局针对百度公司和快播公司的相关行为正式立案调查。调查认为，百度公司和快播公司通过其运营的播放器软件，向公众提供定向搜索、链接服务，直接定向搜索、链接到大量盗版网站，具有一定主观过错，不仅侵犯了他人信息网络传播权，也损害了公共利益。2013 年 12 月 27 日，国家版权局下发行政处罚决定书，对北京百度网讯科技有限公司、深圳快播科技有限公司分别进行责令停止侵权行为、罚款 25 万元的行政处罚，同时，对

两家公司提出了明确的整改要求：必须尊重版权行业管理秩序，对存在的问题积极认真地进行整改，国家版权局将根据整改情况采取下一步措施。

◆ 简要评析

传播技术的新发展，既给作品带来了新的形式和传播方式，也诱发了一些侵害著作权的行为。该案是国家版权部门发挥著作权行政保护职能，及时惩治侵犯信息网络传播权的行为，维护正常的网络版权管理秩序的典型案例。

五、甘肃省张家川县中学生杨某发帖被拘留案

◆ 事例简介

2013 年 9 月 12 日，甘肃省某 KTV 从业人员高某非正常死亡，16 岁的初中生杨某在 QQ 空间中发表了一条"说说"，认为这是一起刑事案件，斥责警方不作为。该"说说"下附的图片显示，死者生前的工作单位被涂上"官官相护"等字样。2013 年 9 月 17 日下午，杨某被警方以涉嫌寻衅滋事罪刑事拘留。此案经网络发布，引起社会广泛关注。2013 年 9 月 20 日，当地公安局对杨某涉嫌寻衅滋事一案的情况进行说明：在高某死因未确定的情况下，杨某于 2013 年 9 月 14 日中午在其微博、QQ 空间发布所谓高某死亡真相误导群众，造谣发布"警察与群众争执，殴打死者家属""凶手警察早知道了""看来必须得游行了"等虚假信息煽动游行，导致高某系他杀的言论大量传播。2013 年 9 月 22 日，经调查核实，鉴于杨某系未成年人及归案后的悔罪表现，根据刑法、刑事诉讼法的有关规定和宽严相济的刑事政策，本着"教育为主、惩罚为辅"的原则，决定撤销刑事案件，依照治安管理处罚法，对其进行行政拘留 7 日的处分。

◆ 简要评析

传统媒体和新兴媒体的报道及社会舆论的影响，使本事件的走向发生了改变，引发了社会对寻衅滋事罪构成要件及公民权益保障的关注与反思，同时也使人们深切体会到媒体的社会责任和信息自由流动的价值。

六、《新快报》记者陈某事件

◆ 事例简介

2012 年 9 月至 2013 年 5 月，陈某在其供职的广东新快报社发行的《新快报》上署名发表了《中联重科大施财技　半年利润"虚增"逾 7 亿》《子公司成立未满月即遭"打折"甩卖　中联重科被指利益输送》《一年花掉 5.13 亿元广告费　中联重科畸形营销高烧不退》《中联重科再遭举报财务造假　记者暗访证实华中大区涉嫌虚假销售》等多篇不实报道。上述不实报道经《新快报》发表后，被多家网站转载，造成重大影响，损害了企业的商业信誉。另外，陈某在任广东新快报社经济中心记者期间，利用职务之便，损害企业商业信誉，于 2013 年 5 月 28 日收受他人钱财 3 万元。

2013 年 10 月 26 日，中央电视台播放了陈某向警方认罪的视频。陈某承认自己"收受贿赂""在未经核实的情况下，发表了那些报道"。在事件发展进程中，陈某供职的媒体主办单位和主管部门，以及中国记协、国家相关主管部门都有不同的表态和举措。2013 年 10 月 31 日，广东省新闻出版广电总局对陈某给予吊销新闻记者证的行政处罚，并责成羊城晚报报业集团对新快报社进行全面整顿。

2013 年 10 月 18 日，《新快报》记者陈某被长沙警方以涉嫌损害商业信誉罪刑事拘留，随后被检察机关批准逮捕。2014 年 10 月 17 日，湖南省长沙市岳麓区人民法院对被告人陈某损害商业信誉及非国家工作人员受贿一案作出一审判决。法院认定被告人陈某犯损害商业信誉罪，判处其有期徒刑 16 个月，并处罚金 2 万元；犯非国家工作人员受贿罪，判处其有期徒刑 8 个月，决定执行有期徒刑 20 个月，并处罚金 2 万元。追缴被告人陈某犯罪所得 3 万元，上缴国库。

◆ 简要评析

该案反映了在社会转型时期，媒体从业人员、媒体机构、行业协会、主管部门、司法机关在履行职权职责过程中存在专业水准不高、违反职业伦理和法律等问题，对于提高媒体从业人员的职业伦理水平、提升媒体机构的专业报道水平、促使公权力依法合理行使，都有重要意义。

七、李某某强奸案的报道与信息披露事件

◆ 事例简介

2013年2月17日，李某某与他人共同实施轮奸行为。22日，李某某因涉嫌强奸罪被批捕。案发初，李某某的个人资料即被公开，旋即引发网络上对李某某及其父母相关信息的大规模报道。在对李某某等人进行侦查、审判的过程中，被害人与被告人双方律师又各自利用博客、微博或者接受采访的形式泄露当事人隐私，不当披露案件信息。媒体及大量网站在娱乐频道中纷纷报道、披露了这起涉及未成年人犯罪和遭强奸的受害人隐私的各种信息，包括李某某母亲的举报信、辩护人的辩护词等。

◆ 简要评析

这一涉未成年人的刑事案件之所以受到社会高度关注，除了被告人自身的特殊经历，还有网络时代信息传播的便易、案件报道与信息披露过程中的诸多对传媒伦理与法律规范底线失守等原因，引发了人们对信息时代的刑事案件报道、信息披露、当事人权益保护、媒体与司法的关系的思考。

八、"农夫山泉"和"京华时报"互诉名誉侵权案

◆ 事例简介

2013年4月10日至5月7日，《京华时报》连续28天，用67个版面、76篇报道质疑农夫山泉水质标准问题。2013年4月26日，农夫山泉股份有限公司向人民法院提起诉讼，诉京华时报社侵犯其名誉权。后京华时报社也以农夫山泉股份有限公司指责其报道虚假失实，向法院提出侵犯名誉权诉讼。2013年7月23日和8月6日，法院分别受理了京华时报社诉农夫山泉股份有限公司和农夫山泉股份有限公司诉京华时报社两起名誉权纠纷案。2013年11月29日，法院将两案合并进行了公开审理。

农夫山泉股份有限公司称，2013年4月10日至5月7日，京华时报社在其主

办的《京华时报》和"京华网"上发布系列不实报道，降低了农夫山泉的社会评价，严重侵犯了其名誉权，使其蒙受了巨大的经济损失，请求法院判令京华时报社停止侵犯农夫山泉名誉权行为，删除相关系列报道，在《京华时报》和"京华网"连续 30 日书面公开赔礼道歉并赔偿经济损失 2 亿余元。

针对农夫山泉的起诉，京华时报社答辩称，其对于农夫山泉执行标准的报道客观属实，来源合法，未使用任何侮辱性言辞，属正当行使舆论监督权，而非恶意侵权，请求法院驳回农夫山泉全部诉讼请求。

京华时报社称，2013 年 4 月，《京华时报》刊登了有关农夫山泉适用标准的系列报道后，农夫山泉即于 2013 年 4 月 12—19 日，在新浪微博和全国各大媒体发布消息，称京华时报社报道失实、缺失"新闻道德良心"，该行为严重侵害了京华时报社的名誉权，请求法院认定农夫山泉发布的信息公告侵犯了其名誉权，并判令农夫山泉在各大媒体及门户网站刊登道歉声明，为其恢复名誉、消除影响，赔偿经济损失 1 元等。

针对京华时报社的起诉，农夫山泉答辩称，其在信息公告中对《京华时报》作出的相关评论缘于对方报道明显失实、混淆是非，自己的行为不构成名誉权侵权，京华时报社提出的诉讼请求无事实和法律依据，请求法院全部驳回。

2017 年 6 月 13 日，农夫山泉股份有限公司向北京市朝阳区人民法院提交撤诉申请，法院准许其撤诉，同时作出裁定，"驳回原告京华时报社的诉讼请求"。

◆ 简要评析

在市场经济条件下，舆论监督与虚假新闻、新闻报道服务公共利益和公器私用追逐商业利益经常纠缠在一起。通过民事诉讼来解决纠纷，是社会进步的表现。

总结

2013 年度中国传媒法事例涉及 1 个著作权监管、1 个网络名誉侵权案、1 个舆论监督案、2 个司法解释（文件）、3 个刑事案件，涉及网络谣言治理、舆论监督、网络著作权行政执法、传媒与司法的关系、司法公开等问题。

第四章　2014 年度中国传媒法治发展

第一节　2014 年度中国传媒法治发展

一、有关传媒的指导方针和政策

2014 年 10 月，党的十八届四中全会通过《中共中央关于全面推进依法治国若干重大问题的决定》，对今后传媒法治的发展方向有重要意义：建立健全坚持社会主义先进文化前进方向、遵循文化发展规律、有利于激发文化创造活力、保障人民基本文化权益的文化法律制度。制定公共文化服务保障法和文化产业促进法。加强互联网领域立法，完善网络信息服务、网络安全保护、网络社会管理等方面的法律法规，依法规范网络行为。健全媒体公益普法制度，加强新媒体、新技术在普法中的运用，提高普法实效。司法机关要及时回应社会关切。规范媒体对案件的报道，防止舆论影响司法公正。

此前，习近平总书记在文艺工作座谈会上强调，要坚持以人民为中心的创作导向，文艺要反映好人民心声，就要坚持为人民服务、为社会主义服务这个根本方向。要坚持百花齐放、百家争鸣的方针，发扬学术民主、艺术民主，营造积极健康、宽松和谐的氛围，提倡不同观点和学派充分讨论。文艺不能在市场经济大潮中迷失方向，不能在为什么人的问题上发生偏差，否则文艺就没有生命力。

2014 年 2 月，中央全面深化改革领导小组第二次会议审议通过了《深化文化体制改革实施方案》，明确了文化体制改革的指导思想、目标思路、主要任务和政策保障，为今后的文化改革发展规划了路线图、时间表和任务书，该实施方案突出了协调推进要求，注重与其他领域改革统筹协同，布置了涉及深层次矛盾和难点问题的重大任务，列出了 25 项、104 条改革项目和举措，明确了进度要求。

2014 年 4 月，国务院办公厅下发《文化体制改革中经营性文化事业单位转制为企业的规定》和《进一步支持文化企业发展的规定》两个文件，对国有文化资产管理、资产和土地处置、财政税收、投资融资、收入分配、社会保障、人员安置、法人登记、党建、工商管理等方面作出了具体规定。

2014 年 8 月，中央全面深化改革领导小组第四次会议审议通过了《关于推动传统媒体和新兴媒体融合发展的指导意见》，强调推动传统媒体和新兴媒体融合发展，要求遵循新闻传播规律和新兴媒体发展规律，强化互联网思维，坚持正确方向和舆论导向，坚持以统筹协调、创新发展、一体化发展、先进技术为支撑。要按照积极推进、科学发展、规范管理、确保导向的要求，推动传统媒体和新兴媒体在内容、渠道、平台、经营、管理等方面的深度融合，着力打造一批形态多样、手段先进、具有竞争力的新型主流媒体，建成几家拥有强大实力和传播力、公信力、影响力的新型媒体集团，形成立体多样、融合发展的现代传播体系。要一手抓融合，一手抓管理，确保融合发展始终沿着正确的方向推进。应上述政策，2014 年 11 月，上海文化广播影视集团将旗下的百视通与东方明珠两家上市公司合并重组，成为资产千亿级的文化传媒航母。

二、新闻出版与广播影视监管

国家对传媒领域的简政放权速度进一步加快，多项行政审批取消和下放。2014 年 8 月，国务院取消了出版单位与境外合作出版电子出版物的审批，放宽了电影制片单位设立、变更、终止等审批程序。2014 年 11 月，国务院取消了广播电视播出机构赴境外租买频道、办台的审批；将从事出版物批发业务许可等 9 项审批改为后置审批。

司法机关对媒体自身腐败加大了打击力度，出现了一批影响重大的案例，引起了社会各界对腐败根源及防范对策的讨论。2014 年 10 月，上海市人民检察院第一分院以涉嫌敲诈勒索、强迫交易、非国家工作人员受贿和对非国家工作人员行贿罪，分别对时任 21 世纪报总裁沈某、21 世纪网总裁刘某等 25 人批准逮捕。❶ 同月，原《新快报》记者陈某被法院一审认定构成损害商业信誉罪和非国家工作人员受贿罪，执行有期徒刑 1 年 10 个月，处罚金 2 万元，并追缴犯罪所得 3 万元。❷ 广电总局电视剧管理司审查管理处副调研员李某因在电视剧审批时收受影视公司 30 多万元贿赂构成受贿罪获刑 10 年 6 个月。❸ 此外，广州日报社原社长、广州日报报业集团董事长戴某涉嫌受贿罪多次被庭审；❹ 成都商报创始人何某❺、楚天都市报创始人张某❻ 及央视财经频道总监郭某❼、制片人田某等先后因涉嫌犯罪被立案侦查。❽

---

❶ 2014 年 10 月 11 日，21 世纪网总裁刘某等 25 人被批捕，涉嫌敲诈勒索罪等。2015 年 12 月，上海市浦东新区人民法院对被告单位广东 21 世纪传媒股份有限公司强迫交易案，被告人沈某敲诈勒索、强迫交易、职务侵占案，被告人乐某职务侵占案作出一审判决。上海市浦东新区人民法院以强迫交易罪，判处被告单位广东 21 世纪传媒股份有限公司罚金 948.5 万元；以被告人沈某犯敲诈勒索罪、强迫交易罪、职务侵占罪，具有自首、立功情节，数罪并罚，判处有期徒刑 4 年，并处罚金 6 万元；以被告人乐某犯职务侵占罪，判处有期徒刑 2 年，缓刑 2 年；违法所得予以追缴。

❷ 每周法治热点：张曙光一审被判死缓·陈永洲一审被判 1 年 10 个月［EB/OL］.（2014-10-20）［2021-03-03］.https：//www.chinacourt.org/article/detail/2014/10/id/1463571.shtml.

❸ 张某制作、复制、出版、贩卖淫秽物品牟利罪一审刑事判决，安顺市西秀区人民法院，案号：（2014）西刑初字第 388 号。

❹ 广州日报社原社长戴玉庆涉嫌受贿一案第二次庭审［EB/OL］.（2014-06-20）［2021-03-03］.http：//www.chinanews.com/fz/2014/06-20/6302652.shtml.

❺ 何某于 2016 年 12 月 19 日被判处受贿罪和非国家工作人员受贿罪，数罪并罚，决定执行有期徒刑 8 年 6 个月，并处罚金 200 万元。

❻ 湖北日报传媒集团总经理张勤耘因涉嫌严重违纪被免职［EB/OL］.（2014-05-05）［2021-03-03］.http：//yuqing.people.com.cn/BIG5/n/2014/0505/c244089-24976335.html.

❼ 央视财经频道总监郭振玺涉嫌受贿被立案侦查［EB/OL］.（2014-06-02）［2021-03-03］.http：//epaper.bjnews.com.cn/html/2014-06/02/content_515086.htm?div=-1.

❽ 央视窝案第五波 已有三频道高管被带走［EB/OL］.（2014_08-18）［2021-03-03］.https：//china.caixin.com/2014-08-18/100718212.html.

（一）新闻出版

广电总局在 2014 年 1—3 月开展了新闻出版"五个专项治理"整改工作，其中包括打击新闻敲诈专项行动、打击假媒体、假记者站、假记者专项行动；深化整治少儿出版物市场专项工作；治理中小学教辅材料专项工作；规范报刊发行秩序专项工作。❶

1. 深化新闻出版体制改革

广电总局继续推进经营性新闻出版单位体制改革，2014 年 10 月出台了《深化新闻出版体制改革实施方案》，就完善新闻出版管理体制，增强新闻出版单位发展活力，建立健全多层次出版产品和要素市场等五个方面的改革任务提出了政策措施。广电总局还持续推进生活、科普等非时政类报刊出版单位转企改制，持续推进不具有独立法人资格的报刊编辑部体制改革，推动已转制的国有新华书店、图书出版社、电子音像出版社、非时政类报刊社等新闻出版企业进行公司制、股份制改造，完善法人治理结构，选择若干已转制的重要国有新闻出版企业，开展特殊管理股制度试点，在部分国有新闻出版企业开展股权激励试点，在坚持党管媒体、党管干部、确保正确舆论导向的前提下，推动将公益性新闻出版单位中经营性部分转制为企业，进行公司制、股份制运作，提高市场运营能力。

2014 年 1 月，广电总局发布新版《新闻出版行业标准化管理办法》，2014 年 4 月，广电总局、财政部联合发布《关于推动新闻出版业数字化转型升级的指导意见》，就新闻出版行业标准化和开展新闻出版业数字化升级标准化作出规范。

2. 加强出版物管理

我国出版业已经从以数量、规模增长为主向以质量、效益提高为主转变，广电总局将 2014 年定为出版物质量专项年，从 2014 年 3 月起开展自查和抽查工作，着重就选题审核、成书质量检查和质量保障体系建设等方面开展工作。广电总局自 2013 年起持续开展"清源行动"，加强出版物质量管理，开展出版物进口渠道专项

---

❶　总局决定在 2014 年 1 月至 3 月开展新闻出版"五个专项治理"［EB/OL］.（2014-01-10）［2021-03-03］.http：//data.chinaxwcb.com/epaper2014/epaper/d5696/d1b/201401/40931.html.

检查，建立完善网络出版监测查堵机制，加强网络书店监管，重点加大出版物网络交易平台的监督检查力度，惩处违法违规行为。2014年，广电总局开展了少儿类报刊专项质检，2014年6月，公布了10种不合格的少儿图书，并给予相关出版单位警告的行政处罚；❶2014年7月，对《少年时代报》等20种报刊提出通报批评，要求相关省局责令其进行整改，并对其中8种编校质量存在严重问题的报刊进行了行政处罚。❷

3. 规范新闻采编秩序

2014年3月，中宣部、工信部、公安部、广电总局、网信办等九部门在全国范围内开展打击新闻敲诈和假新闻专项行动，2014年4月、6月、9月和11月，广电总局先后四次公布了共27件新闻单位或记者违法从事经营活动、新闻敲诈和假新闻典型案件。❸

2014年6月，广电总局下发通报，禁止记者站跨行业、跨领域进行采访和报道，禁止新闻记者和记者站未经本单位同意私自开展批评报道。禁止记者站和新闻记者私自设立网站、网站地方频道、专版专刊、内参等刊发批评报道；禁止记者站和采编人员开办广告、发行、公关等各类公司，禁止记者站和新闻记者从事广告、发行、赞助等经营活动，禁止向记者站和采编人员下达广告及发行等经营任务。

2014年6月底，针对近年来频繁出现的新闻从业人员滥用职务行为信息的现象，广电总局制定了《新闻从业人员职务行为信息管理办法》，界定了"新闻从业人员职务行为信息"的内涵，规定新闻从业人员应当增强保密意识，新闻单位应健全保密制度，规定新闻从业人员若以职务身份开设博客、微博、微信，须经所在新闻单位批准备案，且其所在单位负有日常监管的职责，不得违反保密协议的约定透露、发布职务行为信息。申领、换领新闻记者证时，申报材料中未包含保密承诺书和职务行为信息保密协议的，不予核发新闻记者证；新闻单位在参加新闻记者证年度核验时，也必须向新闻出版广电行政部门报告新闻从业人员保密承诺书和保密协议签

---

❶ 10种编校质量不合格少儿图书公布 相关出版单位受警告［EB/OL］.（2014-06-27）［2021-03-03］.http://culture.people.com.cn/n/2014/0627/c87423-25207307.html.

❷ 20种少儿类报刊因质检不合格被通报批评责令整改［EB/OL］.（2014-07-03）［2021-03-03］.http://media.people.com.cn/n/2014/0703/c14677-25235975.html.

❸ 参见广电总局网站。

订、执行情况。并规定了相关人员和部门违反此项规定的处罚措施。

2014年10月底，为加强新闻网站编辑记者队伍建设，网信办和广电总局联合下发了《关于在新闻网站核发新闻记者证的通知》，在全国新闻网站推行新闻记者证制度，将全国范围内的新闻网站采编人员正式纳入统一管理范畴。其包括经网信办批准取得互联网新闻信息服务许可第一类资质的新闻网站，不包括商业门户网站。

（二）广播影视

2014年9月，广电总局下发《关于加强有关广播电视节目、影视剧和网络视听节目制作传播管理的通知》，要求各级广播影视播出机构不得邀请有吸毒、嫖娼等违法犯罪行为者参与制作广播电视节目；不得制作、播出以炒作演艺人员、名人明星等的违法犯罪行为为看点、噱头的广播电视节目；暂停播出有吸毒、嫖娼等违法犯罪行为者作为主创人员参与制作的电影、电视剧、各类广播电视节目及其代言的广告节目。这一禁令导致多部电影难以发行，数百部视频节目面临下线。

1. 加强对互联网电视及网络视听节目的管理

2014年度，广电总局对网络视听节目的管理力度可谓空前。

2014年1月，广电总局印发《关于进一步完善网络剧、微电影等网络视听节目管理的补充通知》，要求从事生产制作网络剧、微电影等网络视听节目的机构，依法取得《广播电视节目制作经营许可证》。个人制作并上传的网络剧、微电影等网络视听节目，由转发该节目的互联网视听节目服务单位履行生产制作机构的责任。互联网视听节目服务单位只能转发已核实真实身份信息并符合内容管理规定的个人上传的网络剧、微电影等网络视听节目，不得转发非实名用户上传的此类节目。

2014年3月，广电总局发布《关于进一步加强网络剧、微电影等网络视听节目管理的通知》，要求加强网络剧、微电影等网络视听节目播出机构准入管理、网络视听节目内容审核、网络视听节目监管，以及完善退出机制。

2014年9月，广电总局发布了《关于进一步落实网上境外影视剧管理有关规定的通知》，规定未取得"电影片公映许可证"和"电视剧发行许可证"的境外影视剧不得上网传播，各网站不能引进境外影视剧专门销售给其他网站播放，单个网站年度引进并播出境外影视剧总量，不超过该网站上一年度购买国产影视剧总量的30%。各网站须将本年度引进计划向广电总局申报，并在"网上境外影视剧引进信息统一登记平台"上发布。

2014年11月，为进一步净化网络环境，网信办与广电总局在全国范围内启动了清理整治网络视频有害信息的专项行动，重点清理淫秽色情、暴力恐怖、虚假谣言等视频及有害信息。

自2014年6月起，广电总局密集出台了一系列互联网电视监管政策：6月24日，要求关闭互联网电视第三方视频内容渠道，并点名批评了华数传媒和百视通的互联网电视终端植入第三方App的行为；7月8日，要求有线电视OTT盒子必须安装其自行研发的TVOS系统；7月14日，要求部分互联网电视盒子停止提供电视节目时移和回看功能；7月15日，要求境外引进影视剧、微电影必须在一周内下线，未经批准的终端产品不允许推向市场；8月11日，要求未持有互联网电视集成服务和互联网电视内容许可的机构不得超范围安装互联网电视客户端软件。

广电总局此次监管的依据是广电总局办公厅在2011年发布的《持有互联网电视牌照机构运营管理要求》（也称"181号文"）的规定：互联网电视集成平台只能选择连接广电总局批准的互联网电视内容服务机构设立的合法内容服务平台，而且互联网电视内容服务平台也只能接入广电总局批准设立的互联网电视集成平台上，不能接入非法集成平台，不能与设立在公共互联网上的网站进行相互链接。然而此规定并没有真正得到执行，大量视频网站自制、网民上传、商业机构私自从海外购得的节目都通过互联网电视盒子上传到了电视机，对传统电视行业造成巨大冲击。广电总局重申181号文内容并频频发力，目的是保阵地、保安全，净化互联网环境，规范互联网电视服务秩序，同时打击互联网盒子盗版行为，保护传统电视行业。

作为中国三网融合试点工作主体之一的国家级有线电视网络公司——中国广播电视网络有限公司于2014年5月挂牌成立，注册资本45亿元，由财政部出资，广电总局负责组建和代管，公司将开展全国范围内有线电视网络有关业务，并开展三网融合业务。❶

---

❶ 中国广播电视网络有限公司成立［EB/OL］.（2014-04-24）［2021-03-03］.http://zgbx.people.com.cn/n/2014/0424/c347607-24937942.html.

2. 广播电视管理

2014 年 4 月，为平衡节目构成，丰富节目资源，广电总局宣布自 2015 年 1 月 1 日起将调整卫视综合频道黄金时段电视剧的播出方式，采用"一剧两星"的播出模式。这意味着同一部电视剧每晚黄金时段最多在 2 家卫视频道播出，每晚播出不得超过 2 集。此前，一部电视剧最多同时登陆 4 家卫视，每天最多播 3 集。这次调整对电视观众而言有了更多的选择，将促使电视剧制作方增加制作成本，以提高电视剧质量；一线卫视的竞争优势将更加突出，二三线城市卫视则由于购买能力不足将陷入尴尬境地。

2014 年 7 月 1 日实施的国内首个电视收视率调查国家标准《电视收视率调查准则》，明确了收视率调查所应遵循的基本原则及执行标准，填补了我国电视收视率调查国家标准领域的空白。收视率调查机构须遵照监管机构和 ISO 国际质量标准的各项规范要求，并接受独立的第三方审核，以确保调查执行的科学、规范、客观和公正。2014 年 9 月，广电总局下发《关于做好养生类节目制作播出工作的通知》，要求电视养生类节目只能由电视台策划制作，不得由社会公司制作。主持人和嘉宾必须具有相应资质，演员和各类社会名人不得担任养生类节目主持人，严禁变相发布广告，建立养生类节目备案管理制度。

2014 年 11 月，为规范国家通用语言文字，广电总局发出《关于广播电视节目和广告中规范使用国家通用语言文字的通知》，要求广播电视节目和广告中不得随意更换文字、变动结构或曲解内涵，不能在成语中随意插入网络语言或外国语言文字，不得使用或介绍生造词语，如"人艰不拆"等。

3. 电影管理

2014 年 1 月，广电总局发布《关于加强电影市场管理规范电影票务系统使用的通知》，针对影院市场上偷漏瞒报票房等违法违规行为，从严格完善票务软件产品市场准入制度，切实加强票务软件产品市场应用管理，严格规范影院经营行为，大力加强行业监管，加大对违法违规行为的打击力度五方面提出了明确要求。2014 年 6 月，财政部、广电总局等七部委联合发布了《关于支持电影发展若干经济政策的通知》，要求加强对电影事业发展专项资金的管理，切实提高资金使用效率；加大电影精品专项资金支持力度。此外，还规定了对电影产业的税收优惠政策。

三、互联网治理

中国互联网络信息中心（CNNIC）发布的第 35 次《中国互联网络发展状况统计报告》显示，截至 2014 年 12 月，我国网民规模达 6.49 亿，其中手机网民规模达 5.57 亿，这给互联网治理带来了新的挑战。❶2014 年 2 月，为全面统筹资源，建设网络强国，中央网络安全与信息化小组成立，由习近平担任组长。它的职责包括三个方面：第一，着眼国家安全和长远发展，统筹解决涉及经济、政治、文化、社会及军事等各个领域的网络安全和信息化重大问题；第二，研究制定网络安全和信息化发展战略、宏观规划和重大政策；第三，推动国家网络安全和信息化法治建设，不断提高安全保障能力。中央网络安全与信息化领导小组办公室目前由网信办承担具体职责。2014 年 8 月，国务院授权重新组建的网信办负责全国互联网信息内容管理工作，并负责监督管理执法。

2014 年 8 月，网信办发布《即时通信工具公众信息服务发展管理暂行规定》，从行业资质、隐私保护、实名注册、备案审核、内容限制等方面对即时通信平台及用户行为进行规范。即时通信工具服务提供者从事公众信息服务活动，应当取得互联网新闻信息服务资质。新闻单位、新闻网站开设的公众账号可以发布、转载时政类新闻，取得互联网新闻信息服务资质的非新闻单位开设的公众账号可以转载时政类新闻。其他公众账号未经批准不得发布、转载时政类新闻。腾讯公司据此展开自查自纠，首批共暂停更新公众账号 311 个，永久关闭公众账号 46 个。❷2014 年 11 月，网信办和浙江省政府主办首届世界互联网大会，以"互联互通，共享共治"为主题，倡议各国推动互联网设施互联互通，促进互联网经济繁荣发展，加强互联网技术合作共享，实现互联网安全保障有力，共同构建和平、安全、开放、合作的网络空间，建立多边、民主、透明的国际互联网治理体系。

---

❶ 中国互联网络信息中心（CNNIC）. 第 35 次《中国互联网络发展状况统计报告》［EB/OL］.（2015－02－03）［2021－0303］.http：//www.cac.gov.cn/2015－02/03/c_1114222357.htm.

❷ "微信十条"首批处置 357 个公众账号 永久关闭 46 个［EB/OL］.（2014－08－29）. ［2021－03－03］.http：//media.people.com.cn/big5/n/2014/0829/c40606－25567657.html.

（一）严厉打击传播网络淫秽色情信息、造谣传谣行为

全国"扫黄打非"办公室与网信办、工信部、公安部自 2014 年 4 月中旬到 11 月在全国范围内统一开展打击网上淫秽色情信息的专项行动。2014 年度净网行动的主要目的是全面清查网上淫秽色情信息，严惩制作和传播淫秽色情信息的企业和人员，落实互联网企业主体责任。2014 年 4 月，由于新浪读书频道和新浪网视频节目分别登载了 20 部淫秽色情小说和 4 部色情视听节目，新浪公司"互联网出版许可证"和"信息网络传播视听节目许可证"被北京市文化市场行政执法总队吊销，其被罚款 508 万余元，新浪网读书频道部分编辑因涉嫌犯罪已移交公安机关立案调查。❶2014 年 5 月，快播公司因传播淫秽色情信息，被广东省通信管理局吊销增值电信业务经营许可证，并被深圳市市场监督管理局处以 2.6 亿元天价罚单；❷ 同时，快播公司还因涉嫌传播淫秽物品牟利罪被移送检察机关审查起诉。❸

2014 年 7 月，网信办、工信部、公安部集中部署打击利用互联网造谣、传谣行为，已关停整改一批谣言较为集中且疏于管理的网站，查处多名利用互联网造谣、传谣人员。2014 年 11 月，北京市朝阳区人民法院判决北京尔玛天仙文化传播有限责任公司、杨某（网名"立二拆四"）等以营利为目的，通过信息网络有偿提供删除信息服务，在明知是虚假信息的情况下仍有偿提供发布信息服务，构成非法经营罪。❹2014 年 12 月，网信办对传播色情低俗及虚假谣言信息的迅雷弹创服务采取关停措施。❺

---

❶ 2014 年 4 月 24 日，全国"扫黄打非"办公室通报新浪网涉嫌在其读书频道和视频节目中传播淫秽色情信息，决定拟吊销新浪公司的"互联网出版许可证"和"信息网络传播视听节目许可证"，依法停止其从事互联网出版和网络传播视听节目的业务，并处以 5~10 倍于违法金额的罚款。

❷ 2014 年 5 月 15 日，全国"扫黄打非"办公室通报快播公司存在传播淫秽色情信息的行为且情节严重，根据相关规定，广东省通信管理局拟对其处以吊销"增值电信业务经营许可证"的行政处罚。

❸ 吴某等制作、复制、出版、贩卖、传播淫秽物品牟利罪一审刑事判决，北京市海淀区人民法院，案号：（2015）海刑初字第 512 号。

❹ 杨某、卢某等非法经营罪一审刑事判决，北京市朝阳区人民法院，案号：（2014）朝刑初字第 1300 号。

❺ 国家网信办关停传播色情信息的迅雷弹窗服务［EB/OL］.（2014-12-08）［2021-03-03］. http：//www.cac.gov.cn/2014-12/08/c_1113560232.htm.

（二）个人信息保护立法及司法解释出台

2014 年 3 月 15 日实施的新版《中华人民共和国消费者权益保护法》第二十九条对网络环境下的消费者个人信息使用作出明确规定：经营者收集、使用消费者个人信息，应当遵循合法、正当、必要的原则，明示收集、使用信息的目的、方式和范围，并经消费者同意。经营者收集、使用消费者个人信息，应当公开其收集、使用规则，不得违反法律、法规的规定和双方的约定收集、使用信息。经营者及其工作人员对收集的消费者个人信息必须严格保密，不得泄露、出售或者非法向他人提供。经营者应当采取技术措施和其他必要措施，确保信息安全，防止消费者个人信息泄露、丢失。在出现或者可能出现信息泄露、丢失的情况时，应当立即采取补救措施。同日实施的国家工商管理总局《网络交易管理办法》第十八条也对网络商品经营者、有关服务经营者在经营活动中收集、使用消费者或者经营者信息作了类似规定，同时规定网络商品经营者、有关服务经营者未经消费者同意或者请求，或者消费者明确表示拒绝的，不得向其发送商业性电子信息。2014 年 10 月，《最高人民法院关于审理利用信息网络侵害人身权益民事纠纷案件适用法律若干问题的规定》第十二条规定利用网络公开自然人基因信息、病历资料、健康检查资料、犯罪记录、家庭住址、私人活动等个人隐私和其他个人信息，造成他人损害的，应承担侵权责任，同时规定为促进社会公共利益且在必要范围内等六种情况不构成侵权。2014 年 11 月，工信部出台《通信短信息服务管理规定（征求意见稿）》，明确未经用户许可，任何组织和个人不得向其发送商业短信息。短信息的范围从单纯的手机短信拓展至包括微信、微博等新型社交媒体方式，并对违反相关规定的基础电信业务经营者和短信息服务提供者作出明确的惩罚规定。

（三）互联网不正当竞争和垄断争议突出

2014 年发生多起涉及浏览器的互联网不正当竞争案，法院对互联网企业的经营模式予以认可。2014 年 4 月，优酷网经营者合一公司以 UC 浏览器提供优酷网视频下载服务的行为构成不正当竞争为由，起诉 UC 优视科技有限公司等四家公司，北京市海淀区人民法院发出了诉讼禁令，并认为经营者应当尊重其他经营者商业模式的完整性，除非具备公益必要性，不应改变被访问网站向用户提供的服务内容，判决 UC 优视科技有限公司等共同赔偿合一公司经济损失 50 万元。❶2014 年 9 月，北京市第一中级人民法院对优酷公司诉金山公司互联网不正当竞争案作出终审判决，认为优酷视频广告非恶意广告，该商业模式受法律保护，金山猎豹浏览器非法拦截视频网站广告，其行为具有不正当性，已形成不正当竞争，应当承担相应的法律责任，判决金山公司赔偿优酷网经济损失及合理支出共计 30 万元。❷

2014 年 2 月，最高院对"互联网反不正当竞争第一案"——腾讯公司诉奇虎 360 不正当竞争案作出终审判决：驳回奇虎 360 的上诉，维持一审法院的判决。最高院指出，互联网行业鼓励自由竞争和创新，但这并不等于互联网领域是一个可以为所欲为的法外空间。是否属于互联网精神鼓励的自由竞争和创新，仍然需要以有利于建立平等公平的竞争秩序、符合消费者的一般利益和社会公共利益为标准来进行判断。❸

2014 年 8 月，北京市第一中级人民法院对百度诉奇虎 360 不正当竞争案作出一审判决，认为 Robots 协议为搜索引擎行业内公认的、应当被遵守的商业道德，奇虎 360 违反了 Robots 协议，随意抓取、复制其网站内容据为己有的行为侵犯了百度公司的权益，违反了《反不正当竞争法》第二条的规定，应赔偿原告百度公司经济损失及合理支出共计 70 万元。❹ 法院认为，搜索引擎服务商与网站服务商或所有者关于 Robots 协议产生纠纷时，应遵循"协商—通知"程序处理。司法实践首次肯定 Robots 协议的效力，这将对互联网行业格局产生重要影响。

---

❶ 优酷网诉 UC 浏览器不正当竞争　法院发诉讼禁令［EB/OL］.（2013-10-15）［2021-03-03］.https：//www.chinacourt.org/article/detail/2013/10/id/1107731.shtml.

❷ 合一信息技术（北京）有限公司与北京金山安全软件有限公司等不正当竞争纠纷上诉按终审民事判决，北京市第一中级人民法院，案号：（2014）一中民终字第 3283 号。

❸ 北京市奇虎科技有限公司诉腾讯科技（深圳）有限公司等滥用市场支配地位纠纷一审民事判决，广东省高级人民法院，案号：（2011）粤高法民三初字第 2 号。北京奇虎科技有限公司不服，提出上诉。最高人民法院于 2014 年 10 月 8 日作出（2013）民三终字第 4 号民事判决：驳回上诉、维持原判。北京奇虎科技有限公司诉腾讯科技（深圳）有限公司、深圳市腾讯计算机系统有限公司滥用市场支配地位纠纷终审民事判决，最高人民法院，案号：（2013）民三终字第 4 号。

❹ 法院判决奇虎 360 赔偿百度经济损失费 50 万元，网站建设费 20 万元，对于百度要求奇虎 360 停止不正当竞争行为不予支持。北京百度网讯科技有限公司、百度在线网络技术（北京）有限公司与北京奇虎科技有限公司不正当竞争积分二审民事裁定书，最高人民法院，案号：（2014）民三终字第 11 号。

2014 年 10 月，最高院就"互联网反垄断第一案"——奇虎 360 诉腾讯公司滥用市场支配地位纠纷案作出终审判决，裁定驳回上诉，维持驳回原告诉求的原判。❶这个判决，明确了反垄断法适用的多个重要裁判标准，就关于相关市场的界定、关于认定互联网市场支配地位、关于认定滥用互联网市场支配地位等问题提出了重要分析意见，对审理互联网反垄断案件有重要意义。

四、信息公开

（一）信息公开范围和渠道不断扩展

2014 年 4 月，国务院办公厅发布了《2014 年政府信息公开要点》，其中提出：加强新闻发言人制度和政府网站、政务微博微信等信息公开平台建设，充分发挥广播电视、报刊、新闻网站、商业网站等媒体的作用，使主流声音和权威准确的政务信息在网络领域和公共信息传播体系中广泛传播。

2014 年 7 月，北京市政府通过《北京市政府信息公开规定》，规定了应当重点公开包括食品安全、环境状况等在内的 12 类信息；政府主动公开信息的时限由《政府信息公开条例》规定的 20 个工作日减为 15 个工作日；行政机关应当建立健全信息监测和澄清机制；多人就同一政府信息向同一行政机关提出公开申请，行政机关同意公开，且该政府信息可以为公众知晓的，行政机关可以决定将该政府信息纳入主动公开范围；国家秘密必须依据《保守国家秘密法》等法律、法规和国家规定进行认定，任何部门不得自行"定义"。

党的十八届四中全会通过的《中共中央关于全面推进依法治国若干重大问题的决定》（以下简称《决定》）也强调了全面推进政务公开。坚持以公开为常态、不公开为例外原则，推进决策公开、执行公开、管理公开、服务公开、结果公开。各级政府及其工作部门依据权力清单，向社会全面公开政府职能、法律依据、实施主体、职责权限、管理流程、监督方式等事项。推进规范性文件公开、行政执法公示

---

❶ 北京奇虎科技有限公司诉腾讯科技（深圳）有限公司、深圳市腾讯计算机系统有限公司滥用市场支配地位纠纷终审民事判决，最高人民法院，案号：（2013）民三终字第 4 号。

制度、政务公开信息化。2014 年 11 月，国务院办公厅印发《关于加强政府网站信息内容建设的意见》，着力解决了部分政府网站内容更新不及时、信息发布不准确、意见建议不回应的问题。在司法公开方面，党的十八届四中全会通过的《决定》指出了推进审判公开、检务公开、警务公开、狱务公开，依法及时公开执法司法依据、程序、流程、结果和生效法律文书，杜绝暗箱操作，建立生效法律文书统一上网和公开查询制度。同年 11 月，中国审判流程信息公开网开通，社会公众可查询最高院及全国 20 个省（区、市）地方法院的案件审判流程信息和进展情况。

以微博和微信为代表的新媒体在信息公开中扮演着日益重要的角色。新华网舆情监测分析中心发布的《全国政务新媒体综合影响力报告（2014）》显示，截至 2014 年 11 月底，我国政务微博认证账号（含新浪微博、腾讯两大平台）达 27.7 万个，累计覆盖人数达 43.9 亿人；中央国家机关政务微博认证账号达 219 个，累计覆盖人数达 2.7 亿人；省级及以下各级单位政务微博认证账号超过 19.4 万个，累计覆盖人数达 20.8 亿人。2014 年，中央国家机关微博累计发布内容超过 30 余万条，累计覆盖人数超过 2.3 亿人，微信累计推送内容超过 1 万次。截至 2014 年 11 月 30 日，全国各地方省级政务微博累计覆盖人数超过 1 亿人，发布内容超过 10 万条，被转发评论超过 200 万次，全国省级政务微博开通率超过 70%（不含港澳台地区）；"上海发布""北京发布""重庆微发布"等账号的综合实力排名位于全国前列。❶

（二）政府信息公开诉讼发展

政府信息公开案件的数量不断增加。2013 年，全国法院受理的一审政府信息公开案件达 5000 余件，占据我国行政诉讼案件数量的比例较大。❷ 为此，2014 年 11 月新修订的《行政诉讼法》将政府信息公开诉讼纳入可以适用简易程序的案件类型。

2014 年 9 月，最高院公布十大政府信息公开案例，明确了一些裁判标准，以

---

❶ 《全国政务新媒体综合影响力报告（2014）》发布［EB/OL］.（2014-12-15）［2021-03-03］.http：//www.cac.gov.cn/2014-12/15/c_1113641336_2.htm.

❷ 最高院：去年受理 5000 件政府信息公开案［EB/OL］.（2014-09-12）［2021-03-03］.https：//www.chinanews.com/fz/2014/09-12/6586310.shtml.

促进司法机关裁判尺度及行政机关执法尺度的统一。例如，公安刑侦机关的信息属于不公开的国家秘密；是否涉及商业秘密，行政机关应当审查举证；对行政相对人产生影响的信息不属于"内部信息"；过程性信息不是绝对不公开，当决策、决定完成后，此前处于调查、讨论、处理中的信息即不再是过程性信息，如果公开的需要大于不公开的需要，就应当公开；行政机关以信息不存在为由拒绝提供政府信息的，应当证明其已经尽到了合理检索义务；当涉及公众利益的知情权和监督权与保障性住房申请人一定范围内的个人隐私相冲突时，应首先考虑保障性住房的公共属性，使获得这一公共资源的公民让渡部分个人信息，以符合比例要求。❶

2014 年 12 月，北京市朝阳区人民法院判决媒体人周某诉朝阳区民政局的行政诉讼胜诉。周某因举报北京某儿童医院等公益项目违规向朝阳区民政局申请公开该医院的验资报告和注册资金来源等信息遭拒而起诉，法院判决撤销被告的"告知书"，责令其在 15 日内重新答复原告。❷

五、著作权保护

据国家版权局统计，中国版权产业的总产值占 GDP 的数值连年增长，从 2007 年的 6.4% 增长到 2011 年的 6.67%，针对著作权保护的立法、行政和司法力度也不断加大。❸

（一）著作权立法进一步推进

2014 年 4 月，全国人大常委会批准《视听表演北京条约》。该条约经 2012 年世界知识产权组织在北京举行的外交会议签署，其中规定了缔约方可视具体情况规定针对"视听录制品"中表演的出租权、广播和以其他方式进行传播的权利；规定了关于技术措施和权利管理信息的相关义务；规定了缔约方应当提供执法程序，以

---

❶ 最高院发布 2013 年度政府信息公开十大案例［EB/OL］.（2014-09-12）［221-03-03］. https：//www.chinacourt.org/article/detail/2014/09/id/1437602.shtml.

❷ 周某与北京市朝阳区民政局其他一审行政判决，北京市朝阳区人民法院，案号：（2014）朝行初字第 305 号。

❸ 中国版权产业总产值已占全国 GDP6.67%［EB/OL］.（2014-09-16）［2021-03-03］. http：//www.chinaipmagazine.com/news-show.asp?id=12167.

确保能够采取有效措施及时制止侵权，并遏制进一步侵权。同时，根据我国视听产品出口量小于进口量的现实情况，对我国现行法律、法规中尚未规定的该条约第11条第1款和第2款关于"广播和向公众传播的权利"予以保留。

2014年6月，《著作权法（修订草案送审稿）》再次向社会公开征求意见。送审稿对著作权保护的权利客体、权利内容、权利归属、权利保护期、调整授权机制和市场交易规则、完善体例结构等方面进行了修改，将现行著作权法规定的17项权利重新整合为13项，取消了修改权、放映权、摄制权、汇编权四项权利，并将广播权修改为播放权。送审稿增加了著作权行政管理部门的查封扣押权，将罚款的倍数由非法经营额的3倍提高至5倍，将10万元提高至25万元。2014年9月，国家版权局与发改委联合公布了《使用文字作品支付报酬办法》，将原创作品稿酬提高到每千字80～300元，并对使用文字作品支付报酬的标准和方式等进行了规范。

（二）著作权行政保护力度加大

2014年6—11月，国家版权局、网信办、工信部、公安部联合开展第十次打击网络侵权盗版专项治理"剑网"行动，重点保护数字版权，规范网络转载，支持依法维权，并公布了三批网络侵权盗版案件查办情况。

6月，围绕"今日头条"聚合新闻侵权纠纷，国家版权局立案调查认定，"今日头条"使用其他权利人的部分新闻作品及图片均是由其网址存储传播，非链接跳转方式，确实存在构成侵犯著作权人信息网络传播权的行为。之后，该公司积极整改，删除了所有侵权作品，并主动与媒体全面洽谈使用作品的版权采购事宜。❶7月，国家版权局通报了安徽"DY161电影网"涉嫌侵犯著作权案等8起网络侵权盗版案件。❷11月，上海浦东成立全国首家集专利、商标、版权行政管理和综合执法于一身的知识产权局，着力提升知识产权监管水平。

---

❶　国家版权局拍板："今日头条"构成侵权［EB/OL］.（2014-09-16）［2021-03-03］.http：//www.infzm.com/content/104191.

❷　"DY161电影网"等8起网络侵权盗版典型案件情况通报［EB/OL］.（2014-07-09）［2021-03-03］.http：//media.people.com.cn/big5/n/2014/0709/c40606-25259593.html.

（三）著作权司法保护实践的发展

自 2014 年 11 月起，北京、广州、上海知识产权法院相继成立，对知识产权案件进行跨区域管辖，这标志着我国知识产权司法保护进入新阶段。2014 年度，法院就微信公众号、百度文库等著作权问题确立了新的裁判标准。

6 月，广东省中山市第一人民法院对中山商房网诉中山暴风科技公司微信公众号著作权案作出一审判决，认为原、被告微信公众号所推送信息的领域、受众具有高度相似性，被告未经原告许可，擅自将原告在微信上发表并载明不允许其他微信公众号转载的文章"改头换面"后在微信上推送，侵犯了原告的著作权，须承担侵权责任。❶

10 月，北京市高级人民法院就中青文化传媒公司诉百度公司侵犯著作权案作出终审判决，维持 3 月认定百度构成帮助侵权，赔偿 40 万元的原判。一审判决肯定百度公司上线了反盗版 DNA 比对识别系统，但上述技术措施并不意味着百度公司在建立著作权保护机制方面可以一劳永逸，百度公司应综合热门文档报警审查机制等多种科学、合理的反盗版机制，建立原创和正版信息分享、交流和传播平台。❷

12 月，北京市第三中级人民法院对陈某（笔名"琼瑶"）诉余某（笔名"于正"）等五名被告侵犯著作权案作出一审判决，判决五名被告侵犯了原告的改编权、摄制权，应停止侵害，消除影响，共赔偿原告经济损失 500 万元，于正等被告宣布上诉。❸ 本判决确认影视剧的人物设置、人物关系、冲突演进、情节设置这些影视创作的核心要素受到著作权保护，明晰了影视剧创作版权侵权和合理使用的界限。

---

❶ 贺林平 . 微信公众号转载　被诉侵犯著作权［N］. 人民日报，2014-06-19（11）.

❷ 北京中青文化传媒有限公司、北京百度网讯科技有限公司侵害作品信息网络传播权纠纷再审民事判决，最高人民法院，案号：（2018）最高院民再 386 号。

❸ 陈某与余某著作权权属、侵权纠纷一案一审民事判决，北京市第三中级人民法院，案号：（2014）三中民初字第 07916 号。

六、人格权保护

（一）网络侵害人格权案件的裁判标准更加明确

2014 年度，网络侵害人格权案件频发，侵权主体、方式和结果更加复杂多样。网络用户、网络内容提供商、网络服务提供商等可能成为侵权的连锁主体，而遭到侵犯的权利往往包含名誉权、肖像权、隐私权、姓名权等多项。为维护公民人身权益和组织权益、规范网络行为，2014 年 10 月，《最高人民法院关于审理利用信息网络侵害人身权益民事纠纷案件适用法律若干问题的规定》中明确了该类案件的管辖法院和诉讼程序；明确了网络服务提供者是否"知道"侵权的认定；明确了利用自媒体等转载网络信息行为的过错及程度认定；界定了个人信息保护范围；明确了非法删帖、网络水军等互联网灰色产业的责任承担；加大了对被侵权人的司法保护力度。最高院还公布了八起利用网络侵害他人人身权益的典型案例，明确了如下裁判标准：精神损害赔偿应与侵权人的过错程度相适应；不宜仅以侵权信息的出现即认定网络服务提供者知道侵权事实的存在；公众人物发表网络言论时应承担更大的注意义务；被侵权人的影响力是判断经济损失的重要因素；应从信息接受者的视角判断"影射"者的责任；媒体报道应当尊重个人隐私；原告有权通过诉讼方式要求网络服务提供者提供侵权人的相关个人信息；专业媒体在转载时应承担更大的注意义务。

在名誉侵权案件中，法院通常综合考虑违法事实、过错、损害后果、因果关系等因素来进行认定。2014 年 3 月，北京市第三中级人民法院对备受关注的中石化女处长张某因非洲牛郎门报道提起的名誉权纠纷案进行了二审宣判，判决驳回大东半岛公司和华网汇通公司的上诉请求，维持原判，判决二被告在媒体上公开向张某致歉，并分别赔偿张某精神损害抚慰金 3 万元和 1.5 万元，造谣者也被判处刑罚。❶ 同月，西安市雁塔区法院对马某诉张某侵犯名誉权案作出一审判决，认定张某单方截取谈话录音并上传的行为误导网友对原告马某发表侮辱性、贬损性评论，有对马

---

❶　一审判决被告北京大东半岛信息科技有限公司登载致歉声明赔偿原告张某精神损害抚慰金 3 万元。张某与北京大东半岛信息科技有限公司名誉权纠纷一审民事判决，北京市朝阳区人民法院，案号：（2013）朝民初字第 21605 号。

某的名誉进行毁损的主观故意，客观上实施了侵犯马某名誉权的行为，应承担侵权责任。❶2014 年 6 月，上海市浦东新区人民法院对龙小姐诉凤凰网侵犯名誉权案作出一审判决，认为虽然被告在收到原告书面通知后屏蔽了视频，但由于其在用户上传后，未及时注意发现，导致流传的时间较长，在客观上对原告的名誉造成了一定范围的影响，故认为被告行为构成对原告名誉权的侵害；虽然上传视频的网络用户未找到，但被告仍应对损害的扩大部分与上传视频的网络用户承担连带责任，故判决被告凤凰网赔偿原告龙小姐精神损害抚慰金、律师费及公证费 2.45 万元。❷

对于名人的人格权纠纷，法院需要平衡人格权与公众知情权、表达自由等权利之间的关系，结合具体事实进行综合认定。

2014 年 6 月，北京市海淀区人民法院对方某诉王某等侵犯名誉权案作出一审判决，认为王某的部分微博言论，如"网络黑社会头子"及使用"畜牲""疯狗""剥开画皮"等损害方某人格尊严的用语，超出了公众人物容忍范围，构成侵权，判令其停止侵权，删除相关微博，赔礼道歉并赔偿方某精神损害抚慰金 1 万元及维权费用 1.71 万元；微梦创科公司配合删除侵权微博。❸

2014 年 12 月，北京市海淀区人民法院以新闻评论是大众表达意见、交流思想及开展新闻舆论监督的重要途径等为由，驳回北京大学教授孔某对南京广播电视台和节目主持人吴某侵害名誉权的诉求❹，后者在节目中激烈批评了孔某在网上"骂人"的行为。但判决中提及孔某为公众人物，其人格权益应当克减的观点引起了网络争议。孔某宣布上诉。❺

---

❶ 法院判决被告张某立即停止侵权行为，在三日内删除网址为秒的录音，并刊登致歉声明。马某与张某名誉权纠纷一审民事判决，西安市雁塔区人民法院，案号：（2013）雁民初字第 01764 号。

❷ 女子被袭胸视频引热传 受害者起诉名誉受损获赔 2.45 万元［EB/OL］.（2014-06-24）［2021-03-03］.http://sh.eastday.com/m/20140624/u1a8171736.html.

❸ 王某与方某名誉权纠纷一审民事判决，广州市天河区人民法院，案号：（2015）穗天法民一初字第 1144 号；王某与方某名誉权纠纷 2016 民终 7850 二审民事裁定，广州市中级人民法院，案号：（2016）粤 01 民终 7850 号。

❹ 孔某与南京广播电视集团（南京广播电视台）等名誉权纠纷一审民事判决，北京市海淀区人民法院，案号：（2014）海民初字第 26881 号。

❺ 二审法院已做出维持原判的判决，孔某与南京广播电视集团（南京广播电视台）等名誉权纠纷二审民事判决，北京市第一中级人民法院，案号：（2015）一中民终字第 02203 号。

（二）专业媒体侵犯人格权案件

在专业媒体侵犯人格权案件中，法院往往认为专业媒体应履行较高的审核义务。

2014年2月，北京市朝阳区人民法院对世奢会（北京）国际商业管理有限公司（以下简称"世奢会"）诉《南方周末》和《新京报》侵害名誉权案作出一审判决❶，认为南方报业传媒集团、新京报社对媒体从业人员撰写、发表报道或文章，负有较高的真实性审核义务，而被告南方报业传媒集团的《南方周末》刊登的《廉价世奢会》和《新京报》刊登的《世奢会被指皮包公司》两篇文章中，存在多处不实言论，未履行审核义务，导致其他媒体大量转载，已经构成对原告世奢会名誉权的侵害，判令两被告刊登致歉声明，向世奢会赔礼道歉、消除影响、恢复名誉，该案进入二审程序。❷

2014年9月，上海市徐汇区法院对奇虎和奇智公司诉每日经济新闻报社及上海经闻公司名誉侵权案作出一审判决，判决被告停止侵权，删除每日经济新闻网站上所有涉案报道及授权转载链接，并赔偿原告150万元。❸法院认为，被告报道中的一些文字已经超过了新闻媒体从事正常的批评性报道应把握的尺度，并非善良的公正评论，有明显倾向性，且部分报道夸大事实，侵犯了原告的名誉权。❹

---

❶　新京报社与世奢会（北京）国际商业管理有限公司等名誉权纠纷一审民事判决，北京市朝阳区人民法院，案号：（2013）朝民初字第21929号。

❷　二审法院作出撤销一审判决的终审判决，新京报社与世奢会（北京）国际商业管理有限公司等名誉权纠纷二审民事判决，北京市第三中级人民法院，案号：（2014）三中民终字第6013号。

❸　北京奇虎科技有限公司、奇智软件（北京）有限公司与成都每日经济新闻报社有限公司、上海经闻文化传播有限公司名誉权纠纷一审民事判决，上海市徐汇区人民法院，案号：（2013）徐民二（商）初字第913号。

❹　二审法院作出维持原判的判决，成都每日经济新闻报社有限公司等诉北京奇虎科技有限公司等名誉权纠纷二审民事判决，上海市第一中级人民法院，案号：（2014）沪一中民四（商）终字第2186号。

第二节 2014年度中国传媒法事例及评析

一、腾讯公司诉奇虎公司不正当竞争案关联诉讼作出终审判决

◆ 事例简介

2012年11月，北京奇虎科技公司向广东省高级人民法院起诉，称腾讯科技（深圳）有限公司和深圳市腾讯计算机系统有限公司滥用在即时通信软件及服务相关市场的市场支配地位，构成垄断。

一审原告奇虎公司向广东省高级人民法院提起本案诉讼称：①腾讯公司和腾讯计算机公司凭借强大的财力和技术条件，可以排除相关市场内的竞争，违反了《中华人民共和国反垄断法》的规定。②腾讯公司和腾讯计算机公司限制QQ与己方开发的软件同时使用，构成限制交易；并且将即时通信软件与相关软件捆绑安装升级，构成捆绑销售。③腾讯公司和腾讯计算机公司应对其垄断民事侵权行为承担相应法律责任。腾讯公司和腾讯计算机公司共同实施滥用市场支配地位的行为，导致奇虎公司受到损害，应当承担连带责任。

一审被告腾讯公司和腾讯计算机公司共同答辩称：奇虎公司对本案相关市场界定错误；腾讯公司和腾讯计算机公司在即时通信服务市场不具有市场支配地位；被诉垄断行为不构成滥用市场支配地位行为，也未产生排除、限制竞争的效果。请求驳回奇虎公司的全部诉讼请求。

广东省高级人民法院一审认为，奇虎公司关于综合性即时通信产品及服务构成一个独立的相关商品市场的主张不能成立；腾讯公司和腾讯计算机公司在该市场也不具有市场支配地位；奇虎公司对本案相关商品市场界定错误，其所提供的证据不足以证明腾讯公司和腾讯计算机公司在相关商品市场上具有垄断地位。

2013年3月20日，广东省高级人民法院作出一审判决，驳回奇虎公司全部诉讼请求。奇虎公司不服，向最高院提出上诉。

最高院指出，互联网行业鼓励自由竞争和创新，但这并不等于互联网领域是一

个可以为所欲为的法外空间。是否属于互联网精神鼓励的自由竞争和创新，仍然需要以是否有利于建立平等公平的竞争秩序、是否符合消费者的一般利益和社会公共利益来进行判断。2014 年 10 月 16 日，最高院就"互联网反垄断第一案"——奇虎公司诉腾讯滥用市场支配地位纠纷案作出终审判决，裁定驳回上诉，维持原判。

◆ 简要评析

"3Q 大战"引发的两场诉讼被称为"互联网反不正当竞争第一案"和"互联网反垄断第一案"，这两场诉讼中不仅界定了互联网的自由竞争和创新的边界，也对"相关市场界定""市场支配地位"的认定及"滥用市场支配地位"的判定确立了标准和分析方法，对互联网产业的健康发展有重大意义。

二、世奢会诉《南方周末》和《新京报》侵害名誉权案

◆ 事例简介

2014 年 2 月 26 日，北京市朝阳区人民法院对世奢会诉《南方周末》和《新京报》侵害名誉权案作出一审判决，认为南方报业传媒集团、新京报社作为传统媒体，对媒体从业人员撰写、发表报道或文章，负有较高的真实性审核义务，而被告南方报业传媒集团的《南方周末》刊登的《廉价世奢会》和《新京报》刊登的《世奢会被指皮包公司》两篇文章中，存在多处不实言论，未履行其作为媒体的审核义务，继而导致其他媒体大量转载，其行为已经构成对原告世奢会名誉权的侵害，故判令两被告刊登致歉声明，向世奢会赔礼道歉、消除影响、恢复名誉。《新京报》不服，提出上诉。

2015 年 11 月 9 日，北京市第三中级人民法院对此案作出终审判决。在判决书中，法院主要对两个争议焦点分别作出认定。首先，因争议文章内容与世奢会具有直接关联性，因此，世奢会有权就争议文章提起名誉权诉讼。其次，法院从争议文章引用采访内容真实，采访对象被曝料的内容不应被推定为虚假信息，争议文章主要内容及评论具备事实依据，不构成诋毁、侮辱且争议文章具备正当的写作目的四个方面综合认定媒体不构成对世界奢侈品协会（北京）公司名誉权的损害，判决撤销北京市朝阳区人民法院作出的一审判决，驳回世奢会全部诉讼请求。

◆ 简要评析

　　该案引人注目之处在于，世界奢侈品协会向两家著名报纸发动了系列名誉权诉讼。而媒体出于保护秘密信息源的考虑，没有让采访中的关键信息源出庭作证。这一核心证明的缺失导致媒体败诉，从而使媒体为秘密信息源保密的职业道德与公民作证的法定义务间的冲突在中国首次出现在司法层面。最终法院仍能够查明案件事实，以争议文章信息源真实与写作目的正当为切入点审理此案，为界定媒体言论自由及个体名誉权保护之间的边界做出了贡献。

三、中央成立网络安全与信息化领导小组

◆ 事例简介

　　2014 年 2 月 27 日，中央网络安全与信息化领导小组成立，由习近平担任组长。它的职责包括三个方面：第一，着眼国家安全和长远发展，统筹协调涉及经济、政治、文化、社会及军事等各个领域的网络安全和信息化重大问题；第二，研究制定网络安全和信息化发展战略、宏观规划和重大政策；第三，推动国家网络安全和信息化法治建设，不断增强安全保障能力。中央网络安全和信息化领导小组办公室目前由网信办承担具体职责。网络安全和信息化是事关国家安全和国家发展，事关广大人民群众工作生活的重大战略问题。网络安全与信息化领导小组通过制定全面的信息技术、网络技术研究发展战略，解决科研成果转化问题；通过出台支持企业发展的政策，让它们成为技术创新主体，成为信息产业发展主体；通过制订立法规划，完善互联网信息内容管理、关键信息基础设施保护等法律法规，依法治理网络空间，维护公民合法权益。

◆ 简要评析

　　中央网络安全和信息化建设领导小组的成立，以规格高、力度大、立意远来统筹指导中国迈向网络强国的发展，在中央层面设立了一个强有力、更有权威性的机构，体现了中国最高层全面深化改革、加强顶层设计的意志，显示出保障网络安全、维护国家利益、推动信息化发展的决心。

四、十二届全国人大常委会第八次会议批准《视听表演北京条约》

◆ 事例简介

2014 年 4 月 24 日，十二届全国人大常委会第八次会议批准《视听表演北京条约》，该条约是在 2012 年世界知识产权组织在北京举行的外交会议上签署的。

《视听表演北京条约》是基于国际社会对表演者和表演者权利的重视，对表演者的声音和形象给予全面保护的新的国际规范，主要针对"视听录制品"中的表演，赋予表演者广泛的权利，包括表明身份权、禁止歪曲权、复制权、发行权和信息网络传播权，以及缔约方可视具体情况规定的出租权、广播和其他方式进行传播的权利。其中还规定了关于技术措施和权利管理信息的相关义务；规定了缔约方应当提供执法程序，以确保能够采取有效措施及时制止侵权行为，并遏制进一步侵权行为。同时，根据我国视听产品出口量小于进口量的现实情况，对我国现行法律、法规中尚未规定的该条约第十一条第一款和第二款关于"广播和向公众传播的权利"予以保留。

◆ 简要评析

《视听表演北京条约》是第一个在我国缔结，并以我国城市名命名的国际知识产权保护条约，也是在中国诞生的第一个国际知识产权条约，该条约大大提升了中国版权事业的国际地位。批准这一条约有利于加强我国在知识产权保护方面与国际社会的合作，完善我国的著作权法律制度，规范网络环境下视听表演者保护秩序，促进我国演出产业的发展。

五、网信办发布《即时通信工具公众信息服务发展管理暂行规定》

◆ 事例简介

2014 年 8 月 8 日，网信办发布《即时通信工具公众信息服务发展管理暂行规定》，规定从行业资质、隐私保护、实名注册、备案审核、内容限制等方面对即时通信平台及用户行为进行了规范。即时通信工具服务提供者从事公众信息服务活动，应当取得互联网新闻信息服务资质。即时通信工具服务提供者还应当落实安全管理责任，建立健全各项制度，配备与服务规模相适应的专业人员，保护用户信息及公民个人隐私，自觉接受社会监督，及时处理公众举报的违法和不良信息。新闻单位、新闻网站开设的公众账号可以发布、转载时政类新闻，取得互联网新闻信息服务资质的非新闻单位开设的公众账号可以转载时政类新闻。其他公众账号未经批准不得发布、转载时政类新闻。

◆ 简要评析

在移动互联网时代，即时通信工具成为网民的主要信息交流工具，这一规定旨在推动即时通信工具公众信息服务健康有序发展，保护公民、法人和其他组织的合法权益，维护国家安全和公共利益。

六、中央全面深化改革领导小组审议通过《关于推动传统媒体和新兴媒体融合发展的指导意见》

◆ 事例简介

2014 年 8 月 18 日，中央全面深化改革领导小组第四次会议审议通过了《关于推动传统媒体和新兴媒体融合发展的指导意见》（以下简称《指导意见》），强调推动传统媒体和新兴媒体融合发展，要遵循新闻传播规律和新兴媒体发展规律，强化互联网思维，坚持正确方向和舆论导向，坚持以统筹协调、创新发展、一体化发展、先进技术为支撑。要按照积极推进、科学发展、规范管理、确保导向的要求，推动传统媒体和新兴媒体在内容、渠道、平台、经营、管理等方面的深度融合，着力打造一批形态多样、手段先进、具有竞争力的新型主流媒体，建成几家拥有强大实力和传播力公信力影响力的新型媒体集团，形成立体多样、融合发展的现代传播体系。要一手抓融合，一手抓管理，确保融合发展始终沿着正确的方向推进。

◆ 简要评析

传媒领域是改革步伐最为审慎的领域，也是受互联网冲击最大的领域。《指导意见》的发布，对于在网络技术迅猛发展的时代，如何促进我国传统媒体更快更好地发展，占领主流舆论阵地有重要指导意义。

七、国务院授权网信办负责互联网信息内容管理工作

◆ 事例简介

2014 年 8 月 26 日，国务院授权重新组建的网信办负责全国互联网信息内容管理工作，并负责监督管理执法。2014 年 10 月 27 日，网信办宣布将出台 App 管理方法。

◆ 简要评析

国务院授权重新组建的网信办负责全国互联网信息内容管理工作，并负责监督管理执法，扩大了网信办的职权范围，提高了网信办的地位，有利于解决互联网信息在内容监管领域"多龙治水"的问题，促进互联网信息服务健康有序发展，维护国家安全和公共利益。

八、21 世纪传媒公司涉嫌敲诈勒索案

◆ 事例简介

2014 年 9 月 25 日，21 世纪传媒总裁沈某和总经理陈某因涉 21 世纪网新闻敲诈案被采取刑事强制措施，随后在当天中央电视台新闻频道《东方时空》中，沈某面对镜头承认，他明知"这种新闻敲诈行为涉嫌经济犯罪"，但出于对公司生存和盈利的考虑，还是在这条非法牟利的道路上越陷越深。2014 年 10 月 10 日，上海市人民检察院第一分院以涉嫌敲诈勒索、强迫交易、非国家工作人员受贿和对非国家工作人员行贿罪，分别对 21 世纪网总裁刘某、副总编周某，《理财周报》发行员夏某、主编罗某，《21 世纪经济报道》湖南负责人夏某等 25 人批准逮捕。2014 年 11 月 20 日，21 世纪传媒股份有限公司总裁沈某、副总裁陈某、副总裁兼财务总监乐某等人被上海市人民检察院第一分院依法批捕。沈某领导下的《21 世纪经济报道》《理财周报》、21 世纪网 3 家媒体及 8 家运营公司涉嫌敲诈勒索、强迫交易犯罪；同时，

沈某还涉嫌非国家工作人员受贿、职务侵占、挪用资金等个人犯罪。❶

◆ 简要评析

21 世纪网工作人员利用网络媒体的巨大影响谋取非法利益，丧失职业伦理、超越法律底线，造成巨大社会危害，向整个社会敲响了警钟，也促使人们反思传统媒体市场化之后如何实现社会效益和经济效益的统一。

九、最高院发布《最高人民法院关于审理利用信息网络侵害人身权益民事纠纷案件适用法律若干问题的规定》

◆ 事例简介

2014 年 10 月 9 日，最高院发布了《最高人民法院关于审理利用信息网络侵害人身权益民事纠纷案件适用法律若干问题的规定》。该司法解释遵循表达自由、信息自由与权益保护相平衡，互联网发展与互联网规范相互协调的原则，对管辖、诉讼程序、网络服务提供者的信息披露义务、避风港规则、互联网媒体的过错判断标准、个人信息保护及损害赔偿等问题作出了规定。该规定中明确了该类案件的管辖法院和诉讼程序；明确了网络服务提供者是否"知道"侵权的认定；明确了利用自媒体等转载网络信息行为的过错及程度认定；界定了个人信息保护范围；明确了非法删帖、网络水军等互联网灰色产业的责任承担；加大了对被侵权人的司法保护力度。

◆ 简要评析

最高院的这一司法解释细化了《侵权责任法》第 36 条关于网络侵权的一系列规定，完善了网络环境下人格权侵权案件的司法裁判体系，具有积极意义。

---

❶ 2015 年 8 月该案由上海市浦东新区人民检察院向上海市浦东新区人民法院提起公诉，2015 年 10 月 13 日 21 世纪传媒系列案在上海开庭，2015 年 12 月 24 日法院作出一审宣判，以强迫交易罪，判处被告单位广东 21 世纪传媒股份有限公司罚金 948.5 万元；以被告人沈某犯敲诈勒索罪、强迫交易罪、职务侵占罪，具有自首、立功情节，数罪并罚，判处有期徒刑 4 年，并处罚金 6 万元；以被告人乐冰犯职务侵占罪，判处有期徒刑 2 年，缓刑 2 年；违法所得予以追缴；21 世纪传媒公司系列案件原总裁沈某获刑 4 年。

十、琼瑶诉于正等侵犯著作权案作出一审判决

◆ 事例简介

2014 年 12 月 25 日，北京市第三中级人民法院就琼瑶诉于正侵犯著作权案进行宣判。2014 年 4 月 15 日，陈某（笔名"琼瑶"）发表长微博举报余某（笔名"于正"）编剧的《宫锁连城》抄袭其著作《梅花烙》。2014 年 5 月 28 日，琼瑶对于正等五方提起诉讼，正式走上法律维权道路，引起社会极大关注，北京市第三中级人民法院于当日受理了原告琼瑶诉被告于正、湖南经视文化传播有限公司、东阳欢娱影视文化有限公司、万达影视传媒有限公司、东阳星瑞影视文化传媒有限公司侵害著作权纠纷一案。2014 年 12 月 5 日，北京市第三中级人民法院一审开庭，国内 109 位编剧签署联合声明，声援琼瑶，呼吁保护原创，并称"拭目以待法律对此作出公正的判决"。2014 年 12 月 25 日，北京市第三中级人民法院对琼瑶起诉于正案宣判。法院认为，虚构题材不同于真实历史题材的作品，作者可以有较大创作空间，即便对于同类情节，不同作者创作的差异也会比较大。具体到本案中，不可否认文学作品中难免有借鉴情形，但于正所使用的人物设置、人物关系等，超越了对琼瑶作品合理借鉴的边界，因此构成侵权。法院判令于正侵权剧立即停止复制发行和传播，于正需在媒体上刊登致歉声明，五被告连带赔偿原告 500 万元。❶

◆ 简要评析

保护原创是著作权法的核心宗旨。该案的判决是判断影视作品实质性相似的经典案例，赔偿标准较高，无论专业人士和影视业界，还是普通社会民众都对这一判决表示支持，其提高了全社会保护原创、尊重著作权的意识。

---

❶ 于正等被告不服一审民事判决，向北京市高级人民法院提起上诉。2015 年 2 月 5 日，北京市高级人民法院受理此案并于同年 4 月 8 日对此案进行公开开庭审理。2015 年 12 月 16 日，北京市高级人民法院作出终审判决，认为除却从人物关系和情节的实质性相似认定侵权，仍需将不寻常的细节设计同一性纳入作品相似性对比的考量，基于个人间与个人和社会间的利益衡量，上诉人负有的停止侵权责任合理正当，原审法院虽然事实认定和法律适用部分有误，但处理结果正确，仍可维持，依法判处驳回上诉，维持原判，二审案件受理费由上诉人共同负担。2020 年 12 月 31 日，于正发布微博，称关于《宫锁连城》侵犯《梅花烙》版权一事，诚挚地向琼瑶道歉。

总结

2014 年度中国传媒法事例包括 1 个党的文件、1 个国际条约、1 个司法解释、1 个传媒立法、1 个刑事案件、1 个著作权案件、1 个名誉权案、1 个互联网不正当竞争和反垄断案、2 个传媒监管事例，涉及媒体融合、互联网信息监管机构、互联网不正当竞争和垄断、网络侵害人身权益、著作权、名誉权、媒体职业伦理等问题。

第五章　2015 年度中国传媒法治发展

第一节　2015 年度中国传媒法治发展

一、有关传媒的指导方针和法律

2015 年 11 月，党的十八届五中全会通过《中共中央关于制定国民经济和社会发展第十三个五年规划的建议》，其中提出：坚持社会主义先进文化前进方向，坚持以人民为中心的工作导向，坚持把社会效益放在首位、社会效益和经济效益相统一，坚定文化自信，增强文化自觉，加快文化改革发展，加强社会主义精神文明建设，建设社会主义文化强国；牢牢把握正确舆论导向，健全社会舆情引导机制，传播正能量；加强网上思想文化阵地建设，实施网络内容建设工程，发展积极向上的网络文化，净化网络环境；推动传统媒体和新兴媒体融合发展，加快媒体数字化建设，打造一批新型主流媒体；优化媒体结构，规范传播秩序。

新修订的《广告法》自 2015 年 9 月 1 日起施行。新法对 1995 年的《广告法》进行了大幅度修改，从 49 条增加到 75 条，明确界定了虚假广告，完善了广告准则，新增了互联网广告、广告代言人的义务和责任、未成年人保护、公益广告等内容，加大了对于媒体违法发布广告行为的处罚力度，进一步完善了广告监管法律制度。2015年9月和11月，国家工商总局公布的2015年违反《广告法》18件典型案例，大都涉及虚假广告。

2015年6月，全国人大常委会初次审议了《网络安全法（草案）》并向社会公开征求意见。草案确立了保障网络安全的基本制度框架，提出了网络空间主权的概念，规定了网络实名制，网络安全管理体制等。社会各界也围绕如何界定网络安全，如何增加公民权利保障性条款，完善程序性规定等方面展开了热议。

2015年7月，国务院印发《关于积极推进"互联网+"行动的指导意见》，把"互联网+"定义为：把互联网的创新成果与经济社会各领域深度融合，推动技术进步、效率提升和组织变革，提升实体经济创新力和生产力，形成更广泛的以互联网为基础设施和创新要素的经济社会发展新形态。该意见提出坚持开放共享、融合创新、变革转型、引领跨越、安全有序的基本原则，并对重点行动和保障支撑做了具体规定。

2015年8月，全国人大常委会通过了《刑法修正案（九）》，其中多条规定与媒体有关。

（1）针对暴力恐怖犯罪呈现的新特点，增设宣扬恐怖主义、极端主义、煽动实施恐怖活动罪，利用极端主义破坏法律实施罪，非法持有宣扬恐怖主义、极端主义物品罪。

（2）修改或增设有关网络犯罪的规定：一是对于诽谤罪自诉案件，遭受网络诽谤的被害人提供证据确有困难，法院可以要求公安机关提供协助；二是把出售、非法提供公民个人信息罪和非法获取公民个人信息罪改为侵犯公民个人信息罪，将犯罪主体从特殊主体扩大到一般主体，加重了量刑；三是增设拒不履行网络安全管理义务罪、非法利用信息网络罪、帮助信息网络犯罪活动罪；四是修改扰乱无线电通信管理秩序罪，降低构成犯罪门槛；五是增设故意传播虚假信息罪：编造虚假险情、疫情、灾情、警情，在信息网络或者其他媒体上传播，或者明知是上述虚假信息，故意在信息网络或者其他媒体上传播，严重扰乱社会秩序的，构成犯罪。

（3）增设泄露不应公开的案件信息罪和披露、报道不应公开的案件信息罪，将司法工作人员、辩护人、诉讼代理人或者其他诉讼参与人，泄露依法不公开审理的案件中不应当公开的信息的行为，以及公开披露、报道相关案件信息的行为规定为犯罪。

2015 年 9 月，中共中央政治局审议通过《关于繁荣发展社会主义文艺的意见》，强调坚持以人民为中心的创作导向，聚焦中国梦的时代主题，并首次确认网络文艺在社会主义文艺发展中的地位，要求大力发展网络文艺，加强文艺阵地建设，推动优秀文艺作品"走出去"。

2015 年 9 月，中央办公厅和国务院办公厅印发的《关于推动国有文化企业把社会效益放在首位、实现社会效益和经济效益相统一的指导意见》指出：文化企业提供精神产品，传播思想信息，担负文化传承使命，必须始终坚持把社会效益放在首位，实现社会效益和经济效益相统一。要研究制定文化企业国有资产监督管理办法，充分考虑不同类型国有文化企业的功能作用，明确社会效益指标考核权重应占50% 以上，形成对社会效益的可量化、可核查要求；科学合理设置反映市场接受程度的经济考核指标，坚决反对唯票房、唯收视率、唯发行量、唯点击率。

2015 年 12 月，全国人大常委会审议的《反恐怖主义法》草案三审稿对涉恐信息传播做出严格规定。任何单位和个人不得编造、传播虚假恐怖事件信息；不得报道、传播可能引起模仿的恐怖活动的实施细节；不得发布恐怖事件中残忍、不人道的场景图片或视频；在恐怖事件的应对处置过程中，除新闻媒体经负责发布信息的反恐怖主义工作领导机构批准外，不得报道、传播现场应对处置的工作人员、人质身份信息和应对处置的行动情况。

二、新闻出版与广播影视监管

2015 年 5 月，广电总局下发的《关于贯彻〈中共中央关于全面推进依法治国若干重大问题的决定〉的实施意见》，分为进一步完善中国特色社会主义新闻出版广播影视（版权）法律法规体系、进一步提高依法行政水平、进一步增强法治社会建设能力、进一步完善法治建设的保障机制四部分，制定了 12 个大项、47 个子项的措施，推动了新闻出版广播影视法治建设。2015 年 8 月，为落实国务院注册资本登记制度改革要求，广电总局修订了《电子出版物出版管理规定》《出版物市场管理规定》《广播电视节目制作经营管理规定》《互联网视听节目服务管理规定》《电影企业经营资格准入暂行规定》等 18 个规章和 5 个规范性文件。

纪委和司法机关对媒体腐败问题的打击力度进一步加大。2015 年 11 月，安徽广播电视台原党委书记、台长张某涉嫌受贿贪污一案一审开庭。检察机关指控，2006 年 4 月至 2014 年 7 月，张某在任安徽电视台台长、安徽省广电局局长、安徽广播电视台台长期间，利用职务便利，先后收受数十家单位和个人现金、物品，共计 1139.6148 万元、4.7 万美元、0.2 万欧元、17.9 万元购物卡，及价值 107.2239 万元的金条、玉器和手表等物品；又利用职务之便，单独或者伙同他人非法占有公共财物共计 339.3657 万元。[1]2015 年 12 月，上海市浦东新区人民法院对 21 世纪传媒公司及原总裁沈颢等涉嫌敲诈勒索、强迫交易等系列案件作出一审判决，以强迫交易罪对 21 世纪传媒公司判处罚金 948.5 万元；以敲诈勒索罪、强迫交易罪等数罪并罚，判处沈某有期徒刑 4 年，并处罚金 6 万元；对系列案件的其余被告人分别处 1 年 6 个月至 10 年 6 个月不等有期徒刑。[2] 此外，还有安徽广播电视台副台长赵某等 7 名中高层干部因涉嫌影视剧采购受贿被检察机关立案侦查[3]，人民日报河南分社原社长、中国报业协会原秘书长罗某被"双开"[4]，湖南日报报业集团党组书记、社长覃某因严重违纪接受调查[5]，新疆日报社原党委书记、总编辑赵某严重违纪被立案审查[6] 等。中纪委披露，2014 年，中纪委通过专项监督发现了新闻出版和广电行业存

[1]　安徽电视台原台长张苏洲受审　牵涉多家影视公司及歌手［EB/OL］.（2015-11-03）［2021-03-03］.http://www.chinanews.com/sh/2015/11-03/7604187.shtml.

[2]　二十一世纪传媒公司及原总裁沈颢等敲诈勒索、强迫交易等系列案件一审宣判［EB/OL］.（2015-12-25）［2021-03-03］.http://news.cntv.cn/2015/12/25/ARTI1451013496769328.shtml.

[3]　安徽广播电视台副台长赵红梅涉嫌受贿被立案侦查［EB/OL］.（2015-02-10）［2021-03-03］.http://www.chinanews.com/fz/2015/02-10/7052629.shtml.

[4]　中国报业协会原秘书长罗会文被开除党籍和公职［EB/OL］.（2015-08-04）［2021-03-03］.http://www.ccdi.gov.cn/scdc/zyyj/djcf/201607/t20160704_116139.html.

[5]　湖南日报社党组书记、社长覃晓光接受组织调查［EB/OL］.（2015-12-02）［2021-03-03］.http://www.ccdi.gov.cn/scdc/sggb/zjsc/201607/t20160704_116888.html.

[6]　新疆日报社原党委书记赵新尉接受组织调查［EB/OL］.（2015-05-29）［2021-03-03］.http://www.ccdi.gov.cn/scdc/sggb/zjsc/201607/t20160704_116757.html.

在诸多问题，并对 49 人进行了追责，达到了 5 年来的最高纪录。❶

（一）新闻出版

1. 推动新闻出版产业发展

广电总局采取了一系列措施推动新闻出版产业发展。2014 年 12 月，广电总局印发《关于推动网络文学健康发展的指导意见》，要求网络文学把握正确导向，实施精品工程，健全编辑管理机制，建立完善作品管理制度，推动内容投送平台建设，开展网络文学评论引导。

2015 年 3 月，广电总局和财政部出台《关于推动传统出版和新兴出版融合发展的指导意见》，要求切实推动传统出版和新兴出版在内容、渠道、平台、经营、管理等方面深度融合，实现出版内容、技术应用、平台终端、人才队伍的共享融通，形成一体化的组织结构、传播体系和管理机制。力争用 3 ~ 5 年的时间，打造一批形态多样、手段先进、市场竞争力强的新型出版机构，建设若干家具有强大实力和传播力公信力影响力的新型出版传媒集团。

2. 规范新闻采编秩序

2015 年 1 月，网信办、工信部、公安部、广电总局联合启动"网络敲诈和有偿删帖"专项整治行动，并公布了十大典型案例，包括 2014 年备受关注的上海 21 世纪网涉敲诈勒索案，中央外宣办原副局长高剑云利用职务之便为某公司删除网上负面报道被立案调查等。❷ 中国互联网违法和不良信息举报中心专门开设了网络敲诈和有偿删帖举报专区。仅一个月，中国互联网违法和不良信息举报中心就接到网民举报"网络敲诈和有偿删帖"违法行为 2091 个。❸ 截至 2015 年 8 月，有近 300 家网站和超过 115 万个社交网络账号被官方关闭。❹

---

❶ 中纪委将严查影视业"潜规则"2014 年追责 49 人［EB/OL］.（2015-01-30）［2021-03-03］.http：//gd.people.com.cn/n/2015/0130/c123932-23737824.html.

❷ 国家网信办公布"网络敲诈和有偿删帖"十大典型案例［EB/OL］.（2015-01-26）［2021-03-03］.http：//www.cac.gov.cn/2015-01/26/c_1114134178.html.

❸ 公众踊跃举报"网络敲诈和有偿删帖"违法行为［EB/OL］.（2015-01-29）［2021-03-03］.http：//www.xinhuanet.com/politics/2015-02/28/c_1114472684.html.

❹ 中国关闭近 300 家违法违规网站［EB/OL］.（2015-08-25）［2021-03-03］.http：//www.chinanews.com/gn/2015/08-25/7488789.shtml.

虚假新闻、有偿新闻仍是治理的重点。2015年2月，广电总局向社会通报了《中国产经新闻》等4起涉及有偿新闻、受贿等典型案件的查办情况，《中国产经新闻》江西记者站原站长余某、《中国文化报》北京记者站原站长王某、新华通讯社原记者张某被列入不良从业行为记录，5年内或者终身禁止从事新闻采编工作。❶2015年9月，广电总局公开通报《扬子晚报》等15家媒体刊登虚假失实报道的查办情况，共有15家媒体和17名采编人员被处罚。❷

2015年度，全国"扫黄打非"办公室继续把打击假媒体、假记者站、假记者等新闻"三假"作为工作重点，并部署开展了"秋风2015"专项行动，清查各类非法报刊及其采编机构；1月和4月通报了多起制售非法报刊及假冒记者诈骗、敲诈勒索案件。

为规范新闻来源，2015年5月，网信办首次公布了380家可供网站转载新闻的新闻单位名单（俗称"白名单"），这些单位都属于《互联网新闻信息服务管理规定》中规定的一类和二类新闻单位，没有采访权的商业网站只能登载白名单中新闻单位发布的新闻信息。❸11月，网信办和广电总局为14家中央主要新闻网站的首批594名记者发放了新闻记者证。目前能够获得新闻记者证的新闻网站仅包括200多家具备独立编发自采新闻的国家一类新闻网站，不包括商业门户网站。❹

（二）广播影视

1. 互联网电视的管理

互联网电视的管理力度进一步加大。2015年5月，广电总局发布《关于当前阶段IPTV集成播控平台建设管理有关问题的通知》，要求中央电视台和各省电视台加强合作，尽快完成IPTV（交互式网络电视）播控平台完善建设和对接工作，加快

---

❶《中国产经新闻》等4起媒体违法违规典型案件被通报［EB/OL］.（2015-02-05）［2021-03-03］.http：//politics.people.com.cn/n/2015/0205/c70731-26514215.htm.

❷ 国家新闻出版广电总局公开通报15家媒体刊发虚假失实报道的查处情况［EB/OL］.（2015-09-28）［2021-03-03］.http：//www.xinhuanet.com/politics/2015/09/28/c_1116698187.htm.

❸ 国家网信办公布可供网站转载新闻的新闻单位名单［EB/OL］.（2015-05-05）［2021-03-03］.http：//www.cac.gov.cn/2015-05/05/c_1115179188.htm.

❹ 我国首批新闻网站记者证发放［EB/OL］.（2015-11-06）［2021-03-03］.http：//www.cac.gov.cn/2015-11/06/c_1117060853.htm.

完成全国统一的 IPTV 集成播控平台建设。2015 年 6 月，广电总局就《互联网等信息网络传播视听节目管理办法（修订征求意见稿）》公开征求意见，规定申请从事 IPTV、手机电视、互联网电视内容服务的，应当是经国务院新闻出版广电行政部门批准设立的地（市）级以上广播电视播出机构和中央新闻单位，还应当具备 2000 小时以上的节目内容储备量，同时应有 30 人以上的专业节目编审人员。

2015 年 7 月，广电总局对 7 家互联网电视集成播控平台牌照商的一些违规行为进行了内部通报，要求其自查自纠，并对整顿方案提出了 4 点具体要求：电视机和盒子不能通过 USB 端口安装应用；系统中不能存在可访问互联网的浏览器；不能通过应用商店等手段，推送聚合应用软件、视频网站客户端、电台应用软件等；不能通过应用商店等手段，推送可通过手机间接遥控播放视频的遥控器应用。

2015 年 9 月，广电总局联合最高院、最高检和公安部发布《关于依法严厉打击非法电视网络接收设备违法犯罪活动的通知》，对违反国家规定，从事生产、销售非法电视网络接收软件，以及为非法广播电视接收软件提供下载服务，单位非法经营数额在 50 万元以上或违法所得数额在 10 万元以上的，按照非法经营罪追究刑事责任。11 月，广电总局公布了首批 81 个非法视频软件，并予以屏蔽。

2. 广播电视管理

2015 年 1 月，广电总局"一剧两星"政策开始实施，对各家卫视影响巨大，加强了卫视收视率的马太效应。一线卫视凭借巨大财力和影响力可以获得不错的片子，而二三线卫视压力巨大，收视率一路下滑。这一政策也让视频网站获得收益，促使影视制片方更多地借助视频网站来扩大影响力。

2015 年 6 月，广电总局下发《关于进一步加强广播电视主持人和嘉宾使用管理的通知》，要求严格执行主持人上岗管理规定，新闻、评论和访谈类节目不得设置或变相设置辅助性主持岗位；广播电视节目要明确主持人和嘉宾的分工，主持人应承担节目的串联、引导、把控等功能，不得设置"嘉宾主持"，嘉宾不能行使主持人职能。

广电总局对一些电视剧采取的行政措施引起了社会争议。2015 年 1 月，广电总局责令《武媚娘传奇》删改女角穿着暴露的镜头。复播后，女角被剪胸，颈部以下不得入镜。❶2015 年 2 月，以同性恋为题材纪录片《彩虹伴我心》上网后被下架，网站称系据广电总局令。纪录片导演范某向广电总局申请公开删除《彩虹伴我心》的文件，广电总局回复此文件不存在。范某认为广电总局的答复与下架视频的我乐网（56 网）说法不符，将广电总局诉至法院。2015 年 12 月，北京市第一中级人民法院作出判决，指出广电总局以"总局办公厅综合处"名义作出答复的行为没有法律依据，属于程序轻微违法，确认该答复违法，但由于没有证据证明被诉政府信息存在，故而对原告请求确认被诉答复违法、撤销答复并判决被告重新答复不予支持。❷2015 年 5 月，山东省新闻出版广电局暂停电视剧《来势凶猛》的发行和播出。❸这些案件都引发了公众对影视剧审查标准的热议。

3. 电影管理

2015 年 9 月，国务院常务会议通过了《电影产业促进法（草案）》，2015 年 11 月，全国人大常委会进行了初次审议，并向社会公众征求意见。主要内容有：①降低从事电影摄影等业务的门槛，取消"电影摄制许可证（单片）"；简化电影剧本审查制度，取消一般题材电影剧本审查，只需将电影剧本梗概备案；下放电影设置审批、特殊题材电影剧本审批、电影公映审批、电影放映审批和举办涉外电影节（展）审批。②国务院电影主管部门应当制订完善电影审查的具体标准，标准应当向社会公开征求意见，并组织专家进行论证。③严惩票房造假行为，要求电影主管部门建立社会信用档案，并向社会公布。电影院必须安装符合国家标准的计算机售票系统，依法进行会计核算，如实统计销售收入。④与电影有关的知识产权受法律保护，执法部门要依法保护与电影有关的知识产权，查处侵犯知识产权行为。

广电总局加大了保护电影版权的力度。2015 年 9 月，广电总局电影局发布《关于加强数字水印技术运用严格影片版权保护工作的通知》，要求各电影后期制作单位在承接影片数字拷贝加工和密钥制作时，应告知委托方须启动数字水印功能，以

---

❶ 《武媚娘传奇》因少儿不宜挨剪　依法责成修改［EB/OL］.（2015-01-22）［2021-03-03］. http://sc.people.com.cn/n/2015/0122/c345489-23650054.html.

❷ 范坡坡与中华人民共和国国家新闻出版广电总局信息公开案，北京市第一中级人民法院，案号：（2015）一中行初字第 2142 号。

❸ 关于电视剧《来势凶猛》的情况通告［EB/OL］.（2015-05-21）［2021-03-03］.http:// gd.shandong.gov.cn/articles/ch02458/201505/5D114D46-BA74-40D4-A41A-42349E8D17F3.shtml.

确保影片放映时带有相关信息。2015年10月，广电总局电影局发布《关于严厉打击在影院盗录影片等侵权违法行为的通知》，重申加强和完善电影技术检测手段，利用数字电影水印技术追踪盗录影院及盗录时间，依法追究盗录者及非法传播者的法律责任。

三、互联网治理

据中国互联网络信息中心（CNNIC）发布的第36次《中国互联网络发展状况统计报告》，截至2015年6月底，我国网民规模达6.68亿，互联网普及率为48.8%，其中手机网民规模达5.94亿。微博和微信用户数量分别达2.04亿和5.49亿。❶据网信办2015年8月的统计，全国共有546家网络社会组织。❷随着"互联网+"的发展，各行各业都在探索与互联网进行深度融合，互联网治理面临的挑战进一步加大。

2015年8月，国务院办公厅印发《三网融合推广方案》，提出六项工作目标：一是将广电、电信业务双向进入扩大到全国范围，并实质性开展工作；二是网络承载和技术创新能力进一步提升；三是融合业务和网络产业加快发展；四是科学有效的监管体制机制基本建立；五是安全保障能力显著提高；六是信息消费快速增长。

网信办也出台了一系列规范性文件以加强互联网监管。2015年2月，网信办发布《互联网用户账号名称管理规定》，要求互联网信息服务提供者落实安全管理责任，切实推行网络实名制。同月，公安部、网信办、工信部等六部门联合发布《互联网危险物品信息发布管理规定》，禁止个人在互联网上发布危险物品信息。危险物品从业单位从事互联网信息服务的，应当向电信主管部门申请经营许可或者办理备案手续，并到公安机关接受网站安全检查。2015年4月，网信办发布《互联网新闻信息服务单位约谈工作规定》，国家和地方网信办对于互联网新闻信息服务单位出现严重违法违规情形的，可对其主要负责人进行约谈，并规定了约谈的程序和责

---

❶ 中国互联网络信息中心（CNNIC）.第36次《中国互联网络发展状况统计报告》[EB/OL].（2015-07-23）[2021-03-03].http：//www.cac.gov.cn/2015-07/23/c_1116018727.htm.
❷ 国家网信办统计：全国现有546家网络社会组织[EB/OL]（2015-08-27）[2021-03-03].http：//www.cac.gov.cn/2015-08/27/c_1116395525.htm.

任。2015 年 7 月，某服装品牌不雅视频事件出现后，网信办对新浪、腾讯负责人进行了约谈。❶

2015 年 12 月，网信办和浙江省政府主办第二届世界互联网大会，以"互联互通，共享共治——构建网络空间命运共同体"为主题，习近平主席提出推进全球互联网治理体系变革，应该坚持尊重网络主权、维护和平安全、促进开放合作、构建良好秩序四项基本原则，并提出五点主张：一是加快全球网络基础设施建设，促进互联互通；二是打造网上文化交流共享平台，促进交流互鉴；三是推动网络经济创新发展，促进共同繁荣；四是保障网络安全，促进有序发展；五是构建互联网治理体系，促进公平正义。

（一）打击违法网络信息

2015 年 3 月，全国"扫黄打非"办公室启动"净网 2015"专项行动，此次行动以查办大案要案为抓手，严厉查处顶风制作、传播淫秽色情信息的网站、视频网站、搜索网站等，集中整治微博、微信、微视、微电影等"微领域"传播有害及淫秽色情信息行为，整治利用弹窗、搜索引擎、云存储、移动智能终端及电视盒子等从事"色情营销"、传播淫秽色情信息行为❷，公布了三批案件，网易、百度、陌陌等网站因传播淫秽色情信息被查处。

2015 年 4 月，全国"扫黄打非"办公室开展了"'扫黄打非·护苗 2015'专项行动"，集中整治中小学校园周边出版物市场，专项治理含有妨害少年儿童身心健康内容的互联网视频、游戏、小说、动漫等。同月，文化部发布《关于加强网络游戏宣传推广活动监管的通知》，要求严查违规营销的网络游戏企业，明确第一责任，联合打击违规广告推广联盟；建立健全违规宣传推广企业"黑名单"制度，及时向社会公布企业违规信息；根据宣传推广违规次数、违规情节等情况，对网络游戏企业实施分类监管；对屡教不改、屡教屡犯的企业，依法加大处罚力度。2015 年 9 月，

---

❶　国家网信办就"试衣间不雅视频"约谈新浪腾讯负责人［EB/OL］.（2015-07-15）［2021-03-03］.http：//www.cac.gov.cn/2015-07/15/c_1115936596.htm.

❷　全国深入开展"净网 2015"专项行动［EB/OL］.（2015-04-01）［2021-03-03］.https：//www.chinaxwcb.com/info/28478.

浙江首例微信传播淫秽物品案宣判。阮某及该微信群群主张某因上传淫秽视频构成传播淫秽物品罪，各被判处拘役一个半月。❶2015 年 11 月，浙江云和县法院判处了一起利用微信传播淫秽视频案，微信群主谢某因未尽到监管职责与传播淫秽视频的成员构成传播淫秽物品罪的共犯，被判处拘役 6 个月，缓刑 1 年。❷

2015 年 12 月，北京市第二中级人民法院对浦某煽动民族仇恨、寻衅滋事案作出一审判决，认为浦某多次发布多条微博，挑拨民族关系，扰乱社会公共秩序，构成煽动民族仇恨罪和寻衅滋事罪，两罪并罚，决定执行有期徒刑 3 年，缓刑 3 年。❸

（二）互联网不正当竞争案件呈现新特点

互联网不正当竞争案件日益增多，不正当竞争手段层出不穷，新型不正当竞争案件主要涉及搜索引擎、安全软件、浏览器，难以归入传统不正当竞争法，因此，司法实务中只能运用《反不正当竞争法》第二条的原则性条款和相关基础理论来加以规制。司法保护主要遵循权利保护的比例原则和利益平衡原则。

第一，涉浏览器的不正当竞争案件增多。2015 年 1 月，北京市第二中级人民法院就搜狗诉奇虎 360 公司不正当竞争案作出一审判决，认定 360 安全卫士阻碍搜狗浏览器正常安装，并阻止用户将搜狗浏览器设为默认浏览器的行为构成不正当竞争，判决奇虎 360 赔偿搜狗 510 万元。❹2015 年 9 月，北京市海淀区人民法院就爱奇艺公司诉优视公司和动景公司不正当竞争案，判令二被告停止涉案广告快进、在线视频下载行为，赔偿原告经济损失 100 万元及合理费用。法院认为，爱奇艺网站主要的经营模式是向用户提供"广告 + 免费视频"播放服务，该经营模式具有正当性、合法性。尽管广告快进未完全排除视频广告被呈现的机会，但仍然是二被告通过 UC 浏览器改变爱奇艺网站对视频广告所做的专门设置的行为，破坏了爱奇艺

❶ 浙江首例微信群传播淫秽物品案宣判［EB/OL］.（2015-09-15）［2021-03-03］.http：//politics.people.com.cn/n/2015/0915/c70731-27588535.html.

❷ 张某、谢某犯传播淫秽物品罪，云和县人民法院，案号：（2015）丽云刑初字第 189 号。

❸ 浦志强案一审宣判 处有期徒刑三年缓刑三年［EB/OL］.（2015-12-22）［2021-03-03］.http：//news.cnr.cn/native/gd/20151222/t20151222_520878411.shtml.

❹ 明确互联网领域商业诋毁法律责任［EB/OL］.（2015-01-27）［2021-03-03］.http：//www.xinhuanet.com/politics/2015-01/27/c_127423819.htm.

公司的重要经营模式，构成对爱奇艺公司不正当竞争。同时，法院认为 UC 浏览器提供小窗口播放行为不构成对爱奇艺公司的不正当竞争，因为用户需要借助一些第三方工具来访问视频网站并获取相关服务，视频网站应当适度容忍第三方工具在不改变其服务内容和模式的情况下，所做的有益于用户体验的改进。❶ 本案在考察行为"正当性"的过程中，除了考虑经营者本身的商业利益，较之以往更加重视用户的利益和需求，判定视频网站在维持本身经营模式的前提下，应当一定程度地容忍小窗口播放这种切实体现对用户利益的关注和保护的行为。本案被认为是全国首例浏览器针对视频网站的广告快进、小窗口播放等不正当竞争纠纷案。2015 年 11 月，搜狗诉奇虎 360 公司不正当竞争案在北京知识产权法院终审宣判，法院认定奇虎360 公司在作为浏览器软件提供服务时，权限应当同其他同类产品一致。奇虎 360公司向用户发布搜狗浏览器的不实信息的行为，违反了公认的商业道德，构成不正当竞争。❷

第二，各级法院不断探索新的裁判规则。2015 年 2 月，最高院驳回奇虎 360 公司对百度诉奇虎 360 插标案的再审申请，认可了北京高院提出的"非公益必要不干扰原则"，认为奇虎 360 公司未证明其插标行为具有合理性和必要性，而这种未经许可对他人服务进行干预的行为，会引起服务提供者的对立和冲突，不利于良好竞争秩序的建立。此外，还提出了"最小特权原则"，即安全软件由于在系统中拥有优先权限，应当审慎运用这种"特权"，对用户和其他服务提供者的干预行为，应以实现其功能所必须为前提。这是互联网领域首次确立安全软件应当遵循的行为原则。❸ 2015 年 10 月，北京市海淀区人民法院对百度诉搜狗输入法不正当竞争纠纷作出一审判决，判决搜狗输入法停止在百度搜索中直接以涉案下拉提示词的形式提供搜索候选及差别性对待的不正当竞争行为，搜狗公司消除影响并赔偿百度公司经济损失及合理支出共计 50 万元。法院首度提出了"避让原则"，要求搜狗"必须考

❶　全国首例浏览器对网站广告快进、小窗播放等不正当竞争案审结［EB/OL］.（2015-09-18）［2021-03-03］.https：//www.chinacourt.org/article/detail/2015/09/id/1709303.shtml.

❷　搜狗诉 360 恶意竞争案终审开庭 360 败诉［EB/OL］.（2015-11-18）［2021-03-03］.http：//tech.163.com/15/1118/17/B8NHNC59000915BF.html.

❸　北京奇虎科技有限公司与北京百度网讯科技有限公司、百度在线网络技术（北京）有限公司商标权权属纠纷一案，最高人民法院，案号：（2014）民申字第 873 号。

虑用户在先使用百度搜索的意愿，避免与百度服务混淆"。❶ 同月，上海市杨浦区人民法院就爱奇艺公司诉深圳聚网视科技有限公司就"VST全聚合"软件不正当竞争纠纷一案作出一审判决，判决被告赔偿原告经济损失30万元及合理费用6万元。❷ 这是我国法院首次认定视频聚合盗链行为构成不正当竞争。

四、信息公开

（一）信息公开范围和渠道不断扩展

2015年4月，国务院办公厅发布《2015年政府信息公开要点》，提出推进以下信息公开工作：行政权力清单、财政资金信息、公共资源配置信息、重大建设项目信息、公共服务信息、国有企业信息、环境保护信息、食品药品安全信息、推进社会组织、中介机构信息。同时，要统筹运用新闻发言人、政府网站、政府公报、政务微博微信发布信息，充分发挥广播电视、报刊、新闻网站、商业网站和政务服务中心的作用，扩大发布信息的受众面、影响力。特别要适应传播对象化分众化趋势及新兴媒体平等交流、互动传播的特点，更好地运用新技术、新手段，注重用户体验和信息需求，扩大政府信息传播范围，提高信息到达率。2015年12月，国务院办公厅发布第一次政府网站普查结果，截至2015年11月，各地区、各部门开设政府网站达84094个，总体合格率为90.8%，但一些基层网站存在空白栏目、栏目未更新的现象，还有一些网站的便捷性、实用性不高。❸

司法公开也在不断推进。2015年3月，最高院发布《中国法院的司法公开》（白皮书），介绍了审判流程公开、裁判文书公开、执行信息公开三大平台的建设情况。截至2014年年底，最高院审判流程信息公开平台共公布开庭公告429个，审判信息项目36276个，全国已有28个省、市、区的法院实现了在中国裁判文书网上传裁判

---

❶ 北京百度网讯科技有限公司与北京搜狗信息服务有限公司不正当竞争纠纷一案，北京市海淀区人民法院，案号：（2015）海民（知）初字第4135号。

❷ 北京爱奇艺科技有限公司与深圳聚网视科技有限公司其他不正当竞争纠纷一案，上海市杨浦区人民法院，案号：（2015）杨民三（知）初字第1号。

❸ 国务院办公厅关于第一次全国政府网站普查情况的通报［EB/OL］.（2015-12-15）［2021-03-03］.http://www.gov.cn/zhengce/content/2015-12/15/content_10421.htm.

文书，截至 2014 年年底，中国执行信息公开网累计公布未结案件 2149 万余件，被执行人信息 2789 万余条，提供执行案件信息查询 1930 万余人次，公布失信被执行人 894 906 人次；截至 2015 年 2 月底，中国裁判文书网中的裁判文书达 629 万余份。❶

"互联网 +"政务发展迅速，以微博和微信为代表的新媒体在信息公开中扮演着日益重要的角色。新浪发布的《2015 上半年新浪政务微博报告》显示，截至 2015 年 6 月，新浪认证政务微博 145016 万个。公安和新闻发布类微博的运营水平领先。"@公安部打四黑除四害""@江宁公安在线"和"@上海发布"位居百强榜前三位。前 10 名里公安微博有 5 个，新闻发布微博有 3 个。经济发展水平领先地区的政务微博整体竞争力仍然较强。在应对突发事件时，政务微博的最权威、最快"发声筒"地位已经确立，甚至在媒体之前"直击现场"，引导舆论走势，提高信息透明度。❷

同时，政务微信发展势头迅猛，据腾讯发布的《"互联网 +"微信政务民生白皮书》，我国的政务微信总量突破 4 万。其中，公安、医疗、党委政府办的政务微信总量规模位居前三。腾讯与广东、上海、河南、海南等多省市政府签订了协议，就"互联网 +"政务展开合作。❸

（二）政府信息公开诉讼发展

政府信息公开案件的数量增加。广东省高级人民法院公布的数据显示，2013 年广东全省法院受理一审政府信息公开类行政诉讼案件共 273 件，较之 2012 年增加了 73%；2014 年受理 379 件，较之 2013 年增加了 39%。❹2012 年、2013 年、2014 年及 2015 年 1—5 月，北京市第二中级人民法院审结政府信息公开类案件数量分别为 199 件、159 件、419 件及 182 件，案件绝对数量、占全部行政案件的比重均呈明显

---

❶　中国法院的司法公开（白皮书）［EB/OL］.（2015-03-01）［2021-03-03］.http：//www.court.gov.cn/upload/file/2015/03/11/10/08/20150311100812_86919.pdf.

❷　2015 年上半年人民日报·政务微博影响力报告［EB/OL］.（2015-08-28）［2021-03-03］.http：//politics.people.com.cn/n/2015/0828/c1001-27529843.html.

❸　2015 年腾讯研究院年会发布《"互联网 +"微信政务民生白皮书》报告［EB/OL］.（2018-02-01）［2021-03-03］.https：//cloud.tencent.com/developer/article/1034804.

❹　广东政府信息公开诉讼案申请人胜诉率仅一成二［EB/OL］.（2015-01-22）［2021-03-03］.https：//www.chinanews.com/fz/2015/01-22/6996431.shtml.

增长态势，已成为行政案件中占比最高的一类。❶ 同时，案件呈现涉及行政机关多样、当事人来源范围广、涉及领域相对集中等趋势，申请人申请不规范现象突出，行政机关在公开答复内容、程序、适用法律及证据留存等方面尚存在不足。

2015 年 7 月，北京高院就律师黄乐平诉农业部政府信息公开案作出二审判决，认为黄乐平申请公开"农业部未批准转基因粮食作物商业化种植的原因，是否拟在国内进行转基因粮食作物商业化种植，是否有具体计划及计划内容""保护本土农业和农民利益免受进口转基因农产品冲击已采取及拟采取的措施，有哪些数字可以说明"等内容，并非客观存在的信息，而属于对有关问题的咨询，不符合"政府信息"的特征要件，不属于政府信息公开范畴，故驳回原告诉讼请求。❷ 司法实务界也开始关注政府信息公开滥诉的问题，2015 年 3 月，南通市港闸区法院通报 8 起典型滥用获取政府信息权、滥用诉权的行政诉讼案件，裁定驳回原告陆某霞、陆某国分别针对南通市公安局、国土局、发改委、城建局、审计局 5 个行政机关的起诉。❸ 但如何界定滥诉、规制滥诉的法律依据何在，尚有待讨论。

五、著作权保护

（一）著作权行政监管力度加大

2015 年 4 月，国家版权局发布《关于规范网络转载版权秩序的通知》，明确规定了网络媒体转载不适用法定许可，界定了时事新闻受保护的范围，规定了互联网媒体转载时不得对作品内容进行实质性修改；对标题和内容做文字性修改和删减的，不得歪曲篡改标题和作品的原意。

2015 年 6 月，国家版权局联合网信办、工信部、公安部启动"剑网 2015"专项行动，严查网络音乐、云存储、应用 App、网络广告联盟、网络转载版权秩序 5

---

❶ 北京二中院通报政府信息公开行政诉讼案件情况［EB/OL］.（2015-05-22）［2021-03-03］.https：//www.chinacourt.org/article/detail/2015/05/id/1633837.shtml.

❷ 申请公开转基因信息遭拒　律师诉农业部终审败诉［EB/OL］.（2015-07-10）［2021-03-03］.http：//www.bjnews.com.cn/news/2015/07/10/370200.html.

❸ 江苏南通：8 起滥诉案件被裁定驳回起诉［EB/OL］.（2015-02-27）［2021-03-03］.http：//legal.people.com.cn/n/2015/0227/c188502-26608626.html.

个领域的侵权盗版行为。2015 年 7 月，国家版权局发布《关于责令网络音乐服务商停止未经授权传播音乐的通知》，要求各大网络音乐服务商在 3 个月的过渡期之内，自行删除未经授权的音乐作品。2015 年 10 月，国家版权局发布《关于规范网盘服务版权秩序的通知》，明确了网盘服务商在提供网盘服务时应当履行的义务和承担的责任。第一，要求网盘服务商加强对自身的管理，特别是在明知或应知用户违法上传、存储并分享侵权盗版作品的情况下，网盘服务商应当采取有效措施予以制止。第二，要求网盘服务商加强与权利人的合作，主要是向权利人明示发送通知、投诉的途径，及时处理权利人的通知、投诉，尽量减轻已有侵权行为的危害性。第三，要求网盘服务商加强对用户的管理，主要是配合版权部门保存用户的相关信息、协助开展版权执法监管工作，并通过列入黑名单、暂停或者终止服务等措施对实施侵权行为的网盘用户进行规范。

2015 年 9 月，为进一步完善版权行政保护制度，加大对侵权盗版行为的打击力度，国家版权局就《著作权行政处罚实施办法》的修订公开征求意见。2015 年 12 月，广电总局出台《关于大力推进我国音乐产业发展的若干意见》，提出推进优秀国产原创音乐作品出版，通过版权保护来促进音乐产业尤其是数字音乐的有序发展，打击未经许可传播音乐作品的侵权盗版行为。

（二）著作权司法保护实践的发展

新媒体在转载时引发的著作权纠纷增加。2015 年 9 月，北京市海淀区人民法院对北京青年报诉新浪网侵犯著作权案作出一审判决，判决新浪网立即删除涉案文章和配图，并赔偿北京青年报社的经济损失及诉讼合理支出。❶

网络音乐版权纠纷频发。2015 年 5 月，阿里音乐就酷狗音乐侵犯其独家版权歌曲向法院申请发出诉前禁令并获批准。法院认为，阿里音乐旗下公司提供的证据足以证明其对涉案的 260 首歌曲享有信息网络传播权。裁定酷狗音乐立即禁播涉案的

---

❶　北京青年报社与北京新浪互联信息服务有限公司著作权权属、侵权纠纷案，北京市海淀区人民法院，案号：（2015）海民（知）初字第 24132 号。

260首歌曲。❶

关于体育赛事转播画面和娱乐新闻是否属于受著作权保护的作品，一直颇有争议，一些法院对此进行了新的探索。2015年6月，北京市朝阳区人民法院就新浪公司诉天盈九州岛公司（凤凰网）转播中超赛事著作权侵权及不正当竞争案作出一审判决，认定凤凰网与乐视网以合作方式转播中超赛事的行为，侵犯了新浪公司对赛事画面作品享有的著作权，判决凤凰网停止侵权并赔偿新浪公司经济损失100万元。本案判决认同体育赛事转播画面属于著作权法意义上的作品，而并非传统意义上的受邻接权保护的录音录像制品。❷2015年11月，北京知识产权法院针对搜狐视频诉暴风科技公司侵犯其《搜狐视频娱乐播报》著作权纠纷一案作出终审判决，认定暴风网构成侵权，这是我国首个对娱乐新闻作品的判决。法院认定对在播放娱乐新闻影像、图片、画面特效的同时，配合旁白、字幕、音效制作而完成的作品，具有较高的独创性，属于用类似摄制电影的方法创作的作品。❸

三网融合环境下引发的著作权纠纷越来越多。2015年7月，深圳中院对未来电视公司诉乐视网公司侵犯信息网络传播权上诉案作出二审判决，认为未来电视公司未经许可，将涉案电影作品上传到其管理、控制的ICTV中国互联网站电视平台上，供网络用户点播，侵犯了原告对涉案电影作品所享有的信息网络传播权。❹本案的另一被告深圳雷柏公司在实行"三网融合"的试点地区向消费者销售电视机顶盒，并向公众提供ICTV互联网电视网络接入服务，但ICTV中国互联网站电视平台由被告未来的电视公司管理与控制，涉案电影作品亦由该被告上传到该平台上，雷柏公司未选择与改变所传输的作品，且在收到原告起诉状后已通知平台管理方审核与删除侵权影视作品，履行了与其自身能力相适应的注意义务，无须承担赔偿责

❶ 在线音乐版权之争加剧 酷狗反诉阿里音乐侵权［EB/OL］.（2015-07-07）［2021-03-03］.http：//www.cac.gov.cn/2015-06/17/c_1115643220.htm.

❷ 擅转中超联赛 凤凰被判侵权 新浪获赔50万［EB/OL］.（2015-06-30）［2021-03-03］.http：//bjgy.chinacourt.gov.cn/article/detail/2015/07/id/1658921.shtml.

❸ 天津金狐文化传播有限公司等著作权权属、侵权纠纷一案，北京知识产权法院，案号：（2015）京知民终字第1051号。

❹ 未来电视有限公司与乐视网信息技术（北京）股份有限公司侵害作品信息网络传播权纠纷一案，深圳市中级人民法院，案号：（2015）深中法知民终字第1269号。

任。❶2015 年 10 月，北京市海淀区人民法院对乐视诉小米和未来电视侵犯信息网络传播权案作出判决，判定二被告共同承担侵权赔偿责任。法院认为，互联网电视盒子的生产、销售商，在不具备主观恶意的情况下，一般不对互联网电视平台的侵权行为负责。但是，根据小米公司与未来公司签订的《合作协议》，小米公司与未来公司存在共享收益关系，则应当承担连带责任。❷

2015 年 12 月，北京高院就琼瑶诉于正等侵犯著作权案作出二审判决，在理由上修正了一审法院的认定，认为三被告与于正构成共同侵权而非帮助侵权，且应当适用酌定赔偿来确定赔偿数额而非侵权人的违法所得，判定维持一审法院判决，认定《宫锁连城》侵犯《梅花烙》的改编权和摄制权，判令被告方停止侵权，于正向琼瑶道歉，五被告方共赔偿原告 500 万元。法院认为，虚构题材不同于真实历史题材的作品，作者可以有较大创作空间，即便对于同类情节，不同作者创作的差异也会比较大。具体到本案中，不可否认，文学作品中难免有借鉴情形，但于正所使用的人物设置、人物关系等，超越了对琼瑶作品合理借鉴的边界，因此构成侵权。❸

六、人格权保护

（一）网络侵害人格权案件的新型案件不断涌现

网络侵害人格权新型案件不断涌现，司法实践也有新进展。

2015 年 1 月，北京市朝阳区人民法院就张某父母诉《京华时报》侵犯隐私权案作出一审判决，认为张某在涉嫌犯罪时系未成年人，被告在涉诉新闻报道中披露张某姓名，违反了《未成年人保护法》的规定，侵犯了张某的隐私权，应向原告赔礼道歉。❹2015 年 5 月，南京市中级人民法院就朱某诉百度公司侵犯隐私权案作出

---

❶　乐视公司诉未来公司、雷柏科技公司侵害作品信息网络传播权纠纷一案，深圳市龙岗区人民法院，案号：（2014）深龙法知民初字第 1157 号。

❷　乐视网信息技术（北京）股份有限公司与未来电视有限公司等侵害作品信息网络传播权纠纷一案，北京市海淀区人民法院，案号：（2015）海民（知）初字第 22232 号。

❸　余某与陈某著作权属、侵权纠纷案，北京市高级人民法院，案号：（2015）高民（知）终字第 1039 号。

❹　张某等与京华时报社隐私权纠纷案，北京市朝阳区人民法院，案号：（2014）朝民初字第 17121 号。

终审判决，撤销南京鼓楼法院的一审判决，认定百度公司的个性化推荐行为不构成侵犯朱某的隐私权，这是国内首个关于 cookie 技术应用与隐私权保护的案件。一审法院认为百度公司利用 cookie 技术收集朱某信息，并在朱某不知情和不愿意的情形下进行商业利用，没有尽到提醒和说明义务，侵犯了朱某的隐私权。二审法院则认为，百度公司收集、利用的并非可以识别用户个人身份的个人信息，且并未直接将该数据向第三方或向公众展示。cookie 技术以匿名信息来提供个性化推荐服务，网络服务提供者仅需做到明示告知即可。百度在《使用百度前必读》中已经予以说明并为用户提供了退出机制，在此情况下，朱某仍然使用百度搜索引擎服务，应视默认许可。该判决引起了较大争议，支持者认为"可识别信息"才受隐私权的保护，个性化服务和精准广告已经是互联网商业模式的常态，该案较好地平衡了大数据时代对数据流通和利用的需求及用户隐私权的保护；反对者则认为，可识别性仅仅要求相关信息能够单独或与其他可获取的信息相结合而定位特定的自然人，并不要求其中必须含有身份信息，网络服务提供商的告知必须符合显著性、易懂性、完整性的要求。❶2015 年 12 月，北京市第一中级人民法院就任某诉北京百度公司名誉权纠纷作出二审判决，驳回上诉，维持原判。原审法院认为，百度公司并未针对任某的个人信息在相关搜索词推荐服务中进行特定的人为干预。百度公司不存在使用言辞进行侮辱、诽谤，不存在对任某名誉侵权行为。"任某"这三个字在相关算法的收集与处理过程中就是一串字符组合，况且现代社会中自然人不享有对特定字符及组合的排他性独占使用的权利，因此并不构成对任某本人姓名权的侵犯。人格权或一般人格权保护的对象包括人格利益中未被类型化但应受法律保护的正当法益，其必须不能涵盖既有类型化权利，且具有利益的正当性及保护的必要性，三者必须同时具备。任某主张该利益受到一般人格权中所谓"被遗忘权"保护的诉讼主张，法院不予支持，故一审法院判决驳回原告的全部诉讼请求。❷

在网络名誉侵权案件中，有些法院会综合考虑言论发布背景和具体内容，微博

---

❶ 上诉人北京百度网讯科技有限公司与被上诉人朱某隐私权纠纷一案，南京市中级人民法院，案号：（2014）宁民终字第 5028 号。

❷ 任某与北京百度网讯科技有限公司名誉权纠纷案，北京市第一中级人民法院，案号：（2015）一中民终字第 09558 号。

言论相对随意、率性的特点，区分事实陈述与意见表达，区分意见争论和人格侮辱，当事人主观上是否有侵权恶意，公众人物人格权保护的适当克减和发言时较高的注意义务标准，言论给当事人造成损害的程度等因素，来确定行为人正当行使言论自由与侵犯他人名誉权之间的界限。2015 年 6 月，北京市海淀区人民法院就原告（反诉被告）方某与被告（反诉原告）崔某名誉权纠纷案一审判决，双方相互道歉，删除侵权微博，相互赔偿对方 45000 元。法院认为，崔某与方某二人的争议虽由"转基因"这一公共议题引发，但这并不意味着由公共议题引发的恶意人身攻击也可以受到保护。双方在转基因食品安全问题上产生意见分歧，并各自提出对对方观点的质疑，属于学术自由及对涉及公共利益议题的讨论范畴。但双方发布的部分微博（如"是个职业托儿""主持人僵尸"等）恶意贬低对方人格，明显超出了言论的合理限度和公众人物容忍义务的范围，因此构成侵权。崔某与方某二人均为公众人物，更应言行谨慎，注意避免在网络中的不当言论造成对他人名誉的损害。两人均不服并提出上诉，北京市第一中级人民法院维持一审判决。❶

2015 年 12 月，北京市海淀区人民法院对黄某、洪某诉郭某名誉权纠纷案作出一审判决，驳回了两原告的全部诉讼请求。法院认为，《细节》一文通过强调不同史料之间的差别甚至是细微差别，试图质疑甚至颠覆"狼牙山五壮士"的英雄形象，在一定范围和一定程度上伤害了社会公众的民族和历史情感，两原告作为作者和编辑，应当预见该文可能产生的评价，并负有较高的容忍义务。郭某发表的微博，批评了以《细节》一文为代表的历史虚无主义，既是出于维护"狼牙山五壮士"英雄形象的主观目的，也是对前述社会共识、民族情感的表达，郭某的言论并未超出批评的必要限度。❷

（二）专业媒体侵犯人格权案件

在专业媒体侵犯人格权案件中，根据主管部门制定的专业规范，媒体对于发表内容有审核义务。2015 年 6 月，上海市第一中级人民法院对奇虎 360 诉《每日经济新闻》侵害名誉权案作出终审判决，维持原判，被告应赔偿原告损失及合理维权费

---

❶　方某等名誉权纠纷案，北京市第一中级人民法院，案号：（2015）一中民终字第 07485 号。
❷　黄某等与郭某名誉权纠纷案，北京市海淀区人民法院，案号：（2014）海民初字第 13924 号。

用 150 万元，这是 21 世纪我国目前名誉权案件的最高判赔纪录。法院认为，被告刊发的涉案报道普遍存在尖锐苛刻，个别使用侮辱性语言的现象，显然已超出善意的公正评论范畴，对原告的商业信誉和产品声誉造成了不良影响。法院根据原告商标和公司的市场价值降低、原告的品牌和企业声誉受损、产品评价降低导致推广费用的损失等六项因素，综合确定了赔偿金额。❶

法院也支持媒体的客观报道和舆论监督行为。2015 年 10 月，上海市一中院对康师傅公司诉第一财经及记者胡某名誉侵权案作出一审判决，驳回原告 1.8 亿元损害赔偿的诉讼请求。❷

2015 年 11 月，北京市第三中级人民法院就世奢会诉新京报等媒体名誉侵权案作出二审判决。2014 年，原告诉称媒体发表虚假报道而构成侵权，并有一名证人出庭，自称是报道中的化名爆料人，向记者提供有关世奢会的许多负面事实都是虚假的。被告方辩称记者并非未采访这位证人，但为保护真的信息源，无法提供证人证言。一审判决称，在原告提供证人称自己就是系争报道中的化名爆料人的情况下，"被告仍然拒绝作出响应和反驳，让本院实难采信相关爆料人员言论的真实性"，遂判决媒体败诉。二审中，被告媒体征得信息源同意，向法庭提供了她接受采访的数小时录音和身份证明，经过公证的接受被告方律师调查的视频，以及其他相关证据。二审判决称，"因二审期间出现新证据导致原审判决结果不当，本院依法改判"，驳回原告的全部诉求。对此案的评论认为，匿名信息源依法作证，成为《新京报》等反败为胜的转捩点，虽然为秘密信息源保密是一项新闻伦理原则，但此原则与民事诉讼的举证责任存在冲突，新闻媒体没有不举证就胜诉的特权。❸

2015 年 12 月，北京市朝阳区人民法院对歌手汪某因名誉权起诉"内地第一狗仔"韩某（笔名"卓伟"）、新闻报社及新浪公司的两起名誉权诉讼作出一审判决，驳回了汪某的诉讼请求。法院认为，韩某使用"赌坛"一词并不意味着给予汪某法

---

❶ 成都每日经济新闻报社有限公司等诉北京奇虎科技有限公司等名誉权纠纷案，上海市第一中级人民法院，案号：（2014）沪一中民四（商）终字第 2186 号。

❷ 康师傅状告一财记者一审败诉　索赔一亿被驳回［EB/OL］.（2015-10-21）［2021-03-03］.http://finance.sina.com.cn/sf/news/2015-10-21/15157627.html.

❸ 新京报社与世奢会（北京）国际商业管理有限公司等名誉权纠纷案，北京市第三中级人民法院，案号：（2014）三中民终字第 6013 号。

律意义上的否定评价，使用"赌坛先锋"一词不构成对汪某的侮辱或诽谤。汪某作为公众人物，理应对社会评论承担更大的容忍义务。被告的评论虽有些尖锐，但并非无中生有，未超过损害汪某人格尊严的必要限度。❶

第二节　2015 年度中国传媒法事例及评析

一、网信办颁布《互联网用户账号名称管理规定》

◆ **事例简介**

中国网民规模位居世界第一，用户账号数量巨大，账号乱象日益突出，各种乱象污染网络生态，侵害公众利益，严重违背社会主义核心价值观，已成社会公害，社会各界反映强烈，广大网民深恶痛绝，整治账号乱象迫在眉睫。2015 年 2 月 4 日，网信办发布《互联网用户账号名称管理规定》，该规定从 2015 年 3 月 1 日起施行。该规定指出，互联网信息服务提供者应当按照"后台实名、前台自愿"的原则，要求互联网信息服务使用者通过真实身份信息认证后注册账号。账号名称、头像和简介等注册信息中不得出现违法和不良信息。该规定强调了互联网信息服务提供者的责任，要求他们配备与服务规模相适应的专业人员，对互联网用户提交的账号名称、头像和简介等注册信息进行审核，对含有违法和不良信息的，不予注册；保护用户信息及公民个人隐私，自觉接受社会监督，及时处理公众举报的账号名称、头像和简介等注册信息中的违法和不良信息。

◆ **简要评析**

《互联网用户账号名称管理规定》是网信办治理网络乱象、重构网络秩序和全面落实 2012 年《全国人大常委会关于加强网络信息保护的决定》的具体举措，对互联网服务提供商、互联网用户如何规范使用账号名称，提出了非常具体的要求，强

---

❶ 广电总局集中通报违法违规案件：打击害群之马不手软汪某与韩某名誉权纠纷案，北京市朝阳区人民法院，案号：（2015）朝民初字第 21870 号。

化了互联网服务提供商的责任。

二、《广告法》修订并实施

◆ 事例简介

广告业是现代服务业和文化产业的重要组成部分，对引导消费、扩大内需具有积极作用。2013年，我国广告经营额高达5600亿元，取得了举世瞩目的发展成就，为促进经济社会发展做出了巨大贡献。为了进一步规范广告经营行为，维护广告产业秩序，《广告法》于2015年4月24日由十二届全国人大常委会第十四次会议表决通过修订，自2015年9月1日起施行。

修订后的《广告法》有十大亮点。①充实和细化了新《广告法》内容准则。②明确虚假违法广告的定义和典型形态。③新增广告代言人的法律义务和责任的规定。④严格控制烟草广告的发布。⑤新增关于未成年人广告管理的规定。⑥新增关于互联网广告的规定。⑦加大大众传播媒介广告的监管力度。⑧增加公益广告，扩大广告法调整范围。⑨加强工商部门对广告市场监管的职责职权。⑩进一步提高法律责任的震慑力。

此次修改回应了新形势下广告行业发展的要求，将为加大监管力度，保护消费者权益做出重大贡献。

◆ 简要评析

新《广告法》是《广告法》自1995年实施以来的首次修订，其加大了对虚假广告的惩治力度，严格规范了媒体的广告发布行为，明确了对互联网广告的监管规则，对于新形势下规范广告市场秩序，加大广告监管执法力度，保护消费者合法权益有积极意义，对媒体经营也产生了深刻影响。

三、网信办出台新闻信息监管系列举措

◆ 事例简介

2015年，网信办出台一系列举措，加大对新闻信息的监管力度。具体体现在以

下三个方面。

第一，2015年4月28日，发布了《互联网新闻信息服务单位约谈工作规定》（以下称"约谈十条"）。"约谈十条"对约谈的行政主体、行政相对人、实施条件、方式、程序等作了明确规定。实施约谈的9种具体情形包括未及时处理公民、法人和其他组织关于互联网新闻信息服务的投诉、举报情节严重的；通过采编、发布、转载、删除新闻信息等谋取不正当利益的；违反互联网用户账号名称注册、使用、管理相关规定且情节严重的；未及时处置违法信息情节严重的；未及时落实监管措施情节严重的；内容管理和网络安全制度不健全、不落实的；网站日常考核中问题突出的；年检中问题突出的；其他违反相关法律法规规定需要约谈的情形。"约谈十条"于2015年6月1日起正式实施。

第二，2015年5月5日，网信办发布"可供网站转载新闻的新闻单位名单"，其中包括中央新闻网站26家、地方网站53家。按照相关法规，获得互联网新闻信息服务资质的网站，转载时政类新闻信息时，应当从这些新闻单位发布的信息中选择，并标明稿源，不得歪曲原新闻内容。

第三，2015年11月6日，举行首批新闻网站记者证发放仪式。首批实施范围是经批准且取得互联网新闻信息服务许可一类资质并符合条件的新闻网站，正式聘用的专职从事新闻采编工作一年以上的人员可申领。由于商业网站不具备新闻信息采编权，网信办暂不考虑给商业网站核发新闻记者证。

◆ 简要评析

约谈制度、白名单制度、直接对新闻网站核发记者证，是国家互联网信息主管部门与时俱进，探索互联网新闻信服务规范的举措，体现了新形势下监管制度的灵活性和适应性。

四、社会热议网络安全立法

◆ 事例简介

2015年7月6日，第十二届全国人大常委会第十五次会议审议并发布了《网络安全法（草案）》草案共七章六十八条，从保障网络产品和服务安全，保障网络运行安全，保障网络数据安全，保障网络信息安全等方面进行了具体的制度设计。草案将"维护网络空间主权和国家安全"作为立法宗旨。同时，按照安全与发展并重的原则，设专章对国家网络安全战略和重要领域网络安全规划、促进网络安全的支持措施作了规定。为保障关键信息基础设施安全，维护国家安全和保障民生，草案对关键信息基础设施的运行安全作了规定，实行重点保护。为保障网络信息依法有序自由流动，防止公民个人信息被窃取、泄露和非法使用，草案在全国人大常委会关于加强网络信息保护的决定的基础上，进一步完善了公民个人信息保护制度，以规范网络信息传播活动。

◆ 简要评析

网络安全法立法过程中的热议，反映了网络对整个国家和社会的重要意义和作用，也反映了我们对网络安全认识的深化。网络安全立法几乎关涉国家和社会生活的所有方面，同时也是各种价值和利益集中汇聚和冲突的领域。

五、世奢会诉《新京报》名誉侵权案终审改判

◆ 事例简介

2015 年 11 月 9 日，北京市第三中级人民法院对世奢会与新京报社、派博在线科技有限公司及刘某名誉权侵权责任纠纷一案作出二审判决。二审判决撤销一审判决，驳回世奢会的诉讼请求。

鉴于在审理过程中，被告不能举出消息来源的证据，2014 年 2 月 26 日，北京市朝阳区人民法院在一审判决中，认为被告《新京报》等媒体的相关报道违背了其作为媒体的核实义务，构成对一审原告世奢会名誉权的侵害。一审被告《新京报》不服并提出上诉。在二审过程中，作为重要证据的消息源出庭作证。

法院认为，新闻媒体没有歪曲事实、不实报道的主观故意或过失，且有合理可信赖的消息来作为依据，不应承担侵权责任。新闻媒体有正当进行舆论监督和新闻批评的权利。对自愿进入公众视野，借助媒体宣传在公众中获取知名度以影响社会意见的形成、社会成员的言行并以此获利的社会主体，一般公众对其来历、背景、幕后情况享有知情权，新闻媒体进行揭露式报道符合公众利益需要。争议文章经过

记者调查并采纳多方意见参与对世奢会现象的关注和讨论，是行使媒体舆论监督的行为。不可否认，文章整体基调是批评的，部分用语尖锐，但这正是批评性文章的特点，不应因此否认作者写作目的的正当性。通读文章并综合全案证据可以认定，争议文章对世奢会现象的调查和质疑具备事实依据，作者的写作目的和结论具有正当性，文章不构成对世奢会名誉权的侵害。

◆ 简要评析

该案例在 2015 年度再度入选是因为二审改判媒体胜诉的一系列重要原因引人注目。这些原因包括行政机关对媒体的批评对象向国家机关提交虚假证明作出了行政处罚；秘密信息源在二审中现身为媒体作证；媒体委托执业律师代理二审提高了应诉水准；二审法官对媒体符合公共利益的揭露性报道的正当性给予了明确肯定等。

六、《刑法修正案（九）》实施

◆ 事例简介

2015 年 11 月 1 日起，全国人大常委会通过了《刑法修正案（九）》，该修正案条例共 52 条，增加新罪名 20 个，修改原罪名 13 个，删除原罪名 1 个，取消 9 个罪名的死刑。其中涉及信息传播和媒体（包括网络）的有 14 个，主要有五个方面。一是关于制裁谣言和虚假信息方面，增加了诽谤罪第三款，设立"编造、故意传播虚假险情、疫情、灾情、警情罪"，取消了"战时造谣惑众罪"死刑规定。二是关于制裁恐怖主义言论方面，增加了"宣扬恐怖主义、极端主义、煽动实施恐怖活动罪""利用极端主义破坏法律实施罪""非法持有宣扬恐怖主义、极端主义物品罪"三个罪名。三是关于保障网络安全方面，增加了"拒不履行信息网络安全管理义务罪""非法利用信息网络罪""帮助信息网络犯罪活动罪"三个罪名，修改了一个罪名条文：《刑法》第二百八十八条第一款干扰无线电通讯秩序罪，降低了入罪起点。四是保护网络个人信息方面，将"出售、非法提供公民个人信息罪"和"非法获取公民个人信息罪合"并为一个罪名，罪名为"侵犯公民个人信息罪"，从特殊主体改为一般主体，特殊主体从重处罚，将最高量刑从三年提高至七年。五是维护司法秩序方面，增加了"泄露不应公开的案件信息罪""披露、报道不应公开的案件信息罪""虚假诉讼罪"三个罪名。

◆ 简要评析

《刑法修正案（九）》涉及信息传播和媒体（包括网络）的罪名共有 14 个，目的是更好地保护公民的合法权利、维护社会秩序和保护国家安全，给未来媒体报道和运行的环境也带来了多重影响。

七、范某诉广电总局政府信息公开案

◆ 事例简介

2015 年 12 月 22 日，北京第一中级人民法院对范某起诉广电总局一案作出一审判决，认定广电总局对于下架范某导演的同性恋题材纪录片《彩虹伴我心》的公开回复违法，同时驳回了范某的其他诉讼请求，广电总局支付诉讼费用 50 元。本案起因是范某导演的纪录片《彩虹伴我心》被各大网站下架之后，向广电总局提出信息公开申请，请求广电总局对于下架依据的信息予以公开。2015 年 3 月 2 日，申请人得到的回复为："经核查，您反映的我局下发文件要求删除及屏蔽纪录片《彩虹伴我心》的情况并不存在。"2015 年 9 月 8 日，范某向北京市第一中级人民法院提起行政诉讼，诉讼请求为：①确认被诉答复违法；②撤销被诉答复；③限期被告重新作出答复，向原告公开相关政府信息；④诉讼费由被告承担。

被告广电总局辩称，第一，经核实，原告申请公开的信息不存在，被告作出的信息公开答复合法有效。第二，广电总局办公厅综合处是被告负责政府信息公开的部门，其负责处理广电总局政府信息公开申请及政府信息公开答复等日常工作，以其名义对原告作出的答复具有法律效力。综上，请求法院判决驳回原告的诉讼请求。

2015 年 9 月 14 日，法院正式立案。法院最终判决为：

（1）确认被告广电总局于 2015 年 3 月 2 日针对原告范某的信息公开申请作出的答复违法；

（2）驳回原告范某的其他诉讼请求。

◆ 简要评析

该案既涉及电影审查的问题，又涉及信息公开的问题；既涉及行政审查的问题，又涉及行政诉讼的问题。虽然范坡坡并未获得实质上的胜诉，但节目的创作者能够依法提起诉讼，人民法院能够受理并作出判决，便是法治进步的体现。

八、21 世纪传媒公司系列犯罪案件一审判决作出

◆ 事例简介

2015 年 12 月 24 日，上海市浦东新区人民法院对 21 世纪系列犯罪案件作出一审宣判。以强迫交易罪对被告单位 21 世纪传媒公司判处罚金 948.5 万元，追缴违法所得 948.5 万元；对其余被告单位分别处罚金 3 万 ~ 5443 万元，追缴违法所得 3 万 ~ 5443 万元；对于时任该公司总裁的沈某认定其行为构成敲诈勒索罪、强迫交易罪、职务侵占罪，数罪并罚，判处沈某有期徒刑 4 年，并处罚金 6 万元，追缴违法所得；对系列案件的其余被告人分别处 1 年 6 个月至 10 年 6 个月不等的有期徒刑；对部分认罪悔罪、积极退赃、犯罪情节较轻的被告人宣告缓刑。

法院审理查明的一系列被告的犯罪事实包括与其统一掌控的相关媒体和广告、运营公司互相勾结，选择正处于拟上市、资产重组商业敏感期等情形的企业，利用企业对媒体登载负面报道的恐惧心理，采取有偿撤稿、删稿，不跟踪报道等"有偿不闻"的方法，以广告费、赞助费等名义向 9 家被害单位索取钱财共计 728 万余元；利用登载负面报道施加压力，或列举因未投放广告导致上市失败事例，或利用被害单位担心出现负面报道的恐惧心理，迫使 70 家被害单位签订广告合同，涉及金额 1897 万余元；明知处于上市、拟上市、资产重组等情形的企业被负面报道后，可能导致股价下跌、上市或收购受阻等严重后果，仍然凭借媒体的特殊地位，要挟企业以广告费等名义支付钱款。被告单位二十一世纪传媒公司与公关公司勾结，其行为违背了市场交易规则，破坏了市场交易秩序，侵害了经营者的合法权益，构成强迫交易罪。

◆ 简要评析

该案是一起典型的媒体利用自身"公器"地位侵害他人权益、谋取不法利益的犯罪，向整个社会敲响了警钟。在惩治新闻敲诈行为过程中，对构成相关犯罪行为的罪名、主体、客体、量刑方面，都有值得探讨之处。

九、方某和崔某互诉侵犯名誉权作出终审判决

◆ 事例简介

2015 年 12 月 25 日，北京市第一中级人民法院对"方某与崔某互诉侵犯名誉案"作出二审判决。判决驳回双方上诉，维持一审判决。

方某与崔某之间就转基因食品是否有害的问题，在微博上公开辩论，被舆论称为"方崔骂战"，导致双方互认为对方侵犯了自己的名誉权。2014 年 1 月，方某向北京市海淀区人民法院提起诉讼。案件审理过程中，崔某提起反诉，由法院合并审理。2015 年 6 月，北京市海淀区人民法院作出一审判决，认定方某、崔某均有部分微博构成侵权，判令双方各自删除几十条侵权微博，并通过媒体向对方道歉，互相赔偿对方精神损害抚慰金及诉讼合理支出，两人均被判赔偿对方 4.5 万元。

二审法院认为，崔某部分微博当中使用的"流氓肘子""人渣"等有明显人格侮辱性的言论已经脱离了基于公共利益进行质疑、驳斥不同观点的范畴，应认定构成侵权。同时，其使用的侮辱性词语，逾越了网络用语的合理边界，应当承担侵权责任。而对于方某的部分微博言论，二审法院认为，其虽主张该部分言论是为回应他人不当言论，但即便如此回击亦应当遵守法律规范，回击性言论是否构成侵权不能以对方言论的用语强度和主观恶性为"参照系"，因此该上诉理由不能作为方某不构成侵权的抗辩理由。同时，方某的部分微博使用了"诽谤成瘾""疯狗"等对崔某进行恶意侮辱的词语，言论本身偏离了质疑批评性言论的轨道，因此亦应认定构成侵权。因此，双方上诉认为所发微博不构成侵权的理由缺乏事实和法律依据。

◆ 简要评析

该案中的两方都是公众人物，由公共议题的讨论引起的关注度极高，二审法院维持了一审判决，为网络名誉权案件厘清了一些重要问题。例如，由公共议题引发的恶意人身攻击不受言论自由保护；公众人物人格权保护适当克减的原则及公众人物发言时较高的谨言慎行的注意义务；侮辱诽谤与公众监督、质疑批评的区别；微博上引述事实进行评论是否具有主观恶意的判定方式；确定行为人正当行使言论自由与侵犯他人名誉权之间的界限。

总结

2015 年度的中国传媒法事例涉及 1 个刑事案件、1 个规范性文件、2 个传媒监管、2 个名誉权案件、3 个立法，涉及互联网监管、广告监管、网络安全、媒体和记者的舆论监督权、信息和媒体犯罪、新闻敲诈、网络名誉权等问题。

第六章　2016 年度中国传媒法治发展

第一节　2016 年度中国传媒法治发展

一、有关传媒的指导方针和法律

2016 年 2 月，习近平总书记在党的新闻舆论工作座谈会上，强调党的新闻舆论工作要适应国内外形势发展，从党的工作全局出发把握定位，坚持党的领导，坚持正确政治方向，坚持以人民为中心的工作导向，尊重新闻传播规律，创新方法手段，切实提高党的新闻舆论传播力、引导力、影响力、公信力。

2016 年 4 月，习近平总书记在网络安全和信息化工作座谈会上的讲话中要求，领导干部要经常上网看看，对网民要多些包容和耐心，对网上的善意批评要吸取。营造风清气正的网络空间，维护网络安全是全社会共同的责任。

2016 年 10 月，习近平总书记在主持中共中央政治局第三十六次集体学习时强调，加快推进网络信息技术自主创新，加快数字经济对经济发展的推动，加快提高网络管理水平，加快增强网络空间安全防御能力，加快用网络信息技术推进社会治理，加快提升我国对网络空间的国际话语权和规则制定权，朝着建设网络强国目标不懈努力。

2016 年 11 月，习近平总书记在第十七个中国记者节发表讲话，对广大新闻记者提出了坚持正确政治方向、坚持正确舆论导向、坚持正确新闻志向和坚持正确工作取向四点希望。

同月，习近平总书记在第三届互联网大会上发表讲话，提出了推动网络空间实现平等尊重、创新发展、开放共享、安全有序的目标。

同月，《网络安全法》获得通过，其中规定了网络空间主权的原则，明确了网络产品和服务提供者、网络运营者的安全义务，建立了关键信息基础设施安全保护制度，确立了关键信息基础设施重要数据跨境传输的规则，规定了重大突发事件可采取"网络通信限制"的临时措施。在规定"网络实名制的"同时，完善了个人信息保护规则，增加了惩治网络诈骗等新型网络违法犯罪的规定，保障了用户知情权、数据控制权和自我决定权。其被认为是网络领域的一部基础性法律。

同月，自 1994 年就提上议事日程的《电影产业促进法》获得通过，成为我国文化产业领域的第一部法律。该法坚持放管结合，取消了电影制片单位审批、摄制电影片（单片）许可证审批等行政审批项目，下放了电影片审查等行政审批，简化了行政审批程序，进一步规范了电影审查标准的制定和公开程序；加强了对国产电影的扶持和保护，对资金投入、放映时长均作了规定；规范了电影市场秩序，要求电影从业人员加强自律，并对虚报瞒报票房收入行为设定了相应罚则。

二、新闻出版与广播影视监管

法治政府对新闻出版与广播影视监管要求不断提升。2016 年 5 月，中国广播电视网络有限公司获得工信部颁发的《基础电信业务经营许可证》，成为第四大电信运营商，这标志着缓慢推进的三网融合迈出了实质性的一步。为贯彻国务院的"双随机，一公开"制度（即随机抽取被检查对象、随机选派检查人员，抽查情况及查处结果及时向社会公开），2016 年 8 月，广电总局发布随机抽查事项清单，对互联网视听节目服务单位传播的视听节目内容是否符合规定、著作权行政处罚工作、已出版运营网络游戏抽查等 26 个事项进行了随机抽查。2016 年 12 月，修订后的《中华人民共和国无线电管理条例》施行，减少并规范了无线电行政审批，强化了事中事后监管，加大了对利用"伪基站"等开展电信诈骗等违法犯罪活动的惩戒力度。

媒体融合进一步推进。2016年7月，广电总局发布了《关于进一步加强广播电视媒体和新兴媒体融合发展的意见》，提出力争两年内，广播电视媒体与新兴媒体融合发展在局部区域取得突破性进展，建立几种基本模式。在"十三五"后期，融合发展取得全局性进展，建成多个形态多样、手段先进、具有竞争力的新型主流媒体，打造出数家拥有较强实力的新型媒体集团，基本形成布局合理、竞争有序、特色鲜明、形态多样并具有可持续发展能力的中国广播电视媒体融合新格局。

（一）新闻出版

1. 加强新闻出版许可管理和简政放权并行

2016年1月，广电总局颁布《新闻出版许可证管理办法》，要求许可证持证者应按照许可证所载明的业务范围和期限从事新闻出版活动。许可证不得伪造、涂改、冒用，或者以买卖、租借等任何形式转让。

2016年3月实施的《网络出版服务管理规定》，旨在统一网上和网下的出版服务市场准入和管理标准，加快出版业和新媒体的融合发展，界定了"网络出版物"的概念，调整了网络出版服务许可的准入条件。禁止外资参与网络出版。传统出版单位从事网络出版业务仅需较少条件；其他单位进入网络出版服务领域则需要满足更为严格的资质条件。遵循"谁登载、谁负责"及"网上、网下相一致"的原则，明确了网络出版服务单位的内容审核责任，加大了违法行为处罚力度。

2016年5月，广电总局和商务部联合发布《出版物市场管理规定》，废止了2011年发布的原规定，新增了"中小学教科书发行资质"的相关内容，降低了出版物批发单位门槛，取消了"出版物总发行"审批和"出版物连锁经营"审批，取消了出版物发行员职业资格，将全国性出版物展销、出版物批发、零售单位设立非法人分支机构由"审批"改为"备案"。

2016年6月，为规范"手游"，广电总局发布《关于移动游戏出版服务管理的通知》，明确移动游戏出版管理流程和一般网络游戏出版流程无异，均需先申报版号，然后才能上线收费运营。在国家简政放权政策背景下，该通知将移动网络游戏内容的初审时间、复审时间由30天、15天压缩为15天、5天。对于"申请出版不涉及政治、军事、民族、宗教等题材内容，且无故事情节或者情节简单的飞行类、棋牌类、解谜类、体育类、音乐舞蹈类等休闲益智国产移动游戏"的程序也进行了进一步简化。

2. 加强对新闻采编秩序的监管

2016 年 4 月，广电总局对《财经》杂志微信公众号、《新安晚报》等媒体发布虚假失实报道的查办情况进行了通报。❶2016 年 5 月，现代消费导报社副社长张某和现代消费网新闻部副主任、网络大 V 格某收集各地政府机关、企事业单位和个人的负面信息，以删除负面报道或不再跟踪报道为条件，敲诈勒索对方钱财，被湖南衡阳市雁峰区人民法院认定构成敲诈勒索罪。❷2016 年 10 月，证监会对每日经济新闻、李智传播关于注册制改革的虚假信息行为作出行政处罚，认定其构成"扰乱证券市场"，分别予以 20 万元罚款。❸

2016 年 11 月，广电总局就《新闻单位驻地方机构管理办法》修订稿公开征求意见，规定新闻单位在符合规定的各区域只得设立一个驻地方机构。新闻单位驻地方机构不得擅自设立分支机构，不得私自聘用工作人员。新闻单位不得向驻地方机构采编部门或者采编人员下达经营创收指标、摊派经营任务、收取管理费。支社和记者站不得从事与新闻采访无关的其他活动，不得从事出版物发行、广告、开办经济实体及其他经营活动。

（二）广播影视

2016 年 4 月，广电总局修改了《中外合作摄制电影片管理规定》《广播影视节（展）及节目交流活动管理规定》《广播电影电视行业统计管理规定》《广播电视安全播出管理规定》《电视剧内容管理规定》五项规章，对涉及电影合拍的行政审批进行了清理，规范了《电视剧内容管理规定》对有国外人员参与国产电视剧的归口

---

❶ 15 家媒体因发布虚假失实报道被查办［EB/OL］.（2016-04-23）［2021-03-03］.http：//www.chinanews.com/gn/2016/04-23/7845324.shtml.

❷ 网络大 V 格祺伟一审获刑 6 年　多次敲诈政府和官员［EB/OL］.（2016-05-16）［2021-03-03］.https：//www.chinacourt.org/article/detail/2016/05/id/1863796.shtml.

❸ 中国证监会行政处罚决定书［EB/OL］.（2016-10-12）［2021-03-03］.http：//www.csrc.gov.cn/pub/zjhpublic/G00306212/201610/t20161014_304601.htm.

管理。

1. 网络视听节目的监管力度进一步加大

广电总局对网络剧的内容审查更加严格，线上线下标准渐趋统一。因涉及血腥暴力、色情粗俗、封建迷信等内容，《太子妃升职记》等多部热门网络剧在播出后被下架整改。

2016 年 4 月，广电总局出台《专网及定向传播视听节目服务管理规定》，取代了 2004 年的《互联网等信息网络传播视听节目管理办法》（以下简称《办法》）。这是对此前监管政策的一次全面梳理、整合和升级，进一步加强了许可准入和内容管控，成为今后 IPTV、OTT、专网手机电视行业发展的导向性文件。《办法》规定，主管部门按照业务类别、服务内容、传输网络、覆盖范围等分类向提供专网及定向传播视听节目服务的单位核发"信息网络传播视听节目许可证"。专网及定向传播服务分为内容牌照方、集成播控牌照方、基础网络运营方三类，且必须是国有独资或国有控股单位。对于民营的新媒体企业而言，只有通过与有牌照的传统媒体合作，才能合法生存。

2016 年 11 月，广电总局发布《关于加强微博、微信等网络社交平台传播视听节目管理的通知》，要求利用微博、微信等各类社交应用提供互联网视听服务的网络平台，应当取得"信息网络传播视听节目许可证"（AVSP）等法律法规规定的相关资质，利用微博、微信等各类网络社交平台传播的电影、电视剧，相关影视剧应当持有"电影片公映许可证"或"电视剧发行许可证"；利用微博、微信等各类网络社交平台传播的视听节目内容应当符合互联网视听节目管理的相关规定，微博、微信等网络社交平台不得转发网民上传的自制行政类视听新闻节目。

2. 广播电视管理

第一，加强对电视节目导向和内容的监管。

2016 年 3 月，由中国广播电视协会电视制片委员会和中国电视剧制作产业协会共同发布的《电视剧内容制作通则》实施，具体规定了电视剧中不能出现的内容，如宣扬封建迷信，违背科学精神的；渲染恐怖暴力，展示丑恶行为，甚至可能诱发犯罪的；渲染淫秽色情和庸俗低级趣味的；危害社会公德，对未成年人造成不良影响的。

2016 年 7 月，广电总局发布《关于进一步加强社会类、娱乐类新闻节目管理的通知》，要求这两类节目贯彻正确舆论导向，坚持以团结稳定、正面宣传为主，以社会主义核心价值观为引领，加强议程设置和舆论引导。广播电视社会类新闻不得实行制播分离，社会制作机构不得制作社会类新闻。娱乐类新闻制播分离要严格把关、规范管理。

第二，加强对电视节目制作具体环节和人员的监管。广电总局也进一步加强了对电视节目的选题、类型、时间、数量、从业人员等各方面、各环节的监管。

2016 年 2 月，广电总局办公厅发出《关于进一步规范电视剧及相关广告播出管理的通知》，强调不得在电视剧播出中插入广告及栏目节目的宣传广告，严格规范电视剧宣传行为，在宣传前期、中期、后期都不得违反《电视剧内容管理规定》，电视剧应明确标明发证机关、发行许可证号、电视剧制作许可证号。

2016 年 4 月，广电总局办公厅下发《关于进一步完善规范电视剧拍摄制作备案公示管理工作的通知》，规定电视剧拍摄制作备案公示阶段不再受理剧名变更申请，申报电视剧拍摄制作备案公示剧目的剧情梗概，须对思想内涵作出概括说明。同月，广电总局发出《关于进一步加强电视上星综合频道节目管理的通知》，从节目数量、节目内容、播出时间等方面对真人秀节目进行调控，严格控制未成年人参加节目。因此，一些地方卫视对节目进行了调整，《爸爸去哪儿了》《爸爸回来了》等明星亲子真人秀不再制作和播出。

2016 年 6 月，广电总局发布《关于大力推动广播电视节目自主创新工作的通知》，对引进模式和数量作出了限制，各电视上星综合频道每年在 19：30—22：30 开播的引进境外版权模式节目，不得超过两档。每个电视上星综合频道每年新播出的引进境外版权模式节目不得超过 1 档，第一年不得在 19：30—22：30 播出。同时，大力鼓励原创，"920"时段将作为推动自主创新的重要基地。

2016 年 8 月，广电总局印发《关于进一步加强医疗养生类节目和医药广告播出管理的通知》，要求医疗养生类节目只能由电台、电视台策划制作，不得由社会公司制作。未经备案的节目不得播出。该类节目聘请医学、营养专家等作为嘉宾的，该嘉宾必须具备国家认定的相应执业资质和相应专业副高以上职称，并在节目中据实提示。节目主持人须取得播音员主持人执业资质，持证上岗。

2016 年 9 月，针对一些电视台单纯以明星论价、拍摄制作成本结构不合理的问题，广电总局发布《关于进一步加强电视剧购播工作管理的通知》，要求各级广播电视播出机构不得在电视剧购播工作中指定明星演员，不得以明星演员为议价标准，在电视剧宣传中不得对明星进行过度炒作。

三、互联网治理

随着网络直播、人工智能等新技术、新应用的发展，互联网治理体系更加立体，政府、行业组织、企业之间的各方共治机制逐渐建立。互联网监管部门以"重基本规范、重基础管理，强化属地管理责任、强化网站主体责任"为抓手，密集出台了一系列规范。

2016 年 7 月，网信办发布《关于进一步加强管理制止虚假新闻的通知》，严禁盲目追求时效、未经核实将社交工具等网络平台上的内容直接作为新闻报道。网信办对新浪、搜狐、网易、凤凰等网站在提供互联网新闻信息服务中存在的大量自行采编的新闻信息的违法违规行为提出了批评，责令其限期整改。

2016 年 8 月，网信办发布《移动互联网应用程序信息服务管理规定》，规定移动互联网应用程序提供者应严格落实信息安全管理责任，实行实名制管理。对发布违法违规信息的，视情况采取警示、限制功能、暂停更新、关闭账号等处置措施，并对收集、使用用户个人信息的基本原则作了规定。

2016 年 9 月，网信办、民政部联合发布《关于加强网信领域社会组织建设的通知》，要求民政部门在审核社会组织直接登记申请时，凡涉及网络安全和信息化领域的，应征求同级网信部门意见，加强名称审核、业务范围界定。对直接登记范围之外的网信领域的社会组织，继续实行民政部门和业务主管单位双重负责的管理办法，将同级网信部门作为业务主管单位或征求其意见。

还有一批规章和规范性文件公开征求意见：2016 年 1 月，《互联网信息内容管理行政执法程序规定（修订征求意见稿）》发布，对互联网信息内容管理部门依法行政，实施行政处罚、完善行政程序提供了制度保障。同月，《互联网新闻信息服务管理规定（修订征求意见稿）》发布，将各类新媒体纳入管理范畴，新媒体发布时政类新闻也须要取得许可，并提高了申请互联网新闻信息服务许可的标准，强调总编辑负责和加强用户个人信息的保护。2016年3月，工信部发布《互联网域名管理办法（修订征求意见稿）》，对域名注册、域名解析服务机构的职责，以及域名持有者的行为等做出了明确的规定。针对该文稿中"不得为境外域名注册服务机构管理的域名提供境内网络接入服务"条款引发的争议，工信部予以解释，在境内接入的网站应使用境内注册的域名，不涉及在境外接入的网站，不影响用户访问相关网络，不影响外国企业在华正常开展业务。为给营造未成年人健康网络环境及保护青少年网络权益，2016年10月，网信办发布《未成年人网络保护条例（征求意见稿）》，对学校、家庭、政府、社会等各方在预防和干预未成年人网络成瘾方面提出了具体责任和要求，鼓励研发推广未成年人上网保护软件。

与此同时，网络平台的主体责任不断强化。2016年8月，网信办召开专题座谈会，就网站履行网上信息管理主体责任提出了八项要求。从事互联网新闻信息服务的网站要建立总编辑负责制，总编辑要对新闻信息内容的导向和创作、生产、传播活动负总责，完善总编辑及核心内容管理人员任职、管理、考核与退出机制；发布信息应当导向正确、事实准确、来源规范、合法合规；提升信息内容安全技术保障能力，建立新闻发稿审核系统，加强对网络直播、弹幕等新产品、新应用、新功能上线的安全评估。

（一）针对专门领域的互联网监管不断强化

1. 互联网广告

针对互联网广告违法率较高，隐蔽性较强的问题，相关部门采取了一系列监管措施。2016年5月，魏某事件引发了全社会关于百度搜索引擎竞价排名是否广告的大讨论，网信办等部门派调查组进驻百度，并开展网址导航网站专项治理。[1]2016年6月，网信办发布《互联网信息搜索服务管理规定》，引入了"付费搜索信息服务"和"商业广告信息服务"两个概念，要求互联网信息搜索服务提供者醒目区分

---

❶　第二季度全国网信系统行政执法工作扎实推进［EB/OL］.（2016-07-22）［2021-03-03］. http：//www.cac.gov.cn/2016-07/22/c_1119277067.htm.

自然搜索结果与付费搜索信息。2016 年 7 月，国家工商总局发布《互联网广告管理暂行办法》，明确"推销商品或服务的付费搜索广告"属于互联网广告，互联网广告必须有"可识别性"，包括自然人在内的自媒体也被视为广告发布者，在自己的微博、朋友圈里发布违法广告也将承担相应的法律责任，并对互联网广告联盟的三方责任作了规定。

2. 互联网直播

互联网直播发展迅猛，但部分直播平台传播色情、暴力、谣言、诈骗等信息，违规开展新闻信息直播，相关部门采取了一系列监管措施。2016 年 4 月，文化部查处斗鱼、熊猫 TV 等多家网络直播平台，网络直播平台共同发布《北京网络直播行业自律公约》，对主播提出实名认证要求，要求网络直播视频保存不低于 15 天，不满 18 周岁不得担任主播。❶2016 年 6 月，北京网络文化协会确定了北京市第一批网络直播自律公约违规主播名单，9 家直播平台的 40 名主播因涉黄被永久封禁。❷2016 年 7 月，公安部开展网络直播平台专项整治工作，打击利用网络直播平台实施的各类违法犯罪活动。❸

为规范网络直播等各类实时传播音像的活动，有关管理部门频频出台规范性文件。

2016 年 7 月，文化部发布《关于加强网络表演管理工作的通知》，督促网络表演经营单位和表演者落实责任，违法违规表演者将被列入黑名单或警示名单。2016 年 9 月，广电总局发布《关于加强网络视听节目直播服务管理有关问题的通知》，要求直播平台必须持有"信息网络传播视听节目许可证"，未取得许可证的机构和个人不能从事直播业务。还对直播节目内容，相关弹幕发布，直播活动中涉及的主持人、嘉宾、直播对象等提出了具体要求。2016 年 11 月，网信办发布《互联网直播管理规定》，重申了对互联网直播新闻信息服务的资质监管，要求互联网直播服

❶ 文化部查处斗鱼、熊猫 TV 等 19 家违规网络直播平台［EB/OL］.（2016-04-14）［2021-03-03］.http：//culture.people.com.cn/n1/2016/0414/c87423-28276357.html.

❷ 40 名涉黄网络主播遭永久封禁，涉及 9 家直播平台［EB/OL］.（2016-06-02）［2021-03-03］.http：//ah.people.com.cn/n2/2016/0602/c358314-28440509.html.

❸ 公安部部署开展"网络直播平台"专项整治［EB/OL］.（2016-07-27）［2021-03-03］.https：//www.guancha.cn/Industry/2016_07_27_369119.shtml.

务提供者提供互联网新闻信息服务的，应当依法取得互联网新闻信息服务资质，并在许可范围内开展互联网新闻信息服务。开展互联网新闻信息服务的互联网直播发布者，应当依法取得互联网新闻信息服务资质并在许可范围内提供服务，要求建立直播内容审核平台，对直播内容加注播报平台标识信息，对评论、弹幕等互动环节加强实时管理，并具备"及时阻断"的直播技术能力。2016 年 12 月，文化部发布《网络表演经营活动管理办法》，指出网络表演是指以现场进行的文艺表演活动等为主要内容，通过互联网、移动通信网、移动互联网等信息网络，实时传播或者以音视频形式上传而形成的互联网文化产品，并把网络游戏直播纳入监管范围。经营者应取得"网络文化经营许可证"，健全审核制度，做到直播实时监管、录播先审后播。

（二）互联网违法信息监管力度加大

2016 年 1 月，快播公司及王某等人传播淫秽物品牟利案公开庭审直播，涉及网络信息服务提供者的网络安全管理义务、取证规范、网络民意对司法的影响等问题，社会关注度极高。2016 年 9 月，北京市海淀区人民法院经再次开庭作出一审宣判，认定快播公司及王某等 4 名高管均构成传播淫秽物品牟利罪，对该公司处 1000 万元罚金，对王某等 4 名被告人判处 3 年到 3 年 6 个月不等的有期徒刑。❶

全国"扫黄打非"办公室继续开展"净网 2016""护苗 2016"和"秋风 2016"等专项行动。2016 年 5 月，全国"扫黄打非"办公室开展打击利用云盘传播淫秽色情信息专项整治行动，公布了一批典型案例，迅雷、新浪、百度等企业受到行政处罚，一些网盘被关闭整顿。❷

对网络大 V 的整治力度也不断加大。2016 年 2 月，因持续发布违法信息，网信办责令新浪、腾讯等有关网站关闭一批大 V 的微博，并重申"七条底线"。❸2016

---

❶　快播公司及王某等人传播淫秽物品牟利案，北京市海淀区人民法院，案号：（2015）海刑初字第 512 号。

❷　全国"扫黄打非"办公室开展云盘涉黄集中整治行动　公布 6 起相关案件［EB/OL］.（2016—03—02）［2021—03—03］.http：//www.cac.gov.cn/2016—03/02/c_1118214941.htm.

❸　国家网信办责令新浪、腾讯等网站关闭任志强微博账号［EB/OL］.（2016—02—29）［2021—03—03］.http：//www.ce.cn/cysc/tech/gd2012/201602/29/t20160229_9175658.shtml.

年6月，网信办开展跟帖评论专项整治，集中清理跟帖评论中违反"九不准"，触犯"七条底线"的违法违规有害信息，加大执法监管力度。❶

（三）规制互联网不正当竞争

互联网产业不正当竞争纠纷增多。据北京市海淀区人民法院2016年5月发布调研报告，2010—2016年，该院审理不正当竞争纠纷案件占全国同类案件总数1/10以上，其中涉网案件占2/3，而且绝对数和占比都逐年上升。❷1993年出台的《反不正当竞争法》已经落后于实践。2016年11月，《反不正当竞争法（修订草案送审稿）》公开征求意见，新增了规制网络不正当竞争行为的规定，将互联网领域干扰、限制、影响其他经营者的行为纳入了规制范围。

2016年4月，北京市海淀区人民法院在微梦创科公司诉北京淘友天下公司、淘友天下发展公司不正当竞争案中，认定二被告非法抓取、使用新浪微博用户信息等行为构成不正当竞争，判令二被告停止不正当竞争行为，赔偿原告经济损失200万元。❸

2016年5月，上海知识产权法院对爱奇艺诉聚网视公司不正当竞争案作出二审判决，首次认定视频聚合盗链构成不正当竞争，认为聚网视公司通过"VST全聚合软件"，绕开爱奇艺公司广告直接播放视频，不仅会减少爱奇艺公司的广告点击量，影响其广告收入，也会使爱奇艺公司的用户流失，妨碍其合法经营活动。❹同月，上海市浦东新区人民法院就大众点评网诉百度不正当竞争案作出一审判决，认定百度大量、全文使用涉案点评信息，实质替代大众点评网向用户提供信息，虽然搜索引擎抓取涉案信息未违反Robots协议，但这并不意味着百度公司可以任意使用搜索引擎抓取

---

❶　网信办整治跟帖乱象 不得违反七条底线［EB/OL］.（2016-06-23）［2021-03-03］.http：//www.xinhuanet.com/zgjx/2016-06/23/c_135459215.htm.

❷　北京市海淀区人民法院关于网络不正当竞争纠纷案件的调研报告［EB/OL］.（2016-08-25）［2021-03-03］.https：//weibo.com/ttarticle/p/show?id=2309404007289454494149&sudaref=www.baidu.com&display=0&retcode=6102.

❸　北京微梦创科网络技术有限公司诉北京淘友天下技术有限公司不正当竞争纠纷案，北京市海淀区人民法院，案号：（2015）海民（知）初字第12602号。

❹　爱奇艺诉聚网视公司不正当竞争案，上海知识产权法院，案号：（2015）沪知民终字第728号。

的信息，百度公司违反了公认的商业道德和诚实信用原则，构成不正当竞争。❶

2016 年 8 月，北京知识产权法院就百度和搜狗不正当竞争纠纷案作出二审判决。案情为当用户在搜狗手机浏览器中选定百度搜索引擎，且顶部栏左侧一直显示百度图标的情况下，显示的却是搜狗设置的垂直结果和搜索推荐词。百度以搜狗冒用"百度及图"商标和劫持流量提出起诉请求，经法院两审，认定搜狗的行为违反了《反不正当竞争法》第五条第一项"假冒他人注册商标"，但未造成流量劫持，判决搜狗消除影响并赔偿百度 20 万元。❷

2016 年 10 月，北京知识产权法院就腾讯公司诉暴风公司不正当竞争案作出二审判决，认定暴风公司的"极轻模式"不跳转至视频来源网站而在本网站页面播放视频的行为构成不正当竞争。法院认为，在保护互联网创新发展的同时，互联网经营者诚实信用经营所获得的合法权益应当受到保护，应以不损害其他互联网经营者的合法权益为限。❸

四、信息公开

（一）政务公开有新举措

政府在"互联网＋政务"、政务信息资源共享、政务公开等领域有了新举措。

继 2015 年提出"互联网＋"之后，2016 年 3 月《政府工作报告》中提出大力推行"互联网＋政务服务"，实现部门间数据共享。2016 年 9 月，国务院发布《关于加快推进"互联网＋政务服务"工作的指导意见》，要求优化再造政务服务，融合升级政务服务平台渠道，夯实政务服务支撑基础。该意见指出 2017 年底前，各省（区、市）人民政府，国务院有关部门建成一体化网上政务服务平台，全面公开政务服务事项，政务服务标准化、网络化水平显著提升；2020 年底前，建成覆盖全国的整体联动、部门协同、省级统筹、一网办理的"互联网＋政务服务"体系，大

---

❶ 大众点评网诉百度不正当竞争案，上海市浦东新区人民法院，案号：（2015）浦民三（知）初字第 528 号。

❷ 百度和搜狗不正当竞争纠纷案，北京知识产权法院，案号：（2015）京知民终字第 2200 号。

❸ 腾讯诉暴风公司不正当竞争，北京知识产权法院，案号：（2015）京知民初字第 2203 号。

幅提升政务服务智慧化水平。

2016 年 8 月，国务院办公厅发布《关于在政务公开工作中进一步做好政务舆情回应的通知》，明确政务舆情回应责任，需要重点回应的政务舆情的标准、作出政务舆情回应的时效，涉及特别重大、重大突发事件，最迟应在 24 小时内举行新闻发布会，其他政务舆情应在 48 小时内予以回应，回应内容应实事求是、言之有据、有的放矢。相关部门负责人或新闻发言人应当出席新闻发布会或吹风会，对出面回应的政府工作人员，要给予一定的自主空间，宽容失误，并要求建立政务舆情回应激励约束机制。

2016 年 9 月，国务院发布《政务信息资源共享管理暂行办法》，确认以共享为原则，不共享为例外。政务信息资源按共享类型分为无条件共享、有条件共享、不予共享三种类型。政务信息资源将通过全国共享平台体系来实现。

2016 年 11 月，国务院办公厅印发《〈关于全面推进政务公开工作的意见〉实施细则》，要求进一步推进决策、执行、管理、服务、结果公开，加强政策解读、回应社会关切、公开平台建设等工作，持续推动简政放权、放管结合、优化服务改革。

（二）司法公开进一步深化

2016 年 8 月，最高院发布修订后的《最高人民法院在互联网公布裁判文书的规定》，进一步扩大了应当公开的裁判文书范围，要求一审文书在二审文书生效后全面公开，明确规定了裁判文书不公开的情形，对于不在网上公开的文书应当公开说明理由。2016 年 11 月，最高院周强院长在向全国人大常委会做报告时指出，截至 2016 年 10 月 16 日，中国裁判文书网公开裁判文书超过 2180 万篇，访问量突破 31 亿人次，成为全球最大的裁判文书网。2016 年 9 月开通了中国庭审公开网，截至 2016 年 10 月 16 日，地方各级法院通过互联网直播庭审案件 43.2 万件，点击观看量 11.3 亿人次；自 2016 年 7 月 1 日起，最高院的所有公开开庭的案件庭审活动都通过互联网进行直播，截至 2016 年 10 月 16 日，共直播庭审 143 次，点击观看量 6.3 亿人次。❶

---

❶ 最高人民法院关于深化司法公开、促进司法公正情况的报告［EB/OL］.（2016-11-05）
［2021-03-03］.http：//rmfyb.chinacourt.org/paper/html/2016-11/09/content_118252.htm?div=-1.

五、知识产权保护

（一）知识产权的行政保护力度加大

2016 年 2 月，全国"扫黄打非"办公室会同教育部、工商总局等部门联合下发《关于开展部分重点城市高校及其周边复印店专项治理行动的通知》，要求对高校及其周边复印店的盗版复印活动予以严厉打击。国家版权局先后公布了 7 批重点影视作品预警名单，要求相关网站应对版权保护预警名单内的重点作品采取及时删除侵权内容等保护措施。2016 年 6 月，国家版权局联合网信办、工信部、公安部启动"剑网 2016"专项行动，突出整治未经授权非法传播网络文学、新闻、影视等作品的侵权盗版行为；重点查处通过智能移动终端第三方应用程序（App）、电子商务平台、网络广告联盟、私人影院（小影吧）等平台进行侵权盗版的行为。❶ 监管部门在 2016 年 4 月开展的专项治理网盘行动掀起了网盘关停潮，迅雷、新浪、金山等网盘纷纷停止个人用户存储业务。2016 年 11 月，国家版权局发布《关于加强网络文学作品版权管理的通知》，第一次规定了提供搜索引擎、浏览器等服务的网络服务商，不得通过定向搜索或者链接，以及编辑、聚合等方式传播未经权利人许可的文学作品。同时，建立了上传审核制度，对以文学作品或者作者命名的贴吧、论坛等提供服务的网络服务商，应当责成吧主、版主等确认用户提供的文学作品系权利人本人提供，或者已经取得权利人许可，建立版权监管的"黑白名单制度"。

（二）知识产权司法保护的实践发展

为指引司法实践，2016 年 4 月，北京高院发布《关于涉及网络知识产权案件的审理指南》，在网络著作权部分，规定了著作权人和网络服务提供者举证证明责任的分配、网络服务提供者行为性质的认定、分工合作的判定方式、侵权要件与免责要件的适用关系、网页快照的合理使用、网络实时转播行为的标准，对网络不正当

---

❶　版权领域：新数据呈现新进展［EB/OL］.（2016-12-22）［2021-03-03］.http：//www.ncac.gov.cn/chinacopyright/contents/518/311367.html.

竞争的基本判定规则、公认的商业道德等进行了规定。

知识产权领域新类型案件不断涌现，给司法机关带来了新的挑战。

2015年12月，深圳中院对金某诉江苏卫视"非诚勿扰"节目名称侵犯其商标权的案件作出终审判决，确认了综艺节目《非诚勿扰》的节目名称侵犯了金某的商标专用权，判令江苏卫视和珍爱网立即停止使用以"非诚勿扰"为名称的节目播放、广告宣传和后续服务等行为。《非诚勿扰》节目因此改名为《缘来非诚勿扰》。该案引发各界对于电视节目名称与他人在注册的商标权的冲突问题的广泛热议。同月，广东省高级人民法院再审撤销了二审判决，驳回金某的全部诉讼请求，法院认为非诚勿扰电视节目和金某的涉案注册商标不构成相同服务或类似服务，相关公众能够对服务来源作出清晰区分，不构成商标侵权。❶

2016年5月，上海知识产权法院对全国首例电竞游戏赛事直播著作权侵权及不正当竞争案作出二审判决，法院维持一审判决，认为电子竞技游戏中的比赛画面不属于著作权法规定的作品，不受著作权法保护，但斗鱼公司损害耀宇公司商业机会和竞争优势，构成不正当竞争，判令斗鱼公司须赔偿耀宇公司经济损失100万元和维权的合理开支10万元。❷

影视作品改编权与保护作品完整权的冲突也日益突出。小说《鬼吹灯》的作者张某认为电影《九层妖塔》侵犯自己的著作权，将导演陆川和制片人中影公司诉至法院，2016年6月，北京市西城区人民法院作出一审判决，认定被告侵犯了原告的保护作品完整权，并对电影改编权和保护作品完整权的界限作出界定，认为保护作品完整权的控制范围、具体边界应该结合使用作品的权限、方式、原著发表的情况、被诉作品的具体类型作具体分析。❸

---

❶ 江苏省广播电视总台、深圳市珍爱网信息技术有限公司与金阿欢侵害商标权纠纷，广东省高级人民法院，案号：（2016）粤民再447号。

❷ 广州斗鱼网络科技有限公司与上海耀宇文化传媒股份有限公司著作权权属、侵权纠纷案，上海知识产权法院，案号：（2015）沪知民终字第641号。

❸ 张某与乐视影业有限公司等著作权权属、侵权纠纷案，北京市西城区人民法院，案号：（2016）京0102民初83号；二审法院推翻了一审判决，认定中影公司、梦想者公司、乐视公司将小说《鬼吹灯之精绝古城》改编成电影《九层妖塔》的行为，侵犯了张某对该小说的署名权和保护作品完整权，判令停止传播涉案电影，向张牧野公开赔礼道歉、消除影响，并赔偿张某精神损害抚慰金5万元，案号：（2016）京73第587号。

此外，学界和实务界关于聚合类视频平台的深层链接行为是否应认定为侵权的争议愈演愈烈。2016 年 11 月，因手机客户端"快看影视"通过深度链接播放《宫锁连城》电视剧，该剧信息网络传播权拥有人腾讯公司将"快看影视"运营方北京易联伟达公司诉至法院。一审中，北京市海淀区人民法院采用"实质性替代标准"，认为易联伟达公司不仅提供了深度定向链接，还进行了选择、编排、整理等工作，扩大了作品的域名渠道、可接触用户群体等网络传播范围，分流了相关获得合法授权视频网站的流量和收益，客观上发挥了在聚合平台上向用户"提供"视频内容的作用，产生了实质性替代效果，属于盗链行为，判决易联伟达公司赔偿腾讯公司经济损失（包括合理支出）3.5 万元。❶ 二审中，北京知识产权法院撤销一审判决，改判驳回腾讯诉求，认为信息网络传播行为的认定标准是服务器标准，而不是实质性替代标准或用户感知标准。任何上传行为均需以作品的存储为前提，未被存储的作品不可能在网络中传播，而该存储介质即所谓"服务器"，因此，服务器标准作为信息网络传播行为的认定标准最具合理性。深层链接行为不会使用户获得作品，故不构成信息网络传播行为，可依据共同侵权规则、反不正当竞争法及有关技术措施相关规则的适用，使权利人获得救济。❷ 此判决未能平息争议。批评意见认为，"服务器标准"已不适应网络传播技术发展。内容聚合或加框链接能够让网络服务商获得与直接提供作品几乎一模一样的传播利益，也能够让用户获得与直接访问内容提供网站几乎一样的体验，应该将"实质替代行为"视为直接的作品传播行为，要求设链者承担直接侵权责任。❸

六、人格权保护

（一）网络侵犯名誉权案件数量大增

网络侵犯名誉权案件数量不断增加。据统计，北京市第三中级人民法院近三年共

---

❶　北京易联伟达科技有限公司与深圳市腾讯计算机系统有限公司侵害作品信息网络传播权纠纷案，北京海淀区人民法院，案号：（2015）海民（知）初字第 40920 号。

❷　北京易联伟达科技有限公司与深圳市腾讯计算机系统有限公司侵害作品信息网络传播权纠纷案，北京知识产权法院，案号：（2016）京 73 民终 143 号。

❸　崔国斌. 得形忘意的服务器标准［J］. 知识产权，2016（8）.

审结涉新媒体的名誉权侵权案件 116 件，其中，六成以上均为网络侵权案件。❶2016年 1—11 月，仅北京市朝阳区人民法院民一庭受理的网络名誉权侵权案件量至少比上年总数增长 3 倍，且针对同一类侵权行为起诉多个被告的"串案"增多。❷

2016 年 4 月，北京市海淀区人民法院就网易雷火公司诉《中国经营报》和新浪公司发布"网易考拉海购"的报道售假侵犯名誉权案件进行开庭审理。2016 年11 月，海淀区人民法院判决认定《中国经营报》与新浪公司构成共同侵权。❸

在"公众人物"起诉名誉权案件中，其名誉权是否应予以限制未达成共识。因央视主持人王某在新浪微博发表针对四川绵阳人民医院"走廊医生"事件的言论，"走廊医生"兰某将王某及微梦创科网络技术有限公司诉至法院。2016 年 8 月，北京市海淀区人民法院一审认定兰某属于公众人物，王某的一些言论属于意见表达，是公正评论，系对公共事件及公众人物的正当批评监督，作为公众人物的兰某在该公共事件中人格权应该受到适当限制，驳回兰某诉求。❹而 2015 年 12 月北京市朝阳区人民法院一审判决汪某诉韩某侵害名誉权案也是以汪某属于公众人物和韩某的言论属于公正评论驳回汪某的诉求。❺汪某根据最高院 2014 年发布的指导案例以韩某也是公众人物，其应当对自己的言论负有更高注意义务等由提起上诉。2016 年 5 月，北京市第三中级人民法院二审判决以韩某的言论属于针对事实发表评论为由维持原判，未再使用"公众人物"术语。❻

《侵权责任法》第 36 条就网络侵权纠纷中服务者的责任作出规定后，2014 年，司法解释予以具体化。在吴某诉歌手吴某飞、新浪微博名誉侵权案中，吴某诉称，吴某飞在新浪微博上无故发布恶毒辱骂吴某天及吴某天母亲的微博内容，短短几小时转发量就超过 2000 条。且其向管理员举报后，相关微博并未直接删除，导致其侵害后果被

---

❶ 北京市三中院：超六成名誉侵权案件源自网络［EB/OL］.（2016-08-08）［2021-03-03］. http://legal.people.com.cn/n1/2016/0805/c42510-28612948.html.

❷ 黄洁.网络名誉权案件激增背后［N］.法制日报，2016-11-13.

❸ 杭州网易雷火科技有限公司与北京新浪互联信息服务有限公司名誉纠纷案，北京市海淀区人民法院，案号:（2016）京 0108 民初 5515 号。

❹ 兰某与北京微梦创科网络技术有限公司、王某名誉权纠纷案，北京市海淀区人民法院，案号:（2015）海民初字第 16638 号。

❺ 汪某诉韩某侵害名誉权案，北京市朝阳区人民法院，案号:（2015）朝民初字第 21870 号。

❻ 汪某诉韩某侵害名誉权案，北京市第三中级人民法院，案号:（2016）京 03 民终 2764 号。

扩大。北京市朝阳区人民法院判决吴某飞侵权成立，且新浪微博在采取删除措施上存在不足，导致损害扩大，在一定范围内与吴某飞承担连带责任。❶

（二）名誉侵权指向性的认定成为实务热点问题

在侵权方未明确指名道姓的情况下，如何判断原告是否为侵权行为指向的对象？法院通常会结合一般公众的认知标准来进行具体认定。邓某以夏某、雷某、郑某利用新浪微博账号发布"有关邓某出轨"的话题，侵害其名誉权为由诉至法院，2016年3月，北京市朝阳区人民法院就"邓某出轨门"名誉侵权案作出一审判决，认为被告发布的"跑男出轨"内容虽未直接提及邓某姓名，但"跑男"系以邓某为首的综艺节目《奔跑吧，兄弟》的简称，其指向已特定化；被告作为新浪微博博主，粉丝数量众多，引发了大量网民的讨论，造成了"邓某出轨"话题在网络上被广泛阅读和讨论，形成了对邓某个人品行的贬损，认定3名微博博主侵权行为成立，判决向邓某道歉并分别赔偿精神损害抚慰金共计10万元。❷

因网易网站某栏目中发布有关H姓台湾地区男明星横店"招嫖"的文章，网络用户焦某某用网名"函数公"在新浪微博账号中对此进行节选后进行了转发传播，并指明该明星为霍某，霍某将微梦创科公司、网易公司、焦某某告上法庭。2016年9月，北京市海淀区人民法院作出一审判决，认定网易公司与焦某某构成共同侵权。网易公司的涉诉文字足以让一般合理人将霍某与之直接或高度对应，从而理解该指向性传播就是指称霍某。❸

（三）个人信息保护形势依然严峻

个人信息立法保护的综合体系正在建立和完善中。除《网络安全法》第四章对个人信息安全作了概括规定外，2016年10月，提交全国人大常委会审议的《中华

---

❶　吴某与北京微梦创科网络技术有限公司名誉权纠纷案，北京市朝阳区人民法院，案号：（2014）朝民初字第07644号。

❷　邓某与夏某等名誉权纠纷案，北京市朝阳区人民法院，案号：（2015）朝民初字第35366号。

❸　霍某、北京微梦创科网络技术有限公司等名誉权纠纷案，北京市海淀区人民法院，案号：（2017）京0108民初28538号。

人民共和国民法总则》二审稿在"民事权利"一章中也有关于个人信息保护的内容。2016 年 11 月，《中华人民共和国消费者权益保护法实施条例（送审稿）》规定了经营者收集、使用消费者个人信息的合法、必要、知情同意等原则，规定消费者享有删除、修改权，经营者应当建立健全信息保密和管理制度，未经消费者明确同意或者请求，经营者不得向消费者的固定电话、移动电话等通信设备，电脑等电子终端或者电子邮箱、网络硬盘等电子信息空间发送商业性电子信息或者拨打商业性推销电话。

尽管如此，但个人信息保护形势依然严峻。2016 年 8 月，应届录取大学生徐某遭到诈骗悲愤病亡，据报道，先后发生了三起同类案件，引发社会对电信诈骗的热议。经公安侦查，查获杜某等人利用技术手段攻击了"山东省 2016 高考网上报名信息系统"并向网站植入木马病毒，获取了网站后台登录权限，盗取了大量考生报名信息，并冒充教育、财政部门工作人员开展诈骗犯罪活动。[1] 2016 年 9 月，公安部、中国人民银行等六部门共同发布了《防范和打击电信网络诈骗犯罪的通告》，要求电信企业在年内实现电话实名率 100%，在规定时间内未完成真实身份信息登记的，一律予以停机。电信企业在为新入网用户办理真实身份信息登记手续时，要通过采取二代身份证识别设备、联网核验等措施验证用户身份信息，并现场拍摄和留存用户照片。此外，自 2016 年 12 月 1 日起，个人通过银行自助柜员机向非同名账户转账的，资金 24 小时后到账。

在连续数年开展打击侵犯个人信息犯罪专项行动的基础上，2016 年 4 月起，公安部再次部署全国公安机关开展为期半年的打击整治网络侵犯公民个人信息犯罪专项行动。截至 2016 年 7 月，全国累计查破刑事案件 750 余起，抓获犯罪嫌疑人 1900 余名，缴获信息 230 余亿条，清理违法有害信息 35.2 万余条，关停网站、栏目 610 余个，取得明显成效。[2]

2016 年 12 月，最高院、最高检和公安部联合发布《关于办理电信网络诈骗等

---

[1] 陈文辉等 7 人诈骗、侵犯公民个人信息案［EB/OL］.（2019-11-19）［2021-03-03］. https：//www.chinacourt.org/article/detail/2019/11/id/4644078.shtml.

[2] 公安机关打击整治网络侵犯公民个人信息犯罪［EB/OL］.（2016-07-21）［2021-03-03］. http：//www.gov.cn/xinwen/2016-07/21/content_5093319.htm.

刑事案件适用法律若干问题的意见》，对网络诈骗犯罪的量刑标准作了细化规定。

第二节　2016 年度中国传媒法事例及评析

一、全国人大常委会通过《网络安全法》

◆ 事例简介

2016 年 11 月 7 日，全国人大常委会三审通过《网络安全法》，该法于 2017 年 6 月 1 日起施行。

《网络安全法》共有 7 章 79 条，内容上有 6 方面突出亮点：第一，明确了网络空间主权的原则；第二，明确了网络产品和服务提供者的安全义务；第三，明确了网络运营者的安全义务；第四，进一步完善了个人信息保护规则；第五，建立了关键信息基础设施安全保护制度；第六，确立了关键信息基础设施重要数据跨境传输的规则。

我国有 7 亿多网民。在网络空间里，因缺乏法规和秩序而引发的问题层出不穷。没有网络安全就没有国家安全；没有网络安全，网民的合法权益也难以得到保障。网络空间的清朗，必须用法律来保障。《网络安全法》正是为公众普遍关注的一系列网络安全问题，构建了基本的制度框架。建立完善的网络安全保护制度，明确政府企业和个体各方的权利和义务，只会给网络世界里的违法犯罪行为增加限制，让广大网民的合法权益获得更好保护。

◆ 简要评析

没有网络安全就没有国家安全。《网络安全法》是互联网领域的最高院律，对于完善网络安全立法，切实有效地保障网络安全，维护国家利益和社会公共利益、促进政治、经济与社会发展意义重大。

二、国家工商行政管理总局发布《互联网广告管理暂行办法》

◆ 事例简介

2016 年 7 月 8 日，国家工商行政管理总局正式发布《互联网广告管理暂行办法》。该办法于 2016 年 9 月 1 日起施行，主要内容包括：①互联网广告应当具有可识别性，显著标明"广告"，使消费者能够辨明其为广告；②禁止利用互联网发布处方药和烟草的广告；③不得以欺骗方式诱使用户点击广告内容；④未经允许，不得在用户发送的电子邮件中附加广告或者广告链接；⑤互联网广告主应当对广告内容的真实性负责；⑥付费搜索广告应当与自然搜索结果明显区分；⑦利用互联网发布、发送广告，不得影响用户正常使用网络；⑧媒介方平台经营者、广告信息交换平台经营者及媒介方平台成员，对其明知或者应知的违法广告，应当采取删除、屏蔽、断开链接等技术措施和管理措施，予以制止；⑨医疗、药品、特殊医学用途配方食品、医疗器械、农药、兽药、保健食品广告等法律、行政法规规定须经广告审查机关进行审查的特殊商品或者服务的广告，未经审查，不得发布等。

◆ 简要评析

网络环境下，广告有着诸多不同于传统广告的表现和方式。明确区分广告与非广告内容和信息，依法界定网络广告各相关方的责任，对于维护市场秩序、保护消费者权益乃至对全社会公共利益都非常重要。本规定有利于规范网络广告行为，指导和帮助全社会更好地认识和辨析网络广告行为。

三、全国人大常委会通过《电影产业促进法》

◆ 事例简介

2016 年 11 月 7 日，全国人大常委会三审通过《电影产业促进法》。该法自 2017 年 3 月 1 日起生效，内容包括总则、电影创作与摄制、电影发行与放映、电影产业支持与保障、法律责任及附则六章内容，共计 60 条。该法有以下亮点：①取消"电影拍摄许可证"；②未取得公映许可证，不准以任何形式放映，包括参加境内外电影节；③公开电影审查标准和程序，规定了 5 名专家审查制度和再评审制度；④明确"偷漏瞒报票房"的惩戒措施，最高惩罚上限为罚款 50 万元；⑤允许外资、外企进入影视行业，但只能采取"合作"拍摄的方式；⑥电影产业正式纳入国民经济和社会发展规划。

围绕加快转变政府职能、简政放权，法律降低了电影行业的准入门槛，调动全社会参与热情，激发市场活力；法律还通过加大财政、税收、金融、用地等方面的扶持力度，对电影产业给予立体的制度支持；同时，通过扩大监管范围、完善监管措施、细化监管程序、加大打击力度等，进一步规范产业发展和市场秩序。

◆ 简要评析

随着时代的发展，电影的产业意义和文化娱乐意义逐渐凸显。为电影产业的发展提供了明确而全面的法律保障成为时代的要求。《电影产业促进法》回应了这种时代要求，对于迅猛发展的中国电影业来说无疑意义重大。

四、广电总局、文化部、网信办等部门加强网络直播监管

◆ 事例简介

2016 年 9 月 9 日，广电总局下发《关于加强网络视听节目直播服务管理有关问题的通知》，要求直播平台必须持有"信息网络传播视听节目许可证"，未取得许可证的机构和个人不能从事直播业务。还对直播节目内容，相关弹幕发布，直播活动中涉及的主持人、嘉宾、直播对象等提出了具体要求。

7 月 1 日，文化部发布《关于加强网络表演管理工作的通知》，督促网络表演经营单位和表演者落实责任，将违法违规表演者列入黑名单或警示名单。12 月 2 日，文化部又发布《网络表演经营活动管理办法》，指出网络表演是指以现场进行的文艺表演活动等为主要内容，通过互联网、移动通信网、移动互联网等信息网络，实时传播或者以音视频形式上载传播而形成的互联网文化产品，并把网络游戏直播纳入监管范围。经营者应取得"网络文化经营许可证"，并健全审核制度，做到直播实时监管、录播先审后播。

2016 年 11 月 4 日，网信办发布《互联网直播服务管理规定》，重申了对互联网

直播新闻信息服务的资质监管，要求互联网直播服务提供者提供互联网新闻信息服务的，应当依法取得互联网新闻信息服务资质，并在许可范围内开展互联网新闻信息服务。开展互联网新闻信息服务的互联网直播发布者，应当依法取得互联网新闻信息服务资质并在许可范围内提供服务。此外，强化了直播平台的主体责任，要求其建立直播内容审核平台，对直播内容加注播报平台标识信息，对评论、弹幕等互动环节加强实时管理，并具备"及时阻断"的直播技术能力。

◆ **简要评析**

网络直播呈井喷式发展，其所带来的问题也有目共睹。相关部门所采取的针对网络直播的管理举措，能够及时应对直播领域的发展，也为今后更加科学、合理地进行规范提供了基础。

五、证监会处罚3宗编造传播虚假信息案

◆ **事例简介**

2016年10月，证监会对3宗编造传播虚假信息案作出行政处罚。三起案件分别是：① 2016年2月24日，中融汇智运营的微信公众号"弥达斯"总编辑李某撰写、"弥达斯"发布《国家队：招商银行副行长喊你还钱了》一文，该文采用不符合实际的标题吸引读者眼球，内容上存在断章取义、主观臆测、曲解发言人真实意思等情形；② 2016年2月25日，成都每日经济新闻报社和记者李某在未经核实的情况下，引用了"知情人士透露，自2016年3月1日起创业板将全面停止审核，后续按注册制实施；主板和中小板暂时未定，择期再做安排"的虚假消息，报道发布后被多个主流财经网站转载；③时任五矿证券首席分析师王某，未经核实，在微博转发了"知情人士透露，自2016年3月1日起创业板将全面停止审核，后续按注册制实施；主板和中小板暂时未定，择期再做安排"的虚假消息。

上述三起案件中，李某、李某、王某的行为均违反了《中华人民共和国证券法》（以下简称《证券法》）第七十八条第一款规定；中融汇智、每日经济新闻报社的行为违反了《证券法》第七十八条第三款规定，依据《证券法》第二百零六条规定，证监会分别作出以下处罚决定：责令中融汇智、李某改正，并分别处以20万元

罚款；对每日经济新闻报社、李某分别处以 20 万元罚款；对王某处以 15 万元罚款。

◆ 简要评析

　　这三起案件都是中国证监会对于财经类新闻在发布信息时未履行核实义务、违反真实性标准进行处罚的典型案例，向专业类媒体敲响了警钟。

六、快播公司及王某等传播淫秽物品牟利案

◆ 事例简介

　　2016 年 9 月 13 日，北京市海淀区人民法院对快播公司及其 CEO 王某等人因传播淫秽物品牟利案进行了公开审判，并作出一审判决：

　　（1）被告公司深圳市快播科技有限公司犯传播淫秽物品牟利罪，判处罚金 1000 万元；

　　（2）被告人王某犯传播淫秽物品牟利罪，判处有期徒刑 3 年 6 个月，罚金 100 万元；

　　（3）被告人张某犯传播淫秽物品牟利罪，判处有期徒刑 3 年 3 个月，罚金 50 万元；

　　（4）被告人吴某传发传播淫秽物品牟利罪，判处有期徒刑 3 年 3 个月，罚金 30 万元；

　　（5）被告人牛某犯传播淫秽物品牟利罪，判处有期徒刑 3 年，罚金 20 万元。

　　海淀区人民法院的判决认定，快播公司负有网络视频信息服务供者应当承担的网络安全管理义务；快播公司及各被告人均明知快播网络系统内存在大量淫秽视频并介入了淫秽视频传播活动，其放任其网络服务系统大量传播淫秽视频属于间接故意；快播公司具备承担网络安全管理义务的现实可能，但拒不履行网络安全管理义务，快播公司及各被告人的行为以非法牟利为目的。本案既不适用"技术中立"的责任豁免，也不属于"中立的帮助行为"，快播公司以牟利为目的放任淫秽视频大量传播的行为构成传播淫秽物品牟利罪的单位犯罪。

　　2016 年 12 月 15 日，原审被告之一的吴某以本案事实不清，证据不足为由提起上诉，其辩称：其对本案被扣押的 4 台服务器并不知情，服务器及相关软件的运作

状态均与其没有直接责任关系，其对快播公司因为涉及色情内容被行政处罚的情况不清楚，其不构成犯罪。

原审被告单位深圳市快播科技有限公司的辩护人提出的主要辩护意见是：一审法院对快播公司判处的罚金数额过高，请求二审予以调整。具体理由为：快播公司不具有传播淫秽视频的具体的、直接的故意；本案中，快播公司违法所得的数额难以认定和区分；一审法院判处的罚金超出了快播公司实际承受能力；快播公司在一审庭审中自愿认罪，可以进一步从轻处罚。

原审被告人牛某在提讯过程中辩解称：其不是公司股东，不负责具体决策，凡事都要向上级汇报，其应当为从犯，原判对其量刑过重。

2016 年 12 月，北京市第一中级人民法院二审作出驳回上诉、维持原判的终审判决。

◆ 简要评析

快播案涉及新技术条件下网络平台的责任认定，法庭审理直播时辩论激烈，引起了全社会极大关注，也为规范网络传播行为提供了有效的警示。

七、"走廊医生"兰某诉王某、北京微梦创科网络技术有限公司名誉权纠纷案

◆ 事例简介

兰某是绵阳市人民医院的一名医生，因反映医院存在过度医疗等问题而被各大媒体连续报道，而具有一定社会知名度，被称为"走廊医生"，王某是央视记者。2014 年 3 月 30 日，王某在微博上称："现在可以下结论了：很多此前关于走廊医生的新闻都是虚假新闻。兰某不过是为了自己私利，绑架了医院甚至整个医疗行业的一个非典型医生……"同时上传了央视新闻频道播出的"新闻调查"节目《走廊医生》视频。此外，王某还陆续发表微博，称兰某本人更像是病人，明显有偏执性人格；兰某举报的过度医疗问题，在证据上都不成立等。

2016 年 8 月 11 日，北京市海淀区人民法院对"走廊医生"兰某诉王某、北京微梦创科网络技术有限公司名誉权纠纷案作出一审判决，认定王某及微梦创科公司

均不构成侵权，驳回了兰某的全部诉讼请求。

海淀区人民法院一审认定，兰某属于公众人物，王某的一些言论属于意见表达，是公正评论，系对公共事件及公众人物的正当批评监督，作为公众人物的兰某在该公共事件中人格权应该受到适当限制，故驳回兰某诉求。

一审判决后，兰某不服判决，提起上诉。

兰某上诉请求：撤销一审法院判决，依法改判支持我方一审诉讼请求。事实和理由如下：①一审法院认定事实不清；②一审法院适用法律错误。

王某辩称，不同意兰某的上诉请求及理由，同意一审法院判决。①涉诉微博是对新闻事件和相关当事人进行的公开评论，而不是针对兰某的人身攻击，王某发布微博的目的是维护公众的知情权。②涉诉微博不带有对兰某的恶意，更多的是出于对兰某的关心和关怀，"疯子"的称谓在兰某相关报道中屡见不鲜，如何称呼兰某本身也属于公众讨论的范畴。③王某没有在涉诉微博中指责兰某有精神病，而是说她有精神疾病，两者是不同的。④涉诉微博没有导致兰某社会评价降低，对兰某如何评价是"走廊医生"事件暴露给社会公众后导致的结果。❶

◆ 简要评析

该案是一起典型的名誉权案件，涉及公民的批评监督权与名誉权的平衡具有社会知名度的公众人物位置不清楚，在公共事件中是否有更多的容忍义务等问题，判决对如何区分事实和评论，被告言论是"事实判断"还是"意见表达"进行了详细分析，对此类案件的解决有积极的参考价值。

八、天下霸唱诉电影《九层妖塔》制片方中影公司和陆某著作权纠纷案

◆ 事例简介

原告张某（笔名"天下霸唱"）创作了《鬼吹灯》系列文字作品。被告将其中《鬼吹灯之精绝古城》改编拍摄成电影，并以"九层妖塔"之名在全国各大影院上线放映。原告认为，电影《九层妖塔》没有给原告署名，侵犯了其署名权，且电影

---

❶ 北京市第一中级人民法院于 2017 年 11 月 2 日作出了驳回上诉、维持原判的二审判决。

内容对原著歪曲、篡改严重，在人物设置、故事情节等方面均与原著差别巨大，侵犯了其保护作品完整权。

原告的诉讼请求为：鉴于被告行为严重侵害了原告依法享有的著作权，请求法院判令：①四被告立即停止侵权行为，即立即停止所有途径对侵权作品电影《九层妖塔》的发行、播放和传播；②四被告向原告公开赔礼道歉、消除影响；③四被告连带赔偿原告精神损害抚慰金100万元。

被告中影公司辩称：①影片《九层妖塔》已经在片头对原著进行了署名，其署名方式足以使得一般公众了解影片是根据原著小说改编这一事实，未侵犯原告署名权；②影片创作中，影片的制片者依法且恰当地行使了原著作品的改编权，不存在对原告保护作品完整权的侵犯；③原告的诉请如得到支持，不仅有违电影创作的基本规律，对未来电影的改编创作及电影市场也将产生不可估量的负面影响，有违公众利益；④答辩人并不直接参与影片的具体改编工作，不应承担侵权责任。此外，就署名权侵权而言，不应适用停止侵权、停播，如果适用了，反而不利于原告权利的实现，不符合实际与法律逻辑；著作权损害赔偿不适用精神损害抚慰金；原告提出的100万元精神损害赔偿于法无据，且数额畸高，不符合法律要求。

被告陆某辩称此案与其无关。

2016年6月28日，北京市西城区人民法院对电影《九层妖塔》著作权纠纷案作出一审判决，判令被告在发行和传播电影《九层妖塔》时署名天下霸唱为电影《九层妖塔》的原著小说作者，并就涉案侵权行为刊登声明，向原告张某公开赔礼道歉，消除影响，驳回原告其他诉讼请求。

张某不服一审判决，提起上诉。请求撤销一审判决并提出和原一审相同的上诉请求。

张某的上诉理由为：一审判决认定涉案电影侵害了张某的署名权是正确的，但是一审判决认定其改编、摄制行为不构成对张某保护作品完整权的侵害是错

误的。❶

◆ 简要评析

　　虽然该案所涉及的著作权纠纷并非新的类型，但是这一案件引发的思考是非常有价值的，究竟何为合理改编、何为侵犯保护作品完整权，这是著作权法领域最令人困惑的问题，值得深入探讨。

九、腾讯公司诉易联伟达公司信息网络传播权侵权案

◆ 事例简介

　　因认为北京易联伟达科技有限公司（以下简称"易联伟达"）侵犯作品《宫锁连城》的信息网络传播权，深圳市腾讯计算机系统有限公司（以下简称"腾讯"）将易联伟达告至北京市海淀区人民法院。

　　原告诉称，腾讯依法享有《宫锁连城》的独家信息网络传播权，被告在其经营的"快看影视"手机端，通过信息网络非法向公众提供涉案作品的在线播放服务。被告在快看影视中对大量影视作品进行编辑分类后播放，在播放时无显示来源，直接进入播放页面，故腾讯认为被告对涉案作品进行了编辑，具有恶意，被告为获取盈利直接设链播放涉案作品，未经任何权利人的同意，侵犯了腾讯的合法权利。

　　被告辩称，原告主张的权利存在重大瑕疵，涉案作品的授权无合法来源；涉案作品并非在快看影视上播放，而是在腾讯 App 上播放；易联伟达的 App 快看影视播

---

❶　北京市知识产权法院于 2019 年 8 月 8 日作出二审判决如下：

（1）撤销北京市西城区人民法院作出的（2016）京 0102 民初 83 号民事判决；

（2）中国电影股份有限公司、梦想者电影（北京）有限公司、乐视影业（北京）有限公司于本判决生效之日起，立即停止发行、播放和传播电影《九层妖塔》；

（3）中国电影股份有限公司、梦想者电影（北京）有限公司、乐视影业（北京）有限公司于本判决生效之日起三十日内，在《中国新闻出版广电报》上就涉案侵犯署名权和保护作品完整权的行为刊登致歉声明，向张牧野公开赔礼道歉，消除影响［致歉声明的内容须于本判决生效后五日内送本院审核，逾期不履行，本院将在一家全国发行的报纸上公布本判决主要内容，所需费用由中国电影股份有限公司、梦想者电影（北京）有限公司、乐视影业（北京）有限公司承担］；

（4）中国电影股份有限公司、梦想者电影（北京）有限公司、乐视影业（北京）有限公司于本判决生效之日起十日内，连带赔偿张某精神损害抚慰金五万元；

（5）驳回张某的其他诉讼请求。

放无广告，未获得任何盈利，易联伟达只提供设链服务，并未提供信息存储空间。同时，易联伟达收到起诉书后已经删除了涉案作品。因此，基于原告权利来源不合法，易联伟达申请中止审理，请求法院驳回原告的全部诉讼请求。

一审北京市海淀区人民法院采用"实质性替代标准"，认为易联伟达公司在破坏技术措施的情况下不仅提供了深度定向链接，还进行了选择、编排、整理等工作，扩大了作品的域名渠道、可接触用户群体等网络传播范围，分流了相关获得合法授权视频网站的流量和收益，客观上发挥了在聚合平台上向用户"提供"视频内容的作用，产生了实质性替代效果，却未向权利人支付获取分销授权的成本支出，被诉行为属于盗链行为，判决易联伟达公司赔偿腾讯公司经济损失（包括合理支出）3.5万元。

北京易联伟达科技有限公司不服一审判决，提起上诉。

2016年10月21日，北京市知识产权法院就腾讯公司诉易联伟达公司信息网络传播权侵权案作出二审判决，撤销一审判决，认定被告行为不构成侵犯信息网络传播权。

◆ 简要评析

该案一审和二审判决的差异实际上反映了社会、业界与相关利益方对聚合类视频平台的深层链接行为是否应认定为侵权行为的不同理解，涉及对信息网络传播权条款的解释，权利人针对深层链接行为的救济途径，以及技术发展和商业模式变化所带来的利益调整和法律规则适用等问题。网络技术的发展不断给信息网络传播权的保护带来了新的挑战，该案两审判决对于推动这一问题的深化研究有很高的理论和实务价值。

总结

2016年度中国传媒法事例包括1个部门规章、1个名誉权事例、1个刑事案例、2个法律、2个传媒监管事例、2个著作权事例，涉及网络安全、电影产业、互联网广告监管、网络直播监管、传播虚假信息、英雄人物名誉权保护、名誉权与监督权的关系、改编权与保护作品完整权的关系、著作权的深度链接、传播淫秽物品牟利罪等问题。

第七章　2017年度中国传媒法治发展

第一节　2017年度中国传媒法治发展

一、有关传媒的指导方针和法律

2017年10月，党的十九大报告对于我国传媒法律和政策有重要的指导意义。相关论述包括：高度重视传播手段建设和创新，提高新闻舆论传播力、引导力、影响力、公信力；加强互联网内容建设，建立网络综合治理体系，营造清朗的网络空间；落实意识形态工作责任制，加强阵地建设和管理，注意区分政治原则问题、思想认识问题、学术观点问题，旗帜鲜明地反对和抵制各种错误观点。

2017年3月，全国人大通过并于2017年10月实施的《民法总则》，是我国民法典编纂历程的关键一步。该法在规定生命、名誉等人身权利（学界通称人格权）的条文之后，以单列法条（第一百一十一条）规定自然人的个人信息受法律保护，学界理解为个人信息权成为独立人格权。首次对数据、网络虚拟财产等新型民事权利客体作出规定（第一百二十七条），适应了互联网和大数据时代的需求。同时，为弘扬社会主义核心价值观，在第一百八十五条规定侵害英雄烈士等的姓名、肖像、名誉、荣誉，损害社会公共利益的，应当承担民事责任。

2017 年 9 月，全国人大常委会通过《中华人民共和国国歌法》，并拟将其列入香港地区、澳门特别行政区基本法附件三。该法就应当奏唱国歌的场合，国歌标准曲谱的审定、发布和使用，奏唱礼仪规范及不得奏唱、播放国歌的场合等制定了规范，对媒体合法传播国歌提出了新要求。对于违反法律规定，损害国歌庄严形象的行为，规定由公安机关处以 15 日以下拘留的行政处罚。全国人大常委会 2017 年 11 月通过的《刑法修正案（十）》在《刑法》第二百九十九条中增加第二款，将对侮辱国旗、国徽行为的刑事处罚延伸到侮辱国歌行为，设为"侮辱国旗、国徽、国歌罪"。

2017 年 11 月，全国人大常委会通过修订的《反不正当竞争法》，系该法自1993 年颁布以来首次大修，将"扰乱市场竞争秩序"和保护消费者利益作为重要的价值目标，细化了混淆、商业贿赂、商业诋毁、虚假或引人误解的宣传、商业秘密等不正当竞争行为；新增了互联网不正当竞争行为专条（第十二条），规定经营者不得通过组织虚假交易等方式，帮助其他经营者进行虚假或者引人误解的商业宣传；经营者不得编造、传播虚假信息或者误导性信息，损害竞争对手的商业信誉、商品声誉；加大了行政强制措施和行政处罚的力度，完善了民事赔偿责任，对于部分行为增加了上限为 300 万元的法定赔偿。

针对目前新闻单位存在"体制内外"的用人"双轨制"，造成部分采编播管人员同岗不同责、同工不同酬，影响新闻舆论工作队伍稳定的现象，2017 年 5 月，中宣部等四部门联合印发《关于深化中央主要新闻单位采编播管岗位人事管理制度改革的试行意见》，深化了中央主要新闻单位采编播管岗位人事管理制度改革，统筹了配置编制资源，开展了人员编制总量管理试点，深化了人事薪酬制度改革，完善了考核评价和退出机制。这一改革有利于推动媒体融合的人事机制的建立。

二、新闻出版与广播影视监管

要求导向正确、网上网下标准统一是 2017 年度我国传媒法律、政策的一个重

要特点。❶

（一）新闻出版

1. 规范新闻采编秩序

2017 年 6 月，广电总局《新闻单位驻地方机构管理办法（试行）》实施。按此办法，设立驻地方机构的新闻性期刊出版单位、广播电台、电视台、广播电视台、网络广播电视台，应经国务院主管部门认定。新闻单位在同一城市只能设立一个驻地方机构。

打击假媒体、假记者站、假记者仍是执法重点，2017 年 4 月、5 月，全国"扫黄打非"办公室通报了"秋风 2017"专项行动❷的两批"三假"重点案件，包括陕西宜川"11·16"假记者敲诈勒索案、河北衡水史某等冒充记者敲诈勒索案等。❸

为规范报刊单位创办的新媒体采编秩序，广电总局于 2017 年 8 月发布《关于规范报刊单位及其所办新媒体采编管理的通知》，强调各报刊出版单位坚持正确舆论导向，坚持传统媒体与新媒体一个标准，统一严格管理所办报刊、网站、微博、微信、客户端等各类媒体及其采编人员；严格审核内容，建立健全社会自由来稿审核制度，不得直接使用未经核实的社会自由来稿，规范新闻标题制作，严防"标题党"。新闻从业人员以职务身份开设微博、微信、客户端等，或在其他媒体上发布职务行为信息的，须经本单位同意。

2. 加强出版物管理

对于出版物管理，主管部门既采用了执法检查、备案审批等传统手段，也探索了社会效益评估、数据共享等新方式。

2017 年 2 月，广电总局启动出版物"质量管理 2017"专项工作，工作重点一是

---

❶　2017 年 5 月，广电总局印发《关于进一步加强网络视听节目创作播出管理的通知》，对网络视听节目创作播出提出进一步要求，明确要求对网络视听节目和广播电视节目的管理要统一标准、统一尺度。

❷　2017 年 3 月全国"扫黄打非"办公室开展的专项行动，针对重点领域存在的淫秽色情信息、非法有害少儿出版物及"三假"等突出问题，进行集中整治。

❸　"秋风 2017"专项行动第二批"三假"案件［EB/OL］.（2017-05-20）［2021-03-03］. http：//epaper.gmw.cn/gmrb/html/2017-05/20/nw.D110000gmrb_20170520_4-02.htm？ div=-1.

选题和书号管理情况；二是质量保障制度建设和执行情况；三是出版物质量。广电总局公布了"质量管理2017"辞书、社科和文艺类编校质量不合格出版物，涉及25家出版单位的33种出版物，并给予相关出版单位警告的行政处罚，责令其在30日内收回不合格出版物。● 在检查过程中发现一些出版单位"三审三校"制度落实不到位，内部管理失范，造成有些图书存在导向问题，有的差错率较高，编校质量问题严重，故又在2017年8—10月开展了"三审三校"制度执行情况专项检查。

为加强出版物进口管理，2017年3月实施的《出版物进口备案管理办法》（广电总局和海关总署颁布）规定，出版物进口经营单位应当按照许可业务范围从事出版物进口经营活动，其他单位和个人不得从事出版物进口业务。进口图书应于进口前向省级以上管理部门办理进口备案，进口音像制品（成品）及电子出版物（成品）、报纸期刊，应办理进口审批手续并报广电总局备案。进口境外数字文献数据库应分类办理数字文献数据库进口备案、审批手续。

2017年6月，全国"扫黄打非"办公室组织开发的"网络有害出版物及信息样本特征值共享数据库系统"上线运行。首批加入该系统的有百度、阿里巴巴、腾讯等9家互联网企业。● 通过该系统，可以实现一家网络企业发现淫秽色情等有害信息，系统内全部网络企业共同查堵，有效整合了各网络企业的内容监测处置力量。同月，广电总局制定了《网络文学出版服务单位社会效益评估试行办法》。考核设置的指标主要包括出版质量、传播能力、内容创新、制度建设、社会和文化影响等。网络文学出版服务单位社会效益评估按年度进行，由单位自评、属地出版行政主管部门评价考核两个部分组成；对社会效益评估结果为不合格的网络文学出版服务单位，属地省级出版行政主管部门要进行通报批评，及时约谈其负责人，同时取消其当年参与各类评优、评奖资格等。网络文学出版服务单位发表作品出现严重政治差错、社会影响恶劣，在平台首页或重点栏目推介导向有严重问题的作品，违反政治纪律和政治规矩等造成重大影响的，评估结果为不合格。

● 关于"质量管理2017"辞书、社科和文艺类编校质量不合格出版物的通报［EB/OL］.（2017-09-17）［2021-03-03］.http：//www.gapp.gov.cn/sapprft/contents/6588/349460.shtml.

● 全国"扫黄打非"办公室启动网络有害出版特征值共享数据库系统［EB/OL］.（2017-06-22）［2021-03-03］.http：//www.shdf.gov.cn/shdf/contents/767/338004.html.

（二）广播影视

1. 加强对电视节目导向和广告的监管

2017 年 6 月，一个名叫刘某的妇女屡屡冒充"中医药专家"在多家媒体为药品做广告而被揭发，监管部门及时进行查处，广电总局要求广播电视播出机构立即停止播出"苗仙咳喘方"等 40 条违规广告。❶ 工商和市场监管部门进行了全国执法检查。

2017 年 7 月，国务院食品安全办等九部门印发《食品、保健食品欺诈和虚假宣传整治方案》，要求明确企业主体责任，落实属地管理职责，实现社会共治，加大对电视、广播、报刊、互联网等广告经营者、发布者的监督检查力度。

2017 年 8 月，广电总局发出《关于把电视上星综合频道办成讲导向、有文化的传播平台的通知》，要求电视上星综合频道要坚持新闻综合频道的定位，坚持新闻立台的方针；节目要坚持高标准，坚守底线，把好导向，进一步强化电视上星综合频道公益属性和文化属性。并就违背正确方向、方针的种种现象提出了规制要求。

2017 年 9 月，广电总局等五部门联合发布《关于支持电视剧繁荣发展若干政策的通知》，就支持电视剧繁荣提出了加强电视剧创作规划等 14 项措施。

2. 加强对网络节目导向和人员的监管

随着网络视听节目的影响力日益加大，监管部门对于网络节目的审查也日趋严格。

2017 年 4 月，广电总局对 2010 年发布的《互联网视听节目服务业务分类目录（试行）》进行了调整，把"移动互联网"纳入公共互联网范畴，在原有"计算机用户"的基础上，新增加"手机用户"这一服务对象，明确了"专网及定向传播视听节目服务"概念，将原来的"IP 电视"表述为"交互式网络电视"；将"手机电视"表述为"专网手机电视"；将"内容服务"变更为"内容提供服务"。

2017 年 5 月，广电总局发布《关于进一步加强网络视听节目创作播出管理的通

❶ 国家新闻出版广电总局办公厅关于立即停止播出"苗仙咳喘方"等 40 条违规广告的通知［EB/OL］.（2017-08-16）［2021-03-03］.http：//www.sapprft.gov.cn/sapprft/contents/6588/338194.shtml.

知》，强调网络视听节目与广播电视节目统一标准。未通过审查的电视剧、电影，不得作为网络剧、网络电影上网播出。禁止在互联网上传播的节目，也不得在广播电视上播出。2017年6月，针对"新浪微博""ACFUN""凤凰网"等网站未获得许可即开展视听节目服务，并且大量播放时政类视听节目和宣扬负面言论的社会评论性节目，总局责成属地管理部门采取有效措施关停上述网站上的视听节目服务，并进行全面整改。❶2017年9月，北京市文化执法总队关闭无证视频网站30多家。❷2017年10月，广电总局发布《加强广播电视节目网络传播管理的通知》，全面清查在网上传播的广播电视节目，加强广播电视节目网络上架审核。网络视听节目自我审查也有了新的操作要求。

2017年6月，在《网络剧、微电影等网络视听节目内容审核通则》（2012年）的基础上，中国网络视听节目服务协会发布了《网络视听节目内容审核通则》，在规定审核原则、导向要求等基础上，就坚持正确的政治导向、价值导向和审美导向，坚守节目内容底线，从多个方面做出了详细规定。

三、互联网治理

在互联网治理领域，主管部门出台的各类文件数量创历史新高。

2017年5月，网信办发布《互联网信息内容管理行政执法程序规定》，对执法主体、权力、程序、执法监督、执法体系建设等进行了全面规范，规定了当事人的申请回避权，听证请求权，陈述、申辩权、申请复议或诉讼的救济权。

为贯彻2016年施行的《无线电管理条例》，2017年7月，工信部发布《无线电频率许可管理办法》，细化频率使用许可的条件、程序、期限和许可证事项，完善频率使用规范、监督检查措施等制度，促进频率使用许可和监督管理的规范化、制度化。同月，遵照"简政放权、放管结合、优化服务"精神，工信部发布《电信业

---

❶　国家新闻出版广电总局要求"新浪微博""ACFUN"等网站关停视听节目服务［EB/OL］.（2017-06-22）［2021-03-03］.http：//www.gapp.gov.cn/sapprft/contents/6588/338032.shtml.

❷　路艳霞.义工组队监督互联网视听节目［EB/OL］.（2017-09-01）［2021-03-03］.https：//www.sohu.com/a/168747269_161623.

务经营许可管理办法》，取消了基础电信和跨地区增值电信业务经营许可证备案管理、申请经营许可时提交财务会计报告和验资报告等要求，取消了电信业务经营许可证作为工商变更登记前置程序的规定。同时，建立了随机抽查机制和信用管理制度，建立失信名单和惩戒制度，将经营许可证年检制度调整为信息年报和公示制度。

经中央全面深化改革领导小组决定，2017 年 8 月，杭州互联网法院成立，这是全国第一家在网上集中审理涉网案件的试点法院。该法院集中管辖杭州市辖区内基层法院有管辖权的互联网购物、服务、小额金融借款等合同纠纷，互联网著作权权属、侵权纠纷，利用互联网侵害他人人格权纠纷，互联网购物产品责任侵权纠纷，互联网域名纠纷，因互联网行政管理引发的行政纠纷。

（一）互联网新闻信息监管不断强化

2017 年 2 月，北京市网信办等部门认定梨视频在未取得互联网新闻信息服务资质、互联网视听节目服务资质的情况下，通过开设原创栏目、自行采编视频、收集用户上传内容等方式大量发布所谓"独家"时政类视听新闻信息，责令其进行全面整改。随后，梨视频宣布从主要发布时政及突发新闻转型为专注于年轻人的生活、思想、感情等内容。❶

2017 年 5 月，网信办发布新修订的部门规章《互联网新闻信息服务管理规定》，其主要内容包括：①将主管部门由"国务院新闻办公室"调整为"国家互联网信息办公室"，增加了"地方互联网信息办公室"的职责规定。②调整互联网新闻信息服务许可，将其分为互联网新闻信息采编发布服务、转载服务、传播平台服务，将许可范围拓展到以互联网站、应用程序、论坛、博客、微博客、公众账号、即时通信工具、网络直播等形式向社会公众提供互联网新闻信息服务。③强化了互联网新闻信息服务提供者的主体责任，明确了总编辑及从业人员管理、信息安全管理、平台用户管理等要求。④增加了用户权益保护的内容，规定了个人信息保护、禁止互联网新闻信息服务提供者及其从业人员非法牟利、著作权保护等。⑤规定了互联网新闻信

---

❶ 北京市网信办、市公安局、市文化市场行政执法总队责令梨视频进行全面整改［EB/OL］.（2017-02-04）［2021-03-03］.https：//finance.sina.com.cn/roll/2017-02-04/doc-ifyaexzn8922225.shtml.

息服务提供者的采编业务和经营业务应当分开，非公有资本不得介入互联网新闻信息采编业务。不久，网信办又发布《互联网新闻信息服务许可管理实施细则》，细化了"规定"的有关条款。这种"规章＋规范性文件"组合式立法模式在网信办历史上系首创。

约谈成为网信办运用最为频繁的监管手段之一。2017 年 5 月，北京市网信办针对新浪、网易、凤凰、腾讯等网站屡次在互联网直播中违规提供互联网新闻信息服务，约谈了网站相关负责人，责令网站立即停止违法行为，关停违规功能，限期整改。❶2017 年 6 月，北京市网信办约谈微博、微信等多个社交媒体平台，要求其采取有效措施遏制渲染演绎明星绯闻隐私、炒作炫富享乐、低俗媚俗之风，并封停"严肃八卦""毒舌电影"等 25 个知名娱乐微信公众号。❷2017 年 7 月，北京市网信办约谈搜狐、网易、凤凰、腾讯、百度、今日头条、一点资讯等网站的相关负责人，责令网站立即对自媒体平台存在的"曲解政策违背正确导向""无中生有散布虚假信息""颠倒是非歪曲党史国史""格调低俗突破道德底线""惊悚诱导标题党现象泛滥""抄袭盗图版权意识淡薄""炫富享乐宣扬扭曲价值观""题无禁区挑战公序良俗"八大乱象进行专项清理整治。❸

2017 年 10 月，网信办出台《互联网新闻信息服务单位内容管理从业人员管理办法》，首次从制度层面明确了从业人员行为规范，增加了教育培训的要求，建立了从业人员教育培训制度，以及监督管理的措施，把党管媒体的原则贯彻到了新媒体领域。网信部门将建立从业人员信用档案和黑名单，以记录从业人员的不良从业行为；所在单位也应当依法依约对其给予警示、处分甚至解除聘用合同或劳动合同，并报告网信部门。

---

❶　北京市网信办就违规开展新闻信息直播约谈新浪网易凤凰腾讯［EB/OL］.（2017-05-08）［2021-03-03］.https：//www.thepaper.cn/newsDetail_forward_1680558.

❷　北京市网信办遏制追星炒作，一批"知名"违规账号被关闭［EB/OL］.（2017-06-07）［2021-03-03］.https：//www.chinanews.com/sh/2017/06-07/8244606.shtml.

❸　北京网信办整治自媒体八大乱象，约谈搜狐、网易、凤凰、今日头条等平台［EB/OL］.（2017-07-19）［2021-03-03］.http：//m.thepaper.cn/kuaibao_detail.jsp?contid=1748029&amp；from=kuaibao.

（二）网络安全法的各种配套制度密集出台

2017年6月1日《网络安全法》实施，各种配套制度相继落地。

2017年4月，网信办发布《个人信息和重要数据出境安全评估办法（征求意见稿）》，提出网络运营者在境内运营中收集和产生的个人信息和重要数据应当在境内存储，因业务需要向境外提供的，应进行安全评估。2017年5月，网信办发布《网络产品和服务安全审查办法（试行）》，将网络产品与服务的安全性和可控性作为审查重点。2017年6月，网信办发布《国家网络安全事件应急预案》，将网络安全事件分为特别重大、重大、较大、一般四级，规定了各级领导机构、办事机构和各部门的职责和应急办法。2017年9月，工信部发布《公共互联网网络安全威胁监测与处置办法》，建立网络安全威胁信息共享平台和公共互联网网络安全威胁认定制度，明确了网络运营者的监测与处置义务。2017年10月，网信办发布《互联网新闻信息服务新技术新应用安全评估管理规定》，要求互联网新闻信息服务提供者建立健全新技术新应用安全评估管理制度和保障制度，自行组织开展安全评估，并报请国家或者省级互联网信息办公室组织开展安全评估。

2017年6月，工信部出台《互联网新业务安全评估管理办法（征求意见稿）》，将"互联网新业务"界定为"电信业务经营者通过互联网新开展其已取得经营许可的电信业务，或者通过互联网运用新技术试办未列入《电信业务分类目录》的新型电信业务"。明确了电信业务经营者拟将互联网新业务面向社会公众上线的，应当对所开展的互联网新业务进行安全评估。2017年7月，网信办发布《关键信息基础设施安全保护条例（征求意见稿）》，对支持和保障措施、关键信息基础设施范围、运营者安全保护、产品和服务安全、监测预警、应急处置和检测评估等作了具体规定。

在加强立法的同时，执法力度也在加大。针对求职青年李某身陷传销组织蹊跷死亡事件，天津、北京两地网信办联合对涉案"BOSS直聘"网站负责人进行了约谈，责令网站立即进行整改❶，这是《网络安全法》实施后的第一案。全国人大常委会启动

---

❶ "BOSS直聘"涉违法违规信息被京津网信办约谈［EB/OL］.（2017-08-10）［2021-03-03］.http：//www.xinhuanet.com//2017-08/10/c_1121458968.htm.

《网络安全法、关于加强网络信息保护的决定执法检查》，重点检查开展"一法一决定"宣传教育情况；制定配套法规规章情况；强化关键信息基础设施保护及落实网络安全等级保护制度情况；治理网络违法有害信息，维护网络空间良好生态情况；落实公民个人信息保护制度，查处侵犯公民个人信息及相关违法犯罪情况等。2017年8月，广东省网信办对腾讯公司微信公众号平台存在用户传播暴力恐怖、虚假信息、淫秽色情等危害国家安全、公共安全、社会秩序的信息问题进行立案调查，对腾讯公司处以50万元顶格罚款。❶2017年9月，北京市网信办又就新浪微博向其用户发布传播淫秽色情信息、宣扬民族仇恨信息及百度贴吧向其用户发布传播淫秽色情信息、暴力恐怖信息未尽到管理义务的违法行为，分别做出最高额和从重处罚的决定。❷

2017年12月，全国人大常委会执法检查组公布了关于《网络安全法》及《关于加强网络信息保护的决定》的执法检查报告，指出当前存在着网络安全意识亟待增强、网络安全基础建设薄弱、网络安全风险和隐患突出，用户个人信息保护工作形势严峻、网络安全执法体制有待理顺、网络安全法配套法规有待完善、网络安全人才短缺等问题，建议正确处理安全与发展的关系，加快完善相关配套法规规章，提升网络安全防护能力，加大用户个人信息保护力度，强化网络安全工作统筹协调，防止多头管理，避免管理空白，提高执法效率。全国人大常委会对于新施行3个月的《网络安全法》开展执法检查，尚属首例。

（三）对社交媒体进行专项立规

网信办对社交媒体的管理空前加强，呈现出分项立规、组合推出的特点。2017年8月，中宣部、中组部、网信办联合下发《关于规范党员干部网络行为的意见》，规定党员在网上要严守政治纪律和政治规矩，以职务身份注册账号要向党组织报告。同月，网信办出台《互联网论坛社区服务管理规定》，要求互联网论坛社区服务提供者落实主体责任，建立健全信息审核、公共信息实时巡查、应急处置及个人

❶　广东省网信办对腾讯违反《网络安全法》行为作出行政处罚［EB/OL］.（2017-09-25）［2021-03-03］.http：//gd.people.com.cn/n2/2017/0925/c123932-30774103.html.
❷　北京市网信办依据《网络安全法》对新浪微博、百度贴吧作出行政处罚［EB/OL］.（2017-09-25）［2021-03-03］.http：//news.cnr.cn/native/gd/20170925/t20170925_523964398.shtml.

信息保护等信息安全管理制度，不得利用互联网论坛社区服务发布、传播法律法规禁止的信息；互联网论坛社区服务提供者应当按照"后台实名、前台自愿"的原则，要求用户通过真实身份信息认证后注册账号，并对板块发起者和管理者严格实施真实身份信息备案、定期核验等；互联网论坛社区服务提供者及其从业人员，不得通过发布、转载、删除信息或者干预呈现结果等手段，牟取不正当利益。网信办同时还出台了《互联网跟帖评论服务管理规定》，要求网站实行用户实名制，加强弹幕管理，建立跟帖评论审核管理、实时巡查、应急处置等信息安全管理制度，及时发现和处置违法信息，加强个人信息保护，并规定国家和省、自治区、直辖市互联网信息办公室建立互联网跟帖评论服务提供者的信用档案和失信黑名单管理制度。

2017 年 9 月，网信办出台《互联网用户公众账号信息服务管理规定》，要求互联网群组信息服务提供者应当对违反法律法规和国家有关规定的群组建立者、管理者等使用者，依法依约采取降低信用等级、暂停管理权限、取消建群资格等管理措施，建立黑名单管理制度。同月出台的《互联网群组信息服务管理规定》，细化了互联网信息服务提供者的责任，并提出群组建立者、管理者应当履行群组管理责任。

自 2017 年 8 月全国"扫黄打非"办公室等中央八部门联合开展互联网低俗色情信息专项整治行动，截至 2017 年 9 月 25 日，全国共处置、删除色情低俗等有害信息超 2000 万条。❶

（四）规制互联网不正当竞争

在互联网不正当竞争纠纷案件中，司法界通过一系列案例对如何划定创新、自由竞争与不正当竞争的界限，进行了更多探索。

首先，关于蹭热点是否构成不正当竞争。2017 年 5 月，东阳正午阳光影视有限公司因太平人寿保险有限公司未经授权擅自在其五类保险产品上分别搭载电视剧《欢乐颂》的五位人物角色、人物主要特征及电视剧剧情等相关内容，同时配以清晰的人物剧照，以不正当竞争为由将其诉至北京市朝阳区人民法院，要求赔偿原告经济损失

---

❶ 互联网低俗色情信息专项整治行动成效显著 处置、删除有害信息超 2000 万条［EB/OL］.（2017-09-26）［2021-03-03］.http：//china.cnr.cn/gdgg/20170926/t20170926_523966091.shtml.

及合理开支 300 余万元。该案争议焦点是，不同行业、提供不同服务的主体是否构成竞争关系，对于人物角色的使用是否构成恶意攀附。法院认为，涉案电视剧人物角色在涉案文章中仅仅起到划分职场人群类型，容易让消费者感同身受地理解，容易使信息更简便高效地传递的作用。该种使用行为不会给正午阳光公司造成损害，其也不会从中获得市场利益。故太平人寿公司的行为不违反《反不正当竞争法》，驳回了原告的诉讼请求。❶2017 年 10 月，佛山市顺德区孔雀廊娱乐唱片有限公司诉厦门思明华美医疗美容门诊部使用"凤凰传奇"进行虚假宣传的不正当竞争案中，广东省佛山市禅城区人民法院指出，艺名对传递服务来源信息和消费者作出购买决策起到重要作用。明星模仿秀的商业广告、商业活动要遵循诚实信用原则。擅自使用他人艺名，以达到使消费者误认为目的，以歧义性语言或其他引人误解的方式进行商品宣传，违背了诚实信用原则和公认的商业道德，构成虚假宣传的不正当竞争。❷

其次，关于正当模仿的标准。一笑公司称乐鱼公司小看软件大量抄袭《快手》的用户界面设计，构成不正当竞争，将其诉至北京市海淀区人民法院，请求法院判令被告立即停止不正当竞争行为并赔偿损失。2017 年 9 月，法院作出一审判决，认为一笑公司开发的视频编辑操作步骤对应界面都是为了实现该软件的必要功能，无法阻止其他经营者开发或借鉴相同或类似的软件，法律允许正当模仿，对涉案部分编辑行为主要是功能性使用，故不予支持原告主张。❸

最后，遵循《反不正当竞争法》第二条"自愿、平等、公平、诚实信用"的原则来判案，仍然相当普遍，但学界质疑法律适用会出现"向一般条款逃逸"的现象。2017 年 3 月，杭州市余杭区人民法院对许某诉童某和玉环县金鑫塑胶有限公司不正当竞争案中指出，权利人明知其专利权具有较大的不确定性，仍将涉案专利的《外观设计专利权评价报告》进行篡改变造，并以之为据在淘宝电子商务平台上对其他商家进行侵权投诉，致使淘宝删除商家商品链接，其行为违反了诚实信用原则，属于《反不

---

❶　东阳正午阳光影视有限公司与太平人寿保险有限公司不正当竞争纠纷一审民事判决，北京市朝阳区人民法院，案号：（2017）京 0105 民初 10025 号。

❷　佛山市顺德区孔雀廊娱乐唱片有限公司与厦门思明华美医疗美容门诊部医疗服务合同纠纷一审民事判决，佛山市禅城区人民法院，（2016）粤 0604 民初 7265 号。

❸　北京一笑科技发展有限公司与乐鱼互动（北京）文化传播有限公司不正当竞争纠纷一审民事判决，北京市海淀区人民法院，案号：（2016）京 0108 民初 35369 号。

正当竞争法》第二条规定的不正当竞争行为。**❶**2017 年 8 月，上海知识产权法院就汉涛公司与百度公司之间的不正当竞争纠纷上诉案作出终审判决，认为百度公司在其产品中使用大众点评网信息的数量、比例及使用方式，已对大众点评网的相关服务构成实质性替代，使汉涛公司的利益受到损害；判决驳回上诉，维持原判，百度公司应立即停止以不正当方式使用汉涛公司运营的大众点评网的点评信息，并赔偿汉涛公司经济损失及合理费用 323 万元。**❷**2017 年 11 月，广东省高级人民法院就上诉人加多宝公司与被诉人王老吉公司等不正当竞争纠纷一案作出二审判决，认为，被诉人主张的"怕上火喝王老吉"广告语及"怕上火喝×××"广告句式均不是知名商品的特有名称，加多宝公司的被诉广告行为不会造成市场混淆，并未违反《反不正当竞争法》第二条的规定。**❸**

四、信息公开

（一）政务公开和信息公开有新进展

2017 年 3 月，国务院办公厅发布《2017 年政务公开工作要点》，要求全面推进决策、执行、管理、服务、结果公开，加强解读回应，扩大公众参与，增强公开实效，助力稳增长、促改革、调结构、惠民生、防风险。

针对政府信息公开案件显著增加的现状，2017 年 6 月，国务院发布《政府信息公开条例（征求意见稿）》，对行政机关和申请人之间权利义务不平衡的现象进行了重新调整，明确"以公开为常态、不公开为例外"的原则，对于不予公开的政府信息做了进一步的具体规定：将危及国家安全、公共安全、经济安全和社会稳定的信息细化为三类可不予公开的政府信息；有关行政机关内部事务的信息，行政机关在行政决策过程中形成的过程信息，公开后可能影响公正决策或者行政行为正常进行的信息。删除了现行"条例"中申请人须"根据自身生产、生活、科研等特殊需

---

❶ 许某与童某不正当竞争纠纷一案一审民事判决，杭州市余杭区人民法院，案号：（2016）浙 0110 民初 11608 号。

❷ 北京百度网讯科技有限公司与上海汉涛信息咨询有限公司其他不正当竞争纠纷二审民事判决，上海知识产权法院，案号：（2016）沪 73 民终 242 号。

❸ 广东加多宝饮料食品有限公司、广州王老吉大健康产业有限公司商业贿赂不正当竞争纠纷二审民事判决，广东省高级人民法院，案号：（2016）粤民终 303 号。

要"申请获知有关信息的内容。针对有的申请人反复、大量提出公开申请、滥用信息公开制度的问题，规定行政机关对于重复申请应当告知申请人不予重复处理，对于申请人申请公开大量政府信息的，可以延迟答复。

政务大数据和政务信息共享也是一个重点。2017 年 5 月，国务院办公厅发布《政务信息系统整合共享实施方案》，提出了按照统一工程规划、统一标准规范、统一备案管理、统一审计监督、统一评价体系的"五个统一"总体原则，有序组织推进了政务信息系统整合，切实避免了各自为政、自成体系、重复投资、重复建设。2017 年 2 月，贵州省成立大数据发展管理局，承担有关数据资源管理、大数据应用和产业发展、信息化等职责，是全国当时唯一一家省政府直属的正厅级大数据行业管理部门。

（二）司法公开进一步深化

2017 年 3 月，最高院继续深化司法公开，健全审判流程、庭审活动、裁判文书、执行信息四大公开平台建设，完善审判流程公开，实现全国法院全覆盖、各类案件全覆盖，加强庭审公开。最高院自 2016 年 7 月 1 日起，所有公开开庭案件都进行网上直播，截至 2017 年 3 月 12 日，各级法院直播庭审 62.5 万次，观看量达到 20.7 亿人次。中国裁判文书开通四年多，截至 2017 年 8 月 23 日，总访问量突破 100 亿次。已累计公开裁判文书超过 3247 万份，日均访问量达 1729 万人次，单日最高访问量达 5000 万次，覆盖了 210 多个国家和地区，成为全球最大的裁判文书公开平台。[1]

2017 年 3 月，山东青年于某面对 10 余名高利贷索债人限制其母子行动并进行侮辱，在反抗中造成一死三伤而被判无期徒刑，经《南方周末》等媒体报道，引起全民在网上的强烈质疑。[2]山东省高院、最高检察院、山东省公安厅、山东省检察院第一时间发布官微回应舆论，最高检派人员到山东阅卷，山东省检察院成立

---

[1]　最高人民法院工作报告——2017 年 3 月 12 日在第十二届全国人民代表大会第五次会议 上［EB/OL］.（2017-03-12）［2021-03-03］.https：//www.chinacourt.org/article/detail/2017/03/id/2627702.shtml.

[2]　于某案一审刑事附带民事判决，山东省聊城市中级人民法院，案号：（2016）鲁 15 刑初 33 号。

调查组对出警民警行为进行调查。2017 年 5 月，山东省高级人民法院二审开庭过程采取微博直播方式全程向社会公开，以防卫过当构成故意伤害罪判决于某有期徒刑 5 年 ❶，得到公众普遍认可。

五、知识产权保护力度加大

（一）知识产权的行政保护力度加大

2017 年 7 月，国家版权局、网信办等部门启动"剑网"2017 专项行动，在 4 个月内开展重点作品版权、App 领域版权、电子商务平台版权的三项重点整治工作。2017 年 11 月，公布北京优阅盈创科技公司侵犯文字作品著作权案等 16 起网络侵权盗版案件，其中有 11 起刑事案件，5 起行政案件。❷

2017 年 8 月，全国人大常委会执法检查组在《著作权法》实施情况的报告中肯定了 2005—2016 年来版权执法行动的成绩，各级著作权主管部门共办理行政处罚案件 9.35 万件，收缴各类侵权盗版制品 5.08 亿件。连续 12 年组织开展"剑网行动"，集中打击网络侵权盗版行为，共查办网络侵权案件 5560 起，依法关闭网站 3082 个。同时，也指出行政执法的问题：不重视、不作为、慢作为；行政管理和司法保护脱节，著作权执法部门应对网络侵权行为的手段和能力不足，发现难、取证难、认定难、查处不及时，基层著作权管理机构不健全；著作权执法工作力度需要加大。并且提出加大执法力度，坚持日常监管和专项整治相结合，推进区域间执法协作联动，建立健全执法部门与司法机关信息共享、案情通报、案件移送等制度，完善案件移送标准和程序，形成行政执法和刑事司法的合力，研究把故意侵权行为纳入企业和个人的信用记录，推动建立著作权领域信用评价和失信惩戒机制等。❸

---

❶ 于某故意伤害罪一案二审刑事判决，山东省高级人民法院，案号：（2017）鲁刑终 151 号。
❷ 国家版权局公布 16 起网络侵权盗版案件［EB/OL］.（2017—08—25）［2021—11—02］. http：//www.gapp.gov.cn/chinacopyright/contents/518/352990.html.
❸ 全国人民代表大会常务委员会执法检查组关于检查《中华人民共和国著作权法》实施情况的报告——2017 年 8 月 28 日在第十二届全国人民代表大会常务委员会第二十九次会议上［EB/OL］.（2017—08—28）［2021—03—03］.http://www.npc.gov.cn/zgrdw/npc/zfjc/zfjcelys/2017—08/28/content_2027447.htm.

（二）知识产权司法保护的实践发展

1. 提升著作权损害赔偿尺度

我国著作权损害赔偿标准较低，一直被权利人所诟病。根据北京知识产权法院发布的报告，2016 年，北京知识产权法院已经将一审法院判赔标准从 30—40 元 / 千字，提升至 300 元 / 千字的最高稿酬标准。❶2017 年 5 月，北京市石景山区人民法院在暴风侵犯腾讯公司《中国好声音（第三季）》信息网络传播权系列案件中，判决暴风公司未经授权盗播节目的行为构成侵权，赔偿腾讯公司经济损失 606 万元，每期节目赔偿金额达 101 万元，其单期综艺节目赔额在北京市地区创历史新高。❷北京市第一中级人民法院在明河社和完美世界诉武侠 Q 传游戏运营发行方侵害作品改编权及不正当竞争案中，判决被告赔偿经济损失及合理开支 1600 余万元。❸

2. 新型著作权案件给司法带来更多挑战

第一，同人作品。"同人作品"特指使用既有作品中相同或近似的角色创作新的作品，这类案件中，如何判断实质性相似是实务的难点。2017 年 5 月，上海市浦东区人民法院就同人小说第一案——上海玄霆娱乐公司诉张某（笔名"天下霸唱"）等著作权侵权及不正当竞争案作出一审判决。玄霆公司诉称其购得张某所著《鬼吹灯》全部著作财产权并改编为电影《寻龙诀》，但张某又在《摸金校尉》中大量使用《鬼吹灯》中的人物名称、形象、关系、盗墓方法、禁忌等独创性表达要素，侵犯了其取得的权利。张某辩称，《摸金校尉》小说的故事情节、内容、时间线与《鬼吹灯》完全不同，是一部全新的作品。法院认为，离开作品情节的人物名称与关系等要素，因其过于简单，往往难以作为表达要素受到著作权法的保护。被控侵权图书有自己独立的情节和表达内容，作者将这些要素和自己的情节组合之后形成

---

❶　北京知识产权法院司法保护数据报告（2016 年度）[EB/OL].（2017-01-10）[2021-03-03].http://www.ciplawyer.cn/bq/115074.jhtml?prid=390.

❷　深圳市腾讯计算机系统有限公司与暴风集团股份有限公司侵害作品信息网络传播权纠纷一审民事判决，北京市石景山区人民法院，案号：（2016）京 0107 民初 4688 号。

❸　完美世界（北京）软件有限公司、明河出版社有限公司与北京昆仑乐享网络技术有限公司、北京昆仑在线网络科技有限公司等著作权权属、侵权纠纷一审民事判决，北京市第一中级人民法院，案号：（2014）一中民初字第 5146 号。

了全新的故事内容，与原先作品在情节上并不相同或相似，也无任何延续关系，不受著作权法保护。在没有约定明确排除被告相应权益的情况下，被告作为原著的作者，有权使用其在原著小说中的这些要素创作出新的作品，不构成侵犯著作权和不正当竞争，故驳回玄霆公司有关诉求。但鉴于《摸金校尉》封面与根据《鬼吹灯》摄制的电影《寻龙诀》宣传海报相似等情事，构成虚假宣传，有关被告须承担相关民事责任。❶2016 年 4 月，金庸因畅销书作家江南的小说《此间的少年》使用其小说中角色姓名而侵犯著作权及构成不正当竞争，诉至广州市天河区人民法院，要求停止出版、发行该小说，并赔偿经济损失 500 万元及维权费用 20 万元，引起了广泛关注。❷

第二，网络游戏画面是否构成作品。2017 年 3 月，上海知识产权法院审结《奇迹 MU》和游戏《奇迹神话》的著作权侵权及不正当竞争纠纷案。原告壮游公司认为，《奇迹 MU》游戏整体画面构成类电影作品，被告硕星公司、维动公司开发、运营的游戏侵犯其著作权及商标权，并且在游戏的运营和宣传过程中涉嫌不正当竞争，法院二审判决《奇迹 MU》游戏整体画面构成类电影作品，被告侵犯原告著作权，应赔礼道歉并赔偿损失 410 万余元。这是游戏整体画面首次被法院认定为"类电影作品"。❸2017 年 11 月，广州知识产权法院对网易诉华多公司侵害著作权案作出一审判决，也认可了游戏画面构成类电影作品，并认为该作品的"制片者"应归属于游戏软件的权利人，判决被告停止侵权，并赔偿原告经济损失 2000 万元。❹

---

❶ 上海玄霆娱乐信息科技有限公司与北京新华先锋文化传媒有限公司、北京新华先锋出版科技有限公司等著作权权属、侵权纠纷一审民事判决，上海市浦东新区人民法院，案号：(2015)浦民三（知）初字第 838 号。

❷ 本案于 2018 年 8 月 16 日宣判，法院判决江南等三被告立即停止不正当竞争行为，停止出版发行《此间的少年》并销毁库存书籍，赔偿金庸经济损失 168 万元及为制止侵权行为的合理开支 20 万元，公开赔礼道歉以消除不良影响。参见广州市天河区人民法院，案号：(2016)粤 0106 民初 12068 号。

❸ 广州硕星信息科技股份有限公司、广州维动网络科技有限公司与上海壮游信息科技有限公司、上海哈网信息技术有限公司著作权权属、侵权纠纷二审民事判决，上海知识产权法院，案号：(2016)沪 73 民终 190 号。

❹ 网易诉华多公司侵害著作权案一审判决，广州知识产权法院，案号：(2015)粤知法著民初字第 16 号。

六、人格权保护

（一）网络侵害名誉权新问题不断涌现

在网络名誉权案件数量不断增加的同时，新问题也层出不穷。

第一，学术领域的正当举报和侵犯名誉权之间的界限如何划分。中科院院士王某被曾经的学生和秘书王某澄举报造假，因王某澄在互联网上发布多篇文章，使用"三腐院士""臭名昭著"等字眼，对王某澄提起侵害名誉权诉讼。上海市徐汇区人民法院认为，王某澄举报王某学术造假有一定的事实材料作为依据，虽然存在言辞过激之处，但尚属行使正当权利的范畴。王某澄在博客上撰写及转载文章，指称王某腐败、杀人灭口、包养情妇等内容，并无实质性的证据可以证明，还使用了大量言辞对王某进行人格侮辱，构成侵犯名誉权，判令停止侵权行为，赔偿精神损害抚慰金 3000 元。[1]2017 年 2 月，上海市第一中级人民法院终审维持一审判决。[2]

第二，影视剧中的名誉权纠纷涌现。2017 年 3 月，广东省广州市增城区农妇潘金莲（自称潘金莲族人）以侵犯名誉权为由，将《我不是潘金莲》导演冯小刚、小说作者刘震云等诉至法院，要求他们停止侵权并赔偿损失。北京市朝阳区人民法院认为原告与电影及小说中的潘金莲仅是同名，并无直接利害关系，裁定驳回起诉。[3]

第三，针对媒体及自媒体的名誉侵权案件增多。2017 年 4 月，因自媒体人麻某的公众号文章涉及关于《新京报》可能停刊的言论，《新京报》将其及相关自媒体诉至法院。[4]同月，因微信公众号"文娱后台"发文称蒙牛乳业为"综艺冠名界头号毒奶"，蒙牛乳业认为"毒奶"的表述足以让公众对蒙牛的产品产生怀疑或不信任，故诉至法院，索赔百万元。双方对"毒奶"一词理解不同，被告认为"毒

---

[1]　王某澄与王某名誉权纠纷一审民事判决，上海市徐汇区人民法院，案号：（2015）徐民一（民）初字第 7535 号。

[2]　王某澄诉王某名誉权纠纷一案二审民事判决，上海市第一中级人民法院，案号：（2016）沪 01 民终 5708 号。

[3]　潘金莲与冯小刚、刘震云等名誉权纠纷一审民事裁定，北京市朝阳区人民法院，案号：（2016）京 0105 民初 65899 号。

[4]　新京报社诉北京协力筑成金融信息服务股份有限公司、麻宁名誉权纠纷一审裁定，北京市东城区人民法院，案号：（2016）京 0101 民初 20016 号。

奶"的意思不是"有毒的奶"，而是一个被广泛用于评论界的网络用语，意为"夸谁谁输"。❶

第四，企业间名誉侵权诉讼成为商战策略。比如，2017 年 6 月，持续 4 年多备受外界关注的农夫山泉与《京华时报》社的名誉侵权纠纷案件落下了帷幕。农夫山泉股份有限公司向北京市朝阳区人民法院提交撤诉申请，法院裁定驳回起诉。❷2016 年 10 月，今日头条认为凤凰新闻客户端在官方微博连续发布题为"谢谢你让人民感受精神鸦片，为禁毒事业做出贡献"的极具针对性的负面图文内容，并在海报顶部均呈现白色的"谢谢你"字样，与今日头条的标志极为相似，因此起诉后者侵害名誉权。2017 年 11 月，北京市海淀区人民法院判决凤凰新闻客户端侵犯今日头条名誉权，判其赔礼道歉、赔偿财产损失 8 万元。❸

第五，网络服务提供者未尽到及时制止侵权、避免重复侵权的义务，须承担相应的责任。在齐某与新浪公司名誉权侵权纠纷案中，原告诉称曾多次向新浪公司申请删除案外人的侵权博客，要求新浪公司采取包括屏蔽在内的合理措施以避免侵权行为反复发生，但是新浪公司仅对齐某申请删除的侵权博客进行了删除，侵权文章仍在新浪博客上持续被上传，遂对新浪提起侵权诉讼。一审中，北京市朝阳区人民法院认为新浪公司虽每次都依照申请进行了删除，但并未采取避免重复侵权行为发生的合理措施，且删帖不够及时，导致侵权文章在网页上有至少几日的停留时间，对齐某的名誉造成了损害，另外，侵权博客的会员名有"齐某曹干杀人"字样，本身已构成对齐某的侵权，应不予核准注册，而新浪公司仍然持续允许此用户名成功注册，有一定的过错。判决新浪公司立即采取有效、合理措施防止重复侵权行为的发生，包括屏蔽侵权关键词，阻止含有侵害齐某名誉权内容的账户注册等，并赔偿齐某的合理开支共计 1.1058 万元。❹北京市第三中级人民法院二审维持了

---

❶ 北京丰彩锐远文化发展有限公司名誉权纠纷二审民事判决，北京市第三中级人民法院，案号：（2018）京 03 民终 15268 号。

❷ 京华时报社与农夫山泉股份有限公司名誉权纠纷一审民事判决，北京市朝阳区人民法院，案号：（2013）朝民初字第 29328 号。

❸ 北京天盈九州网络技术有限公司与北京字节跳动科技有限公司不正当竞争纠纷一案民事裁定，北京市海淀区人民法院，案号：（2016）京 0108 民初 38295 号。

❹ 北京新浪互联信息服务有限公司与齐飞、新浪网技术（中国）有限公司名誉权纠纷一案一审民事裁定，北京市朝阳区人民法院，案号：（2015）朝民初字第 13496 号。

一审判决。❶

（二）个人信息保护有新进展

为明确《刑法》第二百五十三条侵犯公民个人信息犯罪的认定标准、定罪量刑标准和法律适用，2017 年 5 月，最高院和最高检发布《关于办理侵犯公民个人信息刑事案件适用法律若干问题的解释》及七个典型案例，明确了"公民个人信息"的范围、"非法提供公民个人信息"和"非法获取公民个人信息"行为的认定标准；在量刑方面，规定了认定"情节严重""情节特别严重"的要素。规定设立网站、通讯群组侵犯公民个人信息的，按照非法利用信息网络罪定罪处罚；网络服务提供者拒不履行公民个人信息安全管理义务，经监管部门责令采取改正措施而拒不改正，致使用户的个人信息泄露，造成严重后果的，以拒不履行信息网络安全管理义务罪定罪处罚。

2017 年 7 月，网信办等四部门首次开展隐私条款专项工作，首次对微信、淘宝等十款网络产品和服务的隐私条款进行评审，旨在通过评审和宣传形成社会示范效应，带动行业整体个人信息保护水平的提升。2017 年 9 月公布的评审结果认为十款产品和服务在隐私政策方面均有不同程度的提升；均做到明示其收集、使用个人信息的规则，并获得用户的明确授权；其中，八款产品和服务做到了主动向用户提示，并提供更多选择权。有五款产品和服务在满足以上功能的基础上，还提供了更便利的在线"一站式"撤回和关闭授权，在线访问、更正、删除其个人信息，在线注销账户等功能。❷

---

❶　北京新浪互联信息服务有限公司与齐飞等名誉权纠纷二审民事裁定，北京市第三中级人民法院，案号：（2016）京 03 民辖终 591 号。

❷　四部门公布 10 款互联网产品和服务隐私条款评审结果［EB/OL］.（2017-09-24）［2021-03-03］.http://www.chinanews.com/cj/2017/09-24/8338806.shtml.

第二节 2017 年度中国传媒法事例及评析

一、全国人大通过《民法总则》

◆ **事例简介**

2017 年 3 月 15 日，全国人民代表大会第十二届第五次会议通过了《中华人民共和国民法总则》，该法自 2017 年 10 月 1 日起施行。

《民法总则》第八章"民事责任"中，第一百八十五条规定：侵害英雄烈士等的姓名、肖像、名誉、荣誉，损害社会公共利益的，应当承担民事责任。民法总则的生效，意味着在民事基本法中，通过侵权责任的特别规定，对"英雄烈士"的人格权益做出了特别保护。本条将"损害社会公共利益"作为承担民事责任的必要条件，认为在这类侵权纠纷中，法律保护的目标是"英烈"人格利益背后的"社会公共利益"。

◆ **简要评析**

《民法总则》第一百八十五条的规定，对公民人格权益的保护和侵权责任的承担增加了新的内容。该条所保护的人格权益属于特殊主体，同时还规定了"损害社会公共利益"的客观要件，使得该条规定的内容，超出了一般民事规范，具有宪法性意义。这对规范专业媒体和自媒体的相关表达有重要影响。

二、网络游戏《奇迹 MU》与《奇迹神话》著作权侵权与不正当纠纷案

◆ **事例简介**

2017 年 3 月 15 日，上海市知识产权法院对广州硕星信息科技股份有限公司、广州维动网络科技有限公司与上海壮游信息科技有限公司、上海哈网信息技术有限公司之间就网络游戏《奇迹 MU》和《奇迹神话》之间的著作权侵权及不正当竞争纠纷案作出二审判决。上述两款游戏的前 400 级中基本构成要素均相同或基本相同，

由此引发纠纷。一审中，原告诉称，《奇迹MU》游戏整体画面构成类电影作品，被告开发、运营的游戏侵犯其著作权及商标权，同时在游戏的运营和宣传过程中涉嫌不正当竞争。二被告辩称《奇迹MU》游戏中游戏元素为公共元素，不具有独创性，游戏画面不构成类电影作品或"其他作品"，不属于著作权法保护的范围，且相关宣传素材未刻意与《奇迹MU》进行关联，不构成侵权。一审法院判决，《奇迹MU》游戏整体画面构成类电影作品，被告行为侵犯原告著作权，赔礼道歉并赔偿损失。此外，被告维动公司"搭便车"的主观意图和客观行某极为明显，容易导致相关公众的误认为其游戏与涉案游戏存在某种联系，且事实上已造成相关公众的误认，构成虚假宣传的不正当竞争。被告硕星公司不服判决，提起上诉。二审法院审理查明，一审法院认定事实清楚，《奇迹MU》游戏整体画面构成类电影作品，相关报道内容也有引人误解的虚假宣传嫌疑，判决侵权成立，二被告停止虚假宣传的不正当竞争行为并赔偿合理费用。

◆ 简要评析

该案是全国首例通过司法裁判的方式认定网络游戏整体画面构成类电影作品的案件，且判赔数额较高，这体现出当前游戏产业对版权保护的强烈诉求。电影与类电影作品的构成要件、游戏交互画面是否可以构成类电影作品等问题引发了法律学界与传媒业界的广泛关注和深入探讨。

三、网信办、北京市网信办等多部门对违规直播进行查处

◆ 事例简介

2017年度，互联网信息管理机关对网络直播问题采取了多项处罚措施和治理行动。典型的有：2017年4月2日，网信办依法关停了包括"红杏直播""蜜桃秀"等18款直播类应用；2017年4月18日，北京市网信办、市公安局、市文化市场行政执法总队联合约谈今日头条、火山直播、花椒直播，依法查处上述网站涉嫌违规提供涉黄内容，责令其限期整改。

管理执法部门认为，这些直播平台的行为未能落实主体责任。在信息审核、应急处置、技术保障等方面存在制度缺失问题；在直播内容、用户分类管理、真实身

份信息认证、处理公众举报等方面存在重大管理漏洞；违规提供法律法规禁止的直播内容，具体包括低俗、色情、违法穿着制服、暴露个人隐私、进行色情交易等。

◆ **简要评析**

通过网络直播方式传播淫秽色情或个人隐私等违法内容，具有传播范围广、速度快、危害大的特点，执法部门采用约谈、行政处罚等多项措施规制上述违法行为，对于进一步明晰平台责任、促进平台义务和责任的承担有重要影响。

四、网信办出台对网络内容信息进行规范的系列文件

◆ **事例简介**

网信办自 2017 年 5 月起，陆续针对网络内容信息规范发布了若干文件，其中包括与《网络安全法》配套实施的《网络产品和服务安全审查办法（试行）》《关键信息基础设施安全保护条例（征求意见稿）》《互联网跟帖评论服务管理规定》《互联网论坛社区服务管理规定》《互联网群组信息服务管理规定》《互联网用户公众账号信息服务管理规定》，以及与互联网新闻信息服务管理相关的《互联网新闻信息服务管理规定》《互联网新闻信息服务许可管理实施细则》《互联网新闻信息服务新技术新应用安全评估管理规定》《互联网新闻信息服务单位内容管理从业人员管理办法》。

上述法律文件基本上覆盖了互联网信息内容规范的各个方面。具体而言，有新闻性信息内容服务规定，也有与新闻信息内容规范相关的网络安全审查、跟帖评论、论坛社区、群组、账号、新技术应用、从业人员等规定。

◆ **简要评析**

为实施《网络安全法》，网络主管部门发布了一系列旨在具体执行该法的配套行政规章和规范性法律文件，其中，涉及规制网络信息内容的规范性法律文件，对网络内容服务主体的法律义务、信息内容网络传播的行为规范、互联网新闻信息服务的管理规则等作出了较为详细的规定，这对我国互联网信息传播秩序产生了重要影响。

五、《中国好声音（第三季）》信息网络传播权案

◆ 事例简介

2017 年 5 月 16 日，北京市石景山区人民法院对暴风公司与腾讯公司就《中国好声音（第三季）》信息网络传播权系列纠纷案件作出判决，判决暴风公司未经授权盗播节目的行为构成侵权，依法赔偿腾讯公司经济损失 606 万元，每期节目赔偿金额达 101 万元。

本案中，法院综合以下几方面因素确定了赔偿数额：《中国好声音（第三季）》具有很高的知名度、很大的影响力及极高的商业价值；暴风公司在《中国好声音（第三季）》被列入国家版权局公布的 36 部重点影视作品预警名单之后，在中国版权保护中心多次发出预警通知的情况下，无视他人合法权益，仍然在涉案节目热播期间实施侵权行为，其侵权的主观恶意非常明显；暴风公司网站知名度高，广告客户覆盖面广，且在涉案节目中投放了广告，可以推断出被告通过实施侵权行为违法获利数额较大；腾讯公司因暴风公司涉案侵权行为所遭受的经济损失明显超出著作权法法定赔偿数额的上限 50 万元。为弥补权利人的经济损失、惩戒恶意侵权行为，适用高于法定赔偿上限的酌定金额。

◆ 简要评析

该案涉案单位知名度较高，法院在判决中对侵权事实认定清晰，且综合考虑了电视节目的知名度和商业价值、侵权者主观恶意程度、侵权者获益数额及权利人所受损失，突破了法定赔偿数额上限，以酌定金额进行了判赔。这引起了社会较大反响，在媒体融合时代对电视节目的网络版权保护有十分积极的意义。

六、《摸金校尉之九幽将军》著作权侵权及不正当竞争案

◆ 事例简介

2017 年 5 月 18 日，上海市浦东新区人民法院对原告上海玄霆娱乐信息科技有限公司与被告北京新华先锋文化传媒有限公司、北京新华先锋出版科技有限公司、

群言出版社、上海新华传媒连锁有限公司、张某就《摸金校尉之九幽将军》引发的著作权侵权及不正当竞争纠纷一案作出判决。

原告诉称五被告在创作、出版、发行涉案《摸金校尉之九幽将军》图书时大量使用原告拥有版权的作品《鬼吹灯》系列小说的人物名称、人物形象、人物关系、盗墓方法、盗墓禁忌和规矩等独创性表达要素，侵犯了原告享有的演绎权，且擅自使用原告知名商品特有的作品名称和主要人物名称的行为及与电影《寻龙诀》有关的引人误解的虚假宣传行为构成不正当竞争。

法院经审理认定，被控侵权图书虽然使用了原告拥有版权作品的人物名称、人物关系等要素，但有其独立的情节和表达内容，形成了一个全新的故事内容，故被告行为不构成著作权侵权。而原告所主张的人物形象、盗墓规矩及禁忌等要素由被告张某创作，在这些要素不构成表达要素，不属于著作财产权保护范围，被告张某作为原著的作者，有权使用其在原著小说中创作的要素再创作出新的作品。被告张某利用自己创造的这些要素创作出不同于权利作品表达的新作品的行为并无不当。此外，涉案微博中虽然包括"鬼吹灯"三字，但仅是对文字的叙述性使用，并不存在突出使用"鬼吹灯"字样作为商业标识使用的情形，同样不属于擅自使用知名商品特有名称的不正当竞争行为。被控侵权图书模仿原告图书的封面封底，进行宣传推广，构成虚假宣传，判决部分被告承担民事责任并支付合理费用，其行为构成不正当竞争，但不构成侵犯著作权。

◆ 简要评析

该案系全国首例同人作品著作权侵权及不正当竞争纠纷案，对作品的著作财产权和基于作品相关要素所形成的权益进行了严格区分，对文字作品中的人物形象等相关要素不构成表达作出合理的分析和判定，指出人物形象等要素即使不受著作权法的保护，其整体仍有可能受到反不正当竞争法的保护，并对作者授权合同中作品再创作、外围产品开发的权益的排他性或独占性进行了判定。

七、广电总局责令联通、移动全面整改违规 IPTV 业务

◆ 事例简介

2017 年 6 月 9 日，广电总局在官网发文责令中国联通、中国移动停止违规的 IPTV 业务，并对已开展的 IPTV 传输服务业务（IPTV 是利用宽带有线电视网的基础设施，以家用电视机为主要终端电器，完成接收视频点播节目、视频广播及网上冲浪等功能）进行全面整改，整改工作应于 2017 年 6 月底前完成。文件中指出，由于中国联通集团公司、中国移动集团公司在开展 IPTV 传输服务的过程中，存在严重违反国务院相关文件和广电总局发布的《专网及定向传播视听节目服务管理规定》关于 IPTV 管理规定的情形，有严重安全隐患，对用户权益造成了损害。但文件并未指出具体存在什么问题。

◆ 简要评析

随着网络技术的不断进步，"诸网合一"已经成为一种趋势。此次广播电视主管部门责令属于基础电信运营商的中央企业进行整改，反映了三网融合背景下不同部门的利益冲突。

八、《梦幻西游 2》著作权纠纷

◆ 事例简介

2017 年 11 月 24 日，广州知识产权法院对广州网易计算机系统有限公司与广州华多网络科技公司就《梦幻西游 2》著作权纠纷作出一审判决。

网易公司诉称，华多公司通过 YY 游戏直播网站等平台，直播、录播、转播《梦幻西游 2》（涉案电子游戏）游戏内容。认为涉案电子游戏属计算机软件作品，游戏运行过程呈现的人物、场景、道具属美术作品，游戏过程中的音乐属音乐作品，游戏的剧情设计、解读说明、活动方案属文字作品，游戏运行过程呈现的连续画面属以类似摄制电影创作方法创作的作品，被告窃取其原创成果，损害了其合法权利。

华多公司辩称网易公司非权利人，涉案电子游戏的直播画面是玩家游戏时即时操控所得，不是著作权法规定的任何一种作品类型；且游戏直播是在网络环境下个人学习、研究和欣赏的方式，属于著作权法中的个人合理使用行为。

法院认为，游戏画面构成类电影作品，被告的行为构成侵权。判决被告停止通过网络传播《梦幻西游》或《梦幻西游 2》的游戏画面，并赔偿原告经济损失 2000 万元。

◆ 简要评析

该案关于网络游戏画面是否构成电影及类电影作品、游戏直播涉及的专有权利、游戏直播是否构成著作权法意义上的"合理使用"及高额赔偿等焦点问题引起了广泛关注和探讨。法院在确认用户在游戏动态画面形成过程中无著作权法意义上创作劳动的同时，认定用户参与互动的游戏连续画面为类电影作品，对更好地保护权利人的权利，促进产业发展都有很大的意义。

九、全国人大常委会组织对"一法一决定"的实施情况进行检查

◆ 事例简介

2017 年 12 月 24 日，全国人大常委会副委员长王胜俊针对 2017 年 8—10 月对《网络安全法》和《全国人民代表大会常务委员会关于加强网络信息保护的决定》实施状况进行了检查，在第十二届全国人民代表大会常务委员会第三十一次会议上公开了执法检查组的报告。

报告中介绍了《网络安全法》与《全国人民代表大会常务委员会关于加强网络信息保护的决定》在各地的宣传教育情况、相关配套法规政策的制定和出台情况、网络运行中的安全防范能力提升情况、对网络空间违法违规信息的治理情况、网络空间中个人信息的保护情况及网络安全技术的创新。

◆ 简要评析

全国人大常委会对《网络安全法》和《全国人民代表大会常务委员会关于加强网络信息保护的决定》的实施状况进行了执法检查，显示出最高国家权力机关对互联网领域法律实施情况的关注，"一法一决定"切实有效地得到落实，是处理好安

全问题和内容信息流动的关系的基础，必然会对网络环境下的专业媒体和自媒体的表达及内容信息传播产生影响。对一部新制定的法律实施不满 3 个月即启动执法检查，这在全国人大常委会监督工作中尚属首次。

总结

2017 年度中国传媒法事例涉及 2 个立法、3 个传媒监管、4 个著作权案例，涉及英烈人格权益保护、网络游戏画面著作权侵权、网络直播监管、网络信息内容监管、同人作品著作权、传媒与司法关系、著作权法定赔偿、网络安全等问题。

第八章　2018 年度中国传媒法治发展

第一节　2018 年度中国传媒法治发展

一、有关传媒的指导方针和法律

2018 年 3 月，第十三届全国人大第一次会议通过的宪法修正案共 21 条（按照历次修正案序数为第 32 ～ 52 条），其中在序言确立了科学发展观、习近平新时代中国特色社会主义思想的指引地位，在第一条增加了"中国共产党的领导是中国特色社会主义最本质的特征"的内容，第二十四条增加了倡导社会主义核心价值观的内容，诸多内容为传媒法治的发展方向提供了宪法指引。

2018 年 4 月，全国人大常委会通过《英雄烈士保护法》，全面加强对英雄烈士的保护，规定文化传媒部门应当鼓励和支持以英雄烈士事迹为题材、弘扬英雄烈士精神的优秀作品的创作生产和宣传推广，传媒机构应当广泛宣传英雄烈士事迹和精神。禁止歪曲、丑化、亵渎、否定英雄烈士事迹和精神。任何组织和个人不得在公开场所或者媒体上以侮辱、诽谤或者其他方式侵害英雄烈士的姓名、肖像、名誉、荣誉，不得将英雄烈士的姓名、肖像用于或者变相用于商标、商业广告，违者要承担民事、行政甚至刑事责任。

2018年8月，全国人大常委会通过《中华人民共和国电子商务法》，它是继《网络安全法》之后互联网领域的又一部法律。该法调整电子商务活动中的各种社会关系，包括电子商务经营者、电子商务平台经营者和消费者之间的关系，通过互联网等信息网络销售商品或者提供服务的商务活动从此有法可依。此法规定利用信息网络提供的新闻、信息、音视频节目、出版及文化产品等方面的内容服务，不在该法调整范围内，明晰了电子商务与互联网内容服务的界限。

党和国家领导人也频频就传媒工作及相关事项作出指示。

2018年4月，习近平总书记在全国网络安全和信息化工作会议上强调，必须敏锐抓住信息化发展的历史机遇，加强网上正面宣传，维护网络安全，推动信息领域核心技术突破，发挥信息化对经济社会发展的引领作用，加强网信领域军民融合，主动参与网络空间国际治理，自主创新推进网络强国建设。

2018年8月，习近平总书记在全国宣传思想工作会议上发表讲话，强调完成新形势下宣传思想工作的使命任务，必须以新时代中国特色社会主义思想和党的十九大精神为指导，增强"四个意识"、坚定"四个自信"，自觉承担起举旗帜、聚民心、育新人、兴文化、展形象的使命任务，坚持正确的政治方向，在基础性、战略性工作上下功夫，在关键处、要害处下功夫，在工作质量和水平上下功夫，推动宣传思想工作不断强起来，促进全体人民在理想信念、价值理念、道德观念上紧紧团结在一起，为服务党和国家事业全局做出更大贡献。

2018年11月，习近平主席在中国国家进口博览会上发表主旨演讲，强调要坚决依法惩处侵犯外商合法权益特别是侵犯知识产权行为，提高知识产权审查质量和审查效率，引入惩罚性赔偿制度，显著提高违法成本。

二、新闻出版与广播影视监管

2018年2月，党的十九届三中全会通过《深化党和国家机构改革方案》，并决定将其中部分内容按照法定程序提交全国人大审议。2018年3月，第十三届全国人大第一次会议审议通过了《国务院机构改革方案》。这两个"方案"中与传媒相关的内容有：中央网络安全和信息化领导小组改为中央网络安全和信息化委员会，优化中央网络安全和信息化委员会办公室职责。中宣部统一管理新闻出版、电影工作，将广电总局的新闻出版、电影管理职责划入中宣部，对外加挂国家新闻出版署（国家版权局）、国家电影局牌子。国务院组建国家广播电视总局，将其作为国务院的直属机构，不再保留国家新闻出版广电总局。组建中央广播电视总台，将其作为国务院直属事业单位，归口中央宣传部领导。撤销中央电视台（中国国际电视台）、中央人民广播电台、中国国际广播电台建制，对内保留原呼号，对外统一呼号为"中国之声"，重新组建国家知识产权局，整合组建文化市场综合执法队伍等。根据《国务院机构改革方案》，国家广播电视总局、国家新闻出版署、国家版权局、国家电影局于 2018 年 4 月 16 日分别挂牌。2018 年 9 月，广电总局的三定方案出台，规定了其主要职责和下设的 13 个司，其中，媒体融合发展司和安全传输保障司是新增的。

2018 年 12 月，国务院办公厅继 2008 年和 2014 年以后，第三次印发了《文化体制改革中经营性文化事业单位转制为企业的规定》和《进一步支持文化企业发展的规定》，保留和延续了原有给予转制企业的财政支持、税收减免、社保接续、人员分流安置等多方面优惠政策，支持力度不减，特别是增加了有关加强党对转制后的文化企业的领导、保障"内容导向"等内容。

（一）新闻出版

1. 规范新闻采编秩序

《互联网新闻信息服务管理规定》进一步落实。2018 年前三季度，各地网信办会同属地电信主管部门关闭"法治山东网""河南环保网""当代中国网"等违规从事互联网新闻信息服务的网站；关闭"四川新闻网""合肥新闻在线""中央电视台闻道栏目官网""网信新闻网"等侵权假冒网站。上海市网信办对上海佩柏公司未获得互联网新闻信息服务许可即非法组建"新闻采编团队"，在"好奇心日报"网络平台上提供时政新闻信息作出了处罚，责令其停止互联网新闻信息服务。南充市网信办对于不具有新闻采编资质的四川某法治网工作人员自制"新闻采访"牌子放置于私家车上的行为进行了约谈训诫。网信办还指导北京网信办对凤凰网、凤凰新

闻客户端传播违法不良信息，歪曲篡改新闻标题原意，违规转载新闻信息等问题，约谈了凤凰网负责人，要求其限期整改。❶

"扫黄打非"部门继续开展"秋风2018"专项行动，2018年1—8月，全国共查办"三假"刑事案件80多起，依法惩治一大批借媒体报道、网络曝光，危害企业和群众利益、实施敲诈勒索的人员，集中曝光了两批"三假"（假媒体、假记者站、假记者）典型案件。❷

2018年8月，由网信办违法和不良信息举报中心主办、新华网承办的中国互联网联合辟谣平台正式上线，为公众提供了辨识和举报谣言的权威平台。

2. 整治网络文学

2018年5—8月，国家新闻出版署和全国"扫黄打非"办公室联合开展了2018年网络文学专项整治行动，整治对象包括：传播导向不正确、内容低俗的网络文学作品行为；传播淫秽色情网络文学作品行为；侵权盗版行为。整治行动关闭了400余家境内外违法违规文学网站。❸2018年10月，上述两部门就微信公众号传播淫秽色情和低俗网络小说问题约谈了腾讯，责令其立即下架违背社会主义核心价值观，低俗、庸俗、媚俗的网络小说，坚决清理传播淫秽色情等有害内容的微信公众号，切实履行企业主体责任。❹

3. 规范网络游戏

针对网络游戏中文化内涵缺失、用户权益保护不力、青少年网络沉迷的问题，中宣部、网信办等部门联合印发了《关于严格规范网络游戏市场管理的意见》，并

---

❶　三季度全国网信系统持续加大行政执法力度［EB/OL］.（2018-11-01）［2021-03-03］. https：//baijiahao.baidu.com/s？id=1615926962814401040&wfr=spider&for=pc.

❷　全国"扫黄打非"办公室公布"秋风2018"专项行动第二批"三假"案件［EB/OL］. （2019-09-17）［2021-03-03］.http：//www.shdf.gov.cn/shdf/contents/767/385150.html.

❸　新闻出版、"扫黄打非"部门联合开展网络文学专项整治［EB/OL］.（2018-06-14） ［2021-03-03］.http：//www.shdf.gov.cn/shdf/contents/767/379941.html.

❹　两部门约谈腾讯：清理传播淫秽色情等有害内容微信公众号［EB/OL］.（2018-10-26） ［2021-03-03］.http：//www.xinhuanet.com/2018-10/26/c_1123620434.htm.

查处了河南郑州陈某传播淫秽物品案❶等七起网络游戏违法犯罪重大案件。❷

2018 年 8 月，根据教育部等八部门印发《综合防控儿童青少年近视实施方案》，国家新闻出版署对网络游戏实施总量调控，控制新增网络游戏上网运营数量，探索符合国情的适龄提示制度，采取措施限制未成年人使用时间。

为贯彻落实中宣部关于开展严格规范网络游戏市场管理专项行动、网络直播违法违规行为整治行动等统一部署，文化和旅游部（以下简称"文旅部"）组织对网络表演、网络游戏市场开展集中执法检查，集中排查和清理手机表演平台传播渠道、网络表演市场禁止内容，规范网络文化市场经营秩序。花椒直播因在游戏中将港台作为国家，被北京市网信办责令全面整改。❸

4. 加强出版物管理

2018 年 3 月，广电总局开展出版物"质量管理 2018"专项工作，以 2017 年以来出版的、社科、文艺、少儿、教材教辅、生活、地图和古籍类图书为重点，开展内容质量和编校质量检查，对引进版和公版图书质量加大检查力度；以"三审三校"制度执行情况检查为重点，进一步加强了图书质量保障制度建设。❹

2018 年 8 月，国家新闻出版署发布关于 2018 年第一季度、第二季度印刷复制暨内部资料性出版物专项督查情况的通报，督察组随机抽查了 10 个省（区、市）的 76 家印刷复制企业，指导地方管理和执法部门对 27 家违规企业给予行政处罚。在网络出版方面，2018 年 4 月，北京市网信办等部门就京东在网上售卖违法违规出版物及印刷品，约谈了其负责人并责令整改。❺2018 年 10 月，北京市网信办就 360doc

---

❶ 陈某制作、复制、出版、贩卖、传播淫秽物品牟利二审刑事裁定，郑州市中级人民法院，案号：（2019）豫 01 刑终 217 号。

❷ 公安部文化部全国"扫黄打非"办查处一批网络游戏违法犯罪重大案件［EB/OL］.（2018-03-01）［2021-03-03］.http：//www.xinhuanet.com/mrdx/2018-03/01/c_137007201.htm.

❸ 花椒直播将港台作为"国家" 北京网信办责令全面整改［EB/OL］.（2018-01-15）［2021-03-03］.http：//news.youth.cn/sh/201801/t20180115_11284031.htm.

❹ 关于开展出版物"质量管理 2018"专项工作的通知［EB/OL］.（2018-03-15）［2021-03-03］.http：//www.nrta.gov.cn/art/2018/3/15/art_113_35016.html.

❺ 未依法尽责导致违法违规出版物在网上传播，京东被五部门约谈［EB/OL］.（2018-04-02）［2021-03-03］.https：//www.thepaper.cn/newsDetail_forward_2055557_1.

个人图书馆长期存在大量严重违法违规信息问题，责令其限期整改。❶

（二）广播影视

2018年1月，广电总局印发《关于进一步加强广播电视节目备案管理和违规处理的通知》，明确了电视上星综合频道播出歌唱选拔、晚会、引进境外模式节目和在黄金时段播出的综艺娱乐、真人秀、访谈脱口秀类等节目须提前2个月向省级广电局备案，省级广电局同意后，向广电总局备案。所有受到广电总局整改、警告、停播处理的节目，不得以任何形式复播、回放或变相播出，也不得在互联网新媒体上播出。

2018年2月，广电总局发出通知，要求对网络视听直播答题活动加强管理，规范网络传播秩序，防范社会风险。2018年3月，广电总局办公厅出台特急文件《关于进一步规范网络视听节目传播秩序的通知》，禁止非法抓取、剪拼改编视听节目的行为，加强网上片花、预告片等视听节目管理，加强对各类节目接受冠名、赞助的管理；严格落实属地管理责任。

2018年2月，广电总局发布《电影行政处罚裁量办法（征求意见稿）》公开征求意见，对电影处罚裁量的原则和程序作了详细规定。2018年3月，广电总局发布《点播影院、点播院线管理规定》，拓宽了点播影院的范围，要求点播院线应当拥有片源的发行权，国产电影的放映场次和时段不得低于全年放映电影时长总和的2/3。

2018年8月，广电总局发布《未成年人节目管理规定（征求意见稿）》，对未成年人节目内容规范、类型规范和传播规范作了详细规定，强调要防止未成年人节目出现商业化、成人化和过度娱乐化倾向。未成年人节目不得宣扬童星效应或包装、炒作明星子女，不满10岁的儿童禁止代言广告，并且播出过程中至少每隔30分钟设置明显的休息提示。若以科普、教育、警示为目的，节目中确有必要出现上述内容的，应当适时地在显著位置设置明确提醒，并作相应技术处理。

2018年9月，针对收视率造假问题的舆情，广电总局对收视率问题展开调查，

---

❶　北京网信办约谈360doc个人图书馆责令暂停服务限期整改［EB/OL］.（2018-10-15）
［2021-03-03］.http：//www.bjnews.com.cn/news/2018/10/15/511071.html.

表示一经查实有违法违规问题，必将严肃处理。2018 年 12 月，广播电视节目收视综合评价大数据系统正式开通试运行，有望从根本上解决收视率造假问题。

2018 年 9 月，广电总局起草《境外视听节目引进、传播管理规定（征求意见稿）》和《境外人员参加广播电视节目制作管理规定（征求意见稿）》，重申禁止引进境外时事类新闻节目，要求对所有境外视听节目引进实施许可制度，网络视听节目服务单位可以对广播电视播出机构以直播方式引进的境外视听节目进行同步转播，其他单位和个人不得通过信息网络直播境外视听节目。网络视听节目服务单位可供播出的境外视听节目，但不得超过该类别可供播出节目总量的 30%。境外人员作为主创人员比例不得超过 30%（港澳台除外）。

2018 年 11 月，广电总局发布《关于进一步加强广播电视和网络视听文艺节目管理的通知》，要求遏制追星炒星、泛娱乐化等不良倾向，严格控制偶像养成类节目和影视明星子女参与的综艺娱乐和真人秀节目，减少有影视明星参与的娱乐节目的播出量，每个节目全部嘉宾总片酬不超过节目总成本的 40%，主要嘉宾片酬不超过嘉宾总片酬的 70%，严禁播出机构对制作机构提出收视率承诺要求，严禁签订收视对赌协议，严禁干扰、伪造收视率（点击率）数据。

2018 年 11 月，北京市广播电视局下发通知，自 2019 年 2 月起，网络视听节目由节目制作公司进行备案，不再通过网络播放平台备案，在未取得规划备案号前，不得进行拍摄，成片还须提交省级广电局审核。这意味着视频网站自审自播时代即将结束，台网同一标准正在落地。

三、互联网治理

（一）规范互联网信息内容

1. 监管部门严格执法，净化互联网信息内容

危害国家安全、导向不正确、色情低俗、危害未成年人、侮辱英烈是 2018 年度互联网信息内容治理的重点。

2018 年前三季度，网信办严厉打击了网上传播危害国家安全信息行为，会同有关部门关闭了"舆情日报""飞盘侠""绿华网"等一批传播危害国家安全信息的违

法网站；相关网站按照服务协议关闭或禁言"禚律师_aj6""玄鸟"等一批发布反对宪法基本原则信息的账号。❶

在全国"扫黄打非"办公室开展的"净网2018"专项行动中，2018年1—4月，各地共处置淫秽色情等有害信息175万余条，取缔、关闭淫秽色情网站2.2万余个，查办淫秽色情信息案件390余起。❷北京市网信办约谈了新浪微博负责人，指出其持续传播炒作导向错误、低俗色情、民族歧视等违法违规信息，责令其热搜、热门话题榜等板块暂时下线整改。❸公安部会同其他部门对各大视频网站在儿童频道播放"邪典片"的行为进行了查处。2018年6月，全国"扫黄打非"办公室约谈网易云音乐等网站负责人，要求清理涉及色情低俗的内容。2018年12月，网信办会同有关部门开展清理整治专项行动，依法关停肆意传播淫秽表演、宣扬血腥暴力、窃取隐私等各类App共计3469个。❹

网络作者刘某因编写和描写男同性恋性行为书籍，并通过网络销售7000余册，获利15万元。该书被主管部门认定为淫秽出版物，2018年10月，安徽芜湖县法院一审认定刘某构成制作、贩卖淫秽物品牟利罪，判刑10年6个月并处罚金。❺

"今日头条"在2017年底因传播色情低俗信息被网信办约谈之后，关闭了其社会频道，集中清理了违规账号。2018年1月，今日头条又对其算法推送进行了调整，大规模招聘内容审核编辑岗位。2018年4月，广电总局又发现今日头条的"内涵段子"客户端软件和相关公众号存在导向不正、格调低俗等突出问题，责令其永久关停。同时，网信办责令今日头条、凤凰新闻、天天快报等App暂停下载服务。今日

❶　2018年全国网信行政执法工作取得新实效［EB/OL］.（2019-01-24）［2021-03-03］. http：//www.cac.gov.cn/2019-01/24/c_1124034877.htm.

❷　"净网2018"行动：严格整治网络淫秽色情信息阶段性成效突出［EB/OL］.（2018-05-24）［2021-03-03］.http：//www.xinhuanet.com/politics/2018-05/24/c_1122883122.htm.

❸　北京市网信办依法约谈新浪微博　热搜榜、热门话题榜等板块暂时下线整改［EB/OL］.（2018-01-27）［2021-03-03］.http：//www.cac.gov.cn/2018-01/27/c_1122326857.htm.

❹　国家网信办开展专项整治依法关停3469款App［EB/OL］.（2018-12-29）［2021-03-03］. http：//it.people.com.cn/n1/2018/1229/c1009-30494737.html.

❺　创作售卖黄文获刑十年引争议　"天一案"中的罪与罚［EB/OL］.（2019-01-05）［2021-03-03］.http：//media.people.com.cn/n1/2019/0105/c40606-30505248.html.

头条随即进行整改，招募审核员 4000 名，进一步加强内容审核。❶

《英雄烈士保护法》颁行后，北京市网信办等联合约谈属地重点网站，责令其严格贯彻落实法律规定，切实履行主体责任，采取有效措施坚决抵制网上歪曲、丑化、侮辱英烈形象的违法违规行为。新浪视频、爱奇艺等因提供恶搞红色经典及英雄人物的视频被文化市场监管部门处罚。❷2018 年 5 月，今日头条发现"暴走漫画"账号有侮辱、诽谤侵害英雄烈士形象的内容，主动予以封禁。新浪微博也关闭了"@ 暴走漫画"等多个严重违规账号。2018 年 6 月，北京市网信办、北京市工商局针对抖音等公司在搜狗引擎投放的广告中出现侮辱英烈内容，联合约谈了上述企业，责令其整改。

对近年兴起的直播、短视频等网络传播方式，主管部门应予以充分关注。全国"扫黄打非"办公室召集多家互联网企业，要求网络直播及短视频企业加强内容管理。2018 年 2 月，网信办对网络直播平台和网络主播进行专项清理整治，关停了一批低俗媚俗、斗富炫富、调侃恶搞、价值导向存在偏差的严重违规、影响恶劣的平台。❸2018 年 7 月，网信办会同其他五部门开展网络短视频行业集中整治工作，处置了哔哩哔哩、秒拍等一批违法违规平台。❹2018 年 8 月，广电总局要求北京市文化市场行政执法总队对快手、抖音传播违法内容的行为作出处罚。❺2018 年 10 月，虎牙网络主播杨凯莉在直播时公开戏唱中华人民共和国国歌，并作为自己"网络音乐会"的"开幕曲"，被上海市公安局静安分局行政拘留 5 日。❻2018 年 11 月，网信办等部门对自媒体账号开展集中清理整治专项行动，处置了 9800 多个自媒体账

---

❶ 今日头条大规模招聘内容审核编辑，党员优先［EB/OL］.（2018-01-03）［2021-03-03］. http://www.ce.cn/xwzx/kj/201801/03/t20180103_27543455.shtml.

❷ 文化和旅游部：新浪视频、爱奇艺等因提供恶搞视频被罚［EB/OL］.（2018-04-02）［2021-03-03］.https://baijiahao.baidu.com/s？id=1596624174427005942&wfr=spider&for=pc.

❸ 国家网信办依法查处严重违规网络直播平台和主播［EB/OL］.（2018-02-14）［2021-03-03］.http://www.xinhuanet.com/zgjx/2018-02/14/c_136974827.htm.

❹ 国家网信办会同五部门依法处置"内涵福利社"等 19 款短视频应用［EB/OL］.（2018-07-26）［2021-03-03］.http://www.cac.gov.cn/2018-07/26/c_1123182822.htm.

❺ 国家广电总局：对快手、抖音开办单位作出警告和罚款［EB/OL］.（2018-08-14）［2021-03-03］.http://www.xinhuanet.com/legal/2018-08/14/c_1123269360.htm.

❻ 网红莉哥虎牙直播戏唱国歌遭网友举报后被封［EB/OL］.（2018-10-10）［2021-03-03］. https://baijiahao.baidu.com/s？id=1613891365263973889&wfr=spider&for=pc.

号，并约谈了 10 家客户端自媒体平台，要求各平台清理涉及低俗色情、"标题党"、炮制谣言、黑公关、洗稿圈粉，以及刊发违法违规广告、插入二维码或链接恶意诱导引流、恶意炒作营销等问题账号；全面清理僵尸号、僵尸粉，修订账号注册规则，改进推荐算法模型，完善内容管理系统。❶

2. 互联网监管规范密集出台，强化网络服务提供者主体责任

2018 年 2 月，网信办发布《微博客信息服务管理规定》，该规定提出了微博服务提供者主体责任、实名制、分级分类管理、辟谣机制等措施。2018 年 5 月，网信办成立中国网络社会组织联合会，各大互联网公司纷纷加盟。2018 年 8 月，全国"扫黄打非"办公室与工信部等六部门联合下发《关于加强网络直播服务管理工作的通知》，首次明确了行业监管中网络直播服务提供者、网络接入服务提供者、应用商店的各自责任，推动了互联网企业严格履行主体责任。

网信部门还将监管拓展到了一些新领域。2018 年 1 月，上海市网信办就万豪国际集团在给会员邮件中将我国西藏和港澳台地区列为"国家"的事件，约谈了万豪负责人，责令其官方网站及 App 自行关闭一周并全面进行整改。❷2018 年 3 月，网信办和证监会发布《关于推动资本市场服务网络强国建设的指导意见》，以推动网信事业和资本市场协同发展，保障国家网络安全和金融安全，促进网信企业规范发展，发挥资本市场作用，推动网信企业加快发展。2018 年 9 月，国家宗教局会同网信办等部门发布了《互联网宗教信息服务管理办法（征求意见稿）》，拟对互联网宗教信息服务实行许可制度，这是我国首次对利用互联网进行宗教信息服务作出规定。2018 年 10 月，网信办发布《区块链信息服务管理规定（征求意见稿）》，明确了网信办是主管部门，对区块链实施备案制，对监管的属地管辖、监管对象、监管内容、监管流程、违规处罚办法作了规定。2018 年 12 月，网信办公布《金融信息服务管理规定》，就在网上从事金融分析、金融交易、金融决策或者其他金融活动的用户提供可能影响金融市场的信息或者金融数据的服务制定了规范。

❶　网信办整治自媒体乱象：处理 9800 个账号约谈微博微信［EB/OL］.（2018-11-12）［2021-03-03］.http：//www.bjnews.com.cn/finance/2018/11/12/520736.html.

❷　上海网信办：万豪国际集团推出八项整改措施［EB/OL］.（2018-01-18）［2021-03-03］.https：//travel.gmw.cn/2018-01/18/content_27377640.htm.

3. 加强对互联网广告治理

2018 年 2 月，国家工商管理总局发布《关于开展互联网广告专项整治工作的通知》，以社会影响大、覆盖面广的门户网站、搜索引擎、电子商务平台、移动客户端和新媒体账号等互联网媒介为重点，集中整治虚假违法互联网广告。2018 年 4 月，国家市场监督管理总局发布 2018 年第一批典型虚假违法广告案件，其中，今日头条 App 因发布多条未取得医疗广告审查证明的医疗广告被工商部门责令停止发布相关广告，并被处罚金近百万元。❶ 据统计，2018 年上半年，全国工商、市场监管部门共查处互联网广告案件 8104 件，同比增长 64.2%，罚没金额 11668.7 万元，同比增长 17%。❷

（二）网络安全法各种配套制度陆续出台

2018 年 1 月，全国信息安全标准化技术委员会发布了《信息安全技术网络安全等级保护定级指南（征求意见稿）》，为等级保护的具体适用提供了指引。2018 年 3 月，为规范测评行为，保障国家网络安全等级保护制度实施，公安部发布了《网络安全等级保护测评机构管理办法》，对测评机构的申请、管理、年审、责任等作了规定。

2018 年 6 月，公安部发布《网络安全等级保护条例（征求意见稿）》，旨在具体落实《网络安全法》第二十一条所确立的网络安全等级保护制度。

2018 年 9 月，公安部发布《公安机关互联网安全监督检查规定》，规定在重大网络安全保卫任务期间，公安机关可对互联网安全情况实行专项检查，并对监督检查的对象、内容、程序和法律责任作了明确规定。

2018 年 11 月，网信办和公安部发布《具有舆论属性或社会动员能力的互联网信息服务安全评估规定》，要求相关互联网信息服务提供者自行对信息服务和新技术新应用的合法性，落实法律、行政法规、部门规章和标准规定的安全措施的有效

---

❶ 国家市场监督管理总局公布 2018 年第一批典型虚假违法广告案件［EB/OL］.（2018-04-25）［2021-03-03］.http：//www.samr.gov.cn/xw/zj/201804/t20180425_277480.html.

❷ 2018 年上半年监管部门共查处互联网广告案件 8104 件［EB/OL］.（2018-07-20）［2021-03-03］.http：//www.ce.cn/xwzx/gnsz/gdxw/201807/20/t20180720_29811426.shtml.

性，防控安全风险的有效性等情况进行全面评估，并对评估结果负责。网信部门和公安机关就此开展了检查。

（三）划定互联网法院管辖范围

2018年9月，最高院发布《关于互联网法院审理案件若干问题的规定》，规定了互联网法院管辖范围包括：在互联网上首次发表作品的著作权或者邻接权权属纠纷；在互联网上侵害在线发表或者传播作品的著作权或者邻接权而产生的纠纷；在互联网上侵害他人人身权、财产权等民事权益而产生的纠纷；因行政机关作出互联网信息服务管理、互联网商品交易及有关服务管理等行政行为而产生的行政纠纷等11类。随后，北京、广州相继成立互联网法院。互联网法院综合运用互联网技术，推动了审判流程再造和诉讼规则重塑，是对传统审判方式的一次革命性重构。

（四）整治互联网行业不正当竞争

2018年，新修订的《反不正当竞争法》实施。国家市场监督管理总局联合国家发改委、工信部、公安部等多部门发布中国"2018网剑行动"方案，其中包括整治互联网不正当竞争行为，维护公平竞争的市场秩序。2018年5月，国家市场监督管理总局开展反不正当竞争执法重点行动，将互联网领域的刷单炒信等虚假宣传行为等作为治理重点。

2018年1月，北京市朝阳区人民法院在腾讯诉世界星辉公司不正当竞争案中，驳回原告诉讼请求，认为市场竞争具有天然对抗性，必然导致损害，只要该损害并非直接针对性的无任何可躲避条件或选择方式的特定性损害，就不单独构成评价竞争行为正当性的倾向性要件。具有选择性屏蔽广告功能的浏览器，其不针对特定视频经营者，亦未造成竞争对手的根本损害，故不构成不正当竞争行为。法律对经营模式的保护要谨慎，要给予市场最大的竞争空间。❶2018年8月，最高院发布第一批涉互联网典型案例共10个，其中，尚客圈公司诉"为你读诗"公司等

---

❶ 深圳市腾讯计算机系统有限公司与北京世界星辉科技有限责任公司不正当竞争纠纷一审民事判决，北京市朝阳区人民法院，案号：（2017）京0105民初70786号。

擅自使用知名服务特有名称纠纷案中，原告开展的"为你读诗"公益艺术活动已发布节目 473 期，产生了一定的社会影响，而被告建立"为你读诗客户端"并发布信息，法院认定被告构成不正当竞争，判决被告停止使用此名称并赔偿损失。❶最高院认为，对于互联网环境下的竞争纠纷，要结合网络本身所具有的特点，充分考虑互联网软件产品或服务的模式创新及市场主体的劳动付出，通过司法裁判，促进合理竞争和规范市场竞争秩序。❷

2018 年 8 月，广东省高级人民法院对爱奇艺公司诉华多公司（虎牙直播平台）侵害作品信息网络传播权及不正当竞争案作出再审裁定，认为被告为涉案作品提供的服务属于信息存储空间服务，设置了版权提示及投诉指引，尽到了合理审查义务和管理责任；未对用户直播的涉案内容进行任何编辑推荐及修改；不知道也没有合理理由知道用户的传播行为；也未从中直接获取经济利益，不认定为帮助侵权，故维持二审判决。❸本案对于界定直播平台的注意义务有积极示范作用。

2018 年 9 月，杭州铁路运输法院对淘宝公司诉安徽美景公司不正当竞争纠纷案作出一审判决。法院查明淘宝公司对涉案数据产品享有合法权益，美景公司通过提供远程登录已订购涉案数据产品用户电脑技术服务的方式，招揽、组织、帮助他人获取涉案数据产品中的数据内容，并从中获取利益，构成不正当竞争，判令其停止侵权行为并赔偿淘宝公司经济损失及合理费用共计 200 万元。❹此案是我国首例互联网大数据产品不正当竞争纠纷案，明确了大数据能否成为民事权利客体、如何把

---

❶ 尚客圈（北京）文化传播有限公司与为你读诗（北京）科技有限公司等擅自使用知名商品特有名称、包装、装潢纠纷一审民事判决，北京市朝阳区人民法院，案号：（2015）朝民初字第46540 号；为你读诗（北京）科技有限公司与尚客圈（北京）文化传播有限公司不正当竞争纠纷二审民事判决，北京知识产权法院，案号：（2016）京 73 民终 76 号。

❷ 最高人民法院发布第一批涉互联网典型案例［EB/OL］.（2018-08-16）［2021-03-03］. https://www.chinacourt.org/article/detail/2018/08/id/3459515.shtml.

❸ 北京爱奇艺科技有限公司、广州华多网络科技有限公司著作权权属、侵权纠纷、商业贿赂不正当竞争纠纷再审审查与审判监督民事裁定，广东省高级人民法院，案号：（2018）粤民申2558 号。

❹ 淘宝（中国）软件有限公司与安徽美景信息科技有限公司不正当竞争纠纷一案一审民事判决，杭州铁路运输法院，案号：（2017）浙 8601 民初 4034 号；安徽美景信息科技有限公司、淘宝（中国）软件有限公司商业贿赂不正当竞争纠纷二审民事判决，杭州市中级人民法院，案号：（2018）浙 01 民终 7312 号；安徽美景信息科技有限公司、淘宝（中国）软件有限公司不正当竞争纠纷再审审查与审判监督民事裁定，浙江省高级人民法院，案号：（2019）浙民申 1209 号。

据网络运营商对原始网络数据的权利边界、网络运营商对其开发的大数据产品是否享有法定权益等一系列值得深入探讨的新问题。

四、信息公开

（一）政务信息公开有新进展

2018 年 1 月，网信办、发改委、工信部联合印发了《公共信息资源开放试点工作方案》，确定在北京、上海、浙江、福建、贵州开展试点，建立统一开放平台，明确开放范围，提高数据质量，促进数据利用，建立完善制度规范，加强安全保障。

2018 年 4 月，国务院办公厅印发《2018 年政务公开工作要点》，要求围绕建设法治政府全面推进政务公开，建立市场准入负面清单信息公开机制，抓好财政预决算、重大建设项目批准和实施、公共资源配置、社会公益事业建设等领域政府信息公开制度的贯彻落实，围绕稳定市场预期加强政策解读，围绕社会重大关切加强舆情回应，提升政务服务工作实效，强化政府网站建设管理，用好"两微一端"平台。

2018 年 7 月，国务院印发《关于加快推进全国一体化在线政务服务平台建设的指导意见》，就推进"互联网＋政务服务"，建设全国一体化在线政务服务平台作出部署。

2018 年 12 月，国务院办公厅印发《关于推进政务新媒体健康有序发展的意见》，要求注重运用生动活泼、通俗易懂的语言及图表图解、音频视频等公众喜闻乐见的形式提升解读效果，强化政务新媒体服务功能，推动更多事项"掌上办"。

（二）司法公开更加深入务实

2018 年 2 月，《最高人民法院关于人民法院通过互联网公开审判流程信息的规定》发布，旨在规范法院审判流程公开行为，保障当事人的知情权。明确了审判流程信息公开的范围、方式和程序，除极特殊情况外，人民法院应当通过互联网向当事人公开一切依法应当公开的审判流程信息；确定了应当公开的四大类、20 余小类重要审判流程信息。

2018 年是"基本解决执行难"的决战之年，2018 年 5 月起，最高院和各地法院举行了多期"决胜执行难"全媒体直播活动，受到了社会广泛关注。2018 年 6 月，最高院通过官方微博对顾某等虚报注册资本，违规披露、不披露重要信息，挪用资金再审一案庭审全程进行了图文直播，共发布 129 条微博。❶2018 年 8 月，最高院官方新浪微博由于在司法公开、服务水平方面的出色表现，在"政务 V 影响力峰会"上获得了最佳政务公开案例奖。❷2018 年 10 月，新修订的《人民法院组织法》和《人民检察院组织法》都确立了司法公开原则。2018 年 11 月，最高院印发《关于进一步深化司法公开的意见》，重申坚持主动公开、依法公开、及时公开、全面公开、实质公开五项原则，从进一步深化司法公开的内容和范围、完善和规范司法公开程序、加强司法公开平台载体建设管理、强化组织保证四个方面提出了具体要求。

五、知识产权保护

（一）知识产权的行政监管力度更大

2018 年 2 月，广电总局改革办制定《新闻出版广播影视企业版权资产管理工作指引（试行）》，要求高度重视版权资产管理工作，推动落实版权资产管理。

2018 年 4 月，2018 中国网络版权保护大会发布了《2017 年中国网络版权保护年度报告》，指出"剑网 2017"专项行动在立案调查和行政查处的案件数量上均有提升，共检查网站 6.3 万个，关闭侵权盗版网站 2554 个，删除侵权盗版链接 71 万条，收缴侵权盗版制品 276 万件，立案调查网络侵权盗版案件 543 件，会同公安部门查办刑事案件 57 件、涉案金额 1.07 亿元。❸查办大案要案的数量和处罚力度空

---

❶ 顾某虚报注册资本，违规披露、不披露重要信息，挪用资金再审决定，最高人民法院，案号：（2016）最高院刑申 271 号。

❷ 最高人民法院官方微博获"最佳政务公开案例"奖［EB/OL］.（2018-08-03）［2021-03-03］.https：//www.chinacourt.org/article/detail/2018/08/id/3443236.shtml.

❸ 《2017 年中国网络版权保护年度报告》显示：侵权判赔力度加大［EB/OL］.（2018-04-26）［2021-03-03］.http：//www.xinhuanet.com/politics/2018-04-26/c_129859955.htm.

前，重点监管和专项整治领域由点及面，逐步深入。2018 年 7 月，国家版权局、网信办等联合开展"剑网 2018"专项行动，集中整治了网络转载、短视频、动漫等领域侵权盗版多发现象，重点规范了网络直播、知识分享、有声读物等平台的版权传播秩序。2018 年 9 月，国家版权局约谈抖音、快手等多家互联网企业，要求其提高版权意识，不得滥用避风港规则。❶

（二）知识产权司法保护的实践发展

1. 确立惩罚性赔偿思路

2018 年 4 月，北京高院发布《侵害著作权案件审理指南》，明确了案件的审理原则和审理思路，提出了"加大保护、鼓励创作、促进传播、平衡利益"的基本审理原则；规范了客体审查标准，统一署名的认定规则，提出了作品审查的四要件；界定了权利保护范围，提出了类案的审理规则；加大了权利保护力度，探索了惩罚性赔偿机制，细化了损害赔偿的适用方法和计算依据，回应了赔偿数额"举证难"的问题，并针对"恶意侵权"行为提出了惩罚性赔偿的思路。

2. 应对更多新型案件的挑战

2018 年 1 月，《红色娘子军》原作者梁某诉中央芭蕾舞团（以下简称"中芭"）侵害著作权纠纷案经过一审、二审、再审，最终法院认定舞剧《红色娘子军》演出不构成侵权，但中芭未向梁某支付表演报酬，故判决赔偿梁某 12 万元，并向其赔礼道歉。败诉方中芭发表声明，指责一审北京市西城区人民法院枉法裁判，并对法官进行语言攻击。北京市西城区人民法院和最高院通过微信谴责了拒不执行生效判决的行为，维护了司法权威。2018 年 5 月，最高院下发通知，要求各级法院妥善审理好使用红色经典作品报酬纠纷和英雄烈士合法权益纠纷案件，不得判令红色经典作品停止表演或演出。在确定红色经典作品报酬时，要综合考虑类型、实际表演或演出情形及演绎作品对红色经典作品使用比例等因素，充分考虑创作的特殊时代背

---

❶　国家版权局约谈抖音、快手等 15 家短视频企业 ［EB/OL］.（2018-09-14）［2021-03-03］. http：//society.people.com.cn/n1/2018/0914/c1008-30294576.html.

景，酌情确定合理报酬。❶

2018 年 4 月，北京知识产权法院对"国内体育赛事直播第一案"——新浪网诉凤凰网非法转播案作出终审判决，推翻一审判决对于体育赛事转播画面构成作品的认定，认为涉案两场赛事公用信号所承载连续画面既不符合电影作品的固定要件，亦未达到电影作品的独创性高度，故涉案赛事公用信号所承载的连续画面不构成著作权法意义上的电影作品。但二审法院认为，并不是任何情况下的中超赛事直播公用信号所承载连续画面均不可能符合电影作品独创性的要求，需要进行个案分析。❷

2018 年 8 月，广州市天河区人民法院对同人作品第一案——金庸诉《此间的少年》作者江南著作权侵权及不正当竞争纠纷一案作出一审判决。法院认为，《此间的少年》中使用金庸小说人物姓名数十个，但并未沿袭金庸小说情节，而是撰写全新的故事情节，创作出与金庸作品完全不同的校园青春文学小说，故不构成著作权侵权，但江南利用读者对金庸作品中武侠人物的喜爱来提升自身作品的关注度，多次以营利为目的出版且发行量巨大，其行为已超出必要限度，违背公认的商业道德，构成不正当竞争，判令赔偿金庸经济损失 188 万元。❸

2018 年 10 月，江苏省高级人民法院对现代快报诉今日头条侵害著作权案作出终审判决，驳回上诉，今日头条因未经授权转载现代快报 4 篇文章，须赔偿 10 万元❹，该案被称为传统媒体诉网络媒体非法转载第一案，是目前网络违法转载传统媒体原创新闻判赔数额最高的案例。

区块链在司法中的运用增多。2018 年 6 月，全国首例区块链存证案在杭州互联网法院一审宣判，法院支持了原告采用区块链存证的方式，并认定了对应的侵权事

❶ 梁某与中央芭蕾舞团著作权权属、侵权纠纷一审民事判决，北京市西城区人民法院，案号：（2012）西民初字第 1240 号；梁某等著作权权属、侵权纠纷二审民事判决，北京知识产权法院，案号：（2015）京知民终字第 1147 号；中央芭蕾舞团著作权权属、侵权纠纷申诉、申请民事裁定，北京市高级人民法院，案号：（2016）京民申 1722 号。

❷ 北京天盈九州网络技术有限公司等与北京新浪互联信息服务有限公司不正当竞争纠纷二审民事判决，北京知识产权法院，案号：（2015）京知民终字第 1818 号。

❸ 查某与杨某、北京联合出版有限责任公司著作权权属、侵权纠纷、商业贿赂不正当竞争纠纷一审民事判决，广州市天河区人民法院，案号：（2016）粤 0106 民初 12068 号。

❹ 北京字节跳动科技有限公司与江苏现代快报传媒有限公司、江苏现代快报传媒有限公司无锡分公司等著作权权属、侵权纠纷二审民事判决，江苏省高级人民法院，案号：（2018）苏民终 588 号。

实。❶2018 年 10 月，北京互联网法院开庭审理成立后受理的首起案件——"抖音短视频"诉"伙拍小视频"著作权权属、侵权纠纷一案，采用在线审理模式，作为原告，抖音短视频的运营方所提交的电子证据是通过北京中经天平公司司法电子证据云平台在线取得的 ❷，本案体现了对区块链技术在司法领域发展潜力的认可。

六、人格权保护

（一）网络侵害人格权典型案例

2018 年 1 月，医务工作者谭某因发网文质疑鸿茅药酒公司虚假宣传，被凉城县公安局以"涉嫌损害商品声誉罪"跨省追捕，在社会舆论高度关注及最高检、公安部的监督下，内蒙古自治区检察院指令凉城县检察院将该案退回公安机关补充侦查，并变更强制措施为取保候审，谭某才暂获自由。2018 年 5 月，谭某发道歉声明，鸿茅药酒公司随即声明接受致歉并撤回报案及侵权诉讼。❸

2018 年 3 月，鸿茅公司起诉上海律师程远经营的某微信公众号侵害名誉权，认为该公号的一篇文章标题"广告史劣迹斑斑的鸿茅药酒"，诋毁鸿茅国药商誉，还以"这 12 件典型虚假广告涉嫌违法，已被依法查处"开头来吸引读者眼球。上海市闵行区人民法院认为，涉案文章并未指明这 12 件虚假广告中有鸿茅药酒广告；鸿茅药酒广告确有违法记录，措辞虽尖锐，但不构成侮辱诽谤，驳回原告请求。❹

2018 年 6 月，由江苏省淮安市检察机关提起的全国首例英烈保护公益诉讼案件在淮安市中级人民法院审理，法院判决网民曾某对谢勇烈士救火一事在微信群中发表侮辱性言论，侵犯了英烈名誉权，损害了社会公共利益，责令其公开赔礼道歉。❺

❶ 杭州华泰一媒文化传媒有限公司与深圳市道同科技发展有限公司侵害作品信息网络传播权纠纷一案一审民事判决，杭州互联网法院，案号：（2018）浙 0192 民初 81 号。

❷ 北京微播视界科技有限公司与百度在线网络技术（北京）有限公司著作权权属、侵权纠纷一审民事判决，北京互联网法院，案号：（2018）京 0491 民初 1 号。

❸ 医生因发"鸿茅药酒"网帖被跨省抓捕［EB/OL］.（2018-04-16）［2021-03-03］.http://www.xinhuanet.com/legal/2018-04/16/c_1122686067.htm.

❹ 内蒙古鸿茅国药股份有限公司与程远名誉权纠纷一审民事判决，上海市闵行区人民法院，案号：（2018）沪 0112 民初 9577 号。

❺ 曾云名誉权纠纷一审民事判决，淮安市中级人民法院，案号：（2018）苏 08 民公初 1 号。

（二）个人信息保护有新进展

互联网巨头涉嫌侵犯个人信息事件频发，凸显了网络信息安全的重要性。

2018 年 1 月，针对支付宝年度账单涉嫌非法收集个人信息一事，网信办约谈支付宝和芝麻信用负责人，责令其全面排查，专项整顿。江苏省消费者权益保护委员会（以下简称"江苏消保委"）就百度公司两款手机 App 未取得用户同意，获取各种权限涉嫌违法获取消费者个人信息问题向南京市中级人民法院提起民事公益诉讼。❶ 同月，网信办、国家质检总局、全国信息安全标准化技术委员会联合发布推荐性国标《信息安全技术个人信息安全规范》，以《网络安全法》确立的个人信息保护为框架，全面规定了个人信息处理各个环节的合规要求，创造性地将"个人信息控制者"概念定义为"有权决定个人信息处理目的、方式等的组织或个人"，提出了收集环节中的同意规则，间接获取个人信息时的尽职调查，服务终止后信息数据的保存和处理，流转环节中的三方关系处理规则。2018 年 11 月，公安部网安局发布《互联网个人信息安全保护指引（征求意见稿）》，将网络安全等级保护相关要求与个人信息安全国家标准要求相结合，对个人信息保护的管理机制、技术措施、业务流程等进行了规定。

2018 年 2 月，针对部分平台、机构和个人大肆炒作明星绯闻、隐私和娱乐八卦等低俗之风，网信办会同其他部门对上述行为主体进行了全面排查清理和综合整治，相关平台对卓伟粉丝后援会、全明星通讯社等专门进行明星绯闻、隐私炒作的账号进行了永久关闭。❷

2018 年 6 月，工信部公布一批问题软件名单，21 个应用商店的 46 款 App 被责令下架，其中，不少 App 涉及未经用户同意收集使用个人信息的问题。❸2018 年 11 月，工信部发布 2018 年第三季度关于电信服务质量的通告，指出了苏宁云商等 12

---

❶　江苏省消费者权益保护委员会与北京百度网讯科技有限公司侵权责任纠纷一审民事裁定，南京市中级人民法院，案号：（2018）苏 01 民初 1 号。

❷　国家网信办等六部委联合整治炒作明星绯闻隐私和娱乐八卦［EB/OL］.（2018-02-02）［2021-03-03］.http：//www.cac.gov.cn/2018-02/02/c_1122359930.htm.

❸　工信部下架 46 款不良手机 App［EB/OL］.（2018-06-15）［2021-03-03］.http：//www.xinhuanet.com/legal/2018-06/15/c_1122991730.htm.

家互联网企业存在未公示用户个人信息收集使用规则，未告知查询更正信息的渠道，未提供账号注销服务的问题，在工信部的督促下，这些企业均进行了整改。❶

最高院在 2018 年 8 月发布的 10 件互联网典型案例中，确认旅客庞某起诉航空公司和票务公司泄露其姓名、电话和所订航班等个人信息案，可以侵害隐私权提起民事诉讼。❷

第二节　2018 年度中国传媒法事例及评析

一、监管部门对社交媒体内容进行全方位监管

◆ 事例简介

2018 年 1 月 27 日，微博平台因对用户发布的违法违规信息未尽到审查义务而被网信办约谈，微博负责人表示对存在问题突出的热搜榜、热门话题榜、微博问答功能等板块下线一周进行整改。

2018 年 2 月 2 日，网信办发布《微博客信息服务管理规定》，拉开了全年度对社交媒体进行监管的序幕。网信办、国家版权局、广电总局，以及各地监管部门，针对新技术发展带来的社交媒体领域的新问题采取了一系列规范及监管举措。3 月 2 日，因"管理不严，传播违法违规信息"，知乎 App 在各应用商店下架七天；3 月 22 日，广电总局发布《关于进一步规范网络视听节目传播秩序的通知》，提出了禁止非法抓取、剪拼改编视听节目的行为等措施；3 月 23 日，微博关闭"摄影师 E 个人精彩"等 436 个账号，禁言"微韩影"等 66 个账号；4 月 4 日，网信办依法约谈"快手"和今日头条旗下"火山小视频"相关负责人，提出严肃批评，责令其全面进行整改；4 月 10 日，"内涵段子"全网下架；4 月 11 日、12 日，抖

---

❶　工业和信息化部关于电信服务质量的通告（2018 年第 4 号）［EB/OL］.（2018-11-07）［2021-03-03］.http：//www.gov.cn/xinwen/2018-11/07/content_5338067.htm.

❷　庞某与中国东方航空股份有限公司、北京趣拿信息技术有限公司隐私权纠纷一案民事判决，北京市第一中级人民法院，案号：（2017）京 01 民终 509 号。

音被责令全面整改，并暂时关闭评论、直播功能，微信、QQ 暂停短视频外链播放功能，西瓜视频停止视频上传功能，暂时关闭直播、弹幕功能；5 月 15—17 日，因自媒体账号"暴走漫画"发布涉嫌戏谑、侮辱英雄烈士的短视频内容，今日头条封禁相关账号，微博关闭"暴走漫画""暴走大事件"等账号，优酷、爱奇艺、知乎下架、封禁"暴走漫画""暴走大事件"相关内容；9 月 14 日，国家版权局在京约谈了抖音短视频、快手、西瓜视频、火山小视频、梨视频、哔哩哔哩、土豆、好看视频等 15 家重点短视频平台企业；9 月 26 日，凤凰网被约谈和责令整改；11 月 10 日，中央电视台《焦点访谈》播出一期名为"自媒体，要自律不要自戕"的节目，痛批自媒体六大乱象，与此相关的超过 9800 多个自媒体账号被封禁等。

2018 年 11 月 15 日，网信办和公安部发布《具有舆论属性或社会动员能力的互联网信息服务安全评估规定》，这些规范的适用范围覆盖了各类社交媒体：微博平台、网络直播平台、短视频平台、搜索引擎、微信公众号等。相关措施有：进行约谈；要求违规内容下线、整改；关闭违规账户；改进平台系统；清理僵尸号；改进推荐算法模型；等等。被处罚的包括传播违规禁载内容或价值观有偏差的内容、标题党、洗稿、插入二维码或链接恶意诱导引流、恶意炒作营销等行为。其中对于算法问题的相关要求，是 2018 年度监管治理社交媒体的新内容。

◆ 简要评析

2018 年度，我国政府针对社交媒体的管理空前加强，密集立法和执法，监管对象指向微博、微信、客户端、网络直播等社交媒体平台的"违法违规信息""低俗不良内容"和各种违规行为，采取了比一般行政处罚更多样化的监管措施，体现了社交媒体监管的中国式探索。

二、江苏消保委诉百度公司违法获取个人信息案

◆ 事例简介

2017 年 7 月，江苏消保委结合手机应用市场上侵害消费者个人信息的情况，对用户较多且具有一定行业代表性的 27 家手机 App 所属企业进行了调查和约谈。7 月 4 日，江苏消保委向北京百度网讯科技有限公司（以下简称"百度公司"）发送《调

查函》，要求其就旗下"手机百度""百度浏览器"两款手机 App 存在的相关问题，派员接受约谈。但百度公司仅书面作了简单回应，并未派员接受约谈，甚至"将权限通知及选择等义务推卸给手机操作系统"。

在江苏消保委多次催促和公开监督下，百度公司相关负责人才于 2017 年 11 月接受约谈。但在其提交的整改方案中，对"手机百度""百度浏览器"中的"监听电话""读取短彩信""读取联系人"等多个涉及消费者个人信息安全的相关权限拒不整改，也未有明确措施以提示消费者 App 所申请获取权限的目的、方式和范围并供消费者选择。

为维护广大消费者的合法权益，江苏消保委根据相关法条，于 2017 年 12 月 11 日就百度公司涉嫌违法获取消费者个人信息问题向南京市中级人民法院提起诉讼，请求法院依法判决百度公司停止其相关侵权行为。2018 年 1 月 2 日，南京市中级人民法院正式立案。

立案后，百度公司主动与江苏消保委联系，就方案制订及软件优化升级改造情况进行汇报。2018 年 1 月 26 日，百度提交了正式升级改造方案，从取消不必要敏感权限、增设权限使用提示框、增设专门模块供权限选择、优化隐私政策等方面对软件进行了升级。2 月 8 日，新款 App 上线，被认为整改到位。至此，江苏消保委认为提起消费者民事公益诉讼的目的已经达到。本着节约诉讼成本和司法资源的原则，江苏消保委向南京市中级人民法院提交了《撤诉申请书》。3 月 12 日，南京市中级人民法院作出裁定，准予撤诉。

◎ 简要评析

在缺乏完整严密的个人信息立法的背景下，个人信息极易受到侵害，且信息权利主体进行民事维权非常不易。该案中，针对处于强势地位的信息控制者，消费者权益保护委员会通过民事公益诉讼的方式进行了维权，获得了切实效果，是一项非常有意义的举措。

三、传媒机构改革

◆ 事例简介

2018 年 3 月 13 日，第十三届全国人大第一次会议审议通过了《国务院机构改革方案》。其中与传媒相关的内容有以下七点。

（1）中央网络安全和信息化领导小组改为中央网络安全和信息化委员会，优化中央网络安全和信息化委员会办公室职责。

（2）中央宣传部统一管理新闻出版工作，将广电总局的新闻出版管理职责划入中宣部，对外加挂国家新闻出版署（国家版权局）牌子。

（3）中央宣传部统一管理电影工作，将广电总局的电影管理职责划入中宣部，对外加挂国家电影局牌子。

（4）国务院组建国家广播电视总局，将其作为国务院的直属机构，不再保留国家新闻出版广电总局。

（5）国务院组建中央广播电视总台，将其作为国务院直属事业单位，归中宣部领导。

（6）撤销中央电视台（中国国际电视台）、中央人民广播电台、中国国际广播电台建制，对内保留原呼号，对外统一呼号为"中国之声"。

（7）重新组建国家知识产权局、整合组建文化市场综合执法队伍等。

◆ 简要评析

传媒机构改革被纳入第十二届全国人大第一次会议和第十三届全国人大第一次会议分别批准的两次中央级机构改革方案中，这足见其重要性。而本次传媒机构改革不仅涉及新闻出版、电影、知识产权等党政相关部门的重组，还涉及中央电视台、中央人民广播电台、中国国际广播电台等事业单位的重组，显示了改革层次的多元化，深刻地改变了今后的传媒监管体制。

四、新浪网诉凤凰网侵犯著作权及不正当竞争纠纷案

◆ 事例简介

2013 年 8 月，凤凰网中超频道标注并提供了中超比赛直播。新浪网认为自己是拥有此体育赛事节目直播权利的合法主体，凤凰网非法转播中超联赛直播视频的行为侵犯了自身的著作权并构成不正当竞争。2015 年 3 月 18 日，新浪网将凤凰网诉至北京市朝阳区人民法院，提出请求凤凰网停止侵犯新浪公司拥有的涉案赛事节目的独占传播、播放权的行为，并赔偿新浪公司经济损失、消除不良影响等一系列诉求。凤凰网辩称，足球赛事不是《著作权法》保护的对象，对体育赛事享有权利并不必然对体育赛事节目享有权利，新浪公司主体不适格，起诉的被告不正确，主张的赔偿缺乏依据。而北京市朝阳区人民法院认为，体育赛事录制形成的画面，达到我国著作权法对作品独创性的要求，应当认定为体育赛事直播画面构成以类似摄制电影的方法创作的作品，由此判决新浪胜诉。

凤凰网不服，上诉至北京知识产权法院。二审法院认为，电影作品应至少符合固定及独创性的要求，而涉案两场赛事公用信号所承载连续画面既不符合电影作品的固定要件，亦未达到电影作品的独创性高度，故涉案赛事公用信号所承载的连续画面不构成著作权法意义上的电影作品。2018 年 3 月 30 日，北京知识产权法院作出二审判决，撤销一审判决，判凤凰网胜诉。

新浪网不服二审判决，又向北京市高级人民法院提起再审。北京市高级人民法院进行审查后，认为电影类作品的独创性要求系指具有独创性；电影类作品定义中"摄制在一定的介质上"不能简单等同于"固定"或"稳定地固定"。涉案赛事节目虽构成我国著作权法保护的电影类作品，但不属于录像制品。因此，本案宜认定被诉直播行为侵犯了新浪公司对涉案赛事节目享有的"著作权人享有的其他权利"。❶

---

❶　2020 年 9 月 23 日，北京市高级人民法院作出再审判决，撤销北京知识产权法院的二审判决，维持北京市朝阳区人民法院的一审判决。新浪网经过五年浮沉，终于在"中国赛事转播第一案"中胜诉。因为评选本案例的时间在审判决之前，故简要评析的范围仅至二审判决。

◆ 简要评析

该案一审认定体育赛事直播画面为作品曾引发热议，二审通过大量的分析和推理，从固定性及独创性角度基本否定了体育赛事直播画面构成作品的可能性，但却引起了进一步的争议。该案一审、二审之间十分不同的审判思路和判决结果让体育赛事节目可版权性问题进一步突出。该案暴露出的能否为无名作品提供足够的解释机会、作品独创性标准应如何分析和判定等争议性问题亟须进一步讨论和澄清，这对传媒产业和体育产业的发展都非常重要。

五、《英雄烈士保护法》通过并适用

◆ 事例简介

2018 年 4 月 27 日，第十三届全国人民代表大会常务委员会第二次会议通过了《英雄烈士保护法》。该法自 2018 年 5 月 1 日起施行。该法的宗旨是"为了加强对英雄烈士的保护，维护社会公共利益，传承和弘扬英雄烈士精神、爱国主义精神，培育和践行社会主义核心价值观，激发实现中华民族伟大复兴中国梦的强大精神力量"。该法第十八条规定"文化、新闻出版、广播电视、电影、网信等部门应当鼓励和支持以英雄烈士事迹为题材、弘扬英雄烈士精神的优秀文学艺术作品、广播电视节目及出版物的创作生产和宣传推广"。该法第二十二至二十七条亦对损害英烈人格权的行为表现、追责主体、追责程序做出了规定。

《英雄烈士保护法》施行不久即得到了适用。2018 年 5 月 21 日，江苏省淮安市人民检察院就曾某侵害谢勇烈士名誉的行为，依法向江苏省淮安市中级人民法院提起民事公益诉讼，请求法院判令曾某通过媒体公开赔礼道歉、消除影响。

据了解，2018 年 5 月 12 日下午，淮安市清江浦区恒大名都小区高层住宅发生火灾，在解救被困群众时，消防战士谢勇不幸在火场坠亡。5 月 13 日，公安部授予谢勇同志烈士称号并颁发献身国防金质纪念章；5 月 14 日，淮安市人民政府追授谢勇"灭火救援勇士"荣誉称号。

被告人曾某于 5 月 14 日在有 131 名成员的微信群中对谢勇烈士救火牺牲一事公然发表侮辱性言论，歪曲烈士谢勇英勇牺牲的事实。淮安市中级人民法院认为曾某违反了《民法总则》第一百八十五条、《英雄烈士保护法》第二十二、二十五、二十六条等法条的相关规定，最终认定曾某的行为侵害了谢勇烈士名誉并损害了社会公共利益，并于 2018 年 6 月 12 日作出判决，判令曾某公开赔礼道歉。被告曾某亦对此判决没有异议，并称"已认识到自己的错误，并愿意改过。对谢勇烈士的亲属造成的伤害深表歉意，愿意通过媒体公开赔礼道歉"。

此案是对新生法律《英雄烈士保护法》的成功适用，此案的判决也被最高检列为 2018 年的指导性案例。其对社会公众亦有广泛的教育作用。

◆ **简要评析**

《英雄烈士保护法》明确了我国在意识形态领域公共利益的基本内容，明确了言论权利与英雄烈士及同类人物的人格权益之间的具有中国特色的价值取向，对专业媒体、社交媒体平台、自媒体、微信群组的相关言论都进一步划定了相关界限。该法设置了侵害英烈人格民事公益诉讼程序，使英烈人格利益有了获得永久性保护的可能。

六、鸿茅国药公司诉程某侵害名誉权案

◆ **事例简介**

2018 年 3 月 5 日，律师程某在其个人运营的微信公众号中发表题为"广告史劣迹斑斑的鸿茅药酒获'CCTV 国家品牌计划'，打了谁的脸？"的文章。内蒙古鸿茅国药股份有限公司以程远涉嫌侵犯其商业名誉将其告上法庭。2018 年 3 月 15 日，上海市闵行区人民法院受理此案。

原告内蒙古鸿茅国药公司声称：①被告文章内容言辞锋利、违背事实、误导读者、贬低"鸿茅药酒"品牌形象，严重侵犯其名誉权。②鸿茅药酒并不在上海工商部门发布的《这 12 件典型虚假广告涉嫌违法，已被依法查处》之列，而被告在文章中的表述极易让读者误以为原告在"12 件典型虚假广告"之列，其严重侵犯了原告的名誉。故原告诉诸法院，请求法院判决被告停止侵权，即时删除文章，并且要求被告在中央电视一台和人民日报之一发布道歉信。

被告辩称：①其确实发布过涉案文章，但文章引用的事实仅是一小部分，且来

源于权威媒体和相关部门，系对相关社会现象进行的正当合法的评论，不构成侵权和违法。如果原告的行为是正当合法的，理应忍受这样的社会批评。②虽然12件典型虚假广告涉嫌违法的案例中不包括鸿茅药酒，但其在文章中也已明确表明针对鸿茅药酒的评论是网友的留言，不存在任何误导。③文章所述事实是为了质疑食品药品监督管理部门在进行审查时尺度是否过于宽松，是否存在诸多违法嫌疑。应属言论自由的范围。

法院认为：①被告文章是以"鸿茅药酒广告"为例，探讨相关部门在广告管理方面存在的问题，系被告个人对加强食药品广告审查监督的意见和建议，是对食药品安全之公共利益的关注，应属受保护的言论自由范畴。②涉案文章虽引用了上海工商部门发布的"12件典型虚假广告"，但并未标明"鸿茅药酒"是该12件涉嫌违法的典型虚假广告发布者之一。被告亦表明对"鸿茅药酒"广告的质疑系网友留言，故不致引起歧义和误导，作为理性的社会人也难以仅凭该表述即对原告及其产品作出否定性评价。③涉案文章标题使用"广告史劣迹斑斑"的评论性表述，系源于互联网及其他媒体已披露的"鸿茅药酒"违法广告史，措辞虽然尖锐，但不构成侮辱、诽谤。原告作为知名企业，对于社会公众的评论和舆论监督理应负有更多的容忍义务。

因此，上海市闵行区人民法院认为被告发表的文章不具有贬损原告企业商业信誉和商品声誉的违法性。2018年6月18日，上海市闵行区人民法院作出一审判决，驳回原告内蒙古鸿茅国药股份有限公司的诉讼请求。

◆ **简要评析**

近年来，企业商誉保护与来自媒体和公众的舆论监督之间的冲突不断引发社会舆论。针对商品或服务的曝光、批评，企业常以侵权提出高额的民事赔偿，甚至诉诸刑事法律。该案涉及如何平衡商业形象保护与公众和媒体的表达权利问题。

八、瓜子二手车广告处罚争议

◆ **事例简介**

2016年12月3日，金瓜子科技发展（北京）有限公司（以下简称"瓜子二手车"）与乐视网签订了《乐视网广告交易平台网络广告发布协议》。广告类型为体育前贴片；广告发布期限为 2016 年 9 月 27 日至 2016 年 12 月 28 日，总计 112 天；广告时长约为 15 秒钟；广告总额为 1250 万元；广告的具体内容包含"创办一年、成交量就已遥遥领先"的广告语。

瓜子二手车确认"创办一年"的起止时间为：2015 年 8 月至 2016 年 7 月，同时承诺在此时间段内二手车成交量为 85874 辆。但是，北京市工商行政管理局海淀分局（以下简称"海淀分局"）于 2018 年 11 月 5 日调取了北京市旧机动车交易市场有限公司 2015 年 7 月 1 日至 2016 年 7 月 31 日的二手车成交数据，成交量为 442878 辆车；于 2018 年 11 月 6 日调取了北京人人车旧机动车经纪有限公司 2015 年 8 月 1 日至 2016 年 7 月 31 日的成交数据，成交量为 92375 辆车。两者的二手车成交数量均超过瓜子二手车的成交数量。因此，海淀分局认为瓜子二手车在广告宣传中使用的宣传语缺乏事实依据，与实际情况不符，构成虚假广告。

2018 年 11 月 15 日，海淀分局对瓜子二手车作出了行政处罚决定，责令瓜子二手车停止发布违法广告，责令其在相应范围内消除影响，并处 1250 万元的罚款。此案也成为中国二手车行业史上的首例千万元级罚款。

但是瓜子二手车却对此决定的定性提出了异议。2018 年 11 月 30 日，瓜子二手车发表声明，称"针对该决定，瓜子二手车深感遗憾"，且"已根据法律程序申请行政复议，相信最终会得到公平合理的裁定"。

2019 年 2 月 20 日，北京市海淀区人民政府作出海政复决字【2018】361 号复议决定，以事实不清、证据不足为由撤销了处罚决定。

◆ 简要评析

近年来，我国互联网广告产业呈现"井喷式"增长，由于互联网广告形式多样、参与主体众多、法律关系复杂，如何合法有效地监管互联网广告成为市场监管部门工作的重点和难点。该案提出了一系列值得思考的问题：如何界定《广告法》中的"虚假宣传"；如何明确执法机关的处罚尺度及裁量标准；广告监管在维护社会经济秩序和保护合法商业言论之间如何实现平衡等。该案的最终处理结果将对广告行业产生重要影响。

九、山东广电网络公司诉山东联通公司等盗播节目不正当竞争案

◆ 事例简介

2014年9月4日，山东广电网络有限公司（以下简称"广电网络公司"）与中广影视卫星有限公司（以下简称"中广影视公司"）签署《中央电视台加扰卫星电视节目传送合作协议书》，获得了在山东省区域内通过有线网络向用户提供中央电视台加密频道（第3、5、6、8套）电视节目的传播服务的独家权利。

然而，广电网络公司却发现中国联合网络通信有限公司山东省分公司（以下简称"山东联通公司"）和山东海看网络科技有限公司（原山东广电新媒体有限责任公司，以下简称"海看网络公司"）在没有任何合法授权的情况下，擅自在其IPTV平台上播放上述电视频道节目，同时还在节目下部播放"广电网络公司统一全省客服热线96123"的滚动字幕。2015年1月27日，中广影视公司发布声明，称山东联通公司的行为严重侵犯了中央电视台的版权。

广电网络公司亦认为山东联通公司的行为构成对自己的不正当竞争，遂向山东省济南市中级人民法院提起诉讼。请求法院判令：①被告立即停止不正当竞争行为并就其造成的不良后果刊登公开声明，消除影响；②赔偿原告经济损失5000万元及为制止不正当竞争行为所支出的合理费用共计50万元。

被告辩称：①原告被授权传送涉案频道的使用范围仅限于有线网络，与答辩人所经营的IPTV使用范围并不相同。答辩人与原告之间并不构成不正当竞争。②原告并未因答辩人的行为受到实际损害。原告要求答辩人赔偿的请求缺乏依据。

济南市中级人民法院经审理认为：①原被告双方在同一地域内均经营电视节目信号的传输工作，面对同一客户群体，彼此构成竞争关系。②被告的行为无偿使用原告传输资源，减少了运营成本，提高了竞争优势，损害了原告的合法权益，构成不正当竞争。

最终，济南市中级人民法院于2017年10月22日作出判决，判令被告赔偿原告

经济损失及合理费用共计 300 万元。❶

双方均不服一审判决。广电网络公司向山东省高级人民法院提起上诉，称一审判决赔偿金额过低，且法院未支持原告提出的消除影响的诉讼请求。而山东联通公司、海看网络公司则主张原被告双方不构成竞争关系，请求撤销一审判决，改判驳回广电网络公司全部诉讼请求。

山东省高级人民法院经审理认为，二者提供的电视内容基本相同，仅存在提供方式的区别，因此属于直接竞争关系。且山东联通公司、海看网络公司擅自使用广电网络公司在山东省内获得独占使用权力的电视信号，其行为构成不正当竞争。但广电网络公司并未提交证据证明该侵权行为对其企业信誉造成了贬损，故其要求消除影响的诉请缺乏事实和法律依据。

最终，山东省高级人民法院于 2018 年 12 月 24 日就"山东广电诉山东联通等盗播节目"不正当竞争案作出终审判决，判定山东联通公司赔偿广电网络公司经济损失 5000 万元，海看网络公司对于其中 4700 万元承担连带赔偿责任。❷

◆ 简要评析

该案在我国《著作权法》在关于广播组织权保护能否延及网络问题尚无明确规定的情况下，通过适用反不正当竞争法对未经许可转播广播电视频道信号行为给予了迄今为止金额最高的判罚，既是对广播电视机构的正当经营行为、智力和财产投入及对社会所做贡献所给予的法律救济，同时也显示出司法认定未经授权的"转播"行为是一种不受法律保护的行为。

十、抖音诉伙拍短视频侵犯信息网络传播权案

◆ 事例简介

2018 年 5 月 12 日，抖音平台知名 大 "V" 用户"黑脸 V"在平台上发布缅怀

---

❶　山东广电网络有限公司与中国联合网络通信有限公司山东省分公司等不正当竞争纠纷一审民事判决，济南市中级人民法院，（2016）鲁 01 民初 1011 号。

❷　山东广电诉山东联通盗播案二审获赔 5000 万元（附判决全文）[EB/OL].（2018-12-29）[2021-03-03].http：//news.bandao.cn/a/164956.html.

汶川地震十周年的"5·12，我想对你说"短视频，受到了网民的广泛赞誉，点赞量高达 280 多万。在"黑脸 V"的合法授权下，北京微播视界科技有限公司（以下简称"微播视界公司"）对其享有独家传播权。然而，微播视界公司却发现百度在线网络技术（北京）有限公司（以下简称"百度在线公司"）、百度网讯科技有限公司（以下简称"百度网讯公司"）在未经许可的情况下，将"5·12，我想对你说"短视频在其开发的伙拍小视频上传播并提供下载、分享服务；且未在短视频上显示抖音和用户 ID 的水印。微播视界公司认为这一行为侵犯了其著作权，给其造成了极大的经济损失，因此向法院提起诉讼。北京互联网法院于 2018 年 10 月 30 日开庭审理此案。

原告微播视界公司请求法院判令二被告：①立即停止对原告著作权的侵害；②在百度网网站首页及伙拍小视频客户端首页显著位置连续 24 小时刊登声明，消除影响；③赔偿原告经济损失 100 万元及合理支出 5 万元。

被告百度在线公司和百度网讯公司共同辩称道：①"5·12，我想对你说"短视频不具有独创性，不构成著作权法保护的作品；②原告不是"5·12，我想对你说"短视频的作者或者权利人，原告没有起诉二被告的权利基础；③被告在收到原告的有效投诉后，已经及时进行了删除处理，不存在过错，不应当承担民事责任；④原告所诉称的经济损失缺乏事实及法律依据。

北京互联网法院经调查审理，认为：①根据视频制作者谢某的授权确认书，原告拥有其短视频的信息网络传播权的专有使用权及维权的权利，因此与案件有直接利害关系，有权提起本案诉讼；②短视频是一种新型的视频形式，对于其独创性的判断标准不宜过高，只要能体现出制作者的个性化表达，能较为完整地表达制作者的思想感情，即可认定具有创作性。"5·12，我想对你说"短视频具备著作权法的独创性要求，构成类电影作品；③但被控侵权短视频系案外人上传，消除水印的行为人不是二被告，二被告作为提供信息存储空间的网络服务提供者，对伙拍小视频手机软件用户的侵权行为，没有主观过错，且在收到原告的通知后，及时删除了被控侵权短视频，履行了"通知—删除"义务，不构成侵权，不应承担相关责任。

2018 年 12 月 26 日，北京互联网法院对"抖音短视频"诉"伙拍小视频"侵犯

信息网络传播权案作出一审判决，驳回了原告的诉讼请求。❶

本案系北京互联网法院成立以来受理的首例案件。

◆ 简要评析

该案在实体法和程序法上都具有代表性。作为北京互联网法院受理和宣判的第一案，该案运用全新的线上互联网审判方式，采用了区块链存证的方式举证并采信，高效、快速完成了审理和宣判，成为智能法院建设的代表性案例。在实体规则方面，针对短视频这一典型的具有互联网特色的作品类型，深入分析其独创性特征，认定短视频构成类电影作品，体现了开放创新、与时俱进的司法审判智慧。

总结

2018 年度中国传媒法事例包括 1 个立法、1 个个人信息案例、1 个名誉权侵权案例、1 个不正当竞争案例、2 个著作权案例、3 个传媒监管事例，涉及社交媒体监管、传媒机构改革、个人信息民事公益诉讼、影视监管、企业商誉保护与公众监督、英烈人格权益保护、广告监管、短视频著作权保护、体育赛事直播画面著作权保护、媒体不正当竞争等问题。

---

❶ 北京微播视界科技有限公司与百度在线网络技术（北京）有限公司著作权权属、侵权纠纷一审民事判决，北京互联网法院，（2018）京 0491 民初 1 号。

第九章　2019 年度中国传媒法治发展

第一节　2019 年度中国传媒法治发展

一、有关传媒的指导方针和法律

2019 年 1 月，习近平总书记主持中共中央政治局在人民日报社就全媒体时代和媒体融合发展举行第十二次集体学习，并作了重要讲话。讲话经新华社报道后，又以"加快推动媒体融合发展构建全媒体传播格局"为题发表在 2019 年 3 月出版的《求是》杂志第 6 期上。习近平作出"移动互联网已经成为信息传播主渠道"的重要论断。他强调，推动媒体融合发展、建设全媒体成为我们面临的一项紧迫课题。要从维护国家政治安全、文化安全、意识形态安全的高度，加强网络内容建设，使全媒体传播在法治轨道上运行。他重申道："我多次说过，没有网络安全就没有国家安全；过不了互联网这一关，就过不了长期执政这一关。"他指出，信息化为我们带来了难得的机遇。我们要运用信息革命成果，加快构建融为一体、合而为一的全媒体传播格局。他还重申道："我多次说过，正能量是总要求，管得住是硬道理，现在还要加一条，用得好是真本事。"他指出要坚持移动优先策略，建设好自己的移动传播平台，管好用好商业化、社会化的互联网平台，让主流媒体借助移动传播，牢牢占据舆论引导、思想引领、文化传承、服务人民的传播制高点。

2019年3月，中宣部召开2019年传媒监管会议，提出要调整完善出版资源配置政策，加快推进报纸出版提质增效，完善报纸管理法规规章制度体系，强化传媒监督管理职责，加强对新闻记者及新闻单位驻地方机构的管理；严格新闻记者证审核发放，推进"放管服"改革纵深发展，推动跨地区、跨部门、跨层级信息数据共享，推动全媒体时代传媒监管手段创新。

2019年5月，中央全面深化改革委员会第八次会议通过了《关于深化影视业综合改革促进我国影视业健康发展的意见》，指出要从完善创作生产引导机制、规范影视企业经营行为、健全影视评价体系、发挥各类市场主体作用、加强行业管理执法、加强人才队伍建设等方面推进影视业改革，既抓住当前群众普遍关心、反映强烈的具体问题，又聚焦影视行业标准、从业人员诚信建设等配套性强、影响长远的要害问题，建立管用的长效机制。

2019年8月，中共中央印发《中国共产党宣传工作条例》，并发出通知指出，宣传工作是党的一项极端重要的工作，是中国共产党领导人民不断夺取革命、建设、改革胜利的优良传统和政治优势。该条例的制定，体现了以习近平同志为核心的党中央对宣传工作的高度重视，标志着宣传工作科学化、规范化、制度化建设迈上了新的台阶。

2019年10月，中共中央、国务院印发《新时代公民道德建设实施纲要》，其中要求加强网络内容建设，让正确道德取向成为网络空间的主流，培养文明自律的网络行为，丰富网上道德实践，壮大网络公益队伍，严格依法管网治网。

2019年11月，党的十九届四中全会通过《中共中央关于坚持和完善中国特色社会主义制度推进国家治理体系和治理能力现代化若干重大问题的决定》，其中提出坚持和完善繁荣发展社会主义先进文化的制度，巩固全体人民团结奋斗的共同思想基础。坚持马克思主义在意识形态领域指导地位的根本制度，坚持以社会主义核心价值观引领文化建设的制度，健全人民文化权益保障制度，完善坚持正确导向的舆论引导工作机制，建立健全把社会效益放在首位、社会效益和经济效益相统一的文化创作生产机制。

2019 年 12 月，司法部发布《文化产业促进法（草案送审稿）》，就基本原则、创作生产、文化企业、文化市场、人才保障、科技支撑、金融财税扶持、法律责任等作了详细规定，体现了"政府引导、市场主导、企业主体"的立法思路，强调了文化内容的合法性，鼓励创新发展和融合发展。同月，中国记协公布第四次修订的《中国新闻工作者职业道德准则》，在原先七条架构的基础上，增写了用习近平新时代中国特色社会主义思想武装头脑，坚持以人民为中心的工作导向，以及强化互联网思维，顺应全媒体发展要求等内容。

二、新闻出版与广播影视监管

1. 媒体融合向纵深推进

为贯彻习近平总书记"要扎实抓好县级融媒体中心建设"的指示，2019 年 1 月，中宣部等发布《县级融媒体中心建设规范》和《县级融媒体中心省级技术平台规范要求》，对县级融媒体中心在媒体服务、党建服务、政务服务、公共服务、增值服务等方面提出了具体要求。2019 年 4 月，广电总局发布《县级融媒体中心网络安全规范》《县级融媒体中心运行维护规范》《县级融媒体中心监测监管规范》，并提供了操作指南和建设规范。

2019 年 6 月，工信部向中国广播电视网络有限公司发放 5G 商用牌照，这标志着广电进军 5G 市场。❶ 同月，科技部、中宣部等六部门印发《关于促进文化和科技深度融合的指导意见》，该意见指出，到 2025 年将建成约 100 家国家文化和科技融合示范基地，约 200 家文化和科技融合领军企业。

2. 新闻出版领域的规制

网络游戏告别多头监管。2019 年 1 月，国家新闻出版署恢复游戏版号审批，但会对产品题材进行控制。2019 年 5 月，文旅部办公厅发布了调整"网络文化经营许可证"审批范围的通知，指出今后网络游戏行业管理职责归属于新闻出版部

---

❶ 工业和信息化部向四家企业颁发 5G 牌照［EB/OL］.（2019-06-06）［2021-03-03］. https://www.miit.gov.cn/xwdt/gxdt/ldhd/art/2020/art_5487f43651924ca2bdc2349c6d1ab4aa.html.

门，改变了之前多头监管的格局。

互联网新闻信息服务许可制度严格贯彻。据网信办数据，截至 2019 年 9 月 30 日，取得互联网新闻信息服务许可的共有 999 家单位，拥有网站及各类应用项 5 005 个。2019 年度，先后有"华尔街见闻"（3 月）、"中国廉政文化建设网""正风报道网"（4 月）、"河南经济网"（7 月）、"京晨晚报网"（10 月）等，因违规从事新闻信息服务受到处罚甚至责令关闭。❶2019 年 11 月，网信办指导地方网信办约谈视觉中国、IC photo 负责人，指出其未经许可从事新闻信息服务，还在未经安全评估的情况下与境外企业开展新闻信息业务合作，责令其暂停服务，自查整改。❷

出版物重大选题备案有新规。2019 年 10 月，国家新闻出版署发布新版《图书、期刊、音像制品、电子出版物重大选题备案办法》，列入涉及国家安全、社会稳定等方面的重大选题共 12 项，提出出版单位在出版前，应报国家新闻出版署备案，未经备案批准，不得出版发行。并就不同界别、不同选题对报备程序做出了具体规定。

提升新闻采编队伍素质。2019 年 10 月，国家新闻出版署对新闻采编人员进行了全员培训考核，2019 年 12 月起换发全国新闻记者证。❸版署还以未严格审核新闻采编人员资格、未严格管理新闻记者和新闻单位驻地方机构等事由，决定对内蒙古广播电视台等 4 家新闻单位暂停核发记者证，多人被列入新闻采编不良从业行为记录。❹

坚持不懈打击非法出版。2019 年 12 月，湖南岳阳中院宣判谢某等 12 名被告人无证非法制售党政、财会等读物，构成非法经营罪，分别被判处有期徒刑、罚金。❺

---

❶　三季度全国网信行政执法工作成效显著［EB/OL］.（2019-10-14）［2021-03-03］.http：//www.cac.gov.cn/2019-10/14/c_1572612976167603.htm.

❷　国家网信办指导有关地方网信办约谈视觉中国网站、IC photo 网站负责人　即日起两家网站暂停服务全面整改［EB/OL］.（2019-12-10）［2021-03-03］.http：//www.cac.gov.cn/2019-12/10/c_1577513335176868.htm.

❸　国家新闻出版总署.12 月 2 日起全国统一换发新闻记者证　明年 3 月 31 日后旧版将作废［EB/OL］.（2019-11-28）［2021-03-03］.http：//www.nppa.gov.cn/api/sys/elastic-search/redirect?siteId=272&channelId=719&contentId=23180.

❹　行政处罚决定书（内蒙古广播电视台 2019 年）［EB/OL］.（2019-11-29）［2021-03-03］.http：//www.nppa.gov.cn/nppa/contents/314/16235.shtml.

❺　湖南岳阳宣判一起非法制售党政读物类图书案 12 人获刑［EB/OL］.（2019-12-25）［2021-03-03］.http：//www.xinhuanet.com/2019/12/25/c_1125387218.htm.

3. 广电和网络视听节目监管和产业发展并举

线上线下统一标准继续推进。2019 年 1 月，在广电总局指导下，中国网络视听节目服务协会发布《网络短视频平台管理规范》和《网络短视频内容审核标准细则》，前者对平台应遵守的总体规范、账户管理规范、内容管理规范和技术管理规范提出了 20 条要求，要求短视频先审后播；后者面向短视频一线审核人员提供了100 条审核标准。2019 年 2 月，广电总局发布《关于网络视听节目信息备案系统升级的通知》，要求重点网络影视剧在制作前，须由制作机构登录备案系统提交节目名称、题材类型、内容概要、制作预算等规划信息。2019 年 3 月，广电总局又发布《未成年人节目管理规定》，设立了未成年人网络专区，制定法定监护人同意制度、未成年人保护专员制度、休息提示制度、通知删除制度、公众监督举报制度和未成年人节目评估委员会制度等。

网络视听新规频出。2019 年 7 月，广电总局下发《关于加强网上谈话（访谈）类节目管理的通知》，要求对所有谈话类节目进行全面排查，所有新上线的访谈节目，一律提前报省局审核通过后才可播出。2019 年 11 月，网信办、文旅部、广电总局印发《网络音视频信息服务管理规定》，明确了三部门在该领域的监管职责，强调了基于深度学习、虚拟现实等新技术新应用的安全评估，不得制作、发布、传播虚假新闻信息，并健全了辟谣机制。

网络视听产业发展形成新布局。2019 年 8 月，广电总局印发《关于推动广播电视和网络视听产业高质量发展的意见》，要求加快建设广电 5G 网络；扩大广播电视对外贸易和文化交流；建立产业与金融市场对接机制，加快推进融合新媒体资源整合，打造拥有较强实力和竞争力的新型媒体融合集团。并推进国有广电企业公司制改革和股份制改造，在允许社会资本进入的领域，支持国有资本和民营资本资源整合和交叉持股，推动开展混合所有制改革试点工作。2019 年 10 月，广电总局批复同意武汉、成都等多地成立"网络视听产业基地"和"超高清创新应用产业基地"。

根据国务院的要求，2019 年 12 月，广电总局决定就广播电视行业涉及经营许可事项开展"证照分离"试点，对广播电视视频点播业务许可证（甲种）、广播电视节目制作经营许可证、电视剧制作许可证、信息网络传播视听节目许可证等简化办理流程，缩短审批时限，加强事中事后监管。国家新闻出版署也落实了类似措施。中宣部和广电总局联合印发《国有影视企业社会效益评价考核试行办法》，要求建立把社会效益放在首位、社会效益和经济效益相统一的体制机制，注重影视作品的传播效果，坚决反对唯票房、唯收视率、唯点击量。

4. 整治影视节目广告

2019 年 1 月，广电总局发现延边卫视频道、宁夏广播电视台影视频道大量播出存在严重违法违规问题的广告，责成两地广播电视局予以暂停播出 30 日的行政处罚。❶2019 年 4 月，要求网络视听节目服务机构立即停止播出以投资影视剧项目的名义宣传非法集资活动的广告。❷2019 年 5 月，对广东广播电视台珠江电影频道非法播出影视剧项目，非法集资广告的行为，责成广东省广电局予以暂停播出 30 日的行政处罚。❸2019 年 10 月，广电总局发布《关于加强双 11 期间网络视听电子商务直播节目和广告节目管理的通知》，禁止节目中含有低俗、庸俗、媚俗的情节或镜头，严禁丑闻劣迹者发声或出镜。

三、互联网治理

1. 网络监管规范频频出台，落实网络运营者主体责任，确保网络安全

2019 年，各监管部门继续频繁出台网络监管的各类规范，除在本书其他段落提及外，还有以下几个规范性文件。

2019 年 1 月，网信办发布部门规章《区块链信息服务管理规定》，明确网信办是区块链信息服务的主管部门，对区块链实行备案制，并对属地管辖、监管对象、监管内容、监管流程、违规处罚办法作了规定。

2019 年 5 月，网信办就《网络安全审查办法（征求意见稿）》公开征求意见，

---

❶ 国家广播电视总局关于延边卫视频道、宁夏广播电视台影视频道广告播出严重违规问题的通报［EB/OL］.（2019-01-04）［2021-03-03］.http：//www.nrta.gov.cn/art/2019/1/4/art_113_40142.html.

❷ 总局办公厅关于停止播出影视剧项目非法集资类广告的通知［EB/OL］.（2019-04-12）［2021-03-03］.http：//www.nrta.gov.cn/art/2019/4/12/art_113_42595.html.

❸ 总局办公厅关于广东广播电视台珠江电影频道广告播出严重违规问题的通报［EB/OL］.（2019-07-22）［2021-03-03］.http：//www.nrta.gov.cn/art/2019/7/22/art_113_46847.html.

规定了网络安全审查的初步审查、征求意见、特别审查等程序，拓宽了《网络产品和服务安全审查办法（试行）》的范围。

2019年6月，工信部发布《网络安全漏洞管理规定（征求意见稿）》，对网络产品、服务提供者和网络运营者发现或获知漏洞后的义务作了规定，并对第三方组织或个人向社会发布漏洞信息作出了规定。

2019年7月，网信办和发改委等部门发布《云计算服务安全评估办法》，旨在提高党政机关、关键信息基础设施运营者采购、使用云计算服务的安全可控水平。网信办发布《互联网信息服务严重失信主体信用管理办法（征求意见稿）》，由网信部门认定严重失信主体黑名单和重点关注名单，对纳入失信黑名单的互联网信息服务提供者和使用者将依法依规实施限制从事互联网信息服务、网上行为限制、行业禁入等惩戒措施。

2019年10月，文旅部发布《在线旅游服务管理暂行规定（征求意见稿）》，规定在线旅游经营者不得利用大数据等技术手段，针对具有不同消费特征的旅游者，对同一产品或服务在相同条件下设置差异化价格（即禁止大数据杀熟），并对平台责任进行分类，对信用监管作了规定。

2019年11月，网信办、公安部等起草《网络安全威胁信息发布管理办法（征求意见稿）》，禁止发布计算机病毒、木马、勒索软件等恶意程序的源代码和制作方法等信息，设置了网络安全威胁信息发布前的报告、征求意见等程序。

2019年12月，网信办公布《网络信息内容生态治理规定》，作为首次以"生态思维"治理互联网的规章，这部行政规章提炼并综合了先前规制网络各类应用的单行文件内容，明确了内容生产者、内容服务平台、用户、网络行业组织及各级网信部门的责任，就内容规定了鼓励7项、禁止11项及防范抵制9项。

2. 司法机关健全网络治理规则

基于当前网络犯罪的态势，2019年10月，最高院、最高检发布《关于办理非法利用信息网络、帮助信息网络犯罪活动等刑事案件适用法律若干问题的解释》，就2015年通过的《刑法修正案（九）》设立的拒不履行信息网络安全管理义务罪、非法利用信息网络罪、帮助信息网络犯罪活动罪设立了定罪量刑标准，对犯罪后果、客观行为、主观明知推定规则等作了细化规定。该解释彰显了对网络犯罪进行严惩立场，设置了较低的入罪门槛，还在自由刑的基础上加大了职业禁止、禁止令和财产刑的适用力度。

在民事案件方面，司法机关紧随网络科技发展，成功依法审理了新型纠纷。2019年5月，北京互联网法院作出全国首例暗刷流量判决，被告许某向原告常某购买网络暗刷服务，伪造虚假流量误导网络游戏玩家，15天刷出了2700万点击量，原告因被告未按照合同支付服务费而诉至法院，法院认为，涉案合同损害社会公共利益，违背公序良俗，属于"绝对无效"，判决驳回原告诉求，收缴原告非法获利。❶ 稍后，上海市知识产权法院终审判决杭州飞益公司和吕某、胡某虚构视频点击量，构成不正当竞争，其行为属于"虚假宣传"，连带赔偿原告爱奇艺公司经济损失50万元。❷ 上海市第二中级人民法院对赵某与尹某、袁某等合伙协议纠纷作出终审判决，指出微信公众号由四人共同经营，构成合伙关系，微信公众号是虚拟财产，发布广告是其主要商业模式，支持了一审法院对合伙财产进行分割的判决。这是全国首例因合伙纠纷引发的微信公众号分割案件。❸

3. 监管部门治理网络违法违规信息

按照政府主导、各方共同参与的责任制，各监管部门会同行业协会、互联网企业等主体治理互联网违法违规信息。

2019年1月，网信办启动为期6个月的网络生态治理专项行动，对淫秽色情、低俗庸俗、传播不良生活方式和不良流行文化等12类负面有害信息进行整治。北京网信办以传播低俗庸俗信息事由，约谈了百度、搜狐负责人，责令相关频道暂停更新一周。广东韶关南雄市公安局以"擅自建立、使用非法定信道进行国际联网"事由，对"翻墙"的朱姓网友处以罚金1000元。❹

---

❶　常某与许某、第三人马某某网络服务合同纠纷一审民事判决，北京互联网法院，案号：（2019）京0491民初2547号。

❷　视频刷量公司虚构访问9.5亿条，被判赔爱奇艺50万元［EB/OL］.（2019-07-23）［2021-03-03］.https：//www.sohu.com/a/328832769_260616?scm=1002.46005d.16b016c016f.PC_ARTICLE_REC_OPT.

❸　赵硕硕与尹珊珊、袁小珊等合伙协议纠纷二审民事判决书，上海市第二中级人民法院，案号：（2019）沪02民终7631号。

❹　行政处罚决定书［2019］号［EB/OL］.（2018-12-28）［2021-03-03］.http：//www.gdgafz.alldayfilm.com/bookDetail.html?type=1&id=1134323.

2019 年 4 月，于某、童某、六神磊磊等 50 个头部微博账号因发布时政有害信息等，受到禁言、关闭账号等处置。网信办针对新浪网对用户发布违法违规信息未尽到审查义务，持续传播炒作导向错误、低俗色情、虚假不实等违法有害信息约谈其负责人。网信办启动小众即时通信工具专项整治，首批清理、关停了 9 款违法违规 App。中国互联网协会设立的信息服务投诉平台上线。❶

2019 年 4 月，全国"扫黄打非"办公室开展网上低俗信息专项整治，综合运用行政管理、行业规范、道德约束等多种手段，持续开展了 8 个月。❷2019 年 5 月，晋江文学城因涉黄被关闭相关栏目和频道。截至 7 月底，全国已查办涉嫌传播低俗色情甚至淫秽内容的网络文学网站、App、微信公众号和作者的刑事案件 10 起、行政案件 67 起，约谈网站 70 余家。❸

2019 年 4 月，视觉中国网站发布由国际"事件视界望远镜"项目拍摄的人类第一张黑洞照片，在基本信息栏表明拥有版权，引发网民强烈质疑，后来发现，甚至国旗、国徽也被打上了网站版权标记。天津市网信办约谈视觉中国网站负责人，责令其立即停止违法违规行为，并因其未尽到安全管理义务，没有及时发现和处置用户发布的违法信息，罚款 30 万元。❹

2019 年 5 月，民政部会同相关部门关停中国太阳能热利用产业联盟等 9 家非法社会组织网站及相应微信公众号、微博账号。❺

网信办官网每季度都要披露各级网信部门行政执法信息。根据其第一至三季度信息相加，累计约谈网站 2080 家，警告网站 1585 家，暂停更新网站 272 家，会同电信主管部门取消违法网站许可或备案、关闭违法网站 8919 家，移送司法机关相关

---

❶ 互联网信息服务投诉平台正式发布［EB/OL］.（2019-07-11）［2021-03-03］.https：//www.isc.org.cn/zxzx/xhdt/listinfo-36867.html.

❷ 全国"扫黄打非"办公室组织开展网上低俗信息专项整治［EB/OL］.（2019-04-09）［2021-03-03］.http：//www.shdf.gov.cn/shdf/contents/767/396295.html.

❸ 网络文学专项整治取得阶段性进展［EB/OL］.（2019-08-14）［2021-03-03］.http：//www.shdf.gov.cn/shdf/contents/767/404185.html.

❹ 国家网信办指导有关地方网信办约谈视觉中国网站、IC photo 网站负责人　即日起两家网站暂停服务全面整改［EB/OL］.（2019-12-10）［2021-03-03］.http：//www.tjcac.gov.cn/mrtj/202007/t20200722_3088055.html.

❺ 民政部依法关停 9 家非法社会组织网站及社交账号［EB/OL］.（2019-05-07）［2021-03-03］.http：//www.xinhuanet.com/2019-05/07/c_1124462471.htm? spm=C73544894212.P59511941341.0.0.

案件 1113 件。有关网站平台依据用户服务协议关闭各类违法违规账号群组将近 250 万个。❶

4. 加强青少年的网络保护

2019 年 3 月，广电总局出台《未成年人节目管理规定》，同时，网信办指导组织抖音、快手等短视频平台试点上线青少年防沉迷系统，这是网络短视频领域首次开展青少年防沉迷工作。5 月，网信办指导 14 家短视频平台及 4 家网络视频平台，统一上线"青少年防沉迷系统"。约 4.6 亿短视频用户每天收到青少年模式弹窗提示，5260 万人次访问青少年模式引导页。❷2019 年 10 月，网信办指导 24 家网络直播平台和 9 家网络视频平台统一上线"青少年模式"，将网络防沉迷工作基本覆盖全国 53 家主要的网络直播和视频平台。❸教育部发布的《2019 年教育信息化和网络安全工作要点》称，教育部与网信部门将开展联合行动，治理校园 App 乱象。

2019 年 8 月，网信办发布《儿童个人信息网络保护规定》，确立了儿童信息的收集和使用应当征得监护人的明确同意，要求网络运营者设置专门的儿童个人信息保护规则和用户协议，设立个人信息保护专员或指定专人负责儿童信息保护，委托第三方处理或者向第三方转移儿童信息的，应当进行安全评估。

2019 年 9 月，教育部等八部门发布《关于引导规范教育移动互联网应用有序健康发展的意见》，对教育类 App 的供给质量、规范入校、个人数据、应用管理等作出规定。11 月，教育部办公厅出台《教育移动互联网应用程序备案管理办法》，要求教育 App 提供者应当在 2020 年 1 月 31 日之前完成 ICP 备案和登记保护备案，否则将被撤销。

2019 年 9 月，《未成年人保护法（修订草案）》公开征求意见，其中设立了"网络保护"专章，对沉迷网络、网络欺凌、上网保护软件等作出了规定。国家新闻出版署发布《关于防止未成年沉迷网络游戏的通知》，对未成年人使用网络游戏的时

---

❶　2019 年全国网信行政执法成效显著［EB/OL］.（2020-02-18）［2021-03-03］.http：// www.cac.gov.cn/2020-02/18/c_1583568767032468.htm.

❷　21 家网络视频平台"青少年防沉迷系统"上线［EB/OL］.（2019-05-28）［2021-03-03］. http：//news.cnr.cn/native/gd/20190528/t20190528_524629828.shtml?from=singlemessage.

❸　国内 53 家主要网络直播和视频平台上线"青少年模式"［EB/OL］.（2019-10-14） ［2021-03-03］.http：//www.cac.gov.cn/2019-10/14/c_1572583648355661.htm.

间进行了严格限制，网络游戏企业不得为未满 8 周岁的用户提供游戏付费服务。

5. 加强互联网广告治理

2018 年，国家市场监管总局共查处违法互联网广告案件 23102 件，同比增长 55%。❶2019 年 1 月，国家市场监管总局发布 2018 年第四批典型虚假广告案件 20 件，"3W 咖啡"因宣传"总理同款咖啡"并使用国家领导人形象而违反了《广告法》第九条第二项被处罚金 20 万元。❷

2019 年 3 月，国家市场监管总局发布的《关于深入开展互联网广告整治工作的通知》强化了广告导向监管。以社会影响大、覆盖面广的门户网站、搜索引擎、电子商务平台为重点，对移动客户端和新媒体账号等互联网媒体，针对医疗、药品、保健食品、房地产、金融投资理财等关系人民群众身体健康和财产安全的虚假违法广告，加大了查处力度，查办了一批大案要案。

2019 年 11 月，国家市场监管总局、国家烟草专卖局发布了《关于进一步保护未成年人免受电子烟侵害的通告》，敦促电子生产、销售企业或个人撤回通过互联网发布的电子烟广告。

6. 整治互联网行业不正当竞争

2019 年 4 月，《反不正当竞争法》修订，适当扩大了商业秘密的保护范围，加大了商业秘密的保护力度。

腾讯公司针对"世界之窗浏览器"屏蔽其播放影片时的片头广告和暂停广告的行为提起不正当竞争诉讼，2019 年 1 月，北京知识产权法院对"世界之窗"屏蔽腾讯视频广告案作出二审判决，推翻了一审法院对于开发、经营涉案浏览器不足以认定为不正当竞争行为的认定，认为被诉行为违反公认的商业道德，构成不正当竞争，撤销一审判决，判赔 100 万元。❸

2019 年 1 月，淘宝公司诉美景公司国内首例互联网大数据产品案作出终审判决。

---

❶ 去年查办互联网广告违法案件同比增 55%［EB/OL］.（2019-04-02）［2021-03-03］. http：//www.gov.cn/xinwen/2019-04/02/content_5378891.htm.

❷ 国家市场监督管理总局公布 2018 年第四批典型虚假违法广告案件［EB/OL］.（2019-01-10）［2021-03-03］.http：//www.samr.gov.cn/xw/zj/201901/t20190110_280199.html.

❸ 深圳市腾讯计算机系统有限公司与北京世界星辉科技有限责任公司不正当竞争纠纷二审民事判决，北京知识产权法院，案号：（2018）京 73 民终 558 号。

2018 年，杭州互联网法院一审判决被告赔偿 200 万元曾引发热议。杭州市中级人民法院二审认为淘宝公司收集信息合法，涉案产品"生意参谋"是对于产品购买者开展商业活动有相当意义的数据图、排行榜等，可以为淘宝公司带来直接经济收益，属于竞争法意义上的财产权益。美景公司所经营的平台不正当获取淘宝公司研发的大数据，构成不正当竞争，故维持原判。❶

2019 年 3 月，天津市滨海新区人民法院裁定，认定抖音违反与腾讯的协议，擅自将微信 /QQ 开发平台授权登录服务提供给多闪使用，责令其立即停止该行为，此前多闪通过抖音擅自获得的微信或 QQ 用户头像、昵称被勒令停用。❷ 广东 9 家 KTV 起诉音集协垄断纠纷案在北京知识产权法院审理，原告认为音集协指定第三方天合公司负责与权利人签约的行为违反了《反垄断法》。❸

2019 年 7 月，北京市海淀区人民法院做出北京市首例数据抓取禁令，对创锐和力奥公司采用技术手段或人工方式获取来自抖音 App 的视频文件、评论内容并通过刷宝 App 向公众提供的行为，颁布了诉讼禁令。❹

2019 年 9 月，北京高院对电视剧《武林外传》摄制者联盟影业诉称《龙门镖局》摄制者小马奔腾壹影视文化发展有限公司等虚假宣传商业诋毁案作出二审判决，认定被告方面有关"《龙门镖局》完胜《武林外传》"的陈述属于见仁见智问题，不足以使公众得出两剧优劣的结论，并未降低或贬损《武林外传》出品方的商业信誉、商品声誉，撤销一审判决，改判为不构成不正当竞争。❺

---

❶　安徽美景信息科技有限公司、淘宝（中国）软件有限公司商业贿赂不正当竞争纠纷二审民事判决，浙江省杭州市中级人民法院，案号：（2018）浙 01 民终 7312 号．

❷　法院裁定抖音多闪侵权腾讯微信：立即停止违规行为［EB/OL］．（2019-03-20）［2021-03-03］．https：//tech.ifeng.com/c/7lCE3GIIYbo．

❸　9 家 KTV 公司诉音集协垄断案开庭　称三次签约请求被不合理拒绝［EB/OL］．（2019-03-25）［2021-03-03］．http：//bjzcfy.chinacourt.gov.cn/article/detail/2019/03/id/3797147.shtml．

❹　北京创锐文化传媒有限公司等与北京微播视界科技有限公司不正当竞争纠纷民事裁定，北京知识产权法院，案号：（2019）京 73 民辖终 381 号。

❺　北京小马奔腾壹影视文化发展有限公司等与北京联盟影业投资有限公司不正当竞争纠纷二审民事判决，北京市高级人民法院，案号：（2019）京民终 229 号。

四、信息公开

1. 政务信息公开有新进展

2019年4月，行政法规《政府信息公开条例》在实施了12年后进行修订，正式规定"以公开为常态、不公开为例外"的原则，扩大主动公开的范围，明确不公开政府信息的具体情形。行政机关内部事务信息、过程性信息、行政执法案卷信息可以不予公开。删除原来条例中依申请公开中"根据自身生产、生活、科研等特殊需要"的条件，同时对不当行使申请权的行为予以规范。完善了依申请公开的程序规定，强化了便民服务举措。条例的修改对于解决政府信息公开中的诸多现实问题有积极意义。

2019年4月，国务院发布《2019年政务公开工作要点》，强调应紧紧围绕党和政府中心工作及群众关注关切问题，着力提升政务公开质量，加强政策解读和政务舆情回应，深化重点领域信息公开，完善政务公开制度规范，以公开稳预期、强监督、促落实、优服务，进一步提高政府治理能力。

2019年9月，《上海市公共数据开放暂行办法》公布，这是国内首部针对公共数据开放进行专门立法的地方政府规章，其进行了多方面探索，如公共数据开放的公共服务定性，分级分类开放数据，开放清单动态调整，数据开放与利用并重，数据利用事后监管，专家委员会机制、多元生态，责任豁免等。自2012年起，上海在全国率先开展公共数据开放工作。2017—2019年，上海连续三年在第三方测评的中国地方政府数据开放排名中位列第一。

2. 司法公开更加务实

2018年12月，最高院委托中国社科院法学所发布《全国法院司法公开第三方评估报告》，其中指出了全国法院在审判流程和裁判文书公开方面存在的问题，如部分法院未发布审判流程信息，部分文书公开不够及时，裁判文书审批不够规范等。❶2019年6月，最高院在《人民法院执行工作纲要（2019—2023）》中提出，

---

❶ 最高院首次委托第三方机构评估司法公开工作——建设更加开放动态透明便民的阳光司法机制［EB/OL］.（2018-12-10）［2021-03-03］.https：//www.chinacourt.org/article/detail/2018/12/id/3603852.shtml.

深化以现代信息技术为支撑的执行模式变革，完善"1+2+N"执行信息化系统，即加快以执行指挥中心综合管理平台为核心，以四级法院统一的办案系统和执行公开系统为两翼，以网络查控、评估拍卖、信用惩戒、执行委托等 N 个执行办案辅助系统为子系统的执行信息化系统建设。2019 年 7 月，中国庭审公开网庭审直播突破400万场。❶2019年8月，最高检第 31 次检察开放日活动首次完全面向社会公众开放，公众在网上预约后通过随机抽选产生。2019 年 10 月，云南省高级人民法院将社会关注的孙某再审案分为公开审理和不公开审理两部分，对寻衅滋事罪部分进行公开审理，允许公众旁听、媒体报道，对涉及被害人隐私的强奸罪、强制侮辱妇女、故意伤害罪进行不公开审理。2019 年 12 月，对孙某案及相关职务犯罪案件公开进行宣判。❷

五、知识产权保护

2019 年 4 月，最高检通报了检察机关依法惩治侵犯知识产权犯罪、保护权利人合法权益的情况。2019 年 10 月，国务院发布《优化营商环境条例》，规定国家建立知识产权侵权惩罚性赔偿制度。2019 年 11 月，中共中央办公厅、国务院办公厅印发《关于强化知识产权保护的意见》，提出了力争到 2022 年，侵权易发现象得到有效遏制，权利人维权"举证难、周期长、成本低、赔偿低"的局面得到明显改观，加快著作权法修改，加快在著作权领域建立侵权惩罚性赔偿制度，大幅提高侵权法定赔偿额上限，加大损害赔偿力度。强化制度约束，明确知识产权保护政策导向。2019 年 12 月，国家版权局等四部委通报剑网 2019 行动成果：删除侵权盗版链接 11万条，收缴侵权盗版制品 1075 万件，查处网络侵权盗版案件 450 件、刑事案件 160件，涉案金额 5.24 亿元。❸

---

❶　中国庭审公开网庭审直播突破 400 万场　湖南娄底中院获颁荣誉证书［EB/OL］.（2019-07-23）［2021-03-03］.https：//www.chinacourt.org/article/detail/2019/07/id/4200323.shtml.

❷　孙小果强奸罪、强制猥亵、侮辱妇女罪等再审刑事判决，云南省高级人民法院，（2019）云刑再 3 号。

❸　国家版权局等四部委在京召开"剑网 2019"专项行动通气会［EB/OL］.（2019-12-26）［2021-03-03］.http：//www.ncac.gov.cn/chinacopyright/contents/12548/353353.shtml.

1. 图片版权保护

视觉中国事件之后，图片市场版权保护制度更加严格。2019 年剑网行动重点之一就是规范图片市场版权保护运营秩序。❶2019 年 10 月，广东省高级人民法院知识产权审判庭印发了《涉图片类著作权纠纷案件若干问题的解答》，普及如何判定图片著作权归属、如何判定图片独创性、如何理解"适当引用"的边界、判定法定赔偿要考虑的因素等问题。

2. 洗稿的定性成为新热点

2019 年 1 月，自媒体人黄某在其微信公众号"呦呦鹿鸣"上发表文章《甘柴劣火》，其中多处使用了财新网付费阅读报道的内容，被财新记者指责为"洗稿"行为❷，引发了社会对于洗稿是否侵犯著作权的讨论，学界认为判断的关键在于是否抄袭了原作品独创性的表达，业界则建议加强传统媒体和自媒体的合作。

2019 年 10 月，汇文立业公司以尊软公司和上岸公司的网站等平台付费阅读的小说《玉石圣手》与其权利作品《窃玉生香》在若干方面相同或基本相同，诉至法院，北京市海淀区人民法院作出一审判决，认为两部作品在人物身份、特征、故事情节上构成实质性相似，被告行为构成著作权侵权。❸

3. 新技术、新应用的侵权问题

新技术、新应用带来的著作权问题给司法机关提出了新挑战。

2019 年 2 月，杭州互联网法院对首个小程序侵权案件作出一审判决，判决认为，腾讯公司对小程序开发者提供的是网页页面的架构与接入服务，性质类似于自动接入、自动传输服务，所以不适用"通知—删除"规则，认定腾讯不构成侵权。2019 年 11 月，杭州市中级人民法院二审判决维持原判，但也指出微信小程序虽然不适用"通知—删除"规则，但互联网服务提供者可以采取其他合理的必要措施，以技

---

❶ 四部门启动"剑网 2019"专项行动：重点整治自媒体"洗稿"和图片市场［EB/OL］. (2019-04-28)［2021-03-03］.http：//www.xinhuanet.com/zgjx/2019-04/28/c_138016862.htm.

❷ 《甘柴劣火》再次引发"洗稿"争论：边界何在？［EB/OL］. (2019-01-25)［2021-03-03］.https://www.sohu.com/a/291417819_644338.

❸ 北京汇文立业文化传播有限公司与杭州上岸网络科技有限公司等一审民事判决书，北京市海淀区人民法院，案号：(2017) 京 0108 民初 56158 号。

术上能实现且不超出合理限度为宜。❶

2019 年 4 月，北京互联网法院审理了首例人工生成内容著作权纠纷案。菲林律师事务所使用统计数据分析软件生成的《影视娱乐行业司法大数据分析报告——电影卷·北京篇》，被百度百家号平台转发，而删除了署名、引言等，菲林律师事务所起诉百度公司侵犯自己著作权。一审判决认为，此内容由于不是自然人创作完成的，不是著作权法意义上的作品，软件研发者和使用者都不是作者，但该报告凝结了软件研发者和使用者的投入，其合法权益应当予以保护。涉案文章的文字内容部分则具有独创性，应当予以保护。法院判令百度赔礼道歉，赔偿原告 1000 元及合理费用 560 元。❷

2019 年 5 月，全国首例广告使用短视频侵犯著作权纠纷案一审宣判。北京市海淀区人民法院认为，涉案视频时长虽仅有 2 分钟，但属于具有独创性的类电影作品，被告一条公司未经许可，在其经营的微信公众号和新浪微博上将涉案视频作为广告投放，且未予署名，侵犯了作者对涉案视频享有的信息网络传播权和署名权，赔偿经济损失及合理开支 50 万余元。❸

2019 年 6 月，首例云服务器知识产权侵权案二审宣判。乐动卓越公司发现其拥有知识产权的游戏被盗版置于阿里云上，向阿里云投诉未果，诉至法院，一审判赔26 万元。北京知识产权法院二审认为，根据涉案云服务器租赁服务的性质，简单将"删除、屏蔽或者断开链接"作为云服务商应采取的必要措施和免责事由，与行业实际情况不符。若云服务商在接到投诉后审查用户数据，将使数以百万计用户的数据安全、商业秘密、用户隐私面临挑战。阿里云公司就其出租的云服务器中存储侵权软件的行为，在本案中不应承担侵权责任。故二审法院判决撤销原判。❹

---

❶ 杭州刀豆网络科技有限公司与长沙百赞网络科技有限公司、深圳市腾讯计算机系统有限公司侵害作品信息网络传播权纠纷案［EB/OL］.（2020-04-01）［2021-03-03］.http：//www.zjsfgkw.cn/art/2020/4/1/art_80_20190.html.

❷ 北京菲林律师事务所与北京百度网讯科技有限公司一审民事判决，北京互联网法院，案号：（2018）京 0491 民初 239 号.

❸ 全国首例广告使用短视频侵害著作权案宣判［EB/OL］.（2019-04-26）［2021-03-03］.https：//www.chinacourt.org/article/detail/2019/04/id/3853431.shtml.

❹ 阿里云计算有限公司与北京乐动卓越科技有限公司二审民事判决，北京知识产权法院，案号：（2017）京 73 民终 1194 号.

4. 影视剧知识产权侵权频发

新技术、新应用对影视剧版权保护影响尤大。

2019 年 4 月，浙江省高级人民法院就蒋某诉王某、花儿影视《芈月传》编剧署名权纠纷作出裁定，经查明蒋某供改编的《芈月传》小说原著只有 7000 多字，只是大纲，后期剧方又聘请他人进行多次修改，总修改者王某署名为总编剧合情合理，故驳回原告诉求。❶

2019 年 8 月，北京知识产权法院就张某（笔名"天下霸唱"）诉电影《九层妖塔》制片人侵害保护作品完整权案作出二审判决，认定电影《九层妖塔》虽然获得张某小说《鬼吹灯》的改编权，但在人物设置、故事情节等方面均与原著差别巨大，判决撤销一审判决，仅认定侵害作者署名权，构成侵害作者保护作品完整权，赔偿精神损害抚慰金 5 万元。❷ 此案引发了对改编权和保护作品完整权边界的讨论。

2019 年 8 月，北京互联网法院就全国首例图解电影侵害作品信息网络传播权案作出一审判决，被告蜀黍公司认为"图解电影"软件截取电视剧《三生三世十里桃花》382 个画面在平台上提供服务，涵盖了剧集主要画面和全部情节。电视剧权利方优酷网诉至法院，法院判决被告行为构成侵权，赔偿原告 3 万元。同时优酷又以百度网盘未及时采取技术措施制止用户上传此热播电视剧的侵权行为起诉百度公司，百度公司辩称视频系用户自行上传至其个人账户，百度网盘提供的是一种私密分享，无权要求查看并进行处理。2019 年 12 月，北京市海淀区人民法院判决百度赔偿 100 万元。❸

2019 年 9 月，北京知识产权法院对小说《匆匆那年》作者王某诉网剧《匆匆那年：好久不见》出品方、摄制方等著作权及不正当竞争案作出二审判决。出品方曾与作者签订协议，获权摄制电视剧《匆匆那年》。在此剧热播后又摄制《匆匆那年：好久不见》，使用了《匆匆那年》主角姓名和小说"番外"（指作者在小说之外另

---

❶ 蒋某、王某侵害作品署名权纠纷再审审查与审判监督民事裁定，浙江省高级人民法院，案号：（2018）浙民申 2302 号。

❷ 张某等与乐视影业（北京）有限公司等著作权权属、侵权纠纷二审民事判决，北京知识产权法院，案号：（2016）京 73 民终 587 号。

❸ 优酷网络技术（北京）有限公司与北京百度网讯科技有限公司侵害作品信息网络传播权纠纷一审民事判决书，北京市海淀区人民法院，案号：（2018）京 0108 民初 3524 号。

写的一些故事）的部分情节。法院认定被告行为侵害了王某对小说"番外"的署名权、改编权、摄制权和信息网络传播权，且仿冒知名商品特有名称，构成不正当竞争，判决停止侵权，赔偿王某100万余元。❶

六、人格权保护

1. 立法定规以加强人格权保护

2019年，编纂《民法典》工作抓紧进行。2019年4月和8月，《人格权编草案》先后两次向社会发布征求意见，2019年12月，全国人大常委会听取了宪法和法律委员会有关各分编草案合并为整部《民法典》草案的汇报，通过了将《民法典》草案提请全国人大会议审议的议案。《人格权编草案》中有多条涉及新闻报道和媒体。受到业界关注的如规定行为人实施新闻报道、舆论监督等行为，影响他人名誉的，不承担民事责任，但捏造事实、歪曲事实，对他人提供的失实内容未尽到合理审查义务，使用侮辱性言辞等贬损他人名誉的除外。《人格权编草案》对合理审查义务规定了内容来源的可信度等六项考虑因素，还规定了报刊、网络等媒体报道失实，侵害他人名誉权时，受害人有权请求该媒体及时更正或者删除。

隐私权和个人信息保护进一步加强，包括将隐私的定义修改为"自然人私人生活安宁和不愿为他人知晓的私密空间、私密活动和私密信息等"。

有关主管部门也制定了相应规范以加强个人信息保护。

2019年4月，公安部网络安全保卫局、北京网络行业协会、公安部第三研究所联合发布《互联网个人信息安全保护指南》。2019年5月，网信办会同相关部门制定了《数据安全管理办法（征求意见稿）》，对数据收集、数据处理使用、数据安全监督管理等作了规定。2019年6月，网信办发布《个人信息出境安全评估办法（征求意见稿）》，要求网络运营者向境外提供在中华人民共和国境内运营中收集的个人信息，应当进行安全评估。

---

❶　王某等与浙江梦幻星生园影视文化有限公司著作权权属、侵权纠纷二审民事判决，北京知识产权法院，案号：（2017）京73民终2113号。

2019年6月，全国信息安全标准化技术委员会对2018年5月颁布实施的推荐性国家标准《信息安全技术个人信息安全规范》两次向社会公开征求意见，增加了基本业务功能和扩展业务功能的明示、同意规则，并提供了具体的实现方式。

2. 网络侵害名誉权纠纷有新特点

网络名誉权纠纷层出不穷，法院对网络上出现的新型纠纷依法审判，维护了言论自由、批评建议权与名誉权的平衡。

2019年6月，北京互联网法院就黄某诉律师岳某、新浪微博网络侵权责任纠纷案作出一审判决，认为二被告行为不构成侵权。法院认为行为人在自媒体发布的言论是否侵权，对其过错的认定，应根据行为人的职业、影响力及言论的发布和传播方式进行综合判断，只有当被转发言论存在凭借转发者基本专业知识或一般理性人的常识就能识别、判断的失实或侮辱、诽谤等情形时，转发者属明知或应知涉嫌侵权的，才有过错。❶

2019年7月，山东省莱西市人民法院就山东律师柳某因被移出"诉讼服务群"，以侵犯名誉权为由起诉群主山东平度市法院立案庭庭长刘某一案作出一审裁定，驳回原告起诉。法院认定，群主和群成员的入群、退群行为，属于情谊行为，可由群主成员自主自治，被告并未对原告进行负面评价，无侵权行为，不属于法院受理范围。该案是群成员因被踢出群起诉群主第一案。❷

2019年8月，北京互联网法院就赵某诉百度公司侵犯名誉权案作出判决，赵某诉称百度用户对其父的"百度百科"词条进行了两次编辑，添加了侮辱性语言，侵犯了其父及家人名誉权。法院认为，人物类词条涉及对人物的评价，百度应当对百科人物类词条编辑加大监管力度，百度未能向法院提供编辑时所适用的用户协议、编审规则，承担举证不能的责任，判令侵权成立。❸

2019年9月，北京互联网法院就淘宝卖家某公司诉买家李某发表差评侵害其名誉

---

❶ "教科书式耍赖"当事人诉新浪微博名誉侵权，诉讼请求被驳回［EB/OL］.（2019-06-18）［2021-03-03］.http：//news.cnwest.com/tianxia/a/2019/06/18/17841796.html.

❷ 原告柳某与被告刘某名誉权纠纷一案一审民事裁定，山东省莱西市人民法院，案号：（2019）鲁0285民初4407号。

❸ 网友编辑词条涉名誉侵权 百度公司被判承担民事责任［EB/OL］.（2019-08-23）［2021-03-03］.http：//www.xinhuanet.com/2019-08/23/c_1124914025.htm.

权案作出一审判决，认为被告差评并非为了故意贬损卖家名誉，不存在主观过错，对原告不构成诽谤、诋毁，但是被告在与客服沟通过程中使用的言辞确有不当，导致了双方矛盾的升级，并不可取。❶本案就消费者批评建议与侵犯法人名誉权进行了权衡。

英烈人格利益保护进一步落实。2019年3月，黑龙江省大兴安岭地区中级人民法院就检方起诉将雷锋肖像用于广告的民事公益案件作出侵权判决。2019年11月，杭州互联网法院以在线方式审理了瞿某侵害烈士董存瑞、黄继光名誉案，当庭判令被告承担侵权责任。❷

3. 加大个人信息保护力度

各款App违规获取、使用个人信息成为规制的重点。

2019年1月，网信办等四部门在全国范围内组织开展App违法违规收集、使用个人信息专项治理行动，组织相关专业机构，对App隐私政策和个人信息收集、使用情况进行评估；加强对违法违规收集、使用个人信息行为的监管和处罚。2019年3月，国家市场监管总局和网信办发布关于开展App安全认证工作的公告，鼓励App运营者自愿通过App进行安全认证，鼓励搜索引擎、应用商店等明确标识并优先推荐通过认证的App。2019年7月，App专项治理工作组公布了《关于10款App存在无隐私政策等问题的通报》，通报了30款违反《网络安全法》的App。❸2019年11月以来，公安部加大了打击整治侵犯公民个人信息违法犯罪的力度，组织开展了App违法违规采集个人信息集中整治，共查处100款违法违规App。❹

具体个案有以下几个。2019年9月，一款名为ZAO的AI换脸App引发广泛关注。工信部约谈陌陌公司相关负责人，要求其进行自查整改。❺2019年10月，墨迹

❶　淘宝买家给差评被诉侵犯卖家名誉权［EB/OL］.（2019-09-12）［2021-03-03］.https://www.chinacourt.org/article/detail/2019/09/id/4473415.shtml.

❷　瞿三宝名誉权纠纷一审民事判决，杭州互联网法院，案号：（2019）浙0192民初9762号。

❸　App专项治理工作组：10款App存在无隐私政策等问题［EB/OL］.（2019-07-11）［2021-03-03］.http：//www.cqn.com.cn/pp/content/2019-07/11/content_7305807.htm.

❹　违规收集用户信息，这100款App下架整改［EB/OL］.（2019-12-05）［2021-03-03］.https：//baijiahao.baidu.com/s?id=1652063050504500483&wfr=spider&for=pc.

❺　网络安全管理局就"ZAO"App网络数据安全问题开展问询约谈［EB/OL］.（2019-09-04）［2021-03-03］.https：//www.miit.gov.cn/xwdt/gxdt/sjdt/art/2020/art_298bf6ee4eed425d8c6eb44eae4b7194.html.

天气 App 因存在未经许可违规发布互联网新闻信息、通过资助收集及第三方途径获取用户数据是否合规等问题，在证监会 IPO 上会时被否决。❶

第二节 2019 年度中国传媒法事例及评析

一、网络短视频自律规范出台

◆ 事例简介

2019 年 1 月 9 日，为进一步规范短视频传播秩序，中国网络视听节目服务协会在官网发布了《网络短视频平台管理规范》和《网络短视频内容审核标准细则》，共有条款百条，被称为"短视频一百条"。

《网络短视频平台管理规范》根据网络视听管理政策新要求，对平台应遵守的总体规范、账户管理规范、内容管理规范和技术管理规范提出了建设性要求。其规定，平台上播出的所有短视频只有应经内容审核后才可播出，包括节目的标题、简介、弹幕、评论等内容。此外，《网络短视频平台管理规定》还规定短视频平台建立"违法违规上传账户名单库"，未经授权不得删改视听作品及片段，确保落实账户实名制管理制度。

《网络短视频内容审核标准细则》针对网络视听领域存在的不足和薄弱环节，分别对短视频服务的网络平台及网络短视频内容审核的标准进行了规范。其规定了网络短视频内容审核基本标准与网络短视频内容审核具体细则，对网络播放的短视频节目及其标题、名称、评论、弹幕、表情包等作出了具体规定，并规定了短视频语言、表演、字幕、背景中不得出现的 21 种情形。这将有助于提升短视频内容质量，遏制错误虚假有害内容蔓延，营造清朗的网络空间。

---

❶ 第十八届发审委 2019 年第 142 次会议审核结果公告［EB/OL］.（2019-10-11）［2021-03-03］.http：//www.csrc.gov.cn/pub/zjhpublic/G00306202/201910/t20191011_364295.htm.

◆ 简要评析

"短视频一百条"是中国网络视听服务协会出台的一系列行业自律规范，极大地弥补了法律审查和政府内容管制的一系列漏洞与缺陷，也为网络音视频产业的发展及公民的表达与创作拓展了自由的空间。

二、《关于办理非法利用信息网络、帮助信息网络犯罪活动等刑事案件适用法律若干问题的解释》发布

◆ 事例简介

2019年10月，最高院、最高检联合发布《关于办理非法利用信息网络、帮助信息网络犯罪活动等刑事案件适用法律若干问题的解释》（以下简称《解释》），《解释》自2019年11月1日起施行。《解释》明确了拒不履行网络安全管理义务罪的主体范围、前提要件、入罪标准，非法利用信息网络罪的客观行为方式、入罪标准，帮助信息网络犯罪活动罪的入罪标准等问题。《解释》表明了对网络犯罪的严惩立场，设置了较低的入罪门槛，规制了为网络犯罪提供技术支持和其他帮助的行为，力求对网络犯罪进行"全链条"惩治；在自由刑基础上进一步加大职业禁止、禁止令和财产刑的适用力度。2019年12月6日，北京市海淀区人民法院在审理陈某、黄某窃取信用卡罪一案中首次运用《解释》。

《解释》中对网络服务提供者的定义为：①网络接入、域名注册解析等信息网络接入、计算、存储、传输服务；②信息发布、搜索引擎、即时通信、网络支付、网络预约、网络购物、网络游戏、网络直播、网站建设、安全防护、广告推广、应用商店等信息网络应用服务；③利用信息网络提供的电子政务、通信、能源、交通、水利、金融、教育、医疗等公共服务。《解释》还明确规定了拒不履行信息网络安全管理义务罪的前提要件，即经政府有关部门责令采取改正措施而拒不改正，并对监管部门责令采取改正措施的含义进行了认定，以便网信、电信、公安等依照法律、行政法规的规定承担信息网络安全监管职责的部门，以责令整改通知书或者其他文书形式，责令网络服务提供者采取改正措施。若监管部门责令采取改正措施而拒不改正，则认定为应当考虑监管部门责令改正是否有法律、行政法规作为依

据，改正措施及期限要求是否明确、合理，网络服务提供者是否具有按照要求采取改正措施的能力等因素进行判断。此外，《解释》还规定了非法利用信息网络、帮助信息网络犯罪活动等罪名的客观行为方式、入罪标准的机器推定规则。

◆ 简要评析

网络环境下，许多犯罪行为的客观表现往往难以界定或认定，因此，给刑法的适用也带来了挑战。该司法解释对《刑法修正案（九）》新增相关网络犯罪的定罪量刑标准进行了细化，对正确认定相关犯罪行为、打击犯罪，加强网络生态治理，维护网络安全有重要意义。

三、《未成年人节目管理规定》发布

◆ 事例简介

2019 年 2 月 14 日，为规范未成年人节目，保护未成年人身心健康，保障未成年人合法权益，教育引导未成年人，培育和弘扬社会主义核心价值观，广电总局审议通过《未成年人节目管理规定》（以下简称《规定》），《规定》于 2019 年 4 月 3 日发布，自 2019 年 4 月 30 日开始施行。《规定》明确指出 9 项国家支持、鼓励的未成年人节目制作、传播的种类及 16 项未成年人节目中不得含有的内容，并对未成年人节目中的语言、广告等作出细化规定，还规定了广播电视主管部门的监督管理职责及违反《规定》需要承担的法律责任。

《规定》所称网络视听节目服务机构，是指互联网视听节目服务机构和专网及定向传播视听节目的服务机构。学校寒暑假是指广播电视播出机构所在地、网络视听节目服务机构注册地教育行政部门规定的时间段。《规定》的管理范围为未成年人节目，包括未成年人作为主要参与者或者以未成年人为主要接收对象的广播电视节目和网络视听节目，要求未成年人节目不得诱导未成年人谈论名利、情爱等话题，不得宣扬童星效应或者包装、炒作明星子女，不得肯定、赞许未成年人早恋。此外，《规定》对未成年人节目制作和传播中应遵守的规范也进行了细化，如服饰表演、话题环节设置规范、主持人和嘉宾言行规范、语言文字使用规范、播出时长和节目比例规范等。同时要求建立未成年人保护专员制度，安排有经验及相关教育背景的人员专门负责未成年人节目、广告的审查。要求广播电视主管部门建立健全未成年人节目的监听监看制度，建立未成年人节目违法行为举报制度，公布举报电话等以促使其依法履行职责。

◆ 简要评析

这是广电总局首次制定的专门针对未成年人节目管理的部门规章，对未成年人作为主要参与者或以未成年人为主要接受对象的广播电视节目和网络视听节目进行了统一规范，对保障未成年人权益有积极意义。

四、银峰SOHO公司诉神棍局公司名誉权侵权案

◆ 事例简介

2018年11月，原告银峰SOHO因被告神棍科技公司在其开设的名叫"神棍局"的关于"看风水"的公众号发布的文章内容对其名誉造成不利影响，将被告以侵害其名誉权为由起诉至北京市朝阳区人民法院。银峰SOHO公司诉称：神棍网络公司侵权文章专门针对银峰SOHO进行了恶意侮辱、诽谤，对银峰SOHO公司的租赁运营业务造成了严重不利影响。神棍网络公司的违法行为具有侵犯银峰SOHO公司名誉权、荣誉权的故意，侵犯了银峰SOHO公司的合法权益。神棍网络公司利用知名建筑物进行评论，采用朋友圈转发的方式，进行"造势圈粉"，通过侵权违法行为扩大自身知名度，并获得了非法利益。

被告珠海市神棍网络科技有限公司辩称，公众号虽为本公司注册，但收到原告声明后，就立即删除了涉案文章并通知转载第三方进行删除，且文章并无侮辱、诽谤的故意。

一审法院认为，是否构成侵害名誉权的责任应当根据受害人确有名誉被损害的事实、行为人行为违法、违法行为与损害后果之间有因果关系、行为人主观上有过错来认定。

首先，法院认为银峰SOHO公司确有名誉被损害的事实，神棍网络公司发表涉案文章的标题、语句、结论均会使人对银峰SOHO项目产生不同程度的负面评价，并且涉案文章的逻辑、结论均会误导读者，足以导致银峰SOHO公司的社会评价降

低。其次，法院认为神棍网络公司具有侮辱、诽谤银峰 SOHO 公司名誉的情节，其行为具有违法性；神棍网络公司发表涉案文章的违法行为与银峰 SOHO 公司的名誉损害后果之间显然有因果关系，并且其存在主观过错。

综上，2019 年 4 月 10 日，北京市朝阳区人民法院作出一审判决，认为涉案文章会导致银峰 SOHO 项目社会评价降低，构成名誉侵权，判令被告珠海市神棍网络科技有限公司公开发表致歉声明，向原告北京银峰 SOHO 房地产有限公司赔礼道歉、消除影响、恢复名誉并赔偿经济损失。

◆ 简要评析

该案的特殊性在于，除了一些有侮辱性的言辞，更为值得关注的是导致原告社会评价降低的内容，如算命、风水之类的要素。被告的表达不符合我国相关内容规范的要求，法院的判决维护了原告的名誉权，也对违法违规言论进行了否定性评价。

五、视觉中国因图片及内容问题被监管部门约谈

◆ 事例简介

2019 年 4 月 11 日，经网友举报，视觉（中国）文化发展股份有限公司发现公司网站（域名为 vcg.com）上发布的多张图片包含敏感有害信息标注。当天，天津市互联网信息办公室依法约谈公司网站负责人，责令公司网站全面彻底进行整改并在此期间暂时关闭网站，并以视觉中国对用户发布的信息未尽到安全管理义务，没有及时发现和处置用户发布的法律、行政法规禁止发布或者传输的内容，违反了《网络安全法》第四十七条的规定，对其处以罚款 30 万元。

天津网信办指出，经查证，视觉中国网站上发布的多张图片中有敏感有害信息标注，引起了网民大量转发，破坏了网络生态，造成了恶劣影响。上述行为违反了《网络安全法》《互联网信息服务管理办法》的有关规定。根据《互联网信息内容管理行政执法程序规定》，天津网信办依法约谈该网站负责人，责令视觉中国网站立即停止传输相关信息，采取措施以消除恶劣影响，并保存相关记录。要求其切实履行网站主体责任，从严处理相关责任人，全面清查历史存量信息，同时要求该网站

加强内容审核管理和编辑人员教育培训，杜绝类似问题再次发生。

视觉中国网站负责人表示，对于平台方管理上存在的严重问题，将全面彻底进行整改，在此期间暂时关闭网站，严格遵守相关法律法规，自觉接受社会及网民监督。视觉中国在当日根据相关法律法规并配合监管部门的要求进行了彻底整改，加强了管理制度建设，提升了内容审核的质量，坚决避免类似情况再次发生。截至2019年4月12日，视觉中国尚不能准确预计整改完成并恢复服务的时间，公司正在积极、认真开展整改工作，力争早日恢复服务。至于网站恢复服务的具体时间，公司将另行公告。

2019年4月12日凌晨，视觉中国公司在其官方微信号上发布致歉信，称接受广大网民和媒体的监督批评，全面配合监管部门彻底积极进行整改。视觉中国公司表示，对于网民举报的视觉中国网站存在关于国旗、国徽等不合规图片的问题，公司给予高度重视，立即开展自查行动。经核查，该图片由视觉中国签约供稿人提供，视觉中国作为平台方没有严格落实企业主体责任，没有尽到严格审核的职责，导致不合规的内容出现在网上。目前，视觉中国已对不合规图片全部进行下线处理，并根据相关法律法规自愿关闭网站进行整改，进一步强化企业自律，加强制度建设，提升内容审核的质量，避免类似情况再次发生。视觉中国公司还表示感谢广大网民和媒体的监督，公司将吸取教训、认真整改，自愿接受天津市互联网信息办公室依法依规对公司的处理。

2019年12月10日，针对视觉中国网站和IC photo网站（域名dfic.cn）违规从事互联网新闻信息服务、违规与境外企业开展涉及互联网新闻信息服务业务的合作等问题，网信办指导天津网信办会同江苏网信办、北京网信办约谈视觉中国网站负责人，指导上海网信办约谈IC photo网站负责人，责令两家网站立即停止违法违规行为，全面彻底进行整改。

◆ 简要评析

在新媒体时代，有关图片的版权和使用，通过商业方式为使用者提供获取版权许可的便利成为可能，但是，如果不能够依据民商事法律的诚信公平原则行事，就会带来法律风险。同时，图片本身的不当使用也可能违反新闻内容管理要求。

六、许某诉 QQ 浏览器侵犯个人隐私裁定案

◆ 事例简介

申请人许某因在使用中发现"QQ 浏览器"存在违法收集个人隐私信息的问题，且"QQ 浏览器"未提供任何方式来取消个人信息的授权，也未找到任何能够删除个人隐私信息的方法，遂向江西省南昌经济技术开发区人民法院提起了行为保全申请（诉前禁令），要求"QQ 浏览器"App 运营方深圳市腾讯计算机系统有限公司立即停止侵犯其隐私权的行为。

2019 年 5 月 21 日，江西省南昌经济技术开发区人民法院作出裁定，裁定解除对保全申请人许某银行存款 10000 元（开户行：中国工商银行江西财经大学支行，账号：62××××××××××××××××99）的冻结；解除对被申请人深圳市腾讯计算机系统有限公司立即停止在"QQ 浏览器"App 中获取申请人许某微信账号中的头像、性别、生日、地区等个人信息，以及微信好友信息的行为保全措施；解除对被申请人深圳市腾讯计算机系统有限公司立即停止在"QQ 浏览器"App 中获取申请人许某 QQ 账号中的头像，性别、生日、地区等个人信息，以及 QQ 好友信息的行为保全措施。

5 月 31 日，申请人许某向法院申请撤回诉前行为保全。法院审查后同意保全申请人许某撤回诉前行为保全的申请。依照《最高人民法院关于适用〈中华人民共和国民事诉讼法〉的解释》第一百六十六条第一款第二项的规定法院裁定解除了上述保全措施。

◆ 简要评析

在网络时代，网络服务提供者在技术上的优势使其可轻而易举地获取网络用户的个人信息，仅靠监管部门的查处难以起到立竿见影的效果，本案中，网络用户主动提起诉讼维权，在号召公民为捍卫自己的信息权利而斗争方面起到了良好的示范效应。

七、《区块链信息服务管理规定》等三部信息内容管理规章出台

◆ 事例简介

2019 年，为细化网络内容和技术的监管规范，并且对网络信息内容进行生态治理，国家互联网办公室出台了三部规章。

2019 年 1 月 10 日，为了规范区块链信息服务活动，维护国家安全和社会公共利益，保护公民、法人和其他社会组织的合法权益，促进区块链技术及相关服务的健康发展，网信办审议并通过了《区块链信息服务管理规定》，该规定自 2019 年 2 月 15 日起施行。根据该规定，区块链信息服务是指基于区块链技术或者系统，通过互联网站、应用程序等形式，向社会公众提供信息服务；区块链信息服务提供者是指向社会公众提供区块链信息服务的主体或者节点，以及为区块链信息服务的主体提供技术支持的机构或者组织；区块链信息服务使用者，是指使用区块链信息服务的组织或者个人。该规定对区块链服务提供者和使用者规定了相应的责任并提出了规范措施。

2019 年 8 月 23 日，为保护儿童个人信息安全，促进儿童健康成长，网信办审议通过了《儿童个人信息网络保护规定》，该规定自 2019 年 10 月 1 日起施行。该规定明确了网站收集儿童个人信息，要征得监护人同意；网络运营者应当设置专门的儿童个人信息保护规则和用户协议，并指定专人负责儿童个人信息保护；还首次明确"儿童"是指不满 14 周岁的未成年人，指出监护人应教育引导儿童增强个人信息保护意识和能力，维护儿童个人信息安全。此外，该规定还明确了网络运营者落实儿童个人信息安全管理责任不到位的法律后果与惩戒措施。

2019 年 12 月 15 日，为营造良好网络生态，保障公民、法人和其他组织的合法权益，维护国家安全和公共利益，网信办审议通过了《网络信息内容生态治理规定》，该规定自 2020 年 3 月 1 日起施行。该规定明确了网络信息内容服务使用者和生产者、平台不得开展网络暴力、人肉搜索、深度伪造、流量造假、操纵账号等违法活动。同时强调，网络信息内容服务平台应当履行信息内容管理主体责任，网络信息内容服务使用者应当文明健康使用网络，鼓励行业组织引导会员单位增强社会

责任感。

◆ 简要评析

这三部规章或针对技术，或针对特殊群体，或针对整个网络生态，这表明我国在互联网监管方面的针对性、深入性、实效性较以往都有了实质性进展。

八、《政府信息公开条例》修订

◆ 事例简介

2019年4月15日，为了保障公民、法人和其他组织依法获取政府信息，提高政府工作的透明度，建设法治政府，充分发挥政府信息对人民群众生产、生活和经济社会活动的服务作用，国务院对《政府信息公开条例》（以下简称《条例》）进行了修订，新条例自2019年5月15日起施行。这是《条例》自2008年实施以来的首次修订。本次修订确立了"以公开为常态、不公开为例外"的原则，扩大了主动公开的范围，建立健全政府信息管理动态调整机制，删除了现行条例中关于公民、法人或者其他组织申请获取相关政府信息需"根据自身生产、生活、科研等特殊需要"的限制条件，明确了不予公开政府信息的具体情形，对不当行使申请权的行为进行了规范，完善了依申请公开的程序，体现了便民和效率原则。

《条例》根据政务公开实践发展要求，明确了各级行政机关应当主动公开机关职能、行政许可办理结果、行政处罚决定、公务员招考录用结果等15类信息，建立健全了政府信息管理动态调整机制，要求行政机关对不予公开的政府信息进行定期评估审查，对因情势变化可以公开的政府信息应当公开；建立了依申请公开向主动公开的转化机制，行政机关可以将多个申请人申请公开的政府信息纳入主动公开的范围，申请人也可以建议行政机关将依申请公开的政府信息纳入主动公开的范围，以此推动公开工作深入开展。此外，《条例》进一步明确了政府信息公开的界限，推动政府信息依法公开。根据《条例》，除不予公开的政府信息外，政府信息应当公开。不予公开的政府信息包括：依法确定为国家秘密的政府信息，法律、行政法规禁止公开的政府信息，公开后可能危及国家安全、公共安全、经济安全、社会稳定的政府信息，公开会对第三方合法权益造成损害的政府信息。根据《条例》，行政机关内部事务信息、过程性信息、行政执法案卷信息可以不予公开。《条例》完善了依申请公开信息的程序规定，明确了公开申请提出、补正申请内容、答复形式规范、征求意见程序等内容，并要求行政机关建立健全政府信息公开申请登记、审核、办理、答复、归档的工作制度，加强工作规范化管理。

◆ 简要评析

《条例》在总结实践经验的基础上，通过一系列实体和程序上的创新举措，拓展了主动公开的范围和深度，明确了豁免公开的情形，规范了不当行使申请权的行为，加大了监督约束力度，对保障行政相对人的知情权，进一步促进政府信息公开工作健康发展，推进法治政府建设有深远影响。

九、刀豆公司诉长沙百赞、腾讯著作权侵权案

◆ 事例简介

2018年8月，杭州刀豆网络科技有限公司（以下简称"刀豆公司"）向法院起诉，称长沙百赞网络科技有限公司（以下简称"百赞公司"）未经许可，擅自通过所经营的"在线听阅""咯咯呜""回播"等微信小程序提供其享有信息网络传播权的《武志红的心理学课》在线播放服务，构成著作权侵权。刀豆公司将百赞公司诉至法院，并将腾讯公司列为被告二。

刀豆公司诉称：腾讯公司提供了微信小程序的全部开发组件、框架和通信接口，相对于小程序用户，腾讯公司与小程序运营者实属服务的共同提供者；此类新型网络服务不在《信息网络传播权保护条例》规定的四类网络服务之列，故而应当适用上位的一般法《侵权责任法》第三十六条的规定；基于《侵权责任法》第三十六条的规定，腾讯公司即便在本案中不适用"通知—删除"规则，也应当"采取必要措施"，而非全无责任。

腾讯公司辩称：本案应当适用《信息网络传播权保护条例》，腾讯仅给微信小程序运营者提供网络通信接口，并非提供网络空间服务，也非提供搜索和链接服务，不适用"通知—删除"规则；且侵权作品储存在于运营者服务器中，技术上无法实现"定位清除"效果。故基于技术不可为，无须承担任何责任。

一审法院认为微信小程序属于类似《信息网络传播权保护条例》第二十条规定的自动接入、自动传输服务；基于《信息网络传播权保护条例》的规则，对《侵权责任法》第三十六条中"网络服务提供者"作目的性限缩解释，认为仅包括提供信息储存空间、搜索、链接等网络服务的提供者，不包括自动接入或自动传输等基础网络服务提供者；就微信小程序网络服务，从其性质和《信息网络传播权保护条例》规定的角度，认为不适用"通知—删除"规则，腾讯应基于《网络安全法》承担协助执法等义务，但无须对民事侵权行为承担网络服务提供者的义务。2019年2月27日，杭州互联网法院对该案进行了一审公开宣判，判决被告一百赞公司赔偿原告经济损失，驳回原告对被告二腾讯公司的所有诉讼请求。

一审判决后，原告不服判决，提起上诉。

2019年11月，杭州市中级人民法院对本案作出二审判决，重新对争议焦点进行了审理，回归案情本身，综合评判了网络服务的类型，厘清了《信息网络传播权保护条例》与《侵权责任法》第三十六条的适用关系，认为本案中刀豆公司诉前未通知腾讯公司，既然未通知则腾讯未予审查或者下架均不须承担责任。因此，该终审判决结果只是基于本案案情做出的实体处理，其影响仅限于本案，维持原判。

◆ 简要评析

"通知—删除"规则是互联网平台责任制度的核心规则，但国内对于这一规则的适用范围与尺度还存在争议。而如何理解侵权责任法相关规定及侵权责任法与《信息网络传播权保护条例》的关系，也存在争议。该案为此类问题的揭示及将讨论引向深入提供了契机。

十、《网络音视频信息服务管理规定》发布

◆ 事例简介

2019年11月18日，为促进网络音视频信息服务健康有序发展，保护公民、法人和其他组织的合法权益，维护国家安全和公共利益，网信办、文旅部、国家广播电视总局制定了《网络音视频信息服务管理规定》（以下简称《规定》），《规定》自2020年1月1日起实行。《规定》界定了"网络音视频信息服务"的含义；明确了网络音视频信息服务

发展和管理中的管理对象、管理机制、总体要求和行业自律，对于网络音视频信息服务提供者和技术支持者规定了相应的责任。同时，还对网络音视频信息服务相关部门开展监督检查提出了明确监督检查和执法协助的要求。

《规定》中所称网络音视频信息服务，是指通过互联网站、应用程序等网络平台，向社会公众提供音视频信息制作、发布、传播的服务，包括网络音频、网络直播、短视频、网络影视剧等所有形式的网络音视频制作、发布、传播等服务。《规定》提出网络信息服务提供者应从加强管理、健全辟谣机制、在服务协议中明确双方义务权利等方面保障网络音视频信息的长远发展。另外，《规定》也对网络音视频信息服务的提供者提出自觉接受社会监督、接受各级网信、文化和旅游、广播电视等部门的日常监督检查和定期检查等要求，以保障其依法履行职责。

◆ 简要评析

网络音视频领域中，某些具有信息传播属性和社会动员功能的内容，处于多头监管的交叉地带。三部门联合发文，是监管部门针对网络音视频发展的最新态势，是探索建立协作配合的融合监管制度的举措，也是对已有制度体系的补充和完善。

总结

2019年度中国传媒法事例包括1个行业自律规范、1个司法解释、1个行政法规、1个规范性文件、1个名誉权侵权案、1个著作权监管、1个著作权侵权案、1个隐私权纠纷、2个部门规章，涉及网络短视频治理、信息网络犯罪、未成年人节目监管、个人隐私保护、互联网信息内容监管、信息公开、名誉权侵权、网络音视频监管、著作权侵权等问题。

第十章　2020 年度中国传媒法治发展

第一节　2020 年度中国传媒法治发展

一、有关传媒的指导方针和法律规定

2020 年度，传媒法治建设获得重大进展，《民法典》及新修订的《著作权法》《未成年人保护法》在传媒领域具有重要意义。

2020 年 5 月，全国人大颁布的《民法典》，作为中华人民共和国成立以来第一部以"法典"命名的法律，是民事领域的基础性、综合性法律。其中，"人格权"编就新闻报道、舆论监督与人格权益之间的关系作出明确规定，首次明确了名誉和名誉权、肖像和肖像权、隐私和隐私权等概念内涵，扩大了个人信息的范围，规定了认定人格权侵权责任应考虑的因素，以及为公共利益实施新闻报道、舆论监督等行为的"合理使用"原则及其限制条件，连同"总则"编、"侵权责任"编等有关规定，建构了系统调整新闻报道、舆论监督与人格权益关系的民事法律制度。

2020 年 10 月，全国人大常委会修订《未成年人保护法》，篇幅较之原法增加了一倍以上，其中涉及媒体加强保护未成年人尤为突出。增设了"网络保护"一章，

要求处理不满 14 周岁未成年人个人信息时，应征得其父母或者其他监护人同意，网络游戏服务提供者不得在每日 22：00 至次日 8：00 向未成年人提供网络游戏服务。网络直播服务提供者不得为未满 16 周岁的未成年人提供网络直播发布者账号注册服务，并对网络沉迷防治、网络欺凌等作出规范。同时对新闻媒体加强未成年人保护方面的宣传和舆论监督，不得侵犯未成年人合法权益等作了规定。

2020 年 11 月，《著作权法》在实施十年后完成第三次修订。新法扩大了"作品"定义以适应传播科技的发展；将"时事新闻"修改为"单纯事实消息"，加强了对新闻作品的著作权保护；完善了广播权定义，全面涵盖"无线或者有线方式"；在与"著作权有关的权利"之下的"广播电台、电视台的播放"中增加了"将其播放的广播、电视通过信息网络向公众传播"；把报社、期刊社、通讯社、广播电台、电视台的工作人员创作的职务作品纳入职务作品范围。另外，增设惩罚性赔偿制度，规定最低赔偿额为 500 元，把法定赔偿上限从 50 万元提高到 500 万元，以提升违法成本从而抑制侵权行为发生。

有关传媒的方针政策，重点是推进媒体深度融合和依法治理网络空间。

2020 年 6 月，中央全面深化改革委员会第十四次会议通过《关于加快推进媒体深度融合发展的指导意见》，强调推动媒体融合向纵深发展，深化体制机制改革，加大全媒体人才培养力度，打造一批具有强大影响力和竞争力的新型主流媒体，加快构建网上网下一体、内宣外宣联动的主流舆论格局，建立以内容建设为根本、先进技术为支撑、创新管理为保障的全媒体传播体系。2020 年 9 月，中共中央办公厅、国务院办公厅印发《关于加快推进媒体深度融合发展的意见》，明确了媒体深度融合发展的总体要求，推动传统媒体和新兴媒体在体制机制、政策措施、流程管理、人才技术等方面加快融合步伐。2020 年 11 月，《中共中央关于制定国民经济和社会发展第十四个五年规划和二○三五年远景目标的建议》中提到到 2035 年建成文化强国，国家文化软实力显著增强，推进媒体深度融合，实施全媒体传播工程，做强新型主流媒体，建强、用好县级融媒体中心。

2020 年 12 月，中共中央印发的《法治社会建设实施纲要（2020—2025 年）》列有"依法治理网络空间"专节，就完善网络法律制度、培育良好的网络法治意识、保障公民依法安全用网三方面订出规划。

二、新闻出版与广播影视监管

在疫情防控背景下，新闻出版和广播影视监管机关一方面积极为抗疫服务，推进复工复产；另一方面持续做好提升质量、媒体融合、扫黄打非等工作。

（一）新闻出版监管

1. 提升出版物质量

国家新闻出版署把出版物质量检查作为重点工作。2020 年 3 月，国家新闻出版署发布《关于做好 2020 年印刷复制发行管理工作的通知》，提出全年将抽查网上书店比例不低于 20%；加强内部资料的规范，每家编印单位只编印一种连续性内部资料，每年编印一次性内部资料不超过四种。随即，版署开展了图书"质量管理 2020"专项工作，对 2019 年以来出版的社科、文艺、少儿、教材、教辅和科普类图书进行内容质量和编校质量检查，对质量不合格图书的出版单位作出处罚。❶

2020 年 6 月，国家新闻出版署印发《报纸期刊质量管理规定》，规定了报刊质量合格的判定标准、质量检查的方法和程序、质量管理的分级责任、处罚措施等，要求报纸编校差错率不超过万分之三、期刊编校差错率不超过万分之二。2020 年 12 月，国家新闻出版署印发《出版物鉴定管理办法》，对出版物鉴定机构及人员的资质、程序、鉴定文书等作了具体规定。

2. 开展扫黄打非行动

扫黄打非行动继续推进。2020 年 4—11 月，全国"扫黄打非"办公室部署开展"扫黄打非·新风"集中行动，推进"净网 2020""护苗 2020""秋风 2020"专项行动，整治网络淫秽色情信息，非法有害少儿出版物及信息，新闻敲诈和假媒体、假记者站、假记者，侵权盗版行为四类问题。❷ 据全国"扫黄打非"办公室 2020 年 7

---

❶ 国家新闻出版署启动图书"质量管理 2020"专项工作［EB/OL］.（2020-03-13）［2021-03-03］.http：//www.nppa.gov.cn/nppa/contents/719/45735.shtml.

❷ 全国"扫黄打非"办公室部署"扫黄打非·新风"集中行动［EB/OL］.（2020-04-10）［2021-03-03］.http：//www.nppa.gov.cn/nppa/contents/719/45868.shtml.

月发布的数据，2020 年上半年，"净网 2020" 专项行动中，全国共查处网络"扫黄打非"案件 1800 余起，取缔非法不良网站 1.2 万余个，处置淫秽色情等有害信息 840 余万条。❶2020 年 10 月，因"全民 K 歌"涉黄，广东省"扫黄打非"办公室联合省网信办约谈腾讯公司，责令全面整改，行政部门对腾讯作出行政处罚。❷ 截至 2020 年 11 月，版署下发 7 份行政处罚决定书，严厉打击记者借新闻采访从事经营活动和借媒体监督进行敲诈勒索等不良从业行为，涉及华夏时报社等 6 家新闻单位及 8 名工作人员，其中，3 人被列入新闻采编人员不良从业行为记录，终身不得从事新闻采编工作。❸

3. 进一步管理网络文学

2020 年 6 月，国家新闻出版总署印发《关于进一步加强网络文学出版管理的通知》，要求网络文学出版单位建立健全内容审核机制、严格规范登载发布行为、定期开展社会效益评价考核、加强评奖推选活动管理、加强网络文学出版队伍建设、在平台上明示登载规则和服务约定，并实行网络文学创作者实名注册制度。

（二）广播电视监管

1. 推进媒体融合，推进频道改革，加强广电公共服务

加快媒体融合步伐。2020 年 3 月，广电总局部署《全国有线电视网络整合发展实施方案》，组建了中国广播电视网络有限公司控股主导、对各省网公司按母子公司制管理的"全国一网"股份公司。2020 年 10 月，中国广电网络股份有限公司成立，成为国内第四大运营商，这是在中宣部和广电总局直接领导下组建成立的中央文化企业，注册资本金额 1012 亿元，发起人 46 家。❹2020 年 11 月，广电总局印发《关于加快推进广播电视媒体深度融合发展的意见》，力争用 1 ~ 2 年时间，使新型传

---

❶ "净网 2020"专项行动：上半年取缔非法不良网站 1.2 万余个［EB/OL］.（2020-07-10）［2021-03-03］.http：//www.gov.cn/xinwen/2020-07/10/content_5525425.htm.

❷ 腾讯因"全民 K 歌"涉黄被罚全面整改［EB/OL］.（2020-11-16）［2021-03-03］.http：//henan.china.com.cn/m/2020-11/16/content_41361036.html.

❸ 国家新闻出版署二季度下发两份行政处罚决定书［EB/OL］.（2020-07-01）［2021-03-03］.http：//www.nppa.gov.cn/nppa/contents/719/74459.shtml.

❹ 中国广电网络股份有限公司成立［EB/OL］.（2020-10-13）［2021-03-03］.http：//www.xinhuanet.com/tech/2020-10/13/c_1126598442.htm.

播平台和全媒体人才队伍建设取得明显进展，用 2 ~ 3 年时间，使重点领域和关键环节的改革创新取得实质性突破。广电行业逐步建立以内容建设为根本、先进技术为支撑、创新管理为保障的全媒体传播体系。

加强广电公共服务建设。2020 年 1 月，广电总局发布的《关于加强广播电视公共服务体系建设的指导意见》从加快构建基本公共服务标准体系，切实增强公共服务适用性，扎实推进基本公共服务均等化，全面推进"智慧广电 + 公共服务"，切实强化公共服务组织保障五方面提出了主要任务和具体举措。3 月，广电总局发出《国家广播电视总局关于开展智慧广电专项扶贫行动的通知》，提出统筹广播电视传统媒体和网络视听新媒体，开展智慧广电消费扶贫、教育扶贫、健康扶贫、人才扶贫工作，推进智慧广电公共服务工作。

2. 精简机构、优胜劣汰

广电总局鼓励并支持播出机构精简频率频道数量，以提升播出质量。2020 年初至 2020 年 8 月，先后批准撤销 7 套电视频道和 1 套广播频率，上半年批准 70 个电视频道高标清同播，13 个卫视频道的高清频道通过直播卫星传输。❶2020 年 11 月，广电总局发布《关于进一步加强专业电视频道建设管理的意见》，强调建立优胜劣汰机制，扶持优秀电视频道做优做强，促使劣质频道坚决退出。

3. 加强视听节目监管

广电总局对电视剧及网络剧的监管力度不断加大，涉及导向、演员片酬、集数、细节等方面，进一步实现了网上网下统一尺度。

2020 年 11 月，广电总局发布的《关于推动新时代广播电视播出机构做强做优的意见》从打造新型传播平台，建设新型主流媒体，深化创新创优，提升产品内容竞争力、引导力四方面提出了具体要求，以防止追星炒星、过度娱乐化、高价片酬、唯收听收视率等不良倾向。

2020 年 2 月，广电总局发布的《关于进一步加强电视剧网络剧创作生产管理有关工作的通知》要求制作机构在申报备案公示时，须向有关广电主管部门承诺已基

---

❶　广电总局传媒机构管理司积极推进全国广播电视频率频道精简精办［EB/OL］.（2020-08-21）［2021-03-03］.http：//www.nrta.gov.cn/art/2020/8/21/art_114_52554.html.

本完成剧本创作不超过 40 集的电视剧、网络剧，并要求每部剧目演员总片酬不得超过制作总成本的 40%，其中主要演员片酬不得超过总片酬的 70%。广电总局还指导中国网络视听协会出台《网络综艺节目内容审核标准》，从主创人员选用、出镜人员言行举止，到造型舞美布设、文字语言使用、节目制作包装等不同维度，提出了 94 条具体标准。

2020 年 11 月，广电总局发布的《关于进一步落实主体责任切实强化电视剧细节把关的通知》要求制作机构对特定画面、景观、音乐、译文译注等加强审核，指定专门部门和专门人员负责具体内容细节审核工作。该通知还提出确保剧目导向正确、内容安全，是网络影视剧制作播出的第一要务，网络影视剧内容审核的重要环节是做好相关特定画面、景观、音乐、译文译注等细节把关，这进一步体现了网络剧和电视剧统一尺度、统一标准的监管理念。抗战剧《雷霆战将》因把"偶像剧"套路用在了抗日题材上，被《人民日报》批评后停播。❶

4. 治理收视率造假

2020 年 4 月，广电总局发布的《广播电视行业统计管理规定》规定，出现统计造假、弄虚作假行为的，所在单位的主要负责人承担第一责任，分管负责人承担主要责任，统计人员承担直接责任。2020 年 10 月，广电总局又发布了《防范和惩治广播电视和网络视听统计造假、弄虚作假责任制规定》，将防范和惩治统计造假、弄虚作假责任制落实情况作为领导班子述职述廉、年度考核的重要依据。

（三）电影监管

疫情对电影行业造成了巨大冲击，2020 年上半年电影票房仅有 22.42 亿元。2020 年 5 月，财政部发布关于电影等行业税费支持政策的公告，对 2020 年度纳税人提供电影放映服务取得的收入免征增值税，免征文化事业建设费。❷

2020 年 7 月，国家电影局发布了《关于在疫情防控常态化条件下有序推进电影

---

❶　被《人民日报》点名抗日雷剧《雷霆战将》，停播后回应仍避重就轻［EB/OL］.（2020-11-18）［2021-03-03］.https：//ent.ifeng.com/c/81Th6u8PYgC.

❷　财税部　税务总局关于电影等行业税费支持政策的公告［EB/OL］.（2020-05-13）［2021-03-03］.http：//www.chinatax.gov.cn/chinatax/n359/c5149892/content.html.

院恢复开放的通知》，低风险地区在电影院各项防控措施有效落实到位的前提下，可于 2020 年 7 月 20 日恢复营业。中高风险地区的电影院，暂不开放营业。按照要求，开业后的电影院，要采用交叉隔座售票的模式，每场上座率不得超过 30%。2020 年 8 月，将上座率调到 50%，2020 年 9 月，上座率调到 75%，至 2020 年 11 月，电影票房达到 150 亿元。

基于《流浪地球》等科幻电影取得的成功，2020 年 8 月，国家电影局、中国科协印发了《关于促进科幻电影发展的若干意见》，提出对科幻电影创作生产、发行放映、特效技术、人才培养等加强扶持引导的 10 条政策措施，被称为"科幻十条"。

三、互联网治理

2020 年互联网治理重在全面落实已有网络法律、法规等规范，建立健全网络综合治理体系。2020 年 4 月，网信办等 12 个部门联合制定《网络安全审查办法》，其中提到了网络安全审查重点评估关键信息基础设施运营者采购网络产品和服务可能带来的国家安全风险及相关程序。

1. 应对疫情的网络信息治理

疫情给网络信息治理带来新挑战，平衡公共安全、社会秩序及言论自由、舆论监督、知情权等权利成为监管的重点和难点。

2020 年 1 月，武汉市中心医院李文亮医生因在同学群中传递疫情信息被认为发布不实言论遭到公安机关训诫，引发了社会对疫情下的信息公开与网络谣言识别及治理的广泛讨论。国家监察委经调查认为，公安机关出具训诫书不当、执法程序不规范，责令武汉市公安局撤销训诫书，向当事人家属道歉，并给予相关责任人处分。[1]

2020 年 2 月，网信办指导地方网信办查处皮皮搞笑、百度、网易财经等发布涉疫情的有害短视频、散布恐慌情绪的信息内容。[2]2020 年 6 月，网民举报"@新京

---

[1]　国家监委调查组负责人答记者问［EB/OL］.（2020-03-19）［2021-03-03］.http://www.xinhuanet.com/2020-03/19/c_1125737547.htm.

[2]　国家网信办指导有关地方网信办依法查处违法违规网站平台及账号［EB/OL］.（2020-02-05）［2021-03-03］.http://www.cac.gov.cn/2020-02/05/c_1582443270836195.htm.

报我们视频"在涉北京疫情报道中存在导向错误、断章取义、混淆视听等问题，网信办指导北京市网信办，责令新浪微博依规依约对该账号进行禁言处置。❶

2. 加强网络生态治理

《网络信息内容生态治理规定》于 2020 年 3 月实施。作为首次以"生态思维"治理互联网的规章，其明确了政府、企业、社会、网民的责任，规定了鼓励、禁止和防范抵制的内容。网信部门围绕自媒体、账号、网络直播等多个领域开展了多次专项整治行动，数量创历史新高。

继续加强治理网络违法违规信息。2020 年 2 月，网信办指导北京市网信办，针对凤凰网存在刊发非规范稿源新闻信息、凤凰新闻客户端持续传播低俗庸俗信息等问题，约谈相关负责人，责令其停止违规行为。❷2020 年 4 月，针对百度 App 多个频道大量传播低俗庸俗信息、"标题党"文章等问题，网信办指导北京市网信办约谈了百度负责人，责令其暂停更新相关频道。❸ 自 2020 年 4 月起，针对不法网络商利用多个网络账号炒作"疫情之下的某国"之类虚假信息，组织各地网信部门开展为期两个月的网络恶意营销账号专项整治行动。自 2020 年 5 月起，在全国范围内启动为期 8 个月的 2020"清朗"专项行动，清理各类网络传播渠道和平台的各种违法和不良信息。2020 年 6 月，网信办指导北京市网信办约谈新浪微博负责人，针对微博炒作所谓"蒋某绯闻"干扰网上传播秩序等问题，责令整改，暂停其更新微博热搜榜和热门话题榜一周，并要求北京市网信办对新浪微博依法从严进行行政处罚 ❹，这成为大企业利用自身优势地位干扰网络信息内容的标志性案例。2020 年 11 月，开展网络"有偿删帖"问题和"软色情"信息专项整治行动，严厉查处参与"有偿

---

❶　国家网信办指导北京市网信办依法查处《新京报》微博账号［EB/OL］.（2020-06-25）［2021-03-03］.http：//www.cac.gov.cn/2020-06/25/c_1594639176791915.htm.

❷　国家网信办指导北京市网信办约谈凤凰网负责人　凤凰网、凤凰新闻客户端违规严重的部分频道暂停更新［EB/OL］.（2020-02-15）［2021-03-03］.http：//www.cac.gov.cn/2020-02/15/c_1583303419227448.htm.

❸　百度 App 部分频道因严重违规今日起暂停更新　国家网信办指导北京市网信办约谈百度公司负责人［EB/OL］.（2020-04-08）［2021-03-03］. http：//www.cac.gov.cn/2020-04/08/c_1587889929466226.htm.

❹　国家网信办指导北京市网信办依法约谈处罚新浪微博［EB/OL］.（2020-06-10）［2021-03-03］.http：//www.cac.gov.cn/2020-06/10/c_1593350719478753.htm.

删帖"的各类账号、平台及相关人员，集中整治利用"软色情"信息博眼球、赚流量的平台和账号。

开展"三项整治"行动：商业网站平台和"自媒体"传播秩序突出问题集中整治、"自媒体"基础管理专项治理和网络直播行业专项整治。

2020年7月，集中整治商业网站平台和"自媒体"突出问题，重点整治违规采编发布互联网新闻信息、转载非合规稿源问题；规范移动应用商店境内新闻类App审核管理；加强社交平台运营管理；规范商业网站平台热点榜单运营管理等。2020年9月，网信办指导4省、市网信办开展为期两个月的"知识社区问答"平台集中专项整治，重点针对普遍存在的"议题"设置不当、"知识"良莠不齐、"专家"资质难辨等突出问题，督促20家重点"知识社区问答"平台进行自查自纠。2020年10月，网信办对手机浏览器进行专项集中整治，影响力较大的8款手机浏览器被纳入首批名单，整治发布"自媒体"违规采编的各类新闻信息、"标题党"文章及违背社会主义核心价值观的不良信息。2020年11月，开展移动应用程序信息内容乱象专项整治，以资讯类、社交类、音视频类、教育类、电子读物类、生活服务类移动应用程序为重点，解决移动应用程序传播违法违规信息、提供违法违规服务、服务导向背离主流价值观等突出问题。

2020年7月，网信办开展加强"自媒体"基础管理专项治理行动，以全面排查、清理问题账号为基础，以推进分级分类管理为重点，进一步压紧压实平台、用户、属地管理责任；重点推进微信、微博等13家主要平台的公众账号分级分类，为"自媒体"账号的属地管理、精准管理、信用管理打下坚实基础。同月，各地网信部门指导腾讯、今日头条、网易、趣头条等属地网站平台主动开展自查自纠，全面排查并处理平台内公众账号恶意营销问题。2020年10月，网信办首次就《互联网用户公众账号信息服务管理规定（修订草案征求意见稿）》公开征求意见。

2020年6月起，网信办联合其他部门开展网络直播行业专项整治，共处置158家直播平台，封禁一批违法、违规主播。首批对"皇冠直播"等44家传播涉淫秽色情、严重低俗庸俗内容的违法违规网络直播平台，分别采取约谈、下架、关停服务等阶梯处罚；对"虎牙直播""哔哩哔哩"等10家网络直播平台存在传播低俗庸俗内容等问题，指导属地网信办约谈上述企业，分别采取处置措施，并将部分违规网络主播纳入黑名单。❶同时，指导中国演出协会网络直播（表演）分会制定推动网络直播行业高质量发展的管理规则和政策，探索实施网络直播分级分类规范，以及网络直播打赏、网络直播带货管理规则，形成激励正能量内容供给的网络主播评价体系。另外，针对电商直播信息内容存在的问题，网信办、广电总局也采取了措施，要求直播平台坚持社会效益优先的正确方向，对直播间节目内容和对应主播实行标签分类管理，采取有针对性的扶优罚劣措施，并采取措施不给违法失德艺人提供公开出镜发声机会。

3. 加强未成年人网络保护

疫情防控期间，网络"云课堂"成为广大学生学习的主渠道，网信部门和教育部门与修订《未成年人保护法》相呼应，加大了对未成年人的网络保护力度。

2020 年 7 月，网信办启动为期 2 个月的"清朗"未成年人暑期网络环境专项整治行动，对涉未成年人网课平台进行专项整治，清理网站平台少儿、动画、动漫等频道的不良动画动漫产品，打击直播、短视频、即时通信工具和论坛社区环节存在的涉未成年人有害信息，严格管控诱导未成年人无底线追星、拜金炫富等存在价值导向问题的不良信息和行为。

2020 年 8 月，教育部等六部门开展未成年人网络环境专项治理行动，重点是影响未成年人健康成长的不良网络社交行为、低俗有害信息和沉迷网络游戏等问题。至 2020 年 9 月中旬，累计关闭违法、违规网站平台 6000 余家，集中清理危害未成年人身心健康的"祖安文化""黑界"等不良信息 97.5 万余条，处置相关问题账号、群组 64.7 万余个。❷

4. 整治互联网垄断和不正当竞争

在平台经济发展中，互联网巨头企业暴露出诸多问题，主管机关不仅要继续加强不正当竞争行为治理，也要高度重视互联网反垄断问题。

2020 年 10 月以来，国家市场监管总局相继出台《经营者集中审查暂行规定》《规范促销行为暂行规定》《关于加强网络直播营销活动监管的指导意见》等，修订了《关于禁止滥用知识产权排除、限制竞争行为的规定》，同时开展了 2020 网络市

---

❶　国家网信办指导属地网信办依法约谈处置虎牙、斗鱼等 10 家网络直播平台［EB/OL］.（2020-06-23）［2021-03-03］.http：//www.cac.gov.cn/2020-06/23/c_1594459834502044.htm.

❷　中央网信办、教育部推进涉未成年人网课平台及网络环境专项治理取得阶段性进展［EB/OL］.（2020-09-15）［2021-03-03］.http：//www.cac.gov.cn/2020-09/15/c_1601726942635270.htm.

场监管专项行动（网剑行动），重拳打击不正当竞争行为，并对阿里巴巴实施"二选一"等涉嫌垄断行为进行了立案调查。

法院审理了一系列涉不正当竞争和垄断的新型案件，屡创首例。

2020 年 2 月，杭州铁路运输法院对腾讯公司与杭州快忆公司不正当竞争及行为保全案发出禁令，认为快忆公司未经腾讯同意，将爬虫用于爬取微信公众号数据的行为，有较大可能破坏微信公众平台健康生态秩序，数据爬取过程中还会占用了微信网络平台带宽，增加了平台运行成本，也可能对用户数据权益造成侵害，其行为构成不正当竞争的可能性较高，裁定禁止快忆停止爬取行为。这是首例爬虫搬运数据案禁令裁定。❶

2020 年 8 月，广东省高级人民法院对华多诉网易滥用市场支配地位及不正当竞争纠纷、章某诉网易著作权许可使用合同及垄断纠纷两案作出终审判决，认定网易公司在相关市场内不具有市场支配地位，不具有排除限制竞争的市场能力，遂驳回两上诉人所有诉讼请求，维持原判。这是全国首例游戏垄断纠纷案。❷

2020 年 9 月，北京市海淀区人民法院就百度公司诉梦西游公司不正当竞争纠纷案作出一审判决，认为梦西游公司通过其"文库下载神器"插件提供百度文库用券文档和付费文档的下载服务，构成不正当竞争，判决梦西游公司赔偿百度公司经济损失 200 万元及合理开支 3 万元。这是首例提供在线文库文档下载服务不正当竞争纠纷案。❸

四、信息公开

1. 政务信息公开有新进展

国务院把基层政务公开作为 2020 年度一项重点工作。2020 年 1 月，国务院办

---

❶ 法院裁定禁止擅自爬取微信公众号数据［EB/OL］.（2020-03-18）［2021-03-03］.http：//www.iprchn.com/Index_NewsContent.aspx?NewsId=121491.

❷ 广州高院终审：网易因不具有市场支配地位而不构成垄断［EB/OL］.（2020-08-04）［2021-03-03］.http://news.eastday.com/eastday/13news/auto/news/society/20200804/u7ai9427470.html.

❸ 北京海淀法院宣判全国首例提供在线文库文档下载服务不正当竞争纠纷案［EB/OL］.（2020-09-22）［2021-03-03］.https://new.qq.com/rain/a/20200922A03DZV00.

公厅印发《关于全面推进基层政务公开标准化规范化工作的指导意见》，该意见提出 2023 年要基本建成全国统一的基层政务公开标准体系，要求基层政府于 2020 年底前编制完成本级政务公开事项标准目录，实行政务过程和结果全公开。县级政府门户网站作为政务公开第一平台，要集中发布本级政府及部门、乡镇（街道）应当主动公开的政府信息，借助县级融媒体中心扩大政府信息传播力和影响力。

疫情防控背景下，公共卫生信息公开成为政务信息公开的新重点。2020 年 6 月，国务院办公厅发布的《2020 年政务公开工作要点》，要求加强公共卫生信息公开，及时准确发布疫情信息，加强各级各类应急预案公开和公共卫生知识普及，满足人民群众知情权。

2020 年 11 月，国务院办公厅印发的《政府信息公开处理费管理办法》规定了对超过一定数量或频次范围的信息公开申请人收取费用的标准。

疫情也对全国政务数据共享提出了新要求。2020 年 3 月，国务院办公厅和国家卫健委会同各地区建立了"健康码"跨省份互认机制，依托全国一体化政务服务平台实现了各省（区、市）防疫健康信息共享、"健康码"互通互认。2020 年 12 月，全国首部省级政府数据共享开放的地方性法规《贵州省政府数据共享开放条例》实施，从政府数据管理、政府数据共享、政府数据开放、监督管理等方面明确了政府数据共享开放相关事项，推进了政府数据资源的开发和利用。

2. 司法公开稳步推进

裁判文书公开制度化。截至 2020 年 8 月底，中国裁判文书网文书总量已突破 1 亿份，并以每日 10 余万篇增加；截至 2020 年底，访问总量达 550 亿次，成为全球最大的裁判文书公开网站。❶

网络庭审普遍运用。北京互联网法院成立两年以来，案件庭审直播点播量超 8000 万人次，先后登上微博热搜 20 余次，话题量超 40 亿。❷疫情防控期间，网络庭审成为各级法院新常态，推动了智慧法院的建设。2020 年 2 月 3 日至 7 月 3

---

❶ 中国裁判文书网文书总量突破一亿份　司法公开规范司法行为促进司法公正［EB/OL］.（2020-09-01）［2021-03-03］.https：//www.chinacourt.org/article/detail/2020/09/id/5433643.shtml.

❷ 田禾.以互联网司法公开为支点　推进网络社会治理现代化［N］.人民法院报，2020-10-21.

日，全国法院网上立案 280 万件、开庭 44 万次、网上调解 129 万次，同比分别增长 46%、895% 和 291%，电子送达 848 万次。❶

检察公开也有新进展。2020 年 10 月，最高检发布《人民检察院审查案件听证工作规定》，对检察公开听证与不公开听证的案件范围作了规定。要求检察院办理各类案件时，在事实认定、法律适用、案件处理等方面存在较大争议，或者有重大社会影响，需要当面听取当事人和其他相关人员意见的，经检察长批准，可以召开听证会。检察院办理审查逮捕案件，需要核实评估犯罪嫌疑人是否具有社会危险性、是否具有社会帮教条件的，可以召开听证会。审查逮捕案件、羁押必要性案件及当事人是未成年人案件的听证会一般不公开举行。

五、知识产权保护

2020 年 4 月 28 日，第一个在中国订立的国际知识产权条约《视听表演北京条约》生效。此约将表演的保护范围从现场表演、录音制品中的表演扩大至视听录制品上的表演，为表演者增加了出租权以及广播和向公众传播的权利，兼顾表演者和视听录制品制作者之间的利益平衡，提升国际社会对表演者权利保护的水平。2020 年 11 月，最高检以内部综合办案组织形式组建了知识产权检察办公室，整合刑事、民事、行政检察职能，推动形成检察办案、监督合力，统筹加强检察机关知识产权保护的制度设计和研究指导，加强知识产权全方位综合性司法保护。2020 年 12 月，《刑法修正案（十一）》将《刑法》中涉及知识产权的第二百一十三条至第二百二十条全部进行了修订，提高侵犯著作权罪（第二百一十七条）和销售侵权复制品罪（第二百一十八条）的法定刑，新增"通过信息网络传播"行为也同样构成侵犯著作权的侵权行为要件，增加了侵犯表演者权利和破坏权利保护技术措施的刑事责任，这体现了我国加强著作权在内的知识产权保护的决心。

---

❶ 疫情防控期间全国法院网上开庭 44 万次，化解一大批涉疫矛盾［EB/OL］.（2020-09-02）［2021-03-03］.https://baijiahao.baidu.com/s?id=1676698647689476275&wfr=spider&for=pc.

（一）加强著作权执法

著作权执法进一步加强。2020年6月，国家版权局等四部门联合启动打击网络侵权盗版"剑网2020"专项行动，聚焦视听作品、电商平台、社交平台版权、在线教育等领域。国家版权局发布了《关于规范摄影作品版权秩序的通知》，明确以新闻事件为主题的摄影作品不属于时事新闻，受著作权法保护。规定图库经营单位和网络服务商的义务，并规定收集整理著作权保护期届满及著作权人放弃财产权的摄影作品进行形成的图库，不得以版权许可使用费名义收取费用，同时强调教科书法定许可中摄影作品作者的获酬权。

2020年11月，国家版权局发布了《关于进一步做好著作权行政执法证据审查和认定工作的通知》，对权利证明、侵权证据、侵权认定作了具体规定。

（二）健全知识产权保护的司法规范

2020年11月，最高院发布了《关于加强著作权和与著作权有关的权利保护的意见》，提出要大幅缩短涉及著作权和与有关权案件审理周期，完善知识产权诉讼证据规则，有效解决知识产权权利人举证难问题。妥善审理体育赛事网络直播、网络游戏直播等相关的新类型案件。《关于知识产权民事诉讼证据的若干规定》对知识产权民事纠纷中的证据提交、证据保全、司法鉴定等问题作出规定。

一些省级高院也出台司法指导意见。2020年4月，北京高院发布了《关于侵害知识产权及不正当竞争案件确定损害赔偿的指导意见及法定赔偿的裁判标准》，其中规定了法定赔偿及惩罚性赔偿各自的适用条件、赔偿数额的认定等内容；并具体规定了侵害文字、音乐、美术、摄影、视频类作品著作权，侵害商标权及不正当竞争行为法定赔偿的裁判标准。广东省高级人民法院发布了《关于网络游戏知识产权民事纠纷案件的审判指引（试行）》，对网络游戏纠纷案件的权益保护、侵权认定和赔偿原则作出明确规定。

（三）著作权司法裁判明确作品内涵

随着传播科技发展，新型作品形态层出不穷，在著作权法修改过程中，各地法院通过裁判不断明确作品内涵。

2020 年 1 月，广东省深圳市南山区人民法院对腾讯公司诉盈讯科技公司著作权案作出一审判决，确认 Dreamwriter 智能写作助手创作完成的财经报道文章具有独创性，应当获得著作权法保护，判决被告赔偿原告经济损失及合理的维权费用 1500元，这是首起认定 AI 生成内容构成作品的著作权纠纷。❶

2020 年 2 月，广州互联网法院对腾讯公司诉某文化公司、某网络公司侵害作品信息网络传播权及不正当竞争纠纷案作出一审判决，认定被告允许用户上传《王者荣耀》游戏短视频 32 万余条到旗下视频平台以获取盈利的行为构成侵权，判其赔偿原告 480 万元经济损失与 16 万元合理维权费用。法院认为《王者荣耀》游戏整体画面属于类电作品，受著作权法保护。❷

2020 年 4 月，高某、邓某起诉合一等公司的《追气球的熊孩子》广告视频侵害了其作品的改编权、摄制权。北京市朝阳区人民法院一审认为争议图片为相机在热气球上自动拍摄，不属于作品，驳回原告诉讼请求。北京知识产权法院二审认为，涉案图片在拍摄、形成过程中，均有充分的人工干预，体现了智力选择和编排，符合作品独创性要求，改判被告赔礼道歉并赔偿原告经济损失 10000 元及公证费7500 元。❸

2020 年 9 月，北京高院对争议已久的转播体育赛事而引起的两起案件作出再审判决。前一案新浪诉凤凰网等侵害著作权案，2015 年北京市朝阳区人民法院判决被告擅自转播原告独家转播的球赛构成侵害作品的著作权，2016 年北京知识产权法院二审认为体育赛事节目不构成作品，改判驳回原告诉求。后一案央视诉暴风侵害信息网络传播权案，2015 年北京市石景山区人民法院一审认为系争转播体育赛事节目属于录像制品，被告行为侵害了邻接权，2018 年北京知识产权法院二审维持原判认定但

---

❶　深圳市腾讯计算机系统有限公司与上海盈讯科技有限公司著作权权属、侵权纠纷、商业贿赂不正当竞争纠纷一审民事判决，深圳市南山区人民法院，案号：（2019）粤 0305 民初14010 号。

❷　深圳市腾讯计算机系统有限公司与运城市阳光文化传媒有限公司、广州优视网络科技有限公司侵害作品信息网络传播权及不正当竞争系列案，广州互联网法院，案号：（2019）粤 0192民初 1092-1102、1121-1125 号。

❸　高某等与金色视族（北京）影视文化有限公司等著作权权属、侵权纠纷二审民事判决书，北京知识产权法院，案号：（2017）京 73 民终 797 号。

提高了赔偿金额。再审判决则确定此两案赛事节目皆构成电影类作品，两案被告都构成侵害著作权，应承担侵权责任，撤销两案原判❶，此两案一波三折，意义重大。

以上案例有助于对新修《著作权法》关于作品定义的理解。

（四）涉媒商标侵权案件增多

与传媒有关的商标侵权案件逐渐增多。2020年8月，北京市海淀区人民法院对凤凰卫视和凤凰网起诉"凤凰通讯社"案作出一审判决，认定"凤凰通讯社"打着凤凰集团旗下媒体旗号，在商标和商号中均使用"凤凰"字样，且使用近似凤凰图形Logo，构成商标侵权和不正当竞争，赔偿500万元。❷该案是国内首例媒体商标侵权及不正当竞争案。

2020年9月，上海市杨浦区人民法院就上海宽娱公司与福州嘀哩公司等侵害商标权纠纷一案作出判决，认为"bilibili"商标具有一定的显着性和知名度，被告使用的D站、dilidili.name网站及"dilidili"App涉及的动画在线播放服务及下载服务与涉案商标服务类别相同，使用的标识在整体外观和读音上均构成近似，构成商标侵权，责令停止侵权，赔偿原告经济损失300万元及合理费用11万元。❸

六、人格权保护

（一）名誉权案件中的利益平衡

涉媒名誉权纠纷持续处于平稳状态。经查年终裁判文书网，2020年上载名誉权纠纷案件（含同时涉其他人格权）判决书约2500件，其中涉及新闻报道约200件，查到新闻单位及其新媒体被告53件，包括央视、四川广播电视台、南方都市报以

---

❶　北京新浪互联网信息服务有限公司与北京天盈九州网络技术有限公司不正当竞争纠纷再审民事判决，北京市高级人民法院，案号：（2020）京民再128号；央视国际网络有限公司再审民事判决，北京市高级人民法院，案号：（2020）京民再127号。

❷　北京天盈九州网络技术有限公司等与凤凰佳艺（北京）文化传媒有限公司一审民事判决，北京市海淀区人民法院，案号：（2018）京0108民初67950号。

❸　上海宽娱数码科技有限公司与福州市嘀哩科技有限公司、福州羁绊网络有限公司等侵害商标权纠纷一审民事判决，上海市杨浦区人民法院，案号：（2019）沪0110民初20314号。

及我国台湾东森新闻等知名媒体，判决侵权不成立 37 件，侵权成立 16 件，胜诉率约 70%。而《民法典》起草过程对于司法显然起到影响作用。

2020 年 1 月，北京市海淀区人民法院对罗某诉中央电视台的报道侵犯名誉权案作出一审判决，认为央视报道"罗某列车被拘"一事，是罗某在列车上扰乱社会公共秩序并被行政处罚的真实事件，报道使罗名誉在其生活圈内确有一定程度下降，但根源在于罗某的违法行为，批评报道是依法履行媒体舆论监督职责，引导公民遵纪守法、遵守公共秩序，判决驳回罗某诉求。❶

（二）加强个人信息保护

2020 年 10 月，全国人大常委会审议《个人信息保护法（草案）》，草案订立了个人信息的定义和法律适用范围，确立了以"告知—同意"为核心的个人信息处理规则，设专节严格限制敏感个人信息，明确国家机关对个人信息的保护义务，加大了对违法行为的惩处力度。

1. 立法和执法以 App 的个人信息保护为重点

针对 App 在个人信息保护中存在的突出问题，本年度个人信息保护的立法和执法将 App 作为重点。

2020 年 3 月，国家市场监管总局、国家标准化管理委员会修订推荐性国家标准《信息安全技术个人信息安全规范》替代 2017 版国标，其中明确了数据安全责任人相关要求，规范了个人信息保护负责人的相应工作职责，规定定向推送相关要求及用户可以撤回的权利，提出了平台第三方接入责任相关要求，对第三方接入的监督管理责任进行了细化，支撑 App 安全认证。同月，针对新浪微博因用户查询接口被恶意调用导致 App 数据泄露问题，工信部网络安全管理局对新浪微博负责人进行问询约谈，并要求采取有效措施，消除数据安全隐患。❷

2020 年 7 月，全国信息安全标准化技术委员会秘书处发布了《网络安全标准实践

---

❶ 他把央视告上法庭！因不满对自己的报道……［EB/OL］.（2020-01-09）［2021-03-03］. https：//baijiahao.baidu.com/s?id=1655209378327724182&wfr=spider&for=pc.

❷ 新浪微博因数据泄露问题被工信部约谈［EB/OL］.（2020-03-24）［2021-03-03］.https：//baijiahao.baidu.com/s?id=1662035287085375936&wfr=spider&for=pc.

指南—移动互联网应用程序（App）收集使用个人信息自评估指南》，总结 App 收集使用个人信息的六个评估点，供 App 运营者自评估参考使用。工信部组织第三方监测机构对手机应用软件进行检查，督促发现存在问题的企业进行整改。网信办、工信部等四部门启动 2020 年 App 违法违规收集使用个人信息治理工作，包括制定发布 SDK、手机操作系统个人信息安全评估要点，针对面部特征等生物特征信息收集使用不规范，App 后台自启动等重点问题，开展专题研究和深度检测等。工信部随即印发了《关于开展纵深推进 App 侵害用户权益专项整治行动的通知》，要求 8 月底前上线运行全国 App 技术检测平台管理系统，12 月 10 日前完成覆盖 40 万款主流 App 检测工作。

2020 年 11 月，国家市场监管总局和国家标准化委员会共同发布了《个人信息安全影响评估指南》，首次详细规定了个人信息安全影响评估的适用场景、主要内容及报告形式。工信部组织召开全国 App 个人信息保护监管会，苏宁、蚂蚁等 11 家互联网企业向社会公开承诺落实相关整治工作。2020 年 12 月，规范 App 个人信息收集行为，保障公民个人信息安全，网信办就《常见类型移动互联网应用程序（App）必要个人信息范围》公开征求意见，规定了地图导航、网络约车、即时通信等 38 类常见类型 App 必要个人信息范围。必要个人信息是指保障 App 基本功能正常运行所必需的个人信息，缺少该信息 App 就无法提供基本功能服务。只要用户同意收集必要个人信息，App 不得拒绝用户安装使用。

2. 探索个人信息保护的司法裁判标准

隐私权和个人信息的新案件不断涌现，法院在界定个人信息内涵方面也作出了新探索。

2020 年 1 月，浙江省衢州市中级人民法院就人脸数据识别刑事第一案作出终审判决。张某、余某等 6 人非法获取和使用他人信息，使用软件将公民头像照片制作成 3D 头像并通过支付宝人脸识别认证，被以诈骗罪、侵犯个人信息罪判处有期徒刑 6 个月至 4 年 8 个月不等，并处罚金 2000 元至 15000 元不等。❶

2020 年 7 月，北京互联网法院在黄某诉腾讯公司侵犯隐私权案的一审判决中，

---

❶　张某、余某、史某等侵犯公民个人信息罪二审刑事裁定，衢州市中级人民法院，案号：（2019）浙 08 刑终 333 号。

认定微信读书迁移微信好友关系、默认向未关注的微信好友公开读书信息等，存在较高的侵害用户隐私的风险，应就信息处理方式向用户显著告知并征得同意。而微信读书构成对原告个人信息权益的侵害，但法院同时认为，不同用户对于读书信息的隐私期待有所不同，原告阅读的两本涉案书籍不具有"不愿为他人知晓"的"私密性"，故被告不构成侵害隐私权❶，从而力图将隐私权和个人信息加以区分。

而同日宣判的凌某某诉微播视界公司隐私及个人信息侵权案中，北京互联网法院阐述了司法机关对个人信息的"可识别性"及"知情—同意"原则的观点，并认为手机号码具有可识别性，因此通过 IP 地址获得地理位置应征得用户同意。被告在未征得原告同意的情况下，仅通过第三方通讯录的授权就收集并存储凌某某的个人信息，故构成对个人信息的侵害，但这些信息不具私密性，不构成侵害隐私权。❷ 被告认为该判决所要求的知情同意过于严苛，加重企业负担，提起上诉，尚待二审。

疫情对公众知情权与隐私权及个人信息之间的平衡提出新考验。2020 年 12 月，重庆市渝北区人民法院就首例涉"新冠肺炎"疫情侵犯公民隐私权纠纷案作出一审判决，在重庆沙坪坝区一冷冻仓库部分进口冻白虾外包装新冠肺炎病毒核酸呈阳性的事件发生后，被告重庆某营销策划有限公司在其公众号中发布了包括原告赵某在内的重庆各区县 10000 多名购买进口白虾的人员的姓名、家庭住址、身份证号码、手机号码等个人信息，法院认为该行为侵犯隐私权，判决被告道歉，并赔偿精神损害赔偿金。❸

---

❶ 腾讯科技（深圳）有限公司等网络侵权责任纠纷一审民事判决，北京互联网法院，案号：（2019）京 0491 民初 16142 号。

❷ 北京微播视界科技有限公司、许某某网络侵权责任纠纷一审民事判决，北京互联网法院，案号：（2019）京 0491 民初 6694 号。

❸ 渝北法院审结首例涉"新冠肺炎"疫情侵犯公民隐私权纠纷案［EB/OL］.（2020-12-18）［2021-03-03］.http：//cqfy.chinacourt.gov.cn/article/detail/2020/12/id/5672422.shtml.

第二节　2020 年度中国传媒法事例及评析

一、民法典颁布

◆ 事例简介

2020 年 5 月 28 日，第十三届全国人民代表大会第三次会议表决通过了《民法典》，共 7 编、1260 条，各编依次为总则、物权、合同、人格权、婚姻家庭、继承、侵权责任，以及附则，并于 2021 年 1 月 1 日起施行。

《民法典》作为中华人民共和国成立以来第一部以"法典"命名的法律，是民事领域的基础性、综合性法律。其中人格权编就新闻报道、舆论监督与人格权益之间的关系作出明确规定；首次明确了名誉和名誉权、肖像和肖像权、隐私和隐私权等概念内涵；扩大了个人信息的范围；规定了认定人格权侵权责任应考虑的因素，以及为公共利益实施新闻报道、舆论监督等行为的"合理使用"原则及其限制条件。连同总则编、侵权责任编等有关规定，建构了系统调整新闻报道、舆论监督与人格权益关系的民事法律制度。合同编、物权编的各项原则也同样适用于传媒行业的经济活动。

◆ 简要评析

《民法典》是一部固根本、稳预期、利长远的基础性法律，建构了系统调整文化和传媒领域各种民事关系的法律制度，体现了中国特色、实践特色和时代特色。有利于文化传媒行业坚持以人民为中心，保障人民权益的实现，推动行业健康有序发展，对文化和传媒行业具有深远影响。

二、著作权法修订

◆ 事例简介

2020 年 11 月 11 日，第十三届全国人民代表大会常务委员会第二十三次会议表决通过关于修改《著作权法》的决定，修改后的《著作权法》共 6 章，67 条，自

2021 年 6 月 1 日起施行。

新法扩大了"作品"定义以适应传播科技的发展；将"时事新闻"修改为"单纯事实消息"，加强对新闻作品的著作权保护；完善了广播权定义，全面涵盖"无线或者有线方式"；"与著作权有关的权利"下"广播电台、电视台播放"增加了"将其播放的广播、电视通过信息网络向公众传播"；把报社、期刊社、通讯社、广播电台、电视台的工作人员创作的职务作品纳入职务作品范围。另外，增设惩罚性赔偿制度，规定最低赔偿额 500 元，把法定赔偿上限从 50 万元提高到 500 万元，以提升违法成本抑制侵权行为。

◆ 简要评析

本次修订历经十年，不仅体现了产业的诉求，也体现了不同行业主体之间的博弈，对于文化传媒行业的权益保障、秩序维护、利益平衡具有积极意义。

三、未成年人保护法修订

◆ 事例简介

2020 年 10 月 17 日，新修订的《未成年人保护法》经第十三届全国人民代表大会常务委员会第二十二次会议表决通过，自 2021 年 6 月 1 日起施行。

新修订的《未成年人保护法》共 9 章，132 条，篇幅较原法增加一倍以上。增设"网络保护"一章，要求处理不满 14 周岁未成年人个人信息的，应征得其父母或者其他监护人同意，网络游戏服务提供者不得在每日 22：00 至次日 8：00 向未成年人提供网络游戏服务。网络直播服务提供者不得为未满 16 周岁的未成年人提供网络直播发布者账号注册服务，并对网络沉迷防治、网络欺凌等作出规范。还规定了网信部门会同公安、文化和旅游、新闻出版、电影、广播电视等部门根据保护不同年龄阶段未成年人的需要，确定可能影响未成年人身心健康网络信息的种类、范围和判断标准。同时对新闻媒体加强未成年人保护方面的宣传和舆论监督，不得侵犯未成年人合法权益等作了规定。

◆ 简要评析

《未成年人保护法》的修改遵循互联网多方合作共治的理念。以专章规定未成年人的网络保护，明确了国家、社会、学校、家庭等不同主体在未成年人网络保护中的义务和责任。以网络素养教育、网络信息管理、网络沉迷防治、个人信息保护、网络欺凌防治为重点，构建了科学性、体系化、整体性的未成年人网络保护体系。

四、中国网络视听节目服务协会制定《网络综艺节目内容审核标准细则》

◆ 事例简介

2020 年 2 月 21 日，中国网络视听节目服务协会联合央视网、芒果 TV、腾讯视频等视听节目网站制定的《网络综艺节目内容审核标准细则》（以下简称《细则》）正式发布。《细则》围绕才艺表演、访谈脱口秀、真人秀、少儿亲子、文艺晚会等各种网络综艺节目类型提出了 94 条具有较强实操性的标准。

《细则》第一部分对主创及出境人员选用问题；出境人员言行举止问题；造型（服装、化妆）、道具、舞美等布设问题；文字语言使用问题；节目制作包装问题五方面作了具体规定。第二部分围绕访谈及脱口秀类节目，选秀及偶像养成类节目，情感交友类节目，少儿亲子类节目，生活体验类（旅行、美食等）节目，专业竞技类（益智、体育、科技、艺术等领域）节目，游戏比赛类节目，有角色扮演的故事推理、演绎类节目，游戏改编类节目九类节目的问题作了具体规定。

◆ 简要评析

《网络综艺节目内容审核标准细则》作为行业自律性文件，对于提升网络综艺节目的内容质量，规范综艺节目服务提供者的行为标准，促进网络综艺节目的健康发展意义重大。

五、新浪微博因干扰传播秩序被网信部门处罚

◆ 事例简介

2020 年 6 月 10 日，网信办指导北京市互联网信息办公室，约谈新浪微博负责

人。此次约谈主要针对新浪微博在蒋某舆论事件中，所直接采取的撤热搜、压热搜、关闭蒋某夫人董某某微博评论等一系列违规操作，干扰网上传播秩序，以及传播违法违规信息等问题。为此，网信办责令其立即整改，暂停更新微博热搜榜及热门话题榜一周，严肃处理相关责任人。同时，要求北京市互联网信息办公室对新浪微博依法从严予以罚款的行政处罚。

◆ 简要评析

超级社交平台已经成为公众获取信息的重要来源，也是海量信息内容管理的中枢，在民众知情权、表达权的实现中扮演着关键角色，但也容易受到私意与外力的干预而滥用这一角色。本次网信部门的执法行动是对社交平台干扰传播秩序的纠正，是对公众舆论和公共利益的保护，彰显了平台时代政府在保障公民知情权、表达权中的积极角色。

六、AI 生成内容著作权及不正当竞争纠纷案

◆ 事例简介

2020 年 1 月，深圳市南山区人民法院就深圳市腾讯计算机系统有限公司（以下简称"腾讯公司"）诉上海盈讯科技有限公司（以下简称"盈讯公司"）侵害著作权及不正当竞争纠纷案作出一审判决。

原告腾讯公司自主研发了一套基于数据和算法的智能写作辅助系统——Dreamwriter，由其创作完成的《午评：沪指小幅上涨 0.11% 报 2671.93 点通信运营、石油开采等板块领涨》的财经报道文章（以下称"涉案文章"），在腾讯证券网站上首次发表，并在文章末尾注明"本文由腾讯机器人 Dreamwriter 自动撰写"。被告盈讯公司未经腾讯公司许可，在该文章发表当日擅自复制涉案文章，通过其经营的"网贷之家"网站向公众传播，且发布的内容和涉案文章内容完全相同。腾讯公司认为被告的行为侵犯其享有的著作权，将其诉至法院。

深圳市南山区人民法院认为，腾讯公司研发的 Dreamwriter 创作的财经报道文章，从外在表现形式上来看，符合文字作品的形式要求，内容体现出对当日上午相关股市信息、数据的选择、分析、判断，文章结构合理、表达逻辑清晰，具有一定

的独创性。另外，从涉案文章的生成过程来分析，该文章的表现形式是由腾讯公司主创团队相关人员个性化的安排与选择所决定的，其表现形式并非唯一，具有一定的独创性。因此，法院认定 Dreamwriter 软件在技术上"生成"的创作过程均满足著作权法对文字作品的保护条件。据此，深圳市南山区人民法院一审判决盈讯公司侵犯了腾讯公司所享有的信息网络传播权，应承担相应的民事责任，且对侵犯著作权的行为给予救济后，不再符合《反不正当竞争法》适用条件。鉴于被告已经删除侵权作品，法院判定被告赔偿原告经济损失及合理的维权费用 1500 元。

◆ 简要评析

人工智能生成内容是否可以依据著作权法予以保护，一直存在争议。该案首次认定人工智能生成内容构成文字作品，对人工智能生成内容构成文字作品的判断标准和步骤进行了有益探索，对相关案件未来的司法实践具有借鉴意义。

七、"群控软件"涉微信数据权益不正当竞争纠纷案

◆ 事例简介

2020 年 6 月 2 日，杭州互联网法院就原告腾讯计算机公司、腾讯科技公司诉被告浙江某网络公司、杭州某科技公司不正当竞争纠纷案进行一审宣判。

两被告开发、运营的"某群控软件"，利用 Xposed 外挂技术为购买该软件服务的微信用户在微信平台中开展商业营销、管理活动提供帮助。主要表现为：自动化、批量化操作微信的行为，包括朋友圈内容自动点赞、群发微信消息、微信被添加自动通过并回复等；监测、抓取微信用户账号信息、好友关系链信息等存储于其服务器，攫取数据信息。两原告认为，两被告的行为妨碍微信平台的正常运行，损害了其对于微信数据享有的数据权益，构成不正当竞争。两被告辩称，被控侵权软件属于技术创新具有正当性。被控侵权软件用户与其买家好友的社交数据权益应当归用户所有，两原告不享有任何数据权益。

法院经审理认为：两被告的行为不符合用户数据可携带的基本要求，构成了对微信用户信息权益的侵害。被控侵权软件批量化操作微信、发布商业活动信息，异化了个人微信产品的作为社交平台的服务功能，给用户使用微信产品造成了明显干

扰，已妨碍、破坏了两原告合法提供的网络产品与服务的正常运行，属于《反不正当竞争法》第 12 条第 2 款第四项所规定的妨碍、破坏其他经营者合法提供的网络产品或者服务正常运行的行为，构成不正当竞争。最终判令两被告停止涉案不正当竞争行为，赔偿两原告经济损失及合理费用 260 万元，并为其消除影响。

◆ 简要评析

该案是一起典型的涉网不正当竞争案件，在事实认定、法律定性和判决说理层面上，都具有前沿性。司法机关能够秉承审慎包容的态度，坚持促进竞争的立场，对用户和平台数据权益的性质和边界问题进行了富有开创意义的探讨，对司法化解数据权益纠纷将产生着积极影响。

八、多起体育赛事直播节目著作权纠纷案作出判决

◆ 事例简介

2020 年，多个法院都对体育赛事直播节目著作权纠纷作出判决，这些判决对于长期具有争议的体育赛事直播节目的版权属性作出了一致的认定。

2020 年 4 月 8 日，上海市浦东新区人民法院对"央视诉 PPTV 转播欧洲足球联赛著作权及不正当竞争案"一审宣判。法院认为，涉案足球赛事节目作为智力成果的一种，属于著作权法调整的范围，被告未经原告许可，在其经营的网站 PPTV 聚力实时直播涉案赛事节目的行为侵害了原告对涉案足球赛事节目"应当由著作权人享有的其他权利"。

2020 年 7 月 9 日，杭州互联网法院对"苏宁体育公司诉浙江电信、杭州电信、浙江广电新媒体侵害作品信息网络传播权纠纷案"一审宣判，判令三被告依法共同赔偿原告 50 万元。法院认为，涉案赛事构成以类似摄制电影的方法创作的作品，三被告未经授权播放赛事节目的行为构成侵权。

2020 年 9 月 23 日，北京市高级人民法院对"央视国际网络有限公司诉暴风集团股份有限公司著作权纠纷案"（又称"央视诉暴风案""央视世界杯案"）作出再审判决，撤销二审北京知识产权法院将涉案作品认定为录音制品的判决，认定涉案 64 场世界杯赛事节目构成类电作品。

2020 年 9 月 29 日，北京市高级人民法院对"新浪互联信息服务有限公司与北京天盈九州岛网络技术有限公司、乐视网信息技术股份有限公司著作权及不正当竞争纠纷案"作出再审判决，认定涉案中超赛事节目构成类电作品，新浪关于涉案赛事节目构成类电作品的再审主张成立，撤销北京知识产权法院作出的二审判决，维持北京市朝阳区人民法院此前作出的一审判决。

◆ 简要评析

这些案件入选一方面是由于案件涉及作品独创性"高低"和"有无"的标准之争，以及直播节目能否满足作品固定性要求、应如何解释类电作品"摄制在一定介质上"要件、如何界定网络侵权直播行为权利性质等诸多争议性较大的问题；另一方面是因为被众多媒体称为我国"体育赛事画面著作权第一案"的"新浪案"一审判决被二审法院撤销后，其再审在知识产权法学界和产业界备受瞩目，此判决结果将对解决上述司法中难以定论的法律概念和问题、促进体育赛事直播节目的版权保护和产业发展起到十分重要、关键而积极的作用。

九、"女童被虐视频"人格权侵权纠纷案

◆ 事例简介

2020 年 9 月 23 日，北京互联网法院对"李某诉魏某、被告北京微梦创科网络技术有限公司侵犯肖像权、名誉权、隐私权案"作出一审判决。

2019 年 5 月，原告李某因不想上学而哭闹，其父母便将她绑在路边的一棵树上。其间，李某呈站姿，撩着自己的连衣裙，露出内裤，并持续哭闹。被告魏某经过时使用手机拍摄了该过程，在未作模糊或打马赛克遮掩的处理下，将该视频发送给他人上传微博并转发相关微博。原告认为魏某的网络传播行为侵害其肖像权、名誉权和隐私权，微梦公司在其父提出删除视频时未及时处理，应与魏某承担连带责任。被告魏某辩称其行为无主观过错，目的是保护未成年人，行为并不违法也并未侵害李某某的权利。被告微梦公司辩称其为提供空间存储服务的网络服务者，原告父亲未进行有效通知，因此不承担任何责任。

法院经审理认为，公众对于社会上发生的不当行为均有权发表言论进行批评，

但这种批评应当有一定限度，特别是涉及未成年人时，应当把未成年人权益放在首位。法院最终确认魏某未经同意发布涉案视频博文的行为侵犯了李某的肖像权和隐私权；但涉案视频仅为对该事件的客观记录，魏某的网络评论亦在合理范围，无侮辱、诽谤之处，因此认定魏某未侵犯李某某名誉权。判决魏某当面向李某赔礼道歉，酌情给予精神损害抚慰金及经济损失。由于魏某自行删除涉案视频，微梦公司不存在采取必要措施的使用空间，因此不承担连带责任。

◆ 简要评析

该案对于贯彻《未成年人保护法》中的最有利于未成年人的原则，规范网络表达具有示范作用。

十、涉"新冠肺炎"疫情侵犯公民隐私权纠纷案

◆ 事例简介

2020 年 12 月，重庆市渝北区人民法院审结首例涉"新冠肺炎"疫情侵犯公民隐私权纠纷案。

2020 年 7 月 14 日，重庆沙坪坝区一冷冻仓库部分进口白虾外包装新型冠状肺炎病毒核酸检测呈阳性，相关部门迅速组织涉事产品及购买人员进行核酸检测。但被告重庆某营销策划有限公司却将一份名为《重庆已购进口白虾顾客名单》的文章发布在其管理的公众号上供下载，该名单包括原告赵某在内的重庆各区县一万多名购买人员的姓名、家庭住址、身份证号码、手机号码等详细个人信息。几天内，很多重庆市民在微信群里都收到了这样一份名单，大家纷纷自查所在小区是否有相关人员并将该名单广泛转载并传播。原告赵某认为该行为侵犯其隐私权，遂诉至法院，要求被告重庆某营销策划有限公司在案涉公众号及权威报纸刊登书面道歉信，并赔偿精神损害赔偿金 1 元。

重庆市渝北区人民法院审理后认为，本案虽处在新冠肺炎疫情这一特殊公共事件发生的非常时期，但被告未经相关权威机构授权及原告等名单当事人的同意，且明知侵犯相关当事人隐私的情况下，以"目前是非常时期，没有什么东西比安全和生命更重要""目的在于希望涉及的群众主动配合官方"为借口擅自将涉及原告姓

名、家庭住址、身份证号码、手机号码等个人信息的涉案文章发布在公众平台，不但被公众大量浏览转载，还提供下载服务，造成了广泛的二次传播，致原告隐私严重泄露，情节恶劣。且其行为不但会导致原告个人信息被泄露并被广泛传播，为其人身、财产安全带来巨大隐患，还会在新冠肺炎疫情这一人人谈"新冠"色变的特殊时期引起社会公众恐慌，严重影响原告的日常人际交往和正常生活。故法院对原告要求被告在报纸和案涉微信公众号刊登、发布书面道歉文章并赔偿精神损害赔偿金1元的诉讼请求予以支持。

◆ 简要评析

大数据分析为新冠肺炎疫情的追踪和防控起到了重要作用，为我国的新型冠状肺炎疫情防治取得战略性胜利提供了保障，也引发了疫情防治中的公民个人信息保护的争议。该案为平衡疫情防治与公民隐私和个人信息保护之间的关系具有参考价值。

总结

2020年度中国传媒法事例包括1个行业自律规范、1个传媒监管事例、1个不正当竞争案例、2个人格权案例、2个著作权案例、3个立法，涉及民法典、著作权法、未成年人保护、网络综艺自律、网络传播秩序监管、隐私权与个人信息保护、新类型作品的著作权保护、数据竞争等问题。

结论 2011—2020年中国传媒法治的特点和发展趋势

以史为鉴，可以知兴替。2011—2020年我国传媒法治的历史是一脉相承的关系，本部分试图探寻这十年间传媒法治的发展特点，并对未来发展趋势作出预测。

一、特点

笔者对2011—2020年年度中国传媒法事例进行了分类统计。

2011—2020年度中国传媒法事例类型统计　　（单位：个）

年份	党的文件	立法（含规范性文件）	自律规范	司法解释	国际公约	传媒监管	人格权	著作权	不正当竞争	合同	舆论监督	传媒产业	刑事
2011	1	3				1	1	1		1			
2012		2		1		2	1	1			1	2	
2013				2		1	1	1					3

续表

年份	党的文件	立法（含规范性文件）	自律规范	司法解释	国际公约	传媒监管	人格权	著作权	不正当竞争	合同	舆论监督	传媒产业	刑事
2014	1	1		1	1	2	1	1	1				1
2015	4					2	2						1
2016		3				2	1	2					1
2017		2				3		4					
2018		1				3	2	2	1				
2019		4	1	1		1	2	1					
2020		3	1			1	2	2	1				
总计	6	19	2	5	1	18	13	15	3	1	1	2	6

从上表可见，历年传媒法事例的重点不尽相同，有些年份某一类型的事例比较集中，如 2013 年的刑事案例、2017 年的著作权案例、2018 年的传媒监管案例、2019 年的立法，都能在一定程度上体现当年的传媒法发展特点。总体而言，传媒监管类、立法类事例占比最高，著作权、人格权案例次之，刑事案件再次之，这反映出我国传媒监管较为依赖立法和执法，司法实践中以民事诉讼维权为主，必要时才启动刑事诉讼的现状。

结合前十章的传媒法治发展研究，十年来我国传媒法治发展呈现出以下五个特点。

（一）传媒监管始终以文化安全为底线

文化安全是一国文化相对处于没有危险和不受内外威胁的状态，以及保障持续安全状态的能力，其核心是国家意识形态的安全。在互联网技术飞速发展，新媒体业态层出不穷的背景下，社会价值观日趋多元化，如何加强社会主义意识形态建设，确保国家意识形态安全，成为传媒监管的重要目标。为达到这个目标，党和国家领导人及有关部门不仅多次发表讲话，发布文件，并且通过以下两个路径来具体监管：

第一，传媒监管机构改革，进一步强化党的领导。自 2014 年中央网络安全和信息化领导小组成立以来，网络安全对国家安全的重要性不断提升，党对互联网的监管也不断加强，2018 年改名为中央网络安全和信息化委员会，进一步成为网络安全与信息化领域的重要顶层设计、总体布局、统筹协调、整体推进、督促落实的机构，权力不断加大。2018 年机构改革，新闻出版、版权、电影从广电总局分出，归入中宣部，这也反映了党对这些意识形态较强的传媒领域的监管力度进一步加大。如何界定党政合署下的传媒监管机构的行政主体地位及行为性质，成为未来传媒法治要面临的新课题。

第二，内容监管不断趋严。从历年传媒执法重点及典型案例可以看出，传媒监管的内容，不仅包括淫秽色情信息、暴力、网络谣言、网络公关、违法互联网新闻信息等违法行为之外，还涉及低俗信息、导向问题等违规问题（灰色地带），监管尺度进一步收紧。如何把握违规问题的监管标准，使之符合法治政府建设的要求，有待进一步探讨。

（二）传媒监管回应传媒产业变革

经济基础决定上层建筑。产业发展必然带来监管的变革。十年来，传媒监管紧跟产业发展。一方面，积极推进传媒体制改革。例如，进入媒体融合时代，传媒监管部门先后推进了出版体制改革、广播台和电视台的体制改革、国有文化单位体制改革等，推动一大批传媒单位产业化、市场化，也滋生了虚假新闻、有偿新闻、新闻敲诈勒索等一系列问题，引发传媒监管升级；另一方面，对新事物、新业态加强监管。2011 年微博平台兴起后，相应的立法、执法、司法监管措施就相继出台，如推行网络实名制、打击网络谣言、微博侵犯人格权案件审判等。2016 年网络直播诞生之后，文旅部、广电总局、网信办等各部门纷纷出台规范性文件加以规范。2020年电商直播大热，除上述部门外，市场监管部门也在干预。实践中，监管的尺度拿捏并不容易。监管过松容易滋生违法犯罪，监管过严又可能扼杀创新。因此，监管部门如何在了解传媒产业规律的基础上，妥善把握监管的时机、方式及强度，十分考验传媒的治理水平。

（三）政策引领与法规保障相辅相成

传统的传媒管理更多的是靠政策驱动下的管理，法治程度不高。在法治政府要求公开、透明、民主、参与的背景下，政策与立法的关系开始逐渐理顺。

从政策层面来看，传媒是文化的组成部分，因此，指导传媒的政策包括两类：一是文化政策，如党的十七届六中全会《中共中央关于深化文化体制改革 推动社会主义文化大发展大繁荣若干重大问题的决定》。文化政策往往强调健全现代文化产业体系、深化文化体制改革，提升公共文化服务水平、推动文化产业发展。二是专门针对传媒的政策，如中共中央办公厅、国务院办公厅印发了《关于加快推进媒体深度融合发展的意见》。传媒政策往往强调建构主流舆论格局，提升主流舆论引导能力，以确保文化安全为己任。这些政策为立法提供了基本方向，具有引领作用，政策的精神也往往会通过法律规范来具体落实。

从立法层面来看，十年来传媒立法出台频繁、覆盖广泛。从法律位阶来看，既有高位阶的《网络安全法》，也有规章和规范性文件。而且经常是上位法出台的同时或者不久后，就有与之相配套的下位法出台，两者形成组合拳，增强可操作性。从监管对象来看，往往是定向监管，涵盖了互联网各种新技术、新应用，如《微博客信息服务管理规定》《互联网群组信息服务管理规定》《互联网直播服务管理规定》《移动互联网应用程序信息服务管理规定》等。立法往往需要体现政策的精神，例如：网络综合治理是新形势下符合网络发展规律和现实需求的网络治理策略。为贯彻2019年中央全面深化改革委员会第九次会议通过了《关于加快建立网络综合治理体系的意见》的要求，2021年《互联网用户公众账号信息服务管理规定》的修订，从平台巡查、社会监督、部门监管三个层面，建构公众账号的综合治理格局。

政策和立法的良性互动有利于提升传媒监管领域的法治化水平，增强传媒监管的权威性、稳定性和利益关系人的可接受度。

（四）逐步从监管走向治理

2011—2013年，监管理念仍较为传统，监管手段较为单一，主要是行政处罚和刑事制裁等刚性手段，缺乏柔性手段。而且监管主要采取专项行动来实施，数个机关联合在短时间内采取集中行动，从重从快进行执法，在短时间内可以遏制违法苗头，形成威慑力量，但是治标不治本，专项行动过后，违法行为往往又死灰复燃，行业协会、企业的作用未得到充分发挥。究其主要原因，一方面是对网络的性质认识还不够充分，没有把网络放到一个生态系统中去看待；另一方面是监管机关人手不够，无法实现常态化监管。

2014 年进入移动互联网时代之后，监管模式有了新变化，开始朝着多中心、多手段的治理模式转变，具体表现为：

第一，监管主体多元化，开始注重传媒生态治理。传媒监管不仅依靠政府单方监管，也发挥了平台及政府指导下的行业协会的作用。首先，强化网络平台的主体责任。据统计，网络平台承担了种类繁多的义务，包括：确保用户身份真实的义务、安全保护义务、发现违法信息处置义务、保存记录和提供记录的义务、数据本地化义务、向有关主管部门举报义务、配合执法和司法的义务、处理投诉举报和化解纠纷的义务、个人信息保护义务、信息披露义务、信用评价义务、保护知识产权义务等。其次，发挥行业协会的作用，发挥自律规范的软法约束作用。如在广电总局的指导下中国网络视听节目服务协会发布了《网络短视频平台管理规范》《网络短视频内容审核标准细则》《网络综艺节目内容审核标准细则》，通过自律规范贯彻监管要求，这样可以保持灵活度和开放性，较之硬法更容易得到网络平台的接受。

第二，监管手段发生新变化。表现在三个方面：一是立法和执法紧密配合。一项新立法出台后，往往会加大相应的执法力度，如公布一批典型案例，从重从严（高额甚至顶格）处罚，在短期内形成高压打击的态势。二是监管手段转变，柔性手段运用增多，并开始重视执法程序。除了传统的处罚，监管主体也频繁运用相对柔性的约谈机制，在采取强制手段之前先和互联网企业进行沟通协商。三是在行政程序上也有所规范，如《互联网信息内容管理行政执法程序规定》对互联网信息内容执法程序作了详细规定。《具有舆论属性或社会动员能力的互联网信息服务安全评估规定》的规定，网信部门和公安机关开展现场检查原则上应当联合实施，不得干扰互联网信息服务提供者正常的业务活动。

从监管到治理，是传媒监管部门在多年的监管实践中总结出的宝贵经验，符合产业发展规律，契合监管目标和能力，取得了较好的效果，应当继续坚持和改善。

（五）逐渐平衡国家利益、公共利益与公民权利

传媒监管过程中，权力与权利、权利与权利的冲突问题比较突出，如何平衡不同主体的利益，避免简单一刀切式的管理，着实考验监管的智慧和能力。

十年来，随着各方主体利益诉求的多元化、表达渠道的多样化，在一些重要领域的利益博弈也更加白热化，出现了作家联盟集体维权、公益诉讼等维权方式。一方面，传媒监管目标从主要维护国家利益和公共利益逐渐开始向保障公民、法人和社会组织的权利进行倾斜，如加强未成年人保护，打击网络公关、水军，加强个人信息保护，反映了社会公众的强烈呼声。另一方面，加强传媒内容监管，特别是采取网络实名制、打击网络谣言、整治低俗信息，会限制公民的一些基本权利的行使，如言论自由、监督权，同时也保护了公民的另外一些权利，如知情权、名誉权、隐私权、个人信息权等。比较典型的例子，如对劣迹艺人及其作品的封杀和禁播，在保护公共利益的同时，也损害到影视投资方、主创人员等多方利益，如何体现处罚与教育相结合原则，如何设计合法科学有序的艺人复出机制，都有待进一步讨论。

和其他更市场化的领域相比，传媒监管的权利保障功能的充分发挥仍有较大提升空间。如何有效保障公民的程序权、救济权，如何在实现国家利益和公共利益的同时，将对公民的权利侵害最小化，是传媒监管机关不得不面对的课题。

二、发展趋势

以史为鉴，继往开来。从我国的国家战略、行业发展来看，未来的传媒法治的发展趋势应当遵循以下四个原则。

（一）法治原则

习近平法治思想是当代中国特色社会主义的指导思想，核心是"十一个坚持"："坚持党对全面依法治国的领导""坚持以人民为中心""坚持中国特色社会主义法治道路""坚持依宪治国、依宪执政""坚持建设中国特色社会主义法治体系""坚

持依法治国、依法执政、依法行政共同推进，法治国家、法治政府、法治社会一体建设""坚持全面推进科学立法、严格执法、公正司法、全民守法""坚持在法治轨道上推进国家治理体系和治理能力现代化""坚持抓住领导干部这个'关键少数'""坚持统筹推进国内法治和涉外法治""坚持建设德才兼备的高素质法治工作队伍"，也为传媒法治提出了指导方针。2017 年，党的十九大把"法治国家、法治政府、法治社会基本建成"确立为到 2035 年基本实现社会主义现代化的重要目标，开启了新时代全面依法治国新征程。2021 年 1 月，中共中央印发了《法治中国建设规划（2020—2025 年）》，进一步明确到 2035 年，法治国家、法治政府、法治社会基本建成，中国特色社会主义法治体系基本形成，人民平等参与、平等发展权利得到充分保障，国家治理体系和治理能力现代化基本实现。

由于传媒领域具有很强的意识形态属性，传统的传媒监管更多采取政策手段，法治化程度不足，随着我国法治中国建设的推进，传媒监管也应该遵守法治政府要求，下位法不违反上位法，特定的行政行为，必须有法律授权的依据；行政权行使时符合比例原则，考虑手段和目的之间的关系，确保手段能够达到目的，且对相对人造成的侵害最小，成本与收益之间成比例；鼓励公民参与传媒立法、决策、执法全过程中，贯彻程序正当原则；传媒在刑事案件报道时坚持无罪推定原则，都是法治原则的体现。

（二）合作治理原则

如前所述，我国传媒法治正在进入从监管到治理的变革之中。监管强调政府的控制和主导地位，监管工具主要是设定许可、限定禁止内容、设定相对人的各种义务等，以干预行政为主。文旅行业的复杂性、变化性决定了传统的政府监管模式已经不能适应行业的发展需求，而需要转向合作治理模式。

治理（Governance）一词源于希腊语中的"掌舵"（kybernan），治理强调多主体的协调、合作、互动。

首先，合作治理的重心从科层结构转向多中心治理网络，强调多元主体的合作与参与。①监管部门在立法和决策中应充分听取利益相关方和社会公众意见。②完善投诉举报和奖励机制，让公众成为监管的重要参与力量。③加强行业协会自律，发挥行业协会规范的软法机制作用，使得行业自律规范更及时、更有针对性地适应行业发展需求。

其次，应当加强各机关间的协作。我国在传媒监管领域存在多头监管的问题，被监管对象的合规成本较高。以网络视听节目监管为例，根据三定方案及相关规定，网信办基于维护国家安全和公共利益等目的监管网络视听节目信息内容，广电总局主要对网络视听节目的管理规范和准入标准进行监管，文旅部基于维护网络表演市场秩序的目的监管网络视听节目中具有网络文化表演属性的内容，国家市场监管总局基于保护消费者合法权益、规范市场竞争秩序的目的来监管电商直播行为，工信部依照职责负责全国互联网行业管理，负责对互联网信息服务的市场准入、市场秩序、网络资源、网络信息安全，公安部负责打击网络违法犯罪。目前各部门的职权有一定的交叉重叠，建议由中央网信委协调各部门，明确各自职责分工，或者对某一领域进行联合发文，推进信息公开和信息共享机制，从而形成监管合力，降低监管成本，提升监管效能。

（三）双效统一原则

文化产品是一种特殊产品，其既有社会属性，又有市场属性。双效统一要求传媒行业应当把社会效益放在首位，社会效益和经济效益相统一。党的十八大报告提出，要坚持把社会效益放在首位、社会效益和经济效益相统一，推动文化事业全面繁荣、文化产业快速发展。2015 年，中共中央办公厅、国务院办公厅印发了《关于推动国有文化企业把社会效益放在首位、实现社会效益和经济效益相统一的指导意见》，党的十九大报告指出，要深化文化体制改革，完善文化管理体制，加快构建把社会效益放在首位、社会效益和经济效益相统一的体制机制。"双效统一"既是文化领域供给侧结构性改革的准绳，又是优秀文艺作品创作和文化企业经营必须遵循的内在规律；既是保证文化领域健康、有序发展的基石，又是激发文化市场活力、繁荣文化生态的前提。❶

---

❶　范周．文化领域供给侧改革须坚持"双效"统一［N］．光明日报，2017-03-29．

全面、正确地理解这一原则，应当把握两个方面。

1. 社会效益具有优先价值

不能片面追求经济效益而忽视社会效益。当市场价值和社会价值发生矛盾时，市场价值服从社会价值，经济效益服从于社会效益。因此，唯票房论、唯收视率论、唯流量论都是不符合这一原则的。

2. 把社会效益和经济效益有机统一起来

社会效益和经济效益不是对立的，而是内在统一的。片面追求经济效益，忽视社会效益，触碰法律底线的，从长远来看也会丧失经济效益。比如，快播公司播放盗版作品和淫秽色情作品，最终被深圳市市场监管部门罚款高达 2.6 亿元，高管因传播淫秽物品牟利罪被判处 3 年零 6 个月的刑罚 ❶，从最大的视频平台到宣告破产。

为人民服务、为社会主义服务的高质量作品既有良好的社会效益，也会取得经济效益。比如，展现母爱亲情的《你好，李焕英》、展现海军撤侨题材的爱国主义电影《红海行动》、科幻题材电影《流浪地球》、国产动漫《哪吒》都取得了极佳的票房收益。

（四）创新监管原则

传媒监管部门应创新监管体制机制和手段方式，以创新驱动监管升级：

第一，推动技术创新，2020 年 9 月，中共中央办公厅、国务院办公厅印发的《关于加快推进媒体深度融合发展的意见》中强调积极利用 5G、大数据、云计算、物联网、区块链、人工智能等技术，提高监管的有效性和精准度，推动"智慧广电"。技术创新将带来监管的升级，提升监管的效率和效能。

第二，创新监管方式，加强和创新事中事后监管，探索信用监管、大数据监管、包容审慎监管等新型监管方式。2019 年，"信用监管"首次被写入政府工作报告。同年国务院办公厅印发了《关于加快推进社会信用体系建设 构建以信用为基础的新型监管机制的指导意见》，明确信用监管是提升社会治理能力和水平、规范市场秩序、优化营商环境的重要手段。各监管部门、行业协会也在探索建立信用监管

---

❶ 北京市第一中级人民法院（2016）京 01 刑终 592 号二审裁定书。

制度。大数据监管早在 2015 年就被《国务院办公厅关于运用大数据加强对市场主体服务和监管的若干意见》所确认，是运用大数据创新政府服务理念和服务方式。2019 年，包容审慎监管原则被写入《优化营商环境条例》之中，党的十九届五中全会也提出对新产业新业态要实行包容审慎监管。包容审慎监管要求政府尊重新事物的内在规律，而不能简单地把传统的规制方法套在新事物上；还要求政府对创新中的不足予以容忍和合理引导，而不是一棍子打死。❶

第三，创新执法方式，执法应从传统的刚性手段，转变为刚柔相济，不仅包括行政处罚、行政许可、行政强制等硬法机制，也包括行政指导、行政资助、行政奖励、行政调解等软法和非强制性监管手段，通过利益诱导机制引导行政相对人纠正违法行为，鼓励他们积极创新和增强守法意识。这些柔性监管手段具有平等协商性和自由选择性的特点，从挖掘和满足行政相对人的需求入手，符合民主行政、建设服务型政府的趋势，容易取得行政相对人的认同和配合。行政指导手段更加灵活，运用领域更加广泛，不仅是在行政相对人存在严重违法违规之前可以运用，在其存在轻微违法苗头时，或者为了促成行政相对人事业的发展壮大时，均可采用。当然，刚性和柔性手段之间的关系需要处理好，既不能以指导、奖励等柔性手段取代处罚等刚性手段，也不能单纯地一罚了之、以罚代管，而是刚柔相济，采用能够达到行政目标的最佳方式。

传媒法治是国家法治状况的一面镜子。展望未来，传媒技术的不断迭代、传媒行业新业态的不断涌现、传媒行业利益主体诉求的不断提出，给传媒法治带来了新挑战，提出了新要求，也促使传媒立法机关科学立法和民主立法，监管机构积极转变监管理念，创新监管手段，司法机关公正裁判，修补法律漏洞，传媒机构依法依规，增强社会责任，行业协会发挥纽带作用，完善自治规范，社会公众严格守法，正当维权。期待在各方的勠力齐心之下，依法、民主、科学、共治的传媒治理体系得以构建，公民政治、经济、文化和社会权益得以保障，早日建成法治国家、法治政府、法治社会，形成中国特色社会主义法治体系。

---

❶ 张效羽.行政法视野下互联网新业态包容审慎监管原则研究［J］.电子政务，2020（8）.

主要参考文献

［1］陈根发．文化传媒法治建构研究［M］．北京：中国社会科学出版社，2016.

［2］陈力丹，吴麟．论人民表达权的法治保障［J］．新闻大学，2009（2）．

［3］陈堂发．互联网与大数据环境下隐私保护困境与规则探讨［J］．暨南学报
（哲学社会科学版），2015（10）．

［4］陈绚．也谈"新闻自律"［J］．国际新闻界，1998（1）．

［5］陈怡，袁雪石．网络侵权与新闻侵权［M］．北京：中国法制出版社，2010.

［6］高一飞．媒体与司法关系规则的三种模式［J］．国际新闻界，2011（2）．

［7］顾理平，杨苗．个人隐私数据"二次使用"中的边界［J］．新闻与传播研究，
2016（9）．

［8］郭庆光．传播学教程（第二版）［M］．北京：中国人民大学出版社，2011.

［9］郭镇之．广播电视与法制管理——兼论建立中国广播电视的内容标准［J］．
新闻与传播评论，2003.

［10］哈艳秋．当代中国广播电视史［M］．北京：中国国际广播出版社，2018.

［11］侯健．传媒与司法的冲突及其调整［J］．比较法研究，2001（1）．

［12］黄瑚．中国近代新闻法制史论［M］．上海：复旦大学出版社，1999.

［13］纪新青．论政府信息公开与大众传媒的角色定位［J］．中国行政管理，
2004（11）．

［14］李丹林.广播电视法上的公共利益研究［M］.北京：中国传媒大学出版社，2012.

［15］李丹林.论现代传媒监管制度建构的理念与路径［J］.现代传播，2020（12）.

［16］刘文杰.从责任避风港到安全保障义务：网络服务提供者的中介人责任研究［M］.北京：中国社会科学出版社，2016.

［17］刘艳红.网络时代言论自由的刑法边界［J］.中国社会科学，2016（10）.

［18］卢家银.群己权界新论——传播法比较研究［M］.北京：商务印书馆，2020.

［19］马光仁.我国新闻法的演变及争取新闻自由的斗争［J］.新闻大学，1985（10）.

［20］邵国松.网络传播法导论［M］.北京：中国人民大学出版社，2017.

［21］孙笑侠.论行业法［J］.中国法学，2003（1）.

［22］孙旭培.新闻侵权与诉讼［M］.北京：人民日报出版社，1994.

［23］涂昌波.广播电视法律制度概论［M］.北京：中国传媒大学出版社，2007.

［24］王军.传媒法规与伦理［M］.北京：中国传媒大学出版社，2010.

［25］王利明.论人格权保护与舆论监督的相互关系［J］.法学家，1994（5）.

［26］王迁.论《著作权法》中"时事新闻"的含义［J］.中国版权，2014（1）.

［27］王四新.表达自由：媒体与互联网——以美国为例［J］.国际新闻界，2007（5）.

［28］王四新.网络空间的表达自由［M］.北京：社科文献出版社，2007.

［29］魏永征，张咏华，林琳.西方传媒的法制、管理和自律［M］.北京：中国人民大学出版社，2003.

［30］魏永征.新闻传播法教程［M］.北京：中国人民大学出版社，2013.

［31］魏永征.舆论监督和"公众人物"［J］.国际新闻界，2000（3）.

［32］魏永征.中国媒介管理法制的体系化——回顾媒介法制建设30年［J］.国际新闻界，2008（12）.

［33］魏永征.中国新闻传播法纲要［M］.上海：上海社会科学出版社，1999.

［34］夏倩芳.公共利益界定与广播电视规制——以美国为例［J］.新闻与传播研究，2005（1）.

［35］萧燕雄.中国传媒法制变革路径与国家治理能力的提升［M］.北京：中国书籍出版社，2019.

［36］徐迅.新闻（媒体）侵权研究新论［M］.北京：法律出版社，2009.

［37］徐迅.中国媒体与司法关系现状评析［J］.法学研究，2001（6）.

［38］杨立新.论中国新闻侵权抗辩及体系与具体规则［J］.河南省政法干部管理学院学报，2008（5）.

［39］杨立新.媒体侵权与媒体权利保护的司法界限研究：中国媒体侵权责任案件法律适用指引及释义［M］.北京：人民法院出版社，2015.

［40］叶红耘.新闻自由权侵犯隐私权的法理评析［J］.法学，2004（3）.

［41］于冲.网络诽谤行为的实证分析与刑法应对——以10年来100个网络诽谤案例为样本［J］.法学，2013（7）.

［42］展江.各国舆论监督的法律保障与伦理约束［J］.中国青年政治学院学报，2005（4）.

［43］展江.新世纪的舆论监督［J］.青年记者，2007（11）.

［44］张文祥，周妍.对20年来我国互联网新闻信息管理制度的考察［J］.新闻记者，2014（4）.

［45］张新宝.新闻（媒体）侵权否认说［J］.中国法学，2008（6）.

［46］张秀兰.网络隐私权保护研究［M］.北京：北京图书馆出版社，2006.

［47］张志铭.欧洲人权法院判例法中的表达自由［J］.外国法译评，2000（4）.

［48］甄树清.论表达自由与公正审判［J］.中国法学，2003（5）.

［49］吴飞.西方传播法立法的基石——"思想市场"理论评［J］.中国人民大学学报，2003（6）.

［50］朱鸿军.三网融合中版权法律制度的不适应及完善［J］.新闻记者，2015（12）.

［51］左亦鲁.告别"街头发言者"美国网络言论自由二十年［J］.中外法学，2015（2）.

后　记

　　本书的出版可谓十年磨一剑。20 世纪 90 年代以来，以魏永征、孙旭培教授为代表的传媒法学者对传媒法研究做出了开创性贡献，进入互联网时代，特别是 2010 年社交媒体时代，我国传媒技术得到了飞速发展，互联网已经成为人类文明和社会记忆的新载体。信息的爆炸式增长，让互联网的记忆迅速被遗忘，如何为这个飞速变化的时代留存知识财富，是笔者一直思考的问题。自 2011 年以来，笔者和同事们带领学生坚持每天、每周、每月、每年收集和记录这些影响中国传媒法治发展的事件，并以年度为单位进行梳理和总结，每年撰写并公布中国传媒法年度报告。本书应该是国内第一部记录和评价 2011—2020 年中国传媒法治发展历史的专著，既反映了每年的中国传媒法治进程及十大典型传媒法事例，又进行了有规律性的总结及对未来发展的展望。当然，由于所掌握资料和研究能力有限，本书难免存在不足之处，敬请各位读者批评指正。

　　十年来，本书的写作和出版得到了许多人的支持和帮助。

　　从 2012 年起，在知名传媒法学者魏永征教授和《新闻记者》主编刘鹏的鼎力支持下，《中国传媒法年度报告》成为《新闻记者》杂志每年第一期的品牌栏目，受到传媒法研究者的关注，同时也被收入陈力丹和刘海龙教授编写的《解析中国新闻传播学》一书中，为广大青年学子所关注。魏永征教授每年为报告提出的大量修改意见，令笔者受益匪浅。本书在原报告的基础上补充和更新了大量资料，力求客观准确。

　　感谢中国传媒大学法律系同事们的无私帮助，作为国内研究传媒法起步最早、规模最大的教学科研团队之一，我们在传媒法教学、科研、育人、社会合作方面建立了独特模式。自 2013 年开始，笔者和李丹林教授、刘文杰教授一起指导学生编辑《传媒法律与政策通讯》双月电子刊物，共出版了 48 期，2020 年 3 月 1 日将其改名为"文化与传媒法周报"，每周在"中传法学"微信公众号上发布，这为本书的撰写提供了案例及基础资料。自 2009 年开始，笔者为传媒政策与法规专业的研究生及法律硕士开设了传媒法案例分析课，刘文杰教授、程科老师、王晋副教授先后担任授课教师，每周由学生对收集的典型案例进行分析，由教师进行点评，这既锻炼了学生关注和分析案例的能力，也为评选年度中国十大传媒法事例积累了基础素材。笔者和李丹林教授、刘文杰教授、何勇副教授、周丽娜副教授、韩新华老师、程科老师等同事及北京市律师协会的张峥副会长、任丽颖主任、孙彦主任、周俊武主任、胡占全主任每年都会组织中国十大传媒法事例评选活动，邀请数十位知名专家对事例进行点评，这为本书的研究提供了更多视角。

　　感谢中国传媒大学法律系十多届上百位研究生、本科生对案例收集及分析所做的贡献，如果没有一届届学生的长期付出，这么一个浩大的项目就不可能坚持十年之久。这些学生是：2009 级传媒政策与法规硕士研究生程少佳、朱婧、张凌之、曹咏超、张道营、李文振、董冉冉；2010 级传媒政策与法规硕士研究生郭艺凡、李孟鑫、许旭、窦菲涛、徐文、李强；2011 级传媒政策与法规硕士研究生赵泽众、章玲、魏婷、张桭、俞彦超、钟馨；2015 级法律硕士研究生王子豪、李玥琳，以及 2012 级、2013 级、2014 级、2015 级、2016 级、2017 级、2018 级、2019 级、2020 级硕士研究生和部分 2018 级、2019 级法学本科生。受篇幅所限，笔者无法一一列举姓名，但他们的贡献笔者都铭记于心。欣慰的是，很多学生毕业后都从事传媒法理论研究和实务工作，身体力行地发扬了传媒法治精神，这也算是本书取得的育人成果。

　　感谢知识产权出版社李石华编辑认真、细致的编辑，感谢法律系学生葛扬、黄俏文、刘子睿、王庚辰、王泊文、李寒雪、陈一诺、华奕琳等同学所作的文字和脚注校对工作。

　　最后，感谢笔者家人的大力支持。笔者的父亲郑洪坤先生、母亲刘庆美女士、先生龙非博士及女儿牧荑一直以来都坚定地支持笔者的选择，让笔者成为一个更加独立、自信的人，并且在生活上给了笔者极大的帮助，他们是笔者勇气和灵感的来源。

传媒法治历史仍在不断发展，传媒法学术研究也在与时俱进，笔者将继续努力研究传媒法理论，参与传媒法治实践，为我国传媒法治发展贡献绵薄之力。

郑　宁

2021 年 5 月 18 日于北京